倭国から日本へ

九州王朝の興亡と大和朝廷

宮川克己

せせらぎ出版

倭国から日本へ　九州王朝の興亡と大和朝廷　目次

倭国から日本へ　九州王朝の興亡と大和朝廷

はじめに

中国の正史のうち、七世紀に成立した唐朝のころまでを扱った史書の多くは、倭伝、倭人伝、倭国伝や日本伝を載せている。これらの中国史書とわが国の現存する最古の文献『古事記』、『日本書紀』は、わが国の古代史を解明するに当たっては不可欠の文献史料である。ところが中国史書と記紀の記述は必ずしも一致しているわけではない。むしろこれらの間には、齟齬、乖離、背反が数多く存在し、しかもそれらの評価が定まらず、多くが論争の対象になっている。その最たるものが、晋の史家陳寿の書いた『三国志』魏書東夷伝倭人の条（魏志倭人伝）の三世紀の邪馬台国の位置論であることは、だれしも首肯できるだろう。

魏志倭人伝にある卑弥呼の朝貢に先立つおよそ二〇〇年前、倭国の朝貢に際し、後漢の光武帝は倭国王に金印を仮綬したと『後漢書』は記す。これが江戸時代博多湾頭の志賀島から出土した「漢委奴国王」の印であることはほぼ間違いがないが、こうした事績は記紀にはない。邪馬台国の位置論をめぐる論争も、基本的には魏志倭人伝の読み方の問題だが、その背景には中国史書と記紀の記述の相違がある。邪馬台国の位置論は、江戸時代の本居宣長、新井白石より、明治の白鳥庫吉、内藤湖南の論争を経て今日まで数世紀にわたって数多くの識者、研究者から一般人まで議論が展開されてきたが、今日に至るも決着がついていない。歴史学、考古学はもとより、言語学、民族学、民俗学、気象学、地政学、動・植物学など周辺諸分野の学界をも巻き込んでの検討、論争でも結論を得られないことから、近年では、邪馬台国の所在地の追求を回避しようとする傾向が顕著になっている。しかしこの問題は日本古代の国家形成に直結する問題であり、邪馬台国の位置論は避けて通ることのできないテーマであるといえるだろう。

三世紀中葉、倭国から晋朝の成立を嘉《よみ》する遣使があったことが中国史書に記されてからおよそ一五〇年間、倭国の情報は中国史書にはない。そして五世紀初頭、倭王讃による中国南朝の東晋朝、宋朝への遣使の記事が中国史書に載る。以後一〇〇年近くにわたって『宋書』『南斉書』『梁書』などの中国史書は、倭国の讃、珍、済、興、武という一字名をもつ倭王が中国の南朝へ朝貢したことを記す。この五世紀倭国に君臨した五人の王は、大和朝廷の応神、仁徳、履中以降雄略までの大王に比定されている。ところが記紀にはこの期間、中国の王朝への遣使記事はまったくない。さらにこの五王の在位期間、系譜がわが国の伝承と合わず、特に讃、珍に比定すべき大王をめぐって、明治以来論争が絶えない。わが国の学界の大勢は、五王の最後の倭王武を大王雄略に当てることではほとんど一致しているが、その倭王武でさえ記紀が伝える雄略の在位期間と必ずしも合致しているわけではない。

『梁書』『南史』の倭王武に関する最後の記事が天監元年（五〇二年）で、以後一〇〇年中国史書から倭国の記述が消える。次に中国史書に倭国が登場するのが『隋書』開皇二十年（六〇〇年）の倭王の遣使である。『隋書』には倭王からの国書のことはみえないので使者の口上かもしれないが、倭王の姓は阿毎《あめ》、字《あざな》は多利思北孤《たりしほこ》、阿輩雞弥《あはきみ》と号し、王の妻は雞弥《きみ》とすと『隋書』は記す。『隋書』

はこのときの使者の口上も記している。開皇二十年は推古八年にあたる。学界の大勢は、この開皇二十年の遣使を推古朝での聖徳太子（厩戸王）の遣使とするが、この遣使は日本の文献にはない。わが国の文献に中国の隋朝への遣使記事が最初に現われるのは、その七年後の推古十五年（六〇七年）の『日本書紀』の記述である。この年以降中国の隋朝、唐朝への遣使記事が『日本書紀』にたびたび登場するが、『日本書紀』の記述は奇妙なことに『隋書』『旧唐書』など中国側の記述とほとんどの事項で一致しない。わが国の学界の大勢は、これらの乖離を極力無視し、無視できない部分では中国史書に不審の眼を向けている。

邪馬台国の位置論をめぐる三世紀の倭国から五世紀の倭の五王、七世紀の隋、唐朝と倭国、大和朝廷との関係をどうみればいいのだろうか。邪馬台国畿内説に立つならば、すでに三世紀中国の王朝に朝貢していたのは大和の王権となるだろうが、そうであるなら以下に取り上げる数々の齟齬、乖離をどう考えるべきなのだろうか。歴史の時系列に沿って、倭国と大和朝廷の姿を以下に考えていきたい。

第一章　倭国登場

　古代日本が中国史書に倭、あるいは倭人として最初に現われるのは、後漢の王充《おうじゅう》が撰した『論衡《ろんこう》』で、『論衡』には「周の時、天下太平、越裳白雉《えつしょう》を献じ、倭人鬯艸《ちょうそう》を貢す」（越裳は南方の越で現ヴェトナム）、「暢草《ちょうそう》倭より献ず」、「成王の時、越裳雉を献じ、倭人暢を貢す」という記事がある。周の時代は春秋の前、紀元前十一世紀から前八世紀なので、列島に居住する倭人の朝貢はおよそ考えられない。『論衡』にある倭人が列島の倭人をさすのであればこの記事に従うことはできないが、周の時代を春秋、戦国時代を含めて秦の始皇帝の中国統一（前二二一年）までと考えるなら首肯できなくもない。前三世紀中葉は戦国時代の末期で、周王室は戦国の七雄（秦、楚、燕、韓、魏、趙、斉）の間にあってかろうじて命脈を保っていた。暢草とは薬草のことで、前三世紀中葉に洛陽付近にあった周の王室に、日本列島の住人が倭を名乗って薬草を献じた可能性がまったくなかったわけではない。しかし周の成王の時代（前十世紀）はありえない。成王の部分をのぞく『論衡』の記事が正しいなら、倭人の中国の王朝との交流は二二〇〇年を超える歴史をもつことになる。

『論衡』の記事に十分な確証が得られないのなら、同じ後漢の時代になったとみられる撰者不詳の『山海経《せんがいきょう》』にある「蓋国《がいこく》は鉅燕《きょえん》の南、倭の北に在り、倭は燕に属す」が、確認できる最初の倭と倭人に関する記事とみることができるかもしれない。『山海経』にある蓋国は韓半島東部に居住していた穢《わい》族の国とされている。鉅燕の鉅は大きいを意味し、戦国の七雄の一つ燕の強大さを表現している。燕は河北から遼東、韓半島の北部に勢力を広げ、蓋国と境を接していたのだろう。倭はその蓋国の南に位置していたのだが、次の記述「倭は燕に属す」は、倭が燕に支配されていたことを意味するのではない。これは世界を二十八宿に分けた分野論に基づく表現で、燕と倭は同じ分野に属していることを示している。ここでは倭の地が穢族の居住地と境を接しているとする『山海経』の記事に注目しておきたい。『山海経』のおよそ二〇〇年後に撰述された『三国志』の韓伝には「韓は南倭と接す」とあり、四〇〇年後の范曄《はんよう》も『後漢書』で馬韓（後の百済）は「北は楽浪と、南は倭と接し、辰韓（後の新羅）は東にあり」、弁辰（弁韓、後の伽耶《かや》）は「辰韓の南にあり、その南また倭と接す」と記す。つまり日本列島の倭人とともに韓半島にも倭人が居住する倭の地があった。したがって『論衡』と『山海経』にいう倭と倭人が日本列島の倭人をさしていると無条件に肯定するわけにはいかない。上述の倭と倭人が半島の倭人を記していた可能性もあるからである。

だが次の『漢書』にみえる倭人は「楽浪の海中に」ある倭人とするので、列島の倭人であることは疑いない。班固《はんこ》（後三二〜九二年）の撰になる『漢書』は

「楽浪の海中に倭人あり、分れて百余国となる。歳時を以て来り献見すという」

と記す。楽浪とは前漢の武帝が紀元前一〇八年、韓諸国を経略するため韓半島に侵攻して設置した郡で、この年武帝は半島を攻め当時半島にあった衛氏朝鮮を滅亡させ、この地に真番郡、臨屯郡、玄菟《げんと》郡、楽浪郡の四郡を置いて、半島を漢帝国の支配に組み入れた。その楽浪郡から海を隔てた地に倭人がおり、倭は百余国に分れていたと『漢書』は記した。ただしこの班固の記述はあまり正確とはいえない。大同江岸にあった王険城（現平壌）を中心に楽浪郡、その南漢江流域から南に真番郡がおかれ、韓人は現在の忠清南北道、慶尚北道、全羅北道を中心に居住し、倭人はその南、韓半島の南岸沿いに展開していた（次ページの地図参照）。楽浪郡の東、日本海に面して臨屯郡が、半島北部から遼東にかけては玄菟郡が置かれ、この四郡の設置によって韓半島のかなりの部分は漢帝国

の支配に組み入れられた。

『漢書』によれば紀元前二世紀から前一世紀の前漢の時代、倭は百余国に分れていた。この記事が正しいなら、当時の倭人は海を渡って楽浪郡から洛陽まで足を運び漢の皇帝に拝謁し、貢献していたのだろう。ただし後漢の時代に生きた班固はその事実を確認できなかったので、伝聞の形で得た知識を「献見すという」表現にしている。

さて、ここまで『論衡』、『山海経』、『漢書』によって中国の史書にみえる紀元前一世紀までの倭と倭人をみてきた。この時期倭人が生活する日本列島は弥生時代中期後半である。弥生時代中期前半、北部九州には半島を経由して青銅器がもたらされ、九州の地でも武器形青銅器が製作されるようになるが、続いて伝わった鉄製武器によって青銅製の武器は実用の利器としては用いられず、もっぱら祭祀用の祭器として使われるようになる。一方、畿内では持ち込まれた青銅器は潰されて銅の鉇《やりがんな》や銅鐸《どうたく》に再生されていく。特に銅鐸はごく初期の小銅鐸を除けば畿内でのみ発達した独特

前二世紀ごろの韓半島

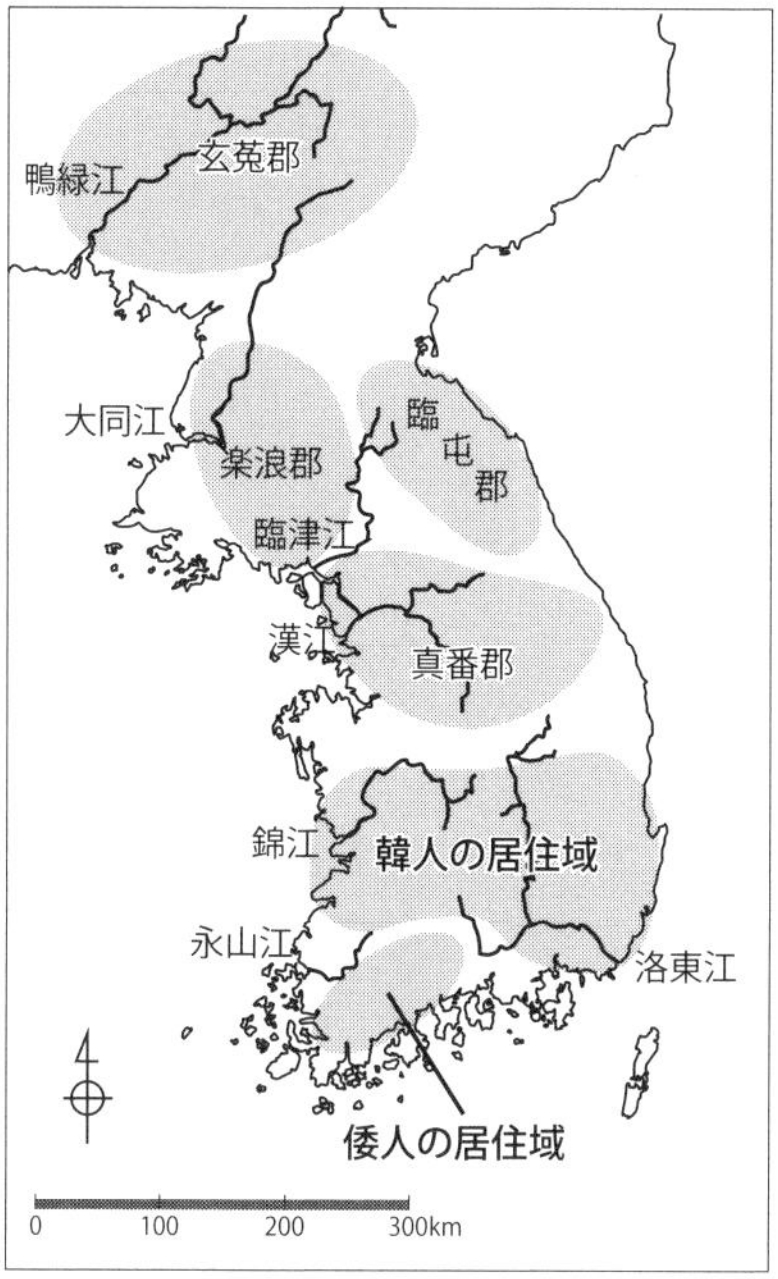

の青銅祭器である。畿内の銅鐸ははじめは小銅鐸で、空洞の内部には舌《ぜつ》がついて吊り下げて音を出す構造であったものが、次第に大型化し弥生時代中期後半になると高さ五〇センチメートルから八〇センチメートルほどになる。この大きさになると銅鐸は吊り下げられずに置かれ、音を出す用途はなくなり、見て拝跪する対象へと変化したと考えられる。これまで銅鐸はおよそ五〇〇個出土しているが、出土した最大の銅鐸は滋賀県の野洲大岩山遺跡出土の銅鐸で一三四センチメートルである。銅鐸は集落から少し離れた谷あいや山の斜面に、ていねいに埋納された状態で出土する例が多い。拝跪されたあと祭祀が終わると次の拝礼の儀式まで埋納され保管されたのかもしれない。この時期の弥生人は、二重三重にめぐらされた環濠の中の集落で生活し、農業生産に従事し、宗教的な農耕儀礼をとりおこなっていた。大阪南部の池上曽根遺跡、奈良の唐古鍵遺跡などがこの時期の代表的な遺跡である。これは中国地方以東、畿内を中心とした弥生人だが、北部九州を中心とする弥生中期の遺跡からは武器形青銅器、銅鏡などが出土する。北部九州の弥生人も環濠集落に住まい、稲作農業に従事していた。彼らは鉄器も使用しており、王墓とみられる甕棺からは、前漢鏡、銅剣、銅矛《どうほこ》、銅戈《どうか》や装身具とともに鉄製の農器具、鉄刀などがときおり出土する。北部九州のこの時期の主な遺跡は、糸島市の三雲南小路《しょうじ》遺跡、春日市の須玖《すく》岡本遺跡などである。

『論衡』や『山海経』からは当時の倭人は渡海して漢王朝に朝献していたと読み取れる。そして『漢書』の記述も明らかに当時の倭人の渡海の行為を証言している。『論衡』にある戦国時代の周王室への朝貢には疑念があるが、少なくとも前二世紀から前一世紀の倭人は、新（後八年〜二三年）の王莽《おうもう》に席捲される前の漢王朝に朝献していた。この倭人は北部九州の倭人であろう。渡海から韓半島、遼東を経て洛陽の漢王朝に朝貢するという行為は、幾重にも囲まれた環濠集落に住まい、稲作に従事し、銅鐸の埋納儀礼を数世代にもわたって受け継いできた畿内弥生人のなせる業ではない。『漢書』に記された倭人が、北部九州の弥生人であることは疑問の余地がないだろう。

さて、王莽の新を倒して漢王朝を再興した光武帝にはじまる後漢を記す『後漢書』は、五世紀南朝宋の人范曄《はんよう》の撰になる。その倭伝は次のように記す。

「倭は韓の東南大海の中にあり、山島に拠りて居をなす。凡《およ》そ百余国あり。武帝、朝鮮を滅ぼしてより、使駅漢に通ずる者、三十許《ばかり》の国なり」。

まず「倭は韓の東南大海の中にあり」の記述である。『漢書』にある漢の統治機構である楽浪郡にかわって「韓の東南大海」となる。前漢の武帝が衛氏朝鮮を滅ぼして韓の地に置いた楽浪郡などの四郡による中国支配が崩れるのは二世紀末、遼東の太守公孫度《こうそんたく》が玄菟郡を奪って遼東と玄菟郡、韓半島の北部を支配下に収めて独立し、三世紀初頭その子公孫淵がその南の楽浪郡、真番郡をも接収し、後漢にかわって韓半島の大部分を領有したことによる。『後漢書』は「韓の東南大海の中」とするが、魏志倭人伝にある「倭人は帯方の東南大海の中にあり」の帯方は公孫氏の韓半島支配の郡で、郡治は漢江北岸の帯方県（現ソウル）に置かれた。「楽浪の東南大海」の『漢書』と「帯方の東南大海」の『三国志』との間に位置する『後漢書』は、楽浪郡とも帯方郡ともすることができず、単に「韓の東南大海の中にあり」としたのである。

後漢の次の三国の時代を記す『三国志』よりも後に撰述した范曄は、陳寿の『三国志』に記述の多くを拠った。陳寿は

「倭人は帯方の東南大海の中にあり、山島に依りて国邑をなす。旧《もと》百余国。漢の時朝見する者あり。今、使訳通ずる所三十国」

とする。范曄の『後漢書』の記述には批判がある。帯方郡は後漢末に成立したが、後漢の機構ではない帯方郡の名を『後漢書』に記すことができず、その南には韓人が居住していたので、范曄は「韓の東南大海の中にあり」と記した。この范曄の記述は誤りとはいえないが、倭が漢の時代に三十許《ばか》りの国になったとするのは、范曄が『三国志』に拠っている限り、そして他の史料からとったのではない限り、明らかに范曄の誤りといえる。陳寿の『三国志』は「今、三十国」であって、漢の時代に三十国になったと記しているわけではないからである。

なお『後漢書』は通訳を兼ねた使者を「使駅」とするが『三国志』はじめ他の史書は「使訳」を使う。「使駅」は「使訳」の誤りとされているが、駅は訳と同義であり、『三国志』、『後漢書』の他の用法をみる限り訳使と駅使は通訳を兼ねた使者として同義で使われている。『後漢書』の「使駅」を范曄の誤りとすることには躊躇せざるをえない。

『後漢書』は続けて倭国の地志と倭人の風俗、習慣を記すが、范曄はここでもかなりの部分を陳寿の『三国志』に拠っている。しかも范曄による魏志の刪潤《さんじゅん》の仕方は拙劣で語句の誤りも多い。なかでも後世に多大な影響を与えたのは、陳寿の『三国志』倭人伝の「邪馬《やま》壹国《いちこく》」を范曄が「邪馬臺《やまだい》国《こく》」へ刪改《さんかい》したことである。「国、皆王を称し、世ゝ統を伝う。その大倭王は邪馬臺国に居る」。范曄は「壹」を「臺」としたのだが、同様の字句の取り違えは邪馬臺国の直後にも出現する。陳寿の「その北岸狗邪韓国」に対して「その西北界拘邪韓国」である。范曄は、邪馬臺国と同様に狗邪韓国を拘邪韓国としたが、このほかにも「その北岸」を「その西北界」とした。北岸と西北界では意味するところが違う。倭国の北岸ならその地は倭国ではないが、倭国の西北界ならその地は倭国である。范曄の読み違いはこれらにとどまらない。陳寿は倭人伝で

「その俗、国の大人《たいじん》は皆四、五婦、下戸もあるいは二、三婦」

(その国の風習では国の大人はみな四、五妻あり、下戸もあるいは二、三人の妻がいる)

としたのだが、范曄はこれを「国には女子多く、大人は皆四、五妻あり、その余もあるいは両、あるいは三」と倭国を女子の多い国と読んだ。

范曄の読み違いはまだある。このあと検討する魏志倭人伝とも絡む重要な箇所なのでふれておきたい。倭人伝は

「その国、本また男子を以て王となし、住《とど》まること七、八十年。倭国乱れ相攻伐すること歴年、乃《すなわ》ち共に一女子を立てて王となす。名づけて卑弥呼という」

(その国はもとは男子を王とし、七、八十年たった。倭国は乱れ、互いに攻め合うこと歴年、一人の女子を共立して王とした。その名を卑弥呼という)

と記しているのだが、この部分を范曄は次のように記す。

「桓、霊の間、倭国大いに乱れ、更々《こもごも》相攻伐し、歴年主なし」。

(桓帝〈一四六～一六七年〉、霊帝〈一六八～一八九年〉の間、倭国は大いに乱れ互いに攻め合い、歴年主がいなかった)。

陳寿の「その国」の解釈は、識者によって倭国、女王国、邪馬壹国と分れているが、その直後に

ある倭国とするのがもっとも無理がなく自然だろう。倭国の王はもと男王であった。男王の支配が七、八十年続いた後、倭国が乱れた（ここでも范曄は「大いに」という語句を挿入している）。注意する必要があるのは、陳寿は男王の支配が七、八十年続いた後としているのだが、いつから七、八十年続いたかは記していない。だから卑弥呼が擁立される前の七、八十年は男王の支配であったとするのが正確な読み方であろう。さらに歴年は年を経るという意味なので、倭国が乱れた期間は陳寿にはない。そして卑弥呼が立てられたが卑弥呼の統治期間も陳寿は記さない。卑弥呼には「年已《すで》に長大」の記述があるが、これもいつの時点で長大であったのかわからない。しかも長大には成長する、成人になるという意味があり、必ずしも歳をとっている意味で使われているとは限らない。卑弥呼は正始八年（二四七年）の記事の後死亡する記述がある。つまり陳寿の記述からは倭国が乱れた時期が特定できないのだが、それを范曄は「桓、霊の間」とした。後漢の桓帝の統治は一四六年から一六七年、霊帝は一六八年から一八九年であり、桓、霊の間なら一四六年から一八九年で、四十年以上の間倭国は乱れていたことになる。この部分も范曄が他の史書に拠った形跡がないことで、范曄が陳寿に拠る限りいつとも特定できない倭国乱を桓、霊の間とした范曄の独断と解すべきであろう。この范曄の記述は後代の李延寿の『北史』などによって、倭国乱は今度は逆に「霊帝光和中」（光和は一七八年〜一八三年）と期間が限定されていく。

　こうした欠陥をもつ『後漢書』だが、『後漢書』には『漢書』に記された「百余国」（前漢の時代〈前二世紀〜前一世紀〉）と『三国志』の「今、使訳通じる所三十国」（魏の時代〈三世紀〉）の間隙を埋める記述がある。それが「建武中元二年、倭の奴国、奉貢朝賀す。使人自ら大夫と称す。倭国の極南界なり。光武、賜うに印綬を以てす」である。天明四年（一七八四年）博多湾頭の志賀島で「漢委奴国王」と刻印された金印が発見された。金印は黒田藩の藩校に持ち込まれ、館長の亀井南冥《なんめい》、藩の学者青柳種信らによって鑑定され、『後漢書』にある光武帝が倭人に下賜した金印であろうとされた。金印は今日の印とは逆に文字の部分が彫られくぼんでいるが、これは封泥《ふうでい》に押すからで、封泥に押されると文字部分が浮き出る。当時の印の特徴である。

この金印は江戸時代以来、私印説、贋作《がんさく》説を生みだし、真印とする説との間で近年まで論争が続いていた。ところが一九五七年に中国雲南省の石塞山《せきさいざん》遺跡（王墓）から「滇王之印《てんおう》」と刻された金印が発見されたことによって、志賀島の金印は真印であることがほぼ確定し論争は終止符を打った様相を呈した。「滇王之印」は前漢の作だが、その鈕《ちゅう》（持ち手）が蛇形で「漢委奴国王」印とまったく一致したことである。ほかにも志賀島の印の大きさが正確に後漢初めの一寸であること、志賀島の印が下賜された翌年の永平元年（後五八年）に製作された「廣陵王璽《こうりょうおうじ》」の金印が、大きさも金の純度も志賀島の印と一致することなどによる。江戸時代に漢代と同じ純度と同じ大きさ、同じ形状の蛇鈕をもつ金印が製作されたとはまったく考えられない。また複製の印であろうとする考えも、志賀島出土の印が「廣陵王璽」の印と同じ純度の材質であることからありえない。印は真印であったのである。

さてそうするとこの金印を下賜された「漢委奴国」はどこにあったか。これも金印の発見当初から論議を呼んでいるが、こちらはいまだに決着がついていない。金印を所持していた黒田藩の人たちは委奴をイトと読み、後代の魏志倭人伝の伊都国にあてた。一方明治の碩学三宅米吉は委奴国を倭の奴国《なこく》と読み、下賜されたのは奴国王であろうとした。これは范曄の「倭の奴国」を受けたものだが、印の「委奴国」とは違う。この点に関連して考えなければならないのは、范曄が『後漢書』で奴国を「倭国の極南界」としたことである。下賜された国が奴国なら倭国の極南界とする記述はそぐわない。陳寿は魏志倭人伝で、「女王国以北、その戸数、道里は得て略載す」として、伊都国、奴国等をあげているが、「その余の旁国《かたつくに》は遠絶にして得て詳《つまびらか》にすべからず」として二十一国をあげ、その最後にもう一度奴国を記す。三宅は二回出てくる奴国のうち、最後に出てくる奴国を「倭の極南界」としたのだろうとした。この三宅説を妥当な見解として支持する識者も多く、今日では委奴国を倭の奴国として、金印の「漢委奴国王」を「漢の倭の奴の国王」と読む説が一般に受け入れられている。だがこの奴国を倭国の極南界とする三宅の説は妥当だろうか。范曄は、陳寿の里程記事に出てくる距離も戸数も官も記されている奴国には気付かず、旁国の最後にでてくる奴国に注目し、これを「倭の極南界」としたのだろうか。このような范曄の奴国の取り違いの可能性はほとんどないだろう。伊都国から東南百里、官と副をあげ、戸数は二万余戸とする最初の奴国を見落として二回目にでてくる距離も方位も官もわからない末尾の奴国に目がいったのだとしたら、范曄はよほどの粗忽者である。後述するが范曄は、陳寿の韓伝の国名重出を見抜き、馬韓五十四国、弁辰韓二十四国と正確に『後漢書』に記した。その范曄が倭人伝の国名を見誤ることは考えにくいだろう。

金印の「漢委奴国」とはどこの国か。まず黒田藩の亀井、青柳らのように委奴をイトと読んで伊都国とする説は二つの点で成り立たない。その第一は音韻の違いである。古代の委と伊の韻は違うし、奴と都も違う。後世の怡土《いと》にあてる場合には時代の違いがある。第二は陳寿の魏志倭人伝の記述である。

「東南陸行五百里にして伊都国に到る。……千余戸あり。世〻王あるも皆女王国に統属す。郡使の往来常に駐《とど》まる所なり」。

伊都国が千余戸あったという記述については後述する。今問題とするのは、伊都国には王がいたがその王は常に女王国に服していたと陳寿が記している点である。女王国についても後にみていくが、陳寿は、伊都国の王が常に女王国に統属していたと記した。そうであるなら光武帝は伊都国の王にではなく、女王国の王（もちろん一世紀の女王国は女王ではなく男王の統治であった）に金印を下賜したであろう。夷蛮のある国が漢以外の他国に服属しているなら、漢の皇帝はその国の王を王と認めず、金印を仮綬することはない。漢代の印の下賜のルールである。だから委奴は伊都国ではありえないのである。

次に「漢委奴国」を漢の倭の奴国と読めるかという問題である。このように読む識者は委を倭と同義の字と解し、委奴国は倭奴国と読み倭の奴国とする。しかし金印に倭の字が刻されるべきなのに同義の委が彫られた理由がなく、説得力を欠くことは否めない。だが決定的なことは、この解釈は、漢の委の奴国という三段の表記になることである。さきに委奴国王が伊都国王ではありえないことを漢代の印制から示したが、これにはもう一つの側面がある。漢代の印制では、印は漢王朝に統属する宗主国に与えられるのであって、宗主国の陪従者に与えることはない。だから漢の何々の何々という三段の表示の印は存在しない。したがって漢の倭の奴国はありえないのである。金印を下賜されたのは漢の委奴国王であろう。しかし委奴は伊都ではない。それなら志賀島出土の金印の「漢委奴国王」をどう考えればよいか。筆者にも十分満足すべき解答があるわけではないが、一つの考え方として、一世紀の後漢を中心とした東アジア情勢をみてみたい。

後漢の光武帝は王莽の新を倒して漢王朝を復活させるが、中国の北方に居住していた匈奴《きょうど》の侵攻に絶えず悩まされていた。匈奴は今日の内蒙古高原から陰山山脈の南にかけて居住し、遊牧を生業《なりわい》とする民族だが、中国の戦国時代（前四〇三年〜前二二一年）の半ば以降強盛になり、趙、燕などの諸国と争うようになる。秦の始皇帝による中国の統一（前二二一年）で、匈奴は長城の北へ駆逐されるが、秦が滅んで漢の時代になると勢力を拡大し、中国の北辺に侵攻し漢と争う。漢の高祖は山西で匈奴を迎え撃ったが、匈奴の冒頓単于《ぼくとつぜんう》に敗れ、結局匈奴の要求を受け入れる。この勝利で匈奴は東北アジアの広大な地に覇権を確立し、漢から豊富な物資と文化を享受することになった。しかし匈奴の優位も漢からの物資の供給が滞り、人的欠乏という弱点が露呈されるようになると次第に揺らぎ、前漢末には漢の膝下に屈するようになる。後漢の光武帝の時代、匈奴の内部に反乱が勃発、二人の単于が立ち匈奴は南北に分裂した。南匈奴は光武帝に服するが、北匈奴は後漢に従わず侵攻を繰り返す。匈奴は戎狄《じゅうてき》とも呼ばれたが匈奴、戎狄とも中国の呼び名で匈奴の匈はまがしい、猛々《たけだけ》しいの意味である。この匈奴との抗争の真最中に、東方の山島に依る倭人の国々を従えた奴国が光武帝のもとに朝貢してきた。范曄の記述によれば、彼らは倭人で奴国王から遣わされた大夫であると名乗った。志賀島の金印の委奴の委はやさしく穏やかで素直、従順を意味する。匈奴と委奴。中国の北方に居住する猛々しい北狄《ほくてき》と東方の穏やかで従順な夷《い》民族。この朝貢してきた従順な奴国を、光武帝は委奴と呼んで金印を仮綬したと考えるのは想像が過ぎようか。なお光武帝は印綬を下賜したその年（後五七年）死亡する。委奴の名は光武帝の命によって金印に記されたが、金印を下賜された奴国はこの光武帝の配慮に気がつかなかった、あるいは光武帝の意図を理解できなかったのではなかろうか。金印は奴国王に下賜されたが、范曄はこれを倭人の中の奴国の王と理解したと考えたい。

建武中元二年（後五七年）の光武帝の印綬の下賜に続く『後漢書』の記事は、「安帝の永初元年、倭の国王帥升等、生口《せいこう》百六十人を献じ、請見を願う」である。安帝は後漢第六代の皇帝（後一〇六～一二五年在位）で、永初元年（後一〇七年）倭の国王帥升が、おそらく周辺諸国の統率者とともに朝貢し生口百六十人を献じた。後五七年に金印が下賜された国は委奴国で、范曄はこの国を倭の奴国としたが、半世紀後の倭人の朝貢では范曄は倭の国王帥升とする。ところが倭国を否定する見解がある。唐の時代に撰された『通典』などはこの朝貢の主を「倭面土国王」としているからで、倭面土国をヤマトとする説、あるいは面土をマトと読み末盧《まつろ》国にあてる説、面土を回土としてイトと読み伊都国とする説も生まれた。しかし倭面土国を記す『通典』は後代北宋の刊本で、十世紀の文献を根拠に范曄の記述を否定する見解には従えない。『後漢書』が誤りであるとする根拠が示されず、『通典』が『後漢書』を引いた確証がないからである。この部分の范曄の記述に疑う点はないので、一世紀末から二世紀の初頭北部九州の倭人の国々は帥升と呼ばれる一人の人物を国王に立て、倭国の成立を伝えるため王自らが周辺諸国の首長とともに後漢王朝の京都を訪れ、生口百六十人を献じたのだろう。

倭から生口が献じられたのは、中国史書の記述ではこの永初元年がもっとも古い。生口は戦争の捕虜、没入《ぼつにゅう》（罪人を奴婢とする）による奴隷で、倭国王帥升は生口百六十人を安帝に献上した。『後漢書』が倭国王帥升等としている以上、帥升を盟主とする倭の国々が生口を持ち寄って渡海したと考えるべきだろう。建武中元二年（後五七年）に光武帝のもとへ倭人の国々から遣わされた大夫は、盟主の国である奴国王からの使者を名乗った。光武帝はこの国を委奴国（東夷の従順な奴国）と呼び、その名を刻した金印を仮綬した。それから半世紀後、周辺諸国を従えた王帥升は周辺諸国の主な首長とともに安帝に朝貢した。このとき帥升は倭国全体の王であることを後漢の朝廷に訴えたので、中国側は彼を倭国の王と認めた。ところがその後この倭人の国々の結束は乱れ、倭国の盟主の地位をめぐって乱が起きたと考えたい。しかし前述のように倭国の乱の時期は、おそらく帥升の死後で二世紀後半までのことであろうが、范曄のいうように「桓、霊の間」とは特定できないだろう。范曄の記述が他の史料に拠ったようにはみえず、『北史』の「光和中」もその根拠を記さないので、倭国の乱をこのように特定する見解に従うことはできない。そして卑弥呼が立てられたのだが、これは後述したい。

『後漢書』倭伝は続けて「女王国より東、海を度ること千余里、拘奴国に至る。皆倭種なりといえども、女王に属せず」とする。『後漢書』は拘奴国に続けて朱儒国《しゅじゅこく》、裸国《らこく》、黒歯国《こくしこく》を記す。これらの記述は魏志倭人伝を引いているのだが拘奴国は違う。後ほどみていくが、魏志倭人伝では倭人の三十国を並べたあと「その南に狗奴国あり」とする。范曄は先行する史料魏志倭人伝の記述に拠らず、「女王国より東、海を度ること千余里」とした。これは「西北界拘邪韓国」や「国には女子多く」のような陳寿の読み違いではありえない。「東」、「海を渡る」、「千余里」のような字句を読み違いで生み出すことはできないからである。この范曄の記述は明らかに陳寿の倭人伝とは別の史料からとったものだろう。そしてこの記事が正しいのなら卑弥呼の女王国は大和ではなく九州にあったことになるだろう。なぜなら女王国が大和にあったならば東に海を渡って千余里いくことは不可能だからである。

さて、『後漢書』倭伝の最後は東鯷人《とうていじん》と徐福《じょふく》集団を記す。この部分は難解で評価も定まっていないが、范曄の記述をみていこう。

「会稽《かいけい》の海外に東鯷人あり。分れて二十余国と為る」。

「伝え云う。『秦の始皇、方士徐福を遣わし、童男女数千人を将《ひき》いて海に入り蓬萊《ほうらい》の神仙を求めしむれども得ず。徐福、誅を畏《おそ》れ敢《あえ》て還らず、遂にこの洲に止まる』と」。

(会稽〈浙江省会稽郡〉の海外に東鯷人がおり、二十余国に分かれている)。

(伝えいうには秦の始皇帝は方士〈方術を使う人〉徐福に童男女数千人をつけて遣わし、蓬来の神仙を求めさせたが、徐福は得ることができず、徐福は罪を畏れて戻らず、東鯷人の国に止《とど》まったと)。

范曄は『漢書』地理志呉地の条からこの東鯷人の記事を引いたことが知られている。東鯷人の記述を倭伝に入れた理由は不明だが、その直後の夷洲《いしゅう》、澶洲《せんしゅう》と合わせて考えるなら理解できなくもない。夷洲はおそらく台湾、澶洲は耽羅《たんら》島(済州島《チェジュド》)で、これらは東夷伝の中でも韓伝に入れるわけにはいかなかったので倭伝に入れたという説明がつく。徐福に関しては司馬遷の『史記』に少なくない記述がある。秦の始皇帝の前二一九年、斉の人徐福(他の史料では徐市《じょふつ》)が仙人の住む三神山へいって薬草を求めたい旨を奏上、始皇帝はこれを聞き届け童男童女数千人をつけて徐福を送りだした。しかし徐福は神薬を得られず、戻って偽りを奏上、大量の物資、金品を得て再度京師を出立し、二度と戻らなかったという。『漢書』は秦代の徐福の伝承を受けて、徐福の赴いた地への大量の移民渡航の準備を記している。五世紀の撰述になる范曄の『後漢書』は、この徐福伝承に絡めて、徐福に従った童男童女の一部が会稽の海外の東鯷人として夷洲、澶洲に暮らしており、徐福に従った童男童女が代々受け継がれて数万人になったと記す。徐福伝説はさらに続く。『三国志』呉志呉主伝黄龍二年（二三〇年）条は、呉主孫権が衛温と諸葛直に兵一万を与え夷洲と亶洲《たんしゅう》を探索させたことを記す。彼らは成果を上げることができず兵の半数を失なって戻ったので、孫権は衛温と諸葛直の二将を外獄、処刑した。『後漢書』は澶洲だが、『三国志』は亶洲としており、亶洲は種子島とされている。

この記述以降徐福伝承は途絶えるが、十一世紀の『太平御覧』には徐福の童男童女が日本へ渡りこの国にとどまったことが記されている。これに呼応するようにわが国でも、たとえば北畠親房の『神皇正統記』、『太平記』などには徐福の渡海が記されており、江戸時代の松下見林も『異称日本伝』で徐福にふれている。

紀元前三世紀、徐福に率いられた大量の移民集団は日本列島に辿りついたのだろうか。秦の始皇帝の強大な権力と、その後の中国史書の記述を考えると、徐福の渡海を無碍に否定できない。三国時代の呉の滅亡時に万を超す軍兵が戦船に乗って海へ乗りだしたこともわかっている。彼らが徐福の航跡を追って数世代前の童男童女の住む日本のどこかの地へ辿り着いた可能性もないとはいえないのかもしれない。

第二章　倭国の展開

——魏志倭人伝の世界——

後漢の滅亡（後二二〇年）後、中国は魏、呉、蜀の三国が覇を争う三国の時代に入った。この三国の抗争は、二六三年魏が蜀を滅ぼし、その魏も二六五年臣下の司馬氏に国を奪われ（晋の成立）、晋は二八〇年呉を降して中国を統一する。この六〇年間の三国の時代を記した史書が『三国志』で、晋の史官陳寿の筆に成る。『三国志』は魏書三十巻、蜀書十五巻、呉書二十巻の六十五巻から成り、倭の記述は魏書の最後三十巻烏丸《うがん》・鮮卑《せんぴ》・東夷伝《とういでん》の末尾にある。魏書東夷伝は扶余《ふよ》、高句麗、東沃沮《よくそ》、挹婁《ゆうろう》、濊《わい》、韓、倭人の七つの伝で構成される。『三国志』魏書東夷伝倭人の条、これが魏志倭人伝で、全文二千字に満たない記述である。だがこの七つの伝の中では倭人の条がもっとも長文で、韓伝千四百字を上回る。

『三国志』と著者陳寿

魏志倭人伝の検討に入る前に著者陳寿にふれておきたい。陳寿は建興十一年（二三三年）四川省巴西《はせい》郡安漢県に生まれた。字は承祚《しょうそ》、幼少のころより学を好み、同郷の学士譙周《しょうしゅう》に師事して学を修め、蜀に仕官した。当時蜀は後主劉禅のもとで宦官黄皓《こうこう》が権勢を揮っていたが、権力におもねるのをよしとしなかった陳寿は冷遇される。蜀の滅亡で流浪の身となるが、晋朝の成立後中書令を務めていた張華の引き立てで、陳寿は晋朝に仕える。やがて晋朝の著作郎（歴史編纂の主席官）になった彼は、太康元年（二八〇年）の呉の滅亡後、『三国志』全六十五巻を撰述する。『三国志』は朝廷の内外で高く評価されたが、陳寿は張華の死後彼の後任で皇帝秘書長の荀勖《じゅんきょく》にうとまれ、退官した。しかし陳寿は晋の重臣、『春秋』の大家で『三国志』を読んだ杜預《とよ》の眼にとまるところとなり、彼の推挙で晋朝の官職に復帰する。だが陳寿にはつねに不幸がつきまとっていた。彼は母の死にあたって当時の慣習に従わなかったことからまたも官職を追われ、不遇のうちに元康七年（二九七年）に没する。享年六十五歳であった。

さてその陳寿の著した魏志倭人伝である。陳寿の魏志は同時代の史家魚豢《ぎょかん》の『魏略』にその多くを負っている。『魏略』は今に伝わらない書で、やはり逸失した王沈《おうしん》の『魏書』をもとに叙述されたとみられている。『魏略』の逸文はいくつかの文献にみえる。魏志倭人伝の部分では『漢書』地理誌の顔師古《がんしこ》の注にみえるが、わが国の大宰府にしか伝わっていない唐代の張楚金《ちょうそきん》が著した『翰苑』にも『魏略』の逸文がある。これらの『魏略』逸文と魏志倭人伝とを比較すると、陳寿は『魏略』に拠りながらも『魏略』にはない対海国、一大国、末盧《まつろ》国の戸数や対海国から一大国への距離などを記しており、彼が『魏略』だけに拠ったのではないことを示している。また『魏略』逸文にあって魏志倭人伝にないものもある以上、倭人伝の撰述にさいして陳寿は独自の判断で『魏略』を引いたことが確認できよう。

ここで邪馬台国について一言ふれておきたい。一般には邪馬台国とされているが、陳寿の書いた『三国志』の魏書東夷伝倭人の条にただ一ヶ所でてくるこの国名は邪馬壹《やまいちこく》国であって邪馬臺《やまだいこく》国ではない。『三国志』の最古の版本は、十二世紀中葉、南宋の紹興年間（一一三一〜一一六二年）に成った紹興本と、同じ十二世紀末、南宋の紹熙《しょうき》年間（一一九〇〜一一九四年）に成った紹熙本だが、この双方ともこの国は邪馬臺国ではなく邪馬壹国として記されている。前述のようにこれを邪馬臺国としたのは陳寿のおよそ一五〇年後に『後漢書』を著した范曄である。七世紀前半に撰述された唐の魏徴《ぎちょう》の『隋書』は、「東西五月行、南北三月行にして各〻海に至る」としながらもこの国を「邪靡堆」とし、「即ち『魏志』のいわゆる邪馬臺なる者なり」とした。邪靡堆の「靡」は「摩」の誤りと考えられ、同じころ『北史』を著した李延寿は『隋書』を参照しながらも、范曄の記述から邪馬臺国を「邪摩堆《やまたい》」とする。「壹《いち》」が「臺《だい》」へ、そして「堆《たい》」へと改変されていったのである。この邪馬壹国から邪馬臺国へそして邪摩堆への改変は邪摩堆を大和と結びつけることとなり、邪馬台国畿内説の一つの支柱となる。十四世紀『神皇正統記《じんのうしょうとうき》』を書いた北畠親房はこれらの記述に注目し、邪摩堆を大和とした。こうして邪馬壹国《やまいちこく》—邪馬臺国《やまだいこく》—邪摩堆《やまたい》—大和《やまと》の流れは、以後室町時代の瑞渓《ずいけい》周鳳《しゅうほう》の『善隣国宝記』、江戸時代新井白石の『古史通或問《こしつうわくもん》』などに引き継がれていく。三世紀の史家陳寿は女王卑弥呼の国を邪馬壹国としたのだが、本稿では邪馬壹国を邪馬台国と表記する場合があることをあらかじめことわっておきたい。

さて、魏志倭人伝へ戻ろう。倭人伝は三つの部分から構成される。第一は邪馬壹国《やまいちこく》への行程を含む倭国の地誌、第二は倭人の風俗、習慣と倭人社会の状況、第三は倭国内乱を含む政治と渉外関係である。ここでは第一の部分を中心に邪馬台国の位置論を考え、必要に応じて第二、第三の部分にも言及していきたい。

倭人伝は、

「倭人は帯方の東南大海の中にあり、山島に依りて国邑《こくゆう》をなす。旧《もと》百余国。漢の時朝見する者あり、今、使訳通ずる所三十国」

からはじまる。倭人伝のこの部分は『後漢書』との対比ですでにみたが、これに続くのが里程記事で、帯方郡から韓国を経て倭人の国々を通り、邪馬壹国へ至る道程が、各国への方位、距離とその官、副や戸数とともに記される。続いて女王国以北は略載したがその余の旁国《かたつくに》は遠絶で詳《つまび》らかにできないとして二十一国の国名があげられている。そして女王に属さない狗奴《くな》国にふれ、「郡より女王国に至る万二千余里」として行程記事を締めくくっている。邪馬台国位置論につながる行程記事の検討は後にまわして、次の倭人の風俗、習慣の記述からは一般に倭の地は気候温暖で人々の従順、謙虚な様子がうかがえる。最後の倭国の乱と中国の王朝への朝献記事では、倭人の国は以前は男王が統治していたが乱が続いたこと、女王卑弥呼が擁立され乱が収まったこと、卑弥呼が魏王朝へ遣使し印を仮綬されたこと、南の狗奴国との間に抗争があったこと、卑弥呼の死後男王が立ったがまた国が乱れたので卑弥呼の宗女壹与が立てられ乱は収まったこと、そして壹与が魏へ朝貢したことなどが記され、魏志倭人伝の記述は終わっている。

邪馬台国の位置論を考える上では東アジアの当時の状況をみておくことが不可欠である。後漢の末期、後漢王朝の権威と武力が遼東、高句麗と韓半島に及ばなくなると、遼東郡太守の公孫度《こうそんたく》は楽浪郡をも支配下に入れて自立し、楽浪郡の大同江以南に帯方郡を設置し、半島南部の韓諸族、倭人に対して支配を強化しようとする。三世紀の初頭である。後漢が滅亡（後二二〇年）すると、遼東に接していた魏は公孫度に圧力を強め、公孫度は魏との対抗上南方の呉と接触する。呉の孫権は公孫度の動きに積極的に応じ、さらに北に位置する高句麗とも手を結ぼうとする。高句麗の東川王は当初は呉との提携に前向きだったが、魏はこの動きを察知、高句麗攻撃の態勢をとったらしく、結局東川王は呉と訣別、魏に服する。魏の明帝が幽州の刺史毌丘倹《しかんきゅうけん》に高句麗の討伐を命じたことで、高句麗が折れたのだろう。明帝はさらに遼東の公孫淵（度の子）の討伐を司馬懿《しばい》に命じた。これが景初二年（二三八年）一月で、司馬懿は戦船を使って山西から半島中央部へ兵を送った。公孫淵の虚を突いたこの作戦で帯方郡、楽浪郡は司馬懿の手中に落ち、司馬懿自身は陸路を遼東へ進み、東西から遼東を挟撃された公孫淵は同年八月討死する。公孫氏に替わって魏の支配下に入った韓諸族は、魏の支配を歓迎しなかった。これは高句麗も同じで、まず高句麗が魏と対立、魏は二四四年再び毌丘倹を高句麗に向かわせ、その王都丸都城を攻撃、高句麗の東川王は支えきれず、わずかの配下に守られて遠く南沃沮《よくそ》まで逃れた。韓の諸族にも魏のきびしい対応が迫った。韓族は楽浪郡から分れた帯方郡のもとで、魏のいっそうの重圧に苦しめられる。正始八年（二四七年）魏の圧政に苦しんでいた韓諸族は決起、帯方郡との間で激烈な戦闘が展開された。この戦いで帯方郡太守弓遵《きゅうじゅん》は戦死、楽浪郡太守劉茂《りゅうぼう》は帯方郡の支援に向かい、かろうじて韓族の叛乱を抑えた。

倭の諸国は高句麗、韓の諸族とは少々様子が異なる。韓諸族という緩衝があったことで魏の直接支配が及ばなかった倭人は、おそらく公孫淵と魏の抗争を注意深く見守っていたのだろう。半島の倭人から情報を得ていた倭の諸国は、韓民族の叛乱の前であったが、魏へ誼《よしみ》を通じておくことの必要性を敏感に感じ取ったに違いない。韓半島の倭人から魏が遼東を襲おうとしている情報をつかむと、倭国はすぐさま大夫難升米《なしめ》、次使都市牛利《としごり》を急遽集めた貧相な献上品とともに渡海させるのだが、この倭の貢献は帯方郡と魏にとって思いがけない行為だったろう。魏にとって倭の朝貢はもちろん実質的には何の力にもならないのだが、呉、蜀ばかりか遼東、高句麗、韓諸族、北方の夷民族とも対立し、抗争を繰り返していた中で、魏の明帝にとって倭の朝貢は格好の宣伝材料になった。とくに韓半島は公孫淵の討伐が未だ終息せず、韓諸族との間にも不穏な空気のある中での倭の朝貢である。この倭の遣使は景初二年（二三八年）六月、卑弥呼の晩年のことで、卑弥呼はこのあと正始四年（二四三年）にも遣使しており、帯方郡も正始六年、八年と続けて卑弥呼と接触し告諭している。これは狗奴国との抗争に激励を与えた帯方郡の措置であったのだが、その帯方郡は正始八年の韓族の叛乱で太守が戦死する事態になった。倭の朝貢を帯方郡と魏が歓迎した理由がよく理解できる。

　このように当時の倭国、魏と帯方郡、韓諸族は、深刻で緊張した状況にあった。このことは邪馬台国の位置論を考える上で心に留めておかなければならない。魏と呉の対立は、両国の直接の対決もあったが、呉王孫権と遼東、楽浪の公孫氏、孫権と高句麗の東川王の接触もあって、文帝（曹《そう》丕《ひ》）の後を継いだ明帝（曹叡《そうえい》）、明帝の急死（景初三年一月）を受け即位した斉王（曹芳）と魏の重臣にとっても背後の敵となる可能性もあり、大きな脅威となっていた。魏志倭人伝には、後述するが倭国の位置を「会稽東治《かいけいとうや》の東に在るべし」とし、「倭の地は温暖、冬夏生菜を食す。皆徒跣《とせん》（裸足）なり」とする記述がある。あたかも呉の東方海上に倭国が存在しているように読めるのだが、こうした表現も当時の政治状況を念頭に読むべきだろう。同時に忘れてならないのは、陳寿が『三国志』を撰したのは呉の滅亡（二八〇年）、晋の中国統一後のことで、陳寿の執筆当時実際問題としては呉の脅威は存在していないことである。

　前述したように、浪人していた陳寿は晋の重臣張華に見出され晋朝に仕え著作郎（歴史編纂の主席官）という重職にまで就く。彼が『三国志』全六十五巻を書きあげたのは、この著作郎在任中であった。だから彼は三国時代の政治、軍事に関する資料、三国それぞれの機密文書などをみることのできる立場にあった。蜀も魏も呉も政権の終焉は戦火の中で混乱の内に滅亡したのではなく、権力は平和裡に移行されている。諸資料、諸文書も焼失していないので陳寿は『三国志』執筆に必要な資料を活用できた。しかし活用できたからといって、彼がそうした材料を利用して自由な立場で三国の歴史を書いたのかといえばそうではない。晋朝の史官であった彼は、たとえ史書の執筆、撰述が彼の自由意思であったとはいえ、述作する史書の内容には制約があった。晋朝は司馬炎が魏の曹一族から実権を奪って建てた国である。司馬一族の非難されるべき行為は書くことができないし、魏から禅譲されたのだから曹一族に関しても筆は婉曲にならざるを得ない。実際後世の史家は、陳寿の『三国志』を「迴護《かいご》の法」と断じている。「迴護の法」とは直截でない遠慮した筆法を表わす。晋朝の史官である陳寿にとって、魏、晋朝の公文書、あるいは露布（戦勝の布告など広く民衆に公布するのぼりなどに記した文書）に違う記述は許されなかった。当時三国は互いに抗争していたから、負け戦でも露布では敗戦とはいわず転戦とか移動とかの表現を使っただろう。倭国からの朝貢に際しては、呉の東方海上には倭国があり、魏は倭国とは親しく、倭国は魏の軍事要請を受け入れていたような露布も公示されていたかもしれない。魏朝の露布がそうした表現を使っていたら、陳寿の筆もそれに従わざるをえない。邪馬台国の位置論を考える上ではこうした陳寿の文章術を念頭に置く必要があるだろう。

「迴護の法」の実例を一つあげておこう。魏の四代皇帝高貴卿公の曹髦《そうぼう》は、実権が司馬懿の子司馬昭とその一族に握られている状況にがまんができず、甘露五年（二六〇年）五月司馬昭を倒そうと自ら身の周りの近衛兵を率いて決起した。曹髦の反抗はほとんど戦闘にならずあっけなく鎮圧され、曹髦は司馬昭の腹心賈充《かじゅう》に斬殺される。この事件を陳寿は三少帝紀に「五月己丑《きちゅう》高貴卿公卒す。享年二十」と記し、決して司馬昭によって殺害されたなどとは書かない（ただし、先帝の皇后の詔令を載せ、曹髦の非道、無法ゆえの死であることを記す）。陳寿のこうした筆法は倭人伝においても貫かれているのだが、曹髦の死と五代皇帝曹奐《そうかん》（元帝）の即位は晋朝の官人にとっては周知の事実で、この曹髦の話でもわかるように、当時の知識階層に属する人たちは書かれていることとは別の筆者の意図を読み取っていたのである。

もう一つは誇大表記の問題である。後に検討していく倭人伝には「始めて一海を度る千余里、対海国に至る」、「郡より女王国に至る万二千余里」などの記事がある。魏、晋朝の一里は四三二メートルだから、前者なら狗邪韓国（現金海《キムヘ》付近）と対馬南島との間は四三〇キロもあることになり、郡（帯方郡＝現ソウル付近）から女王国までは五〇〇〇キロということになる。このような誇大な表記が倭人伝に使われているのだが、この種明かしが魏書の国淵伝にある。国淵伝には「破賊文書は旧《もと》一を以て十と為す」、つまり敵を破った戦果は十倍にして報告せよとする。太祖（曹操）が関中を転戦していたとき背後の地で反乱がおこる。国淵はこの反乱を鎮圧するがそのさい斬った者の数を実数で報告した。曹操は後日国淵になぜ処分者を実数で報告したのか尋ねたところ、国淵は反乱は魏のためにならず恥と考えたので、誇大にすることはせず民衆にも実数を告知したと答えた。曹操は国淵を賞したという。当時は敵と対戦した時斬った敵兵は十倍に、味方の損害は少なくするのが習慣であった。朝貢してきた国が遠方であればあるほど魏の国威は上がる。こうした状況はありえたであろうし、それが公文書などに記されていれば陳寿の筆もそれを否定できない。もちろんすべて十倍にしたわけでなく蜀志、呉志にはそうした誇大表示はないし、魏志も曹操の部分、司馬懿と晋朝の史実に関する部分以外は実数を記している。誇大表記のある個所でもすべてが十倍にされているわけでないことはいうまでもない。晋朝の史官陳寿を取り巻いていたこうした状況は、陳寿の筆法にも無視することのできない影響を与えた。

さて、その陳寿の筆になる魏志倭人伝に記される邪馬台国である。邪馬台国の所在地は、江戸時代以来畿内大和説と九州説が対立して国民的な関心の的となり、邪馬台国はどこにあったのかの所在地論争が展開されているが、いまだに決着がつかない。近年になって二千字に満たない魏志倭人伝の記述、特にその中の邪馬台国への里程記事からその所在地を突きとめようとする手法の限界が指摘され、探究方法の見直し、新たな角度からの問題提起がなされている。そうした接近の一つの角度として、日本古代史学の周辺諸分野、古代中国史、古代朝鮮史を中心とする東洋史学、考古学をはじめ地質学、気象学、言語学、民族学、民俗学などの成果を取り入れようとする動きがある。実際そうした周辺諸分野の専門家の発言が増えてきているのも近年の特徴だが、隔靴掻痒の感があることは否めない。しかもそうした学際的協力、協同の動きにもかかわらず問題は一向に解決しない。

魏志倭人伝にある邪馬台国の所在地を突きとめようとする課題は、どれだけ周辺分野で検討が加えられようと最後は文献史学の問題であり、文献の解釈の問題である。そして困難なことは、文献の解釈から仮に所在地が突き止められたにしても、それを裏付ける確実な証拠が提示されなければならないことである。そうでなければ説得力はない。確実な証拠なしにその所在地を示しても、世間も学界もそれをなかなか受け入れないだろう。ところが文献史学がその根拠を提示し、論証することはほとんど絶望的である。邪馬台国の所在地は、封泥とか「親魏倭王」の金印のような物的証拠の出土によって確実視され、確定されるのだろうが、そのような僥倖は望むべくもない。

このことはこれまでの考古学上の発掘成果が証明している。一九八六年から本格的な発掘調査がはじまった九州の吉野ヶ里遺跡は邪馬台国論争に止《とど》めをさしたと当時喧伝された。たしかに吉野ヶ里の発見は古代史学にも考古学にも衝撃的なできごとであったが、それは弥生時代の中期から後期にかけての大環濠集落が空前の規模で発見されたこと、そしてその発掘成果が魏志倭人伝の記述に主要な部分で合致していたことなどによるものであった。遺構の出現は畿内大和説を沈黙させるのに十分であったが、あの衝撃的な発見によってもここそが邪馬台国、卑弥呼の居館というわけにはいかなかったし、もちろん邪馬台国論争が終息したわけでもなかった。また二〇〇九年、卑弥呼の墓とされる奈良県桜井市の箸墓古墳の周濠から出土した土器の放射性炭素年代測定で西暦二四〇〜二六〇年の結果が出たこと（卑弥呼の死は西暦二四八年前後と考えられる）、翌年箸墓古墳のある纏向遺跡から三世紀前半としては国内最大級の大型建物の遺構が発見されたことが、この遺構が卑弥呼の宮殿ではないかとの推測を呼び、邪馬台国はこれで決まったとの意見まで生まれた。吉野ヶ里の十倍にも迫ろうかという広大な弥生時代後期の大集落群は、間違いなくこれまでに発見された卑弥呼と同時代の弥生集落としては最大規模であり、この地が当時の最先端地域であったことをうかがわせている。纏向遺跡の発掘は今も続けられており今後の成果が楽しみだが、それにもかかわらず纏向遺跡から邪馬台国という特定の国を立証する物的証拠が出てきたわけではなく、二〇〇九年に箸墓の周濠から出土した土器の年代測定、翌年の纏向遺跡からの三棟の大型建物の遺構の出土によって、邪馬台国の所在地論争に終止符が打たれたわけでもなかった。あの発掘に携わった関係者でさえ、所在地論争はこれで終息するとは思っていなかっただろう。

もともと考古学上の発掘成果を文献史学に適用させる上ではきわめて慎重な配慮が要求される。墳墓などの遺構から墓誌や銘が刻まれた刀剣、銅鏡などが出土するような特殊な場合は別として、通常遺跡、遺構からは年代や固有名詞を明かすものは出土しない。だから三世紀前半の大型建物の遺構が出たからといってそれがただちに卑弥呼に結びつくことにはならないし、そのような遺構はその規模の大小はあるだろうが日本のいくつかの地点からこれからも出土する可能性はある。三世紀中葉から後半には日本列島の各地に弥生時代の集落は存在していたからである。箸墓の築造はおそらく三世紀中葉だろう。周濠から出土した土器の年代測定の結果もほぼ正しいだろう。だが箸墓が二四〇～二六〇年に築造されたところで、それが卑弥呼の墓であることは立証され得ない。次元の違う問題だからである。文献史学の問題は文献の解釈、探究、考察から解決されるだろうし、周辺諸科学の研究成果はあくまでもその一助として位置付けられねばならないだろう。

邪馬台国論争が過熱するのは、邪馬台国の所在地が日本の国土統一の時期に直結するからである。邪馬台国が畿内にあったとすれば、この国は三世紀の中葉までには九州を含む西日本から東日本の一部にいたる広域国家をつくりあげていたとみることが可能であろう。一方、邪馬台国が九州ならば日本の国土統一はいまだ道半ばで、北部九州や大和、吉備、出雲など日本の各地には弥生時代の環濠集落が存在し、それらがそれぞれ独自に魏志倭人伝に記されているような弥生時代の国として機能していたとみることができるだろう。

われわれは先に一世紀から二世紀初頭までの倭人の国をみてきた。そしてその結果として、中国の王朝への貢献、金印の下賜などは北部九州の倭人の国の活動であることを確認した。二世紀前半から三世紀前半のあいだに、魏志倭人伝にいう「倭国乱」、『後漢書』倭伝にいう「倭国大乱」によって日本の国家統合が進み、関東、東海から九州を含む広域の統一国家が生まれたのか、それとも魏志倭人伝にあるような弥生時代の環濠集落国家が日本の各地に割拠していたのか、そしてそのことは邪馬台国の位置に直結するのだが、これが今われわれの眼前に投げ出されたテーマである。

三世紀の倭国の実像を考える前にもう一つ、陳寿の『三国志』を検討するにあたってぜひふれておかなければならない問題がある。前述のように『三国志』は、呉の滅亡（後二八〇年）後陳寿が晋の著作郎の地位にあった太康三年（二八二年）ごろから書き始められ太康六年（二八五年）ごろまでに完成されたと考えられている。皇帝の勅によって撰せられた史書ではなかったが、陳寿の立場がその書の性格を官撰の史書に劣らぬ厳密なものにさせた。著作郎という立場の彼の筆によって記された『三国志』は洗練された文でもあったが、指弾を受けることのない正確さも兼ね備えていた。ここではそのことを確認しておきたい。陳寿を引き立てた杜預《とよ》は晋の重臣で鎮南大将軍の地位にあり、行政、軍事のオーソリティーであった。彼は死の直前であったが、陳寿が『三国志』を撰したことを知り、彼から届けられた『三国志』を一読する。杜預はこれを高く評価、晋の武帝（司馬炎）に陳寿の才を褒め、彼を皇帝侍従長に推挙している。もう一人、陳寿の仕官への道を開いてくれた張華も、完成後の陳寿の『三国志』に目を通した後、これに賛辞を呈し彼の能力を改めて評価しなおしているが、張華は当時中国の東北地方と韓半島、倭国を含む東夷方面を管轄する幽州諸軍事、都督であった。晋朝の重臣であったこれらの人たちが、脱稿直前のあるいは完成直後の『三国志』をみており、彼の著述に何のクレームもつけないばかりか良書として推挙している事実は注目すべきだろう。陳寿は前述のように些細なことから官界を追われるが、彼の没後『三国志』は正史の地位を得ている。

『三国志』の史料性格を考える上で、南朝劉宋の人、裴松之《はいしょうし》の仕事を無視するわけにはいかない。裴松之は山西省の出身で東晋の咸安二年（三七二年）の生まれ、東晋に仕官するが後の宋の太祖劉裕（武帝）に認められ、宋の建国から宋朝に仕え文帝（四二四〜四五三年）のときその命を受けて、『三国志』に注を施す作業に取り組む。『三国志』の注の作業は陳寿の叙述に端を発している。『三国志』は簡素な名文であったが当時存在していた史書を十分に取り込んで記述されているとはいえなかった。これが宋の官人たちの要望によって他の史書との異同、校合を施す作業にあたらせる文帝の命が発せられた底辺にあった。裴松之の作業はそのため厖大な量に及び、部分的には本文よりも注の分量が多い箇所も生まれた。裴松之の注を裴注というが、倭人伝の部分の裴注は二ヶ所で一つは倭人の風俗、習慣を記した箇所に入れた注

「魏略に曰く、其の俗、正歳四節を知らず、但、春耕秋収を計りて、年紀と為す」

（『魏略』が記すところでは、倭人は正歳〈正月〉と四季を知らず、ただ春の耕作と秋の収穫の

数を数えて年数としている）

であり、もう一ヶ所は、卑弥呼の朝貢に対する下賜の品をあげた中に陳寿が「絳地《こうち》交龍錦五匹」としたのを、絳地ではなく絳綈《こうてい》の誤りではないかとした注である。後者の裴松之の注にふれておこう。漢の文帝（前一八〇〜一五七年）は華美を嫌い通常の衣服を弋綈《よくてい》と呼ばれた黒の皁衣《そうい》で通した。絳地の絳は濃い赤を意味するので、絳地交龍錦とは二匹の龍が交わった図柄の赤い絹地を意味する。絳綈とは赤の絁《あしぎぬ》（縦糸が絹、横糸が綿糸の厚手の生地）で、魏の明帝は漢の文帝の治世を評価していたので、倭国へ下賜したのも絳地ではなく絳綈であったろうと裴松之は注を加えたのである。なお魏の明帝は景初二年（二三八年）十二月、絳地交龍錦五匹、銅鏡百枚、金子《きんす》などを下賜するよう詔勅したが、その実行をまたずに翌景初三年正月急死する。これらの品々は明帝の一年間の服喪のあとの翌年正始元年（二四〇年）帯方郡太守弓遵によって卑弥呼に下賜された。

ところで裴松之が注釈した絳地か絳綈かについては、もちろん今日ではどちらが正しかったかわからない。裴松之の注には疑問の声もあがっている。だが重要なことは、裴松之はこのようにごく些細なことにまで目を通し、疑問に感じたことをただちに訂正するのではなく、各種の所伝、異本に接し検討を加え、それに注釈をつけていることである。裴松之は命を受けて『三国志』全巻にわたる詳細な注を作成し、元嘉六年（四二九年）上表した。この当時倭国の王讃が宋朝に朝貢している。いわゆる倭の五王である。これは後述するが、まず永初二年（四二一年）宋の武帝に倭王讃が貢献、その四年後の元嘉二年（四二五年）にも文帝の即位に際して倭王讃は朝貢している。ただしここまでは宋朝は讃を王とは認めず、『宋書』は「倭讃」と記述した。こうした倭国からの遣使を宋朝の仕官であった裴松之は当然知っていたし、使者がどの地から派遣されたかも知っていた。そして彼は陳寿の倭人伝中の倭国の位置関係の部分にまったく注を施すことなく、陳寿の里程記事を正しいものと認めたのである。以下にみていくが、陳寿の邪馬台国への里程は誇大な表記がなされている。これまで述べてきたように、晋朝の皇帝を頂点とする支配階層に属する人たちは陳寿の書を読んだし、彼の直接の上司杜預も張華も彼の記述を可とした。そして一五〇年後の宋朝の裴松之と宋の武帝、文帝らも陳寿の記事を認めたのである。しかもその宋の時代には倭王讃の遣使があった。彼らは倭の使者がどこからきたか、五〇〇〇キロも離れた彼方（後述するが魏志倭人伝にある郡より女王国に至る一万二千余里は魏、晋朝の里に換算すると五〇〇〇キロを超える）から来たのではないことも知っていた。それにもかかわらず、裴松之らは陳寿の記述を肯定したのである。陳寿の記した邪馬台国への里程記事はどう読まれたのか。今日のわれわれはそれをどう読むべきなのか。以下にそれを考えていきたい。

邪馬台国への里程

魏志倭人伝の冒頭の部分は、すでに述べたように『魏略』に拠っている。『魏略』の逸文は「倭は帯方の東南大海の中に在り。山島に依りて国を為す」とするが、陳寿は倭人伝の冒頭でこの部分を引いている。「山島に依る」というこの表現は、実は畿内大和説に重大な疑義を投げかけるものだが、どういうわけかこれまであまり注目されてこなかった。「山島」とは山がちの（山の多い）島の意味であり、倭国の地を山がちの島と認識するのは畿内大和にはそぐわないだろう。班固の『漢書』には「山島」という語句はないが、『三国志』以来『後漢書』の范曄も「倭は……山島に依りて居を為す」としているし、記述対象では『三国志』に続く房元齢らが著した『晋書』も「倭人は……山島に依りて国を為す」とする。范曄は南朝宋の人、房元齢は初唐の人だが、少なくとも七世紀前半までの中国の知識人、支配階層に属する人たちは、倭国が「山島に依りて国を為」していることを理解していたのである。こうした状況を頭の片隅にとどめて、邪馬台国への里程記事に入ろう。

邪馬台国の里程記事の最初にある郡は帯方郡で、郡治は現在のソウル付近にあった。「倭に至る」という表現は倭国の首都に至るという意味であって、倭国の国境までという意味ではもちろんない。「郡より」も帯方郡治よりであって、帯方郡と韓国の国境よりという意味ではない。倭人伝の末尾の方に倭国が官人を遣わして「郡に詣《いた》り」という記述があるが、これも「郡治へいたった」という意味で使われている。したがってこの部分は帯方郡治から倭国の首都、女王の居る所までと理解しなければならない。

次の部分も厳密な考証が要求される。従来「海岸に循《したが》いて水行し」は、狗邪韓国までの水行と考えられていた。しかしそれに続く「韓国を経て乍《あるい》は南し乍《あるい》は東し其の北岸狗邪韓国に到る七千余里」を考えると、海岸に沿って水行するのは韓国に入った所までで、韓国に入った所から狗邪韓国までは陸行でなければならない。その理由は二つある。第一は「乍南乍東」である。ここまで乍を「あるいは」と読んだが、この字は本来「たちまち」と読む。一般にわが国で読まれているのは

韓三国と倭

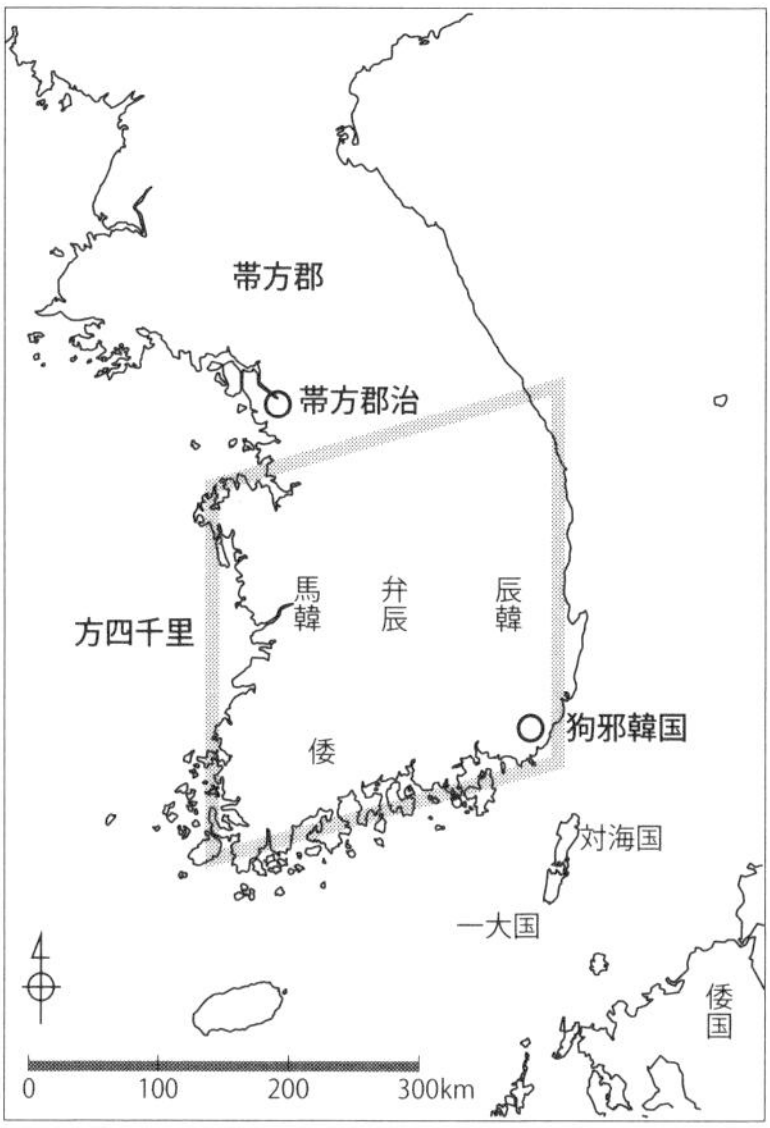

「あるいは」で、この文意は「韓国を経てあるいは南に、あるいは東に行き」である。この読みでも間違いとはいえないが、本来の乍《たちま》ちの読みの方が事態をもっと正確にとらえられる。乍《たちま》ちの意味は「……したと思うとすぐ」で、南に行ったと思うとすぐ東へ、東へ行ったと思うとすぐ南へという状況を示す。つまり郡使は韓国を経たあと韓内を南へ行ったり東へ行ったりしながら狗邪韓国へ到った。すなわち郡使は陸行したのであって水行ではない。もし韓国を歴てからも水行したのなら南へいったり東へいったりすることはできない。狗邪韓国まで水行なら「韓を歴《へ》て海岸に循いて南へ、倭を歴てから海岸に循《したが》いて東へ」という記述になるであろう。韓内が陸行でなければならない第一の理由である。

第二は七千余里である。魏、晋朝の一里は四三二メートルでこれは動かしようがない。魏志明帝紀には、明帝が司馬宣王（司馬懿）を公孫淵討伐のため遼東へ遣わす記述があるが、裴松之の注は『魏名臣奏』を引いて洛陽―遼東の距離を四千里以上とする。軍勢の行進だからもちろん直線距離ではなくこの間はおそらく一八〇〇キロメートル以上はあろう。魏志韓伝では陳寿は韓を方四千里とする。方とは正四辺形を示す表示で、彼は韓半島の南岸、あるいは半島中央部から南端までを四千里としたのである（前ページの地図参照）。韓半島の南岸は二八〇〇キロから三〇〇〇キロメートルほどだろう。彼は半島を六〜七倍の長さに拡大していた。ただしさしあたっての問題は「狗邪韓国に到る七千余里」である。郡治から海へ出て海岸線を南下、帯方郡と韓の国境まで水行し、次に韓内を南東へ陸行して狗邪韓国へ至る。この距離を陳寿は七千余里とした。狗邪韓国は半島の南東端、現在の金海《キムヘ》付近と考えられている。一路水行して韓半島の南西端へ行き半島南岸を南東端へ向かうと、四千余里プラス四千余里で、郡から韓までの水行部分を加えるから八千里を超えるであろう。韓（郡と韓の国境）から狗邪韓国までの韓内は水行ではなく陸行でなければならない第二の理由である。

狗邪韓国は魏志韓伝にある弁辰狗邪国であることは間違いがないだろう。この国は陳寿が「その北岸」といったように倭国の北岸に位置していたのであって、范曄が誤ったように倭国の西北界ではない。この当時韓半島南岸には倭人が居住していたが、その地は南西部が中心で南東端には及んでいなかった。陳寿の韓伝、倭人伝の記述からはそう読み取るしかない。ここでは「倭に至るには」と「狗邪韓国に到る」の「至る」、「到る」の字に注目したい。

次は対海国への里程記事である。この対海国の表記は紹熙本によるが、同じ南宋の時代に成った紹興本は対馬国とする。どちらも十二世紀の現存する最古の版本だが、今日の学界の大勢は紹熙本の対海国を対馬国の誤りとする。対馬は馬韓に対する国という意味であろう。だが三国の時代馬韓は半島の南岸まで進出していなかった。半島の南岸は倭人の地で、韓族は半島の南東端に狗邪韓国があったように、東南こそ海にまで進出していたが、その地は馬韓ではなく辰韓であった。韓伝によれば狗邪韓国は弁辰狗邪国で、馬韓の一国ではなく弁辰（弁韓）である。馬韓に対する国としての対馬は説得力に欠ける。紹熙本の対海国は、倭人伝のそのあとの記事に出てくる瀚海《かんかい》に対する国という意味であろう。もとよりこれらの命名は倭人ではなく、広い海を意味する瀚海は中国の命名である。対馬が、中国の側（もちろん韓半島の側）からみて、手前の馬韓に対する島（しかも馬韓は三世紀、直接現在の対馬と対面していない）というよりは、島（対馬）の先の広い海（瀚海）に向き合った島とした方が収まりがいい。紹熙本の対海国に惹かれるが、それ以外に根拠はない。だがいずれにしても郡使が最初に海を渡って着いた地が現在の対馬であることは間違いがない。対馬は上県郡（北島）と下県郡（南島）から成る。現在対馬の北島と南島は陸続きだが、三世紀の当時は分れていた。郡使の経由地は下県郡であろう。里程記事にあるように対海国（対馬国）は方四百余里と記されているが方（正四辺形）で表される地は下県郡の方が適していること、狗邪韓国から至った場合、南島の北西端に着き南島の海岸線に沿って南東端へ進み、対馬の南東端から壱岐の北西端をめざす航路がもっとも自然であること、南島は瀚海に面していること（対海国）などの理由から対馬の南島と考えたい。里程では、狗邪韓国から対海国まで千余里、対海国が方四百余里。大官は卑狗《ひこ》、副は卑奴母離《ひなもり》、戸数は千余戸。良田がないので船に乗って南北に市糴《してき》する（品物を売り買いする）という。ここで注意したいのは「対海国に至る」、「千余戸有り」の語句である。

次の一大国は一支国の誤りとされ壱岐をさす。『魏略』逸文には一支国とあるのがその根拠だが、『三国志』の紹興本、紹熙本とも一大国になっている。誤りかどうかは留保したいが壱岐であることには疑問の余地はない。対海国と同じく官は卑狗《ひこ》、副は卑奴母離《ひなもり》、田畑はあるが食すには足らず、また南北に市糴《してき》する記述も対海国と同じである。狗邪韓国から対海国へは方位がないが、対海国から一大国へは「南渡一海」と方位が記され、里程は千余里でこれも狗邪韓国―対海国間と同じである。壱岐で注目すべきは弥生時代後期の遺跡だろう。原ノ辻《はるのつじ》遺跡からは漢鏡とともに新の王莽の時代の貨幣貨泉が出土し、壱岐北端のカラカミ遺跡からは狗邪韓国の地とされる金海式土器が出土しており、南北に市糴すという倭人伝の記述を裏付けている。

先の二つの渡海と同じ千余里の水行で着く末盧国《まつろこく》の中心は、現在の松浦半島唐津市のほぼ中央に位置する桜馬場《さくらばんば》遺跡と考えられている。一大国の南東端から千余里で唐津市へというコースだが、ここでも陳寿は方位を記していない。この渡海の三つのコースで方位があるのは対海国―一大国間だけということになる。そしてこの間の里程はいずれも千余里、対海国と一大国は方四百余里と方三百里だが、これらの数字の持つ意味は後ほど考えていくことにしたい。こうして郡使は九州の地に立った。末盧国、現在の佐賀県唐津市である。末盧国には、「山海に浜《そ》うて居る。草木茂盛し、行くに前人を見ず。好んで魚鰒《ぎょふく》を捕え、水深浅となく、皆沈没してこれを取る」とする他にはみられない記事がある。そして注目したいのは「女王国以北は其の戸数、道里を得て略載すべき」とあるにもかかわらず、この末盧国に限って官と副が記されていないことである。この点も後にふれることになろう。

末盧国からは陸行で伊都国へ向かう。伊都国の記述ではいくつか重要なポイントがある。まず末盧国から東南へ陸行五百里とするが、唐津市中心部から伊都国の中心と考えられる現福岡県前原市の三雲南小路《みくもみなみしょうじ》遺跡へは東南の方向ではなく、北東か東北東だろう。これをもって倭人伝の里程記事は方角において約九十度左にずれているので、南は東に読まなければならないとして、邪馬台国畿内説の論拠とする考えがある。だが倭人伝の方位をすべて九十度左回りにして倭人伝全体を読めるだろうか。ある箇所は九十度左へ動かすが、別の箇所にある方位はそのまま読むという主張がどれだけ説得力があるだろうか。倭人伝の方位を信用できないとする議論に従うことはできない。となれば末盧国から伊都国への東南の方位はどのように解くべきだろうか。唐津市の桜馬場遺跡から前原市の三雲南小路遺跡へ向かう場合、海岸に沿って一度は東南へ進み松浦川を渡ってからは北東へ旅程をとることになるだろう。末盧国からの最初の進発方向を東南と示したと考えたい。その後は道沿いに進むことで、これを陳寿は次にある「草木茂盛し、行くに前人を見ず」の語句で示したのではなかったか。もう一つはこの後出てくる「女王国以北、戸数、道里を得て略載す」の記述で、仮に末盧国から伊都国への方位を北東とするなら、女王国の位置が混乱するおそれがあったことであろう。建前としては、対海国、一大国、末盧国、伊都国は女王国より北に位置していなければならなかったのである。

伊都国の官は爾支、副は泄謨觚、柄渠觚とあるが、いずれも読みは不詳である。爾支をニキと読んで『隋書』倭国伝にある伊尼翼で稲置《いなき》とする説、ニシと読んで県主《あがたぬし》とする説、泄謨觚はシマコと読み島子、柄渠觚はヘクコと読み彦子とする説があるが、根拠に弱くこじつけの感が強い。郡使が見聞した大官、副の呼び名をこのように表記したのであって、無理にあてはめようとしてもあまり意味がないだろう。それより伊都国の官と副に関しては副が複数記されていることに注目したい。伊都国は郡使の往来常に駐まる所とあるように、これまでの国の中では特別な国として位置付けられているようにみえる。倭人伝のこの後の記述には、一大率《いちだいそつ》がこの伊都国に置かれ、諸国がこれを畏憚《いたん》するとあり、また伊都国には代々王がおり、その代々の王たちはみな女王国に統属していたとある。倭人伝には王は女王卑弥呼、その宗女壹与、狗奴国の王（男子）と伊都国の王が記されているが、これ以外に王の記載はない。一部の論者は「皆、女王国に統属す」とあることから、伊都国以外にも王がいて、これら各国の王は皆女王国に統属されていたと主張するが、「世々王有り」とあることから、伊都国の代々の王が女王国に統属されていたと読むべきだろう。その伊都国の戸数を紹興本、紹熙本ともに千余戸とするが、『翰苑』の『魏略』逸文は伊都国の戸数を万余としている。根拠なく誤写、誤伝とするわけにはいかないが、郡使の往来常に駐まる所であり、世々王が統治していた伊都国が一大国、末盧国よりも戸数が少ないことに疑念が生じる。『魏略』の万余が正しいのではないだろうか。

伊都国に該当する地の弥生時代後期の遺跡はきわめて豊富である。この地には曽根石ヶ崎支石墓など弥生時代前期とされる遺跡が複数存在し、早くから階層の分化を伴なった社会が形成されていたと考えられる。その後弥生時代中期後半には三雲南小路《しょうじ》遺跡のように王墓にふさわしい副葬品をもつ甕棺墓も現われる。弥生時代後期になると、国内最大の直径四六・五センチメートルの内行花文鏡が出土した平原遺跡、江戸時代に発見され現在ではその場所が確認できないが三雲南小路遺跡に隣接すると考えられる井原鑓溝《やりみぞ》遺跡などの存在も確実視され、倭人伝にいう「世〻王有り」の記述が現実味を帯びる。三世紀、この国が倭国全体の中で、外交の上でも国内政治の上でも重要な役割を果たしていたことが、文献からも遺跡の発掘からも確認できるといえよう。

奴国《なこく》は現在の福岡市南部から春日市にかけての地にあったと考えられ、律令体制の以前は那津《なのつ》と表記されていた。それ以前には儺県《なのあがた》の表記もある。その中心は須玖《すく》岡本遺跡で、王墓とみられる甕棺墓からは漢鏡多数が出土している。官は兕謨觚、副は卑奴母離、おそらくシマコ、ヒナモリと読むのだろうが、前者は伊都国の副、泄謨觚と同音異字である。正と副の違いがあるので同じ官職とみるわけにはいかないだろう。

奴国には『後漢書』倭伝の「建武中元二年、倭の奴国、奉貢朝賀す。使人自ら大夫と称す。倭国の極南界なり。光武、賜うに印綬を以てす」の記事がある。このときの奴国の遣使の記事は、『後漢書』の光武帝紀にも「東夷の倭の奴国王、使を遣わして奉献す」とあり、使人大夫は奴国王によって遣わされたことがわかる。すなわち一世紀中葉には奴国には国王がいて大夫を後漢王朝へ遣わした。そしてその使人によって「漢委奴国王」の金印がもたらされた。倭国王帥升の朝貢はその五〇年後だが、帥升が倭のどの国の出であったかの記載はない。だがそれからさらに一〇〇年後、北部九州の国々の中で奴国が二万余戸を擁して、投馬国《つまこく》（五万余戸）、邪馬壹国（七万余戸）に次いで（この二国の戸数については後述する）他の国々より戸数で抜きんでていたことは、奴国が倭国の中で引き続き重要な地位を確保していたとみて差し支えないだろう。范曄がこの奴国を「倭国の極南界なり」としたことについては前述したが、「極南界」については邪馬台国位置論のところでもう一度ふれたい。

伊都国から奴国への里程記事の表記方法が、伊都国までの里程記事のそれと異なっていることを発見したのは東大教授榎一雄であった。榎は一九四七年、倭人伝の方位記事が伊都国までは方角、距離、目的地の順に記されているが、伊都国からは方角、目的地、距離の順に記されていることを指摘、ここから彼は伊都国までは直線行程であり、伊都国以降は伊都国を基点とする放射行程であろうと読み解いた。奴国《なこく》、不弥国《うみこく》への里程が目的地より後に記されているので榎のいうように、伊都国―奴国、伊都国―不弥国であって、伊都国―奴国―不弥国と読むべきではないとしたのは榎の卓見である。だがそのあとに出てくる日数表示の投馬国、邪馬壹国はどうか。これも後に改めて考えていきたい。

倭人伝の奴国は簡素な記述だったが、次の不弥国もごく簡単な記述である。不弥国は一般にウミ国と読まれ、太宰府市の北に隣接する宇美町に比定する説が多くの支持を集めている。他には福岡市の東北にあたる海沿いの福間町、あるいは津屋崎町とする説、あるいは内陸に入った遠賀川流域の飯塚市、穂波町あたりとする説など比定地がいくつかある。ここまでの対海国、一大国、末盧国、伊都国、奴国はその所在地にほとんど異論、異説はなかったが、不弥国は候補地が複数存在する。この状況は、次の投馬国、邪馬壹国の位置論との関係で捉えるべきかもしれない。百里はその基点を奴国からとするにせよ、伊都国からとするにせよ、末盧国―伊都国間の五分の一の里程であり、少なくとも飯塚市、穂波町、あるいは津屋崎町、福間町では離れ過ぎるきらいがある。比定地は百里という里程を念頭に置いておくべきだろう。不弥国の比定地の私見は後述する。不弥国の官は多模、副は卑奴母離とある。多模をタマと読み、玉、魂にあてる説、あるいはトモと読んで伴《ともの》造《みやつこ》とする見解があるが、玉、魂が官職であるのか、また伴造は早くても飛鳥朝の時代であることから、これらの説を是とするわけにはいかない。不弥国の戸数を「有千余家」とするこの表記方法にも留意しておきたい。

次は問題の投馬国《つまこく》、邪馬壹国《やまいちこく》である。

倭人伝の行程は不弥国まではすべて里数で記されていたが、この投馬国、邪馬壹国は日数表示になっている。このあと倭種として記される侏儒国《しゅじゅこく》等も、船行一年の裸国《らこく》、黒歯国《こくしこく》以外は里数表示である。水行二十日の投馬国、水行十日陸行一月の邪馬壹国だけがなぜ日数表示なのかは以下に考えていきたい。投馬国は一般にツマ国と読んで、宮崎県西都《さいと》市妻町、あるいは薩摩にあてる意見があり、また筑後国の上妻県、八女《やめ》市の近郊も比定地として知られる。邪馬台国大和説のほとんどの論者は不弥国までは九州とするが、投馬国からは九州以外の西日本の各地、たとえば山口県の周防、あるいは備後の鞆《とも》の津《つ》、出雲などに比定している。投馬国の官は弥弥《みみ》とあるが、『古事記』に出てくる天忍穂耳《あめのおしほみみ》、手研耳《たぎしみみ》など尊称を示す耳を弥弥とした説がある。弥弥那利も同様で、倭人の使者の何らかの発音がこのような表記になったのだろう。邪馬壹国の場合は他の国とは違って官名に、伊支馬、弥馬升、弥馬獲支、奴佳鞮の四つの固有名詞が記されている。仮に読み方をあててみると、最初からイキマ、ミマシ、ミマカキ、ナカテと読むのだろうか。これらの名称を邪馬壹国の官職とする見解があるが邪馬壹国には四つの官職があったのだろうか。邪馬壹国以外は官と副それぞれ一つの名称（伊都国の副のみ二つ）が記されていることを考えると、副がないことと合わせこれらの邪馬壹国の四つの固有名詞を官職名とする見解には疑義が生じる。これらの名称は官職名というよりは人名ではなかろうか。対海国から不弥国までと投馬国の官と副は（記載のない末盧国を除いて）「官曰」とあるのに邪馬壹国だけが「官有」となっていることもその理由の一つである。

さて、投馬国へは南水行二十日、邪馬壹国へは南水行十日陸行一月である。邪馬台国論争の中ではこの方位と日程部分が最大の論争テーマであろう。もう一つ留意しておきたいのは投馬国と邪馬壹国の戸数の表記である。対海国より始まって奴国、不弥国までの戸数の記述は「有千余戸」（千余戸あり）、「有三千許家」（三千許《ばか》りの家あり）など「有」が使われていた。ところが投馬国と邪馬壹国に限って「可五万余戸」（五万余戸なるべし）、「可七万余戸」（七万余戸なるべし）と「可」が使われている。この表記方法に何らかの意味があるのだろうか。投馬国への南水行二十日、邪馬壹国への南水行十日陸行一月の記述とともに、この点も考えるべきだろう。

陳寿の記述と用語書き分けの手法

陳寿は魏志倭人伝で、直截に記せない部分を同じ趣旨の表現の異なった文を使うことによって、隠された真意を伝えようとしたが、ほかにも使用する語句を使い分けることによって、語句の意味合いとは別の意図を示そうとしている。既述したが、邪馬壹国への郡使の行路の記述は伊都国までは方角、距離、目的地の順で、奴国以降は方角、目的地、距離の順であったことを戦後東京大学教授榎一雄が指摘した。陳寿は記す順を違えることによって、行路記事をそれまでの直線行程から伊都国を起点とする放射行程に変えたのだが、倭人伝ではこうした使用語句の使い分けと文章術のいくつかをみることができる。

最初に指摘したいのは、すでに述べたように「自女王国以北」である。「女王国より以北、その戸数、道里は得て略載す」。しかもこの「自女王国以北」は行路記事以外に、倭人の風俗、習慣と政治を記した部分でもう一度登場する。「女王国より以北には、特に一大率を置き、諸国を検察せしむ」。二千字に満たない文でこのように同じ文が二度も使われているのはあまり例がない。陳寿は女王国より北の国々を強調することで、方位、里、官と副、戸数を記した国々のうち最南の国が女王国であることを示唆した。しかしその女王国は、女王国連合の中では最南の国ではなく、女王国の南にも戸数、里、官を記していない国で連合に加わっている国があることを言外に知らせたのである。

陳寿の里程記事では、郡から狗邪韓国までの七千余里からはじまり、伊都国—奴国、伊都国—不弥国の百里まで里に関する数字が頻出する。このように多くの数字が使われている文は、他の伝、紀にはなく異常といえるが、この数字の頻出が郡から女王国への一万二千余里を説明するうえで不可欠であったことは理解できる。里程に使われている数字は郡より倭に至る道程を記しているのだが、その数字の中でも対海国と一大国の方四百余里、方三百里は性質の異なる里数である。通常なら途中の島に寄っても島を周航することはせずに一路次の寄港地をめざすだろう。だから目的地への里程記事に島の大きさを記す必要はない。島の大きさを陳寿が記したことは、全体の行程の中で島の大きさを記すことが不可欠だったからである。二島の大きさが女王国への里程の重要な要素の一つになっていた。

次にふれておかなければならない字句の問題がいくつかある。まず「至」と「到」である。陳寿は倭人伝の行路記事で「至」と「到」を十一ヶ所で使っているが、狗邪韓国と伊都国にのみ「到」

が使われ、その他はすべて、邪馬壹国も「至」が使われている。清代にできた『説文解字』の段玉裁の注に「到は至の地を得たる者なり」とあることを根拠に、「至」と「到」の意味の違いを求めようとする向きもあるが、『説文解字』そのものに「到は至と同意なり」とあり、「到」を最終到達地とする説が妥当するとは必ずしもいえない。これは『三国志』全体をみれば明らかで、「至」と「到」の使われ方は必ずしもそのように厳密にはなっていない。だが倭人伝の里程記事で、狗邪韓国と伊都国にのみ「到」が使われていることには注目すべきだろう。狗邪韓国の場合は韓の最終地点という意味があるし、伊都国の場合は郡使の常に駐《とど》まる所であった。邪馬壹国に「至」が使われ伊都国に「到」が使われていることは、郡使の最終目的地が伊都国であったためではなかろうか。この伊都国の特殊な役割は陳寿の他の文章表現にも現われているが、それは後述したい。

陳寿が同じ内容を、表記を違えることによって、別の意味を持たせた次の字句は戸数に関する表示である。「有□□戸」と「可□□戸」については既述したが、戸数に関する表記をもう一度みていきたい。戸数は対海国から不弥国までの六国と投馬国、邪馬壹国の八国にあるが、前者には「有」が、後者には「可」が使われている。「有」は動詞で、持つ、所有するといった内容を含んでおり、「可」は数詞などの前に置いて概数を推しはかる用法だが、これらの字が意味するところは同じである。同じ意味なので表記の違うこの使い分けには何か意味がなければならないだろう。さらに戸数表示の「可」以外にも両国へは里程を記さず日数でのみ表示されていること、そしてこの二国が五万余戸、七万余戸という三世紀の倭人の国としては一国を上回る規模の戸数を持っていることである。これらの状況からこの両国は倭国三十国のうちの一国ではなく、いくつかの国が集まった連合国家ではなかったのかと考えたい。後述するが『晋書』を著した房元齢は、魏の時代に使訳通じる三十国全体の戸数を七万余戸と読んで、陳寿の邪馬壹国を女王国連合とみなしたのである。

次は、対海国から不弥国までの六国のうち、戸数表示が「有□□戸」と「有□□家」の二種類あることである。「戸」も「家」ももちろん内容は同じで「家」を表わす。「家」で戸数を表わしているのは一大国と不弥国で、この二国に共通項あるいは何かつながりがあることを感じさせる。先に郡から女王国への郡使の行程を考えた。郡から海岸に循《したが》いて水行して韓国を歴《へ》たあと、狗邪韓国へは陸行であった。だがこの行程は建前で、実際の郡使の旅程は韓内で何らかの示威行動が必要な場合以外は全行程水行であったろう。距離はあっても日程は短縮できるし、海岸沿いの周航なので安全も図れる。そして郡使は狗邪韓国から外洋へ出て対馬、壱岐に寄る。ここまでは問題ないだろう。問題は壱岐からである。郡使一行は壱岐から末盧国をめざし、末盧国に上陸し徒歩で伊都国へ向かったのか。実際の郡使の旅程としてはこの行程は考えにくい。いくつかの理由から、郡使一行はそのまま船で不弥国へ向かったのではなかろうか。まず、郡使は建前として末盧国へ上陸した後、伊都国から奴国へとすすむのだから不弥国は行程外となるが、その不弥国に官と副、伊都国からの里程、方位と不弥国の戸数が記されていることである。郡使の行程に不弥国がかかわっているとみるべきだろう。もう一つは不弥国の女王国の外港としての機能である。繰り返すが、不弥国はウミ国で海を想定させる。先の一大率の記事の後、倭人伝には次の記述がある。

「郡の倭国に使いするや、皆津《しん》に臨《のぞ》みて捜露《そうろ》し、文書、賜遺《しい》の物を伝送して女王に詣《いた》らしめ、差錯《ささく》するを得ず」。

（郡使が倭国へ行く時は、港で文書、荷物を改め、女王のもとへ送るものには不足がないようにする）。

この津が不弥国であり、荷の一部は郡使の常に駐まる伊都国へ送り、他は女王のもとへ送るという流れがみえる。不弥国から伊都国へは人と物の流れが常にあっただろう。その不弥国から伊都国への移動である。陳寿の記述では伊都国から東行百里不弥国へ至るとあるが、これまでの検討から実際には郡使は一大国から末盧国へは向かわずに不弥国へ向かい、不弥国へ上陸した後最終到着地の伊都国へ西行（東行の逆行）百里で着いたのだろう。陳寿にとって不弥国の記述はどうしても必要であった。

先に不弥国の比定地を太宰府市に隣接する宇美町、あるいは福間町、津屋崎町、内陸にはいった飯塚市、穂波町などとする先学の説を紹介した。上記の倭人伝の記述から考えると、不弥国は、津に臨んで捜露し、文書、賜遺の物を女王のもとへ伝送した地であり、伊都国の東百里なので、福岡県前原市三雲、あるいは平原の東数キロの福岡市西部の今宿から周船寺《すせんじ》あたりと考えて大過ないように思われる。

戸数の表示に戻ると、一大国と不弥国の二国だけが「戸」ではなく「家」になっている。一大国「有三千許家」、不弥国「有千余家」。六国のうちの二国にこうした使用語句の使い分けがあることは、この二国のつながりを示している。郡使は一大国から末盧国へ向かったのではなく、一大国から不弥国へ向かったのではなかったか。この想定はほかにも以下の二点によって裏打ちされているとみられる。その一つは行程記事に一大国から末盧国への方位がないこと、もう一つは末盧国の官と副が記されていないことである。陳寿はこうしたいくつかの文章上の技巧と、使用語句の使い分けによって言外の言を表示し、読者に行間を読ませようとしたのだろう。

陳寿は、対海国から邪馬壹国までを記した後、

「女王国より以北、その戸数、道里は得て略載すべきも、その余の旁国《かたつくに》は遠絶にして得て詳《つまびら》かにすべからず」

とする。この意味するところは、女王国より北は戸数と里程を記したがその他の国々は遠く隔たっており、記すことはできなかったということである。以北の中に女王国が含まれるのか否か、これも問題で、争論がたたかわされている。一部の論者は、女王国は邪馬台国であり、邪馬台国は投馬国の後に記されているのだから、以北の中に入るはずがないことが前提になっているようだが、『三国志』の他の箇所にあたってみるなら、その前提は大きく揺らぐことにならざるをえない。魏志のいくつかの列伝の中に官渡《かんと》の戦い（後二〇〇年）を描いた記述がある。大軍を率いてきた華北の袁紹《えんしょう》を、黄河の官渡で曹操が破った戦いである。当時曹操は許昌《きょしょう》を都としていたが、北からは袁紹が、南からは豫州《よしゅう》にいた劉備が曹操に攻めかかろうとした。「自許以南吏民不安」（許昌より南の官民動揺す＝魏志曹仁《そうじん》伝）、「自許以南百姓擾擾《そうじょう》」（許昌より南では民衆混乱す＝魏志満寵《まんちょう》伝）は、この時の陳寿の記述である。どちらも許昌より南の地では民衆が動揺したのだが、動揺したのは首都許昌の民衆も含まれていた。「許以南」は許昌より南を意味し、許昌もそこには含まれる。「自」も同じ意味で「自□□」なら「□□より」を意味する。だから「自□□以○」は強調する表現で「□

□より○は」を意味し、その内容は□□を含んでいる。これらの例をみる限り「自女王国以北」の記述は、以北の中に女王国が含まれているとみなすのが妥当だろう。そうであるなら、女王国は戸数、道里を記したこれらの国のうちの一国にならざるをえない。しかも女王国より北の国の戸数と道里を記したと陳寿がいっているのだから、戸数、道里が記されている最南の国が女王国となる。陳寿の記述を受けて一五〇年後に范曄が「倭国の極南界なり」といったのはこのことであった。ただしこの范曄の表現は正確ではない。前述のように、戸数、里が記されていない倭人の国は、女王国の南にもあったからである。

続いて倭人伝は「その余の旁国《かたつくに》は遠絶にして得て詳《つまびら》かにすべからず」として、斯馬国《しまこく》以下二十一の国々を列記する。この国々をどこに比定するかは論者によってさまざまな解釈があり定説はないが、その中で注目したいのは最後の二十一番目に奴国が再登場していることである。二十一国の中には彌奴国《みなこく》、姐奴国《しゃなこく》、蘇奴国《そなこく》などが記されているが、この奴国も、「〇奴国」のように奴国の最初の一字が欠落したものとする見解がある（たとえば岩波文庫『中国正史日本伝（1）』）。だがこの説はありえないだろう。中国の正史は必要に応じて書写されてきた。版を起こして刊本する作業は十世紀北宋のころから行なわれているが、刊本の場合はもちろん書写の場合でも縦列と横列を常に整えているので、一字一字の写し誤りの可能性はあっても文字の脱落、誤字の挿入は起こりにくい。たとえば『三国志』の場合は一行十九文字、一ページ十行であり、『後漢書』は一行十六文字、一ページ九行である。仮に一字あるいは何字かの誤脱、あるいは誤挿入があれば次の行からその分の文字が狂ってくるので書写する側は直ちに気付く。それゆえ誤脱、誤挿入は起こりにくい。したがって二十一国の最後に書き出されている奴国は奴ではなく別の字の書き誤りか、伊都国の東南百里にある奴国の重出のどちらかと考えるべきだろう。書写上の書き誤りの場合はこれ以上検討する余地はないが、奴国の重出の可能性については考えるべき要素がある。

『三国志』の倭人伝の直前に韓伝があるが、陳寿はその韓伝で国名の重出を行なっている。韓はこの当時、馬韓、弁辰（弁韓）、辰韓の三つに分かれていた。倭人伝で倭の国々を書き出したように陳寿は韓の諸国を韓伝に書き出していた。まず馬韓は「凡《およ》そ五十余国」として五十五国をあげているがその中に莫盧国《ばくろこく》が重出している。また弁辰韓「合わせて二十四国」としているが国名を二十六あげており、その中に馬延国《ばえんこく》が二度書き出され、ほかにも軍弥国《ぐんみこく》と弁軍弥国《べんぐんみこく》があってこれも重出と考えられる。馬延国が重出で軍弥国も重出なら「合わせて二十四国」は正しい。陳寿の記述をみた范曄は『後漢書』で馬韓は五十四国、弁辰韓は二十四国としている（以上は紹熙本で、紹興本は弁辰韓を二十四国とするが馬延国二つと弁軍弥国を書き出していないので二十三国になっている）。魏志倭人伝は「今使訳通ずる所、三十国」だが、范曄は「使駅漢に通ずる者、三十許《ばかりの》国」と『後漢書』に記した。倭人伝、倭伝の三十国はどの国を倭の国に入れるか入れないかで数が変わってくるため、単純に三十国は決められないが、魏志韓伝で三つの国が重出しており、倭人伝でも奴国が重出していることは偶然の結果ではないだろう。韓伝、倭人伝に関して、陳寿が意図的に国名を重出させ、誇大表記とともに注意を喚起させせようとしたのではあるまいか。なお、夷蛮伝で国名をすべて書き出しているのは韓伝と倭人伝だけである。この韓伝の国名重出に関して裴松之は何の評言も加えていない。裴松之が陳寿の所為に気付かなかったわけがない。陳寿が馬韓五十五国を記した直後に裴松之は注を入れ、朝鮮王準《じゅん》と衛満《えいまん》の戦いを記すなど、裴注は馬韓、弁辰、辰韓で五項目に及んでいる。彼は陳寿の記述を受け入れていたとみることができよう。

「其の余の旁国」二十一国をあげた後、陳寿は女王に属さない狗奴国《くなこく》を記す。范曄は「女王国より東、海を渡ること千余里、拘奴国に至る」としたが、『魏略』の逸文も「女王国の南」とするので、范曄は別の史料に依ったのであろう。狗奴国は陳寿、魚豢《ぎょかん》にしたがって女王国の南と考えるのが妥当と思われる。狗奴国の官は狗古智卑狗、菊池彦とする説が有力だが菊池彦なら人名であろう。陳寿のあげた狗奴国の狗古智卑狗は官名と思われるので、菊池彦という人名を当てることに疑義がある。また後出に「倭の女王卑弥呼、狗奴国の男王卑弥弓呼と素《もと》より和せず」とある。狗奴国は男王で、女王国は狗奴国と対立していた。その王卑弥弓呼はヒミクコ、あるいはヒミココと読むのかもしれない。倭人伝によれば正始八年（二四七年）女王国と狗奴国はたがいに攻撃し合う状態に入った。そしてその戦いの最中に卑弥呼が死去したように倭人伝は記す。この争闘の結果は倭人伝にはない。卑弥呼の死後、男王が立てられたが国中服さず、乱がおこり千余人が殺されたという。そして動乱の最中に卑弥呼の宗女壹与《いよ》が立てられ国中が治まったとあるので、狗奴国との戦争はただちに決着がつかなかったのかもしれない。

邪馬壹国への里程記事の最後に「郡より女王国に至る、万二千余里」がある。前述したが、郡は帯方郡でその郡治は現在のソウル付近、女王国とは女王の居る所、首都を意味し、この間の里数を一万二千余里としている。『魏略』逸文も「万二千余里」である。

以上が魏志倭人伝の里程部分に関する記述である。この里程記事には「今、使訳通ずる所、三十国」として、対海国（対馬国）から不弥国までの六国、日数表示の投馬国、邪馬壹国、その余の旁国の斯馬国以下奴国までの二十一国、合わせて二十九国が書き出されている。このほか倭国にあらざる狗邪韓国、女王に属さない狗奴国も記されているが、これらの国が使訳通じる三十国の一国とは考えられない。もちろん後出する侏儒国、裸国、黒歯国も使訳通じる国ではないだろう。陳寿は「使訳通ずる所、三十国」としながらも、国名を三十書き出すことをせず、しかも韓伝の国名重出のように奴国を重出させることによって、倭人の国もよく勘考するよう読者に要求したのである。

奴国を盟主とする邪馬壹国連合

以上の状況から問題の邪馬壹国を考えてみよう。次ページの図を参照されたい。

郡より狗邪韓国まで七千余里。前述のように郡（郡治をさす）から郡境（韓国を歴《へ》ての地点）までは水行（陳寿はこの距離を記さないがおそらく数百里だろう）である。韓内を陸行して郡から七千余里で韓半島東南端の狗邪韓国へ。ここから水行千余里で対海国（対馬）へ。対馬南島の北西端に着き南島（方四百余里）の北辺、東辺を周航して南島の南東端へ。ここから一大国（壱岐）の北西端へ千余里。一大国は方三百里。対馬と同様北辺、東辺を水行して一大国の南東端から末盧国へ千余里。ここまでが水行である。末盧国からは東南陸行五百里で伊都国へ。伊都国から東南百里で奴国へ。同じ伊都国から東百里で不弥国へ。そして全体の里程と日程は、郡より女王の居る邪馬壹国へ水行十日陸行一月、一万二千余里。これが里程のすべてである。

魏志倭人伝の里程

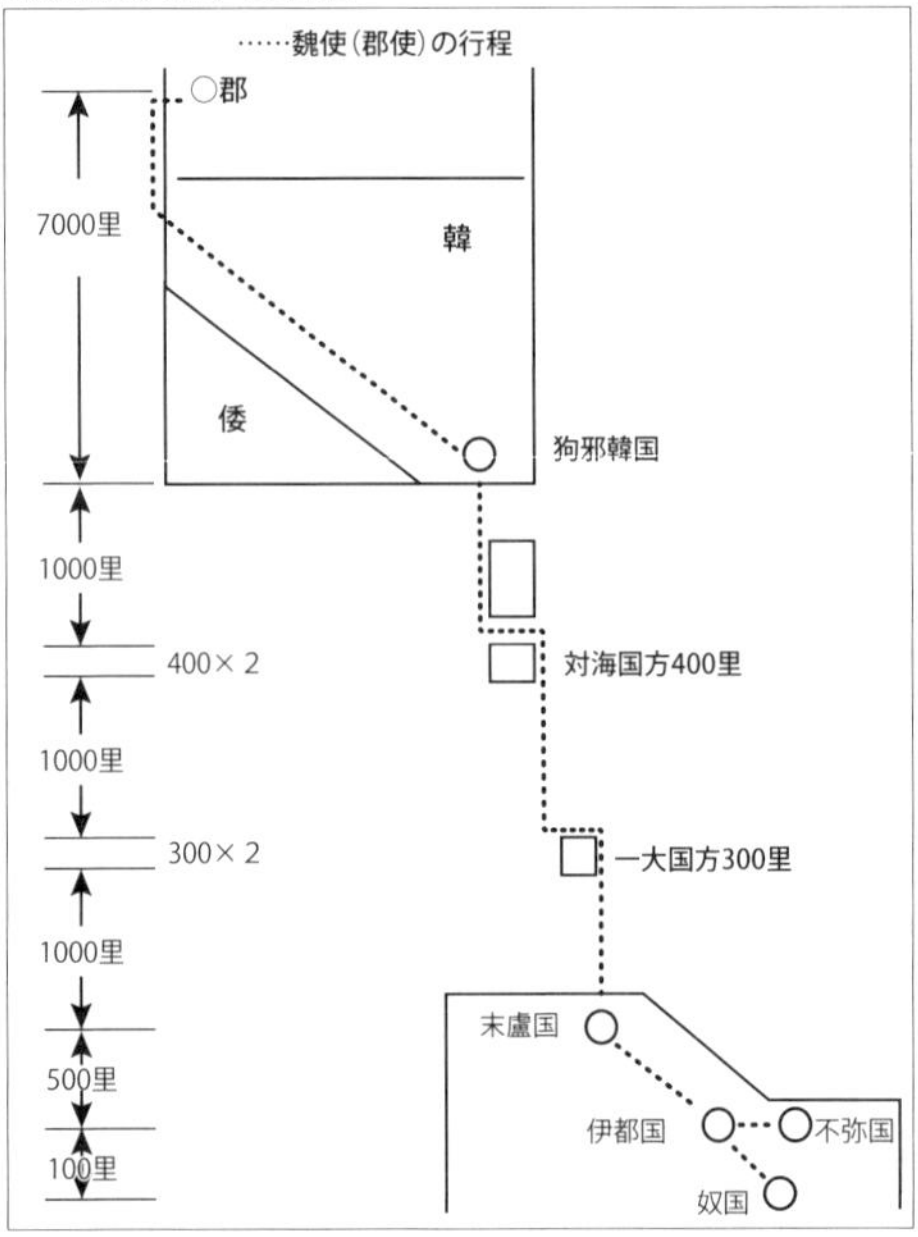

まず全里程を確認しよう。郡より狗邪韓国までが七千余里。この余里の余は以下の検討ではすべて考慮に入れない。三つの渡海がそれぞれ千余里なので合わせて三千余里、二島それぞれ二辺の周航が四百、四百、三百、三百で千四百里、末盧国─伊都国間が五百里、ここまでの合計が一万一千九百里、伊都国から奴国へ、伊都国から不弥国へはどちらも百里だが、伊都国の東にある不弥国より東南の奴国の方が南に位置する。倭人伝は、女王国より以北は戸数、道里を略載したとあるので、戸数、道里が記されている対海国から不弥国の六国の中で最南の国は奴国であり、その奴国が女王国となる。

次にこの里数を考えよう。すでに述べたがこの里数は魏、晋朝の里とは異なる。魏、晋朝の一里は四三二メートルだが、韓伝、倭人伝では特別な里が使われている。挹婁《ゆうろう》伝では扶余《ふよ》と挹婁の間を千余里とするので、これは魏、晋朝の里だろう。韓伝は韓を方四千里とするが、韓半島の東西はおよそ三〇〇キロ前後なので一里は七〇メートル前後となろう（四三ページの地図参照）。倭人伝で使われている里も誇大表記になっている。狗邪韓国—対海国、対海国—一大国、一大国—末盧国の三つの渡海はすべて千余里とされているが、この間の実際の距離はそれぞれおよそ八〇キロ、五〇キロ、四〇キロ程度だろう。だとすれば、一里は八〇メートル、五〇メートル、四〇メートルとなる。対海国を方四百余里、一大国を方三百里とするが、対馬南島はおよそ東西一五キロ、南北二五キロ程度なので一里に換算すると四〇メートルと六〇メートル、壱岐を東西、南北とも一五キロとすればそれぞれ五〇メートルとなろう。最後に陸行だが、郡衙から郡境までを仮に五、六百里とすれば韓内陸行の部分は六千四、五百里程度となろう。郡境から狗邪韓国（現金海《キムヘ》付近）は直線距離でおよそ三〇〇キロ、実際の行程では一・五倍として四五〇キロ、これが六千四、五百里であるとすれば一里は七〇メートル前後となる。最後に出発地点の郡治（現ソウル付近）から水行で郡境まで五、六百里程度とし、仮にこれを五〇キロとすれば一里は八〇〜一〇〇メートル程度となろう。

このように陳寿は、韓伝、倭人伝を記すにあたって誇大な里程を用いた。彼はその理由を語っていないが、陳寿の上司、晋朝の有力官人で軍人の杜預や張華、一五〇年後に『後漢書』を著した范曄、さらには范曄と同時代の南朝劉宋の裴松之らが陳寿の『三国志』を肯定していることからみて、魏朝か晋朝の破賊文書あるいは露布にその原因があるのではなかろうか。晋の武帝（司馬炎）の祖父司馬懿は二三八年、遼東の公孫淵を討つため自身遼東に出兵し韓にまで進出している。そのさい魏帝への報告書簡で韓の地を誇大に記していたら、たとえ晋帝でもこれを改めることはできない。また倭国の朝貢を周知させる露布に、呉の東方海上、会稽東冶《かいけいとうや》の東（後述）にあって、一万二千余里の彼方にある倭国が魏の徳を慕って朝献してきたといった内容が書かれていたら、これも否定できない。陳寿が『三国志』を著した時、呉はすでに滅んでいたが、倭国が朝貢した正始年間は三国の抗争の最中であり、魏の首都洛陽にも呉の間諜は入りこんでいた。戦時下であってもいったん公文書に記された文言、数値はだれでも改めることができなかった。すぐれた文章家であり歴史家である陳寿は誇大な里程を記さざるを得なかったが、それだけで終わらせることはなかった。一万二千余里の地にある邪馬壹国は水行十日陸行一月の日程で到達できるとしたのである。これを読んだ当時の知識階層に属する人たちは、その地が会稽東冶の東にある地ではないこと、一万二千余里であっても五〇〇〇キロも彼方の地ではないこと、その地は水行十日陸行一月の日程（後述）で到達できる地であることを理解したのである。

こうしてわれわれは陳寿の韓伝、倭人伝の里が、当時の魏、晋朝で用いられた里とは異なる特殊な数字であることを知った。その里は魏、晋朝の里の六分の一から七分の一の数値が使われていた。前述の数字から判断すると、韓伝、倭人伝の一里は現在の六五〜七〇メートル前後に相当するだろう。邪馬壹国は、帯方郡治から五〇〇〇キロも離れた南海洋上、呉の東方海上にあったのではなく、韓からおよそ二〇〇キロの東南海上にあった。郡治からでも女王国は七〜八〇〇キロの地にあり、女王国へは水行十日陸行一月の日程であったのである。

そこで日程論である。陳寿は郡から女王国に至る一万二千余里としたが、この日程を水行十日陸行一月とした。これを考えてみたい。水行十日陸行一月は、これまで水行十日プラス陸行一月とみる識者と、水行すれば十日陸行なら一月とする説があり、これも論争テーマの一つになっていた。

邪馬台国への里程、日程表

			実際の距離	1里換算	魏、晋朝の里換算	日程換算
郡 － 韓国（郡境）	水行	（5～600里）	50km	80～100m	77～92里	1.0日
郡境 － 狗邪韓国	陸行	（64～6500里）	450km	69～70m	984～1000里	28.3日
狗邪韓国 － 対海国	水行	1000里	80km	80m	154里	1.8日
対海国　二辺周航	水行	800里	40km	50m	123里	1.4日
対海国 － 一大国	水行	1000里	50km	50m	154里	1.8日
一大国　二辺周航	水行	600里	30km	50m	92里	1.0日
一大国 － 末盧国	水行	1000里	40km	40m	154里	1.8日
末盧国 － 伊都国	陸行	500里	40km	80m	76里	2.2日
伊都国 － 奴国	陸行	100里	20km	200m	15里	0.4日
伊都国 － 不弥国	陸行	（100里）	（8km）	（80m）	（15里）	（0.4日）
合計（郡から女王国＝奴国まで）		12000里	800km	66.7m	1845里	水行8.8日 陸行30.9日

末盧国は唐津市桜馬場遺跡、伊都国は三雲南小路遺跡、奴国は須玖岡本遺跡、不弥国は周船寺付近とした
陸行は1日30～40里、水行はその2.5倍の75～100里、中間値として陸行1日35里、水行88里を日程に換算した
伊都国－不弥国は女王国（奴国）への里程外、日程外なので合計の数値には入らない

これはたまたま水行一日の行程が陸行一日の三倍程度にあたるので、より後者の見解が説得力を持つことになった。すなわち水行十日の距離はおおよそ陸行一月の距離にあたる。だが水行すれば十日陸行すれば一月という見方は成り立たない。邪馬壹国の前には投馬国の日程記事があり、そこには水行二十日とあるが陸行はない。もし後者が正しいのなら、投馬国の水行二十日には陸行二月が書き添えてなければならない。投馬国には陸行二月がないのだから、邪馬壹国は水行十日と陸行一月の合わせて四十日という解釈しかありえない。問題はこの数値が妥当かどうかであろう。

陳寿のあげた邪馬台国への里程が、魏、晋朝の何里にあたり、それが何日にあたるのかを算出したのが上の表である。まず水行と陸行の一日の距離を考えてみたい。前述したが魏志明帝紀には一日の行軍距離として四十里という数字がある。これは軍勢の行進なので、郡の使者とその従者の進行は軍のそれ

より落ちるとみるべきだろう。孫子の記述には陸行一日三十里がある。今、仮に陸行一日の距離を三十五里としよう。水行の場合は陸行の二・五倍前後とみて間違いはない。これも仮に水行一日の距離をその平均値八十八里としてみよう。これを先の魏、晋朝の里数にあてはめてみた。合計で水行七百六十里八日強、陸行千八十里三十一日弱、水行陸行合わせて四十日弱となる。晋朝の知識人、上層階層に属する人たちは、一万二千余里が実際には水行十日陸行一月で到達する地であることを知っていた。『三国志』が書かれたのは呉の滅亡後で、以前呉があった地の東方海上に邪馬台国があったわけではないことが知られても、何ら差し支えなかった。しかしその地は一万二千余里の彼方になければならなかった。だから陳寿は一万二千余里ではあっても女王国が水行十日陸行一月で到達できる地であることをこのような形で示したのである。

倭人伝の里程記事の部分に「女王国」は、「女王国より以北、その戸数、道里は得て略載す」、「郡より女王国に至る万二千余里」の二ヶ所に登場するが、女王国を意味する語句としての「女王」は「女王の境界の尽くる所」、狗奴国は「女王に属せず」の二ヶ所に出てくる。この「女王の境界」、「女王に属せず」は女王国一国を指しているとは考えにくく女王国連合を意味していると読むべきだろうが、「女王国」と記された二ヶ所は女王国連合ではなく、女王を選出した倭の三十国のうちの一国を指している。このうち特に注意して読む必要があるのは冒頭の「女王国より以北、その戸数、道里は得て略載す」である。戸数、道里が記された国は対海国から不弥国までで、投馬国、邪馬壹国には日程記事はあっても道里、つまり里程はない。だから陳寿の記述を受けて范曄は対海国から不弥国までの六国のうちで最南の国（極南界）が女王国だと読んだのである。陳寿の記述では、狗邪韓国から対海国へは方位はない。しかし対海国の人たちは船に乗って南北に市糴するという記事から、東や西へ行ったとする見方は成り立たない。狗邪韓国から船で北へ行くことはできないので、残るは南しかない。方位が記されていないのはそのためだろう。対海国から一大国へは南の方位がある。一大国から末盧国へは方位がないが、一大国の人たちも対海国の人たちと同様に南北に市糴していることから、南への行程以外には考えられないので方位を記さなかったのだろう。末盧国から東南陸行で伊都国へ、伊都国から東で不弥国へ、伊都国から東南で奴国なので方位、里程、戸数と官、副が記された極南の国は奴国だと范曄は読んだ。奴国こそ女王国であり、女王卑弥呼が選出された国、女王の居舘があった国であった。

范曄の『後漢書』倭伝、陳寿の『三国志』倭人伝を読んで『晋書』を著した房元齢は邪馬壹国を倭国の連合体と理解した。房元齢は次のように記す。

「倭人在帯方東南大海中依山島為国……舊有百余小国相接至魏時有三十国通好戸有七万」。

(倭人は帯方東南の大海の中にあり。山島に依りて国を為す。……もと百余の小国相接してあり、魏の時通好する三十国あり、戸は七万あり)。

范曄は戸数には言及せず、ただ後漢光武帝より金印を仮綬された奴国が倭国の極南界で、大倭王は邪馬臺国《やまだいこく》に居り、邪馬臺国は楽浪郡徼《ぐんきょう》より万二千余里の所にあると記した。范曄は、後漢の時代の倭国の盟主であった奴国が三国の時代にも倭国全体の王を選出しており、その国は郡から一万二千余里の地にあり、壹と臺を読み誤ったが、陳寿がいう邪馬壹国《やまいちこく》であることを見抜いた。陳寿、范曄を読んだ房元齢は、三国の時代魏王朝と通好する倭人の国が三十国あり、その戸数は七万余戸であると読んだ。陳寿によれば七万余戸とは邪馬壹国の戸数であり、房元齢はそれを魏の時代の三十国であるとした。房元齢の理解では、邪馬壹国とは戸数七万余をもつ三十国の連合体の名称であった。魏志倭人伝の中に、邪馬壹国は投馬国のあと「南邪馬壹国に至る、女王の都する所、水行十日陸行一月」の一ヶ所しか出現しない。この日程表示は女王国連合の盟主国、女王の居館のあるところへの日程であり、『晋書』の房元齢はそのようにとらえた。邪馬壹国は三十国のうちの一国ではなく三十国の女王国連合の名称であり、女王国、つまり女王を選出した国は戸数、道里を記した国のうちの最南の国、二万余戸の戸数を擁する奴国であると読んだのである。

邪馬壹国の戸数七万余戸が一国の戸数としては多すぎることは、従来一部の論者から指摘されていた。七万余戸は一国の戸数としては九州なら多すぎるが、大和なら妥当することを論拠の一つにあげている邪馬台国畿内説の論者もいた。陳寿は韓伝で三韓のうち馬韓の戸数がもっとも多く、馬韓五十余国のうち大国で一万余家、小国で数千家、馬韓全体で十余万戸としている。弁辰と辰韓は十二国ずつ、大国は四、五千家、小国は六、七百家、合わせて四、五万戸とする。倭国で戸数が記されているのは、「有」で示された対海国千余戸、一大国三千許家、末盧国四千余戸、伊都国千余戸（前述のように『魏略』逸文では万余戸）、奴国二万余戸、不弥国千余家の六国で、ほかに「可」で記された投馬国五万余戸、邪馬壹国七万余戸がある。既述したように「可」で示された投馬国と邪馬壹国は房元齢が読んだように連合国家だろう。不弥国までの六国と旁国二十国（二十一国から奴国重出を引いた二十国）、これが邪馬壹国連合の七万余戸である。投馬国も投馬国連合であろう。その地は郡から水行二十日の地点、おそらく多くの識者が想定している平戸から島原半島を迂回して有明海北部に位置する八女《やめ》市か、宮崎県西都《さいと》市の周辺かもしれない。

幻の女王国は奴国であった。この国は建武中元二年（後五七年）に後漢の光武帝から「漢委奴国王」の金印を仮綬された倭国の盟主であった。その五〇年後、倭国王を名乗る帥升《すいしょう》が朝貢し、生口百六十人を献じる記事が『後漢書』にあるが、この帥升も奴国の出であった可能性が高い。そして一五〇年後の三世紀中葉にも、奴国は卑弥呼を女王に戴き邪馬壹国連合の首長国として周辺の三十近い国々を従えていた。郡使は伊都国に常在していたが、必要な時には数キロ離れた奴国の宮居へ向かい、卑弥呼に仮拝していたのだろう。今日の福岡県西部一帯こそ、伊都国、奴国、不弥国という三世紀中葉の首都機能が集中した弥生時代の中心地の一つだったのである。

残されたいくつかの問題

魏志倭人伝の里程記事以外にも、論争になっている箇所は少なからずあり、なかには邪馬台国の位置論に大きくかかわる記述もある。以下にそれらのいくつかを考えてみたい。

会稽東治の東

倭人伝の里程記事に続く倭人の風俗を記す部分に次の記述がある。

「其の道里を計るに、当《まさ》に会稽東治《かいけいとうち》の東にあるべし」。

（その道里を計ってみると、まさに会稽の東治の東にあたる）。

『三国志』の二つの刊本（十二世紀の紹興本と紹熙本）のどちらも「会稽東治の東」とするが、この東治は東冶《とうや》の誤りではないかとされてきた。東治だと会稽郡の東冶県で、この位置に倭国があったとする倭人伝の意図がわかる。検討もなしに東治は東冶の誤りとするわけにはいかないが、一五〇年後の范曄は会稽東冶の東としているし、裴松之も注をつけていない。会稽東治では意味が通らないので、南宋劉宋の裴松之の時代（五世紀中葉）以降、紹興本と紹熙本の成った十二世紀までの間に書写のさい東冶を東治に写し違えたと考えるのがもっとも適切だろう。

この「会稽東治の東」の前に、倭人の「男子は大小となく黥面《げいめん》文身す」がある。黥面は顔に入れ墨をすること、文身は体に文《いれずみ》をすることで、「大小となく」は身分の大小という読み方もあるが、一般には大人も子供も顔や体に入れ墨をしていると受け取られている。郡や魏の京都へ赴いた倭国の使者が黥面文身していたとはされていないので、身分の違いにかかわらずという解釈よりは、大人も子供もと読む方がいいだろう。古代夏王朝の皇帝少康の庶子が会稽王に封じられ会稽の地へ赴いた。その地では漁民が漁のさい蛟竜（大きな魚、あるいは鮫か）の被害にあい、命を落とすことがしばしばあった。会稽王は漁民に、髪を断ち体に文《いれずみ》をして被害を防ぐことを教えたという。倭の水人（水夫、漁夫）も会稽の漁民と同じように断髪し、黥面文身していることを陳寿は述べ、その道里を計るなら倭の地は会稽郡の東冶県の東に位置していると倭人伝に記した。

会稽郡東冶県は福建省の海沿いの地で、緯度の上では沖縄本島から宮古島付近に位置する。この陳寿の記述から、陳寿は倭の地を九州より南、奄美から沖縄にかけての位置にあったと考えていたのではないかとする意見がある。しかし陳寿が倭の地を呉の東方海上、会稽郡東冶県の東に想定していたとする議論に従うことはできない。すでに邪馬台国の里程論でふれたように、陳寿はかなり正確に倭の地を認識していた。韓と倭の地の里程は誇大に記されていてもそれらの比率は釣り合っており、現地の地理をよく把握していなければこれらの里程記事は生まれないだろう。また杜預や張華、裴松之らが陳寿の記述を受け入れていたという事実もある。したがって、郡から女王国への一万二千余里と同様、倭の地が会稽東冶の東にあるという記述は、露布かそれに準じる何らかの文書に、倭国が会稽東冶の東にあるような記載があったとしか考えられない。会稽東冶の東は、黥面文身などとともに三国の抗争の最中に敵国呉に対する牽制として、呉の東方海上に魏と和を結ぶ倭国が存在しているという情報戦の落とし子だったのである。

こうした呉に対する牽制は、会稽東冶の東に続く倭人伝の記述以降も随所に現われている。「男子は皆露紒《ろかい》」（頭にかぶりものをしない）、倭人の「有無する所、儋耳《たんじ》、朱崖《しゅがい》と同じ」（儋耳、朱崖は海南島の郡の名）、「倭の地は温暖、冬夏生菜を食す」、「皆徒跣」（裸足）など、あたかも倭の地が南海洋上に存在するかのような記述だが、これも今まで述べてきたことと意図を共有している。

一大率と刺史の読み方

次は伊都国に置かれていた一大率《いちだいそつ》で、その部分は以下である。

「女王国より以北には特に一大率を置き、諸国を検察せしむ。諸国これを畏憚《いたん》す。常に伊都国に治す。国中において刺史《しし》の如きあり」。

（女王国より北には一大率をおき、諸国を検察させている。諸国は一大率を畏れはばかっている。〈一大率は〉常に伊都国で治めている。〈一大率は中国の〉刺史に相当する官職である)。
この部分も問題が多い。まず一大率である。これを一人の大率とする意見がある。さらにこの一大率を帯方郡の大守が倭国支配のために任じたという見解もある。一大率を一人の大率と読む根拠は『墨子』の記述で、『墨子』には五長《ごちょう》、什長《じゅうちょう》、百長《ひゃくちょう》、大率《だいそつ》、大将《だいしょう》の軍の位階があったことが記されている。一大率は一人の大率か。肯定するにも否定するにも材料が不足しているが、『墨子』は春秋時代末期の墨子の思想をまとめた書で、五〇〇年以上も後の、しかも倭国の官職とするには根拠が弱いだろう。もう一つは「一人の」という修飾語が大率以外にないことである。たとえば対海国の大官を卑狗《ひこ》というが「一卑狗」とはいわず、伊都国の官も爾支《にき》であって「一爾支」ではない。大夫にも「一」はない。大率だけがなぜ「一大率」なのか説明がつかない。断定できないが「一大率」という官職と考えておきたい。

この「女王国より以北」の文には主語がない。だれが一大率を置いたのか、そしてだれが諸国を検察させたのか。この解釈によってそのあとの「国中において刺史《しし》の如きあり」の意味がかわってくる。陳寿のこの文を読むなら、一大率は帯方郡が倭の諸国を監察するために派遣した監督官とする見方が可能のようにもみえる。だがそうなると刺史との関係が問題になる。両者の上下関係を考えれば刺史は一大率の下部組織だろう。そうだとすれば、魏の政治機構の一部である一大率を説明するのに後漢時代の刺史をもってくることに疑義が生じる。魏の時代の郡の機構なら『三国志』の読者、当時の晋の上層階層の人たちは説明を加えずとも知っていたであろうからである。一大率を郡から派遣された官吏とする解釈には少々無理があるのではなかろうか。やはり一般に考えられているように、女王国が伊都国に一大率という監督官をおいて女王国以北の諸国を監察させ、諸国はそれを畏憚《いたん》した（おそれた）とする見方が適切だろう。そうすると「国中において」とは女王国より以北の国々でという意味で、後漢時代、刺史（州の中の郡を取り締まる行政官）という官吏が地方の諸郡を取り締まっていたので諸郡は刺史をおそれていたが、その刺史と同じように女王国以北の国々は女王国から派遣された一大率を畏憚していたと解釈すべきだろう。一大率は女王国が遣わした監察官と考えておきたい。

景初二年の朝貢は誤りか

次は卑弥呼の景初二年（二三八年）の朝貢の記述である。三つの部分から成る魏志倭人伝の第三は倭国の魏への朝貢と倭国の政治、外交に関する部分だが、その冒頭に景初二年の朝貢記事がある。卑弥呼の最初の朝貢である。

「景初二年六月、倭の女王、大夫難升米《なしめ》等を遣わし郡に詣《いた》り、天子に詣りて朝献せむことを求む。大守劉夏、吏を遣わし、将《も》って送りて京都に詣らしむ」。

（景初二年〈二三八年〉六月、倭の女王は大夫難升米らを遣わし、彼らは帯方郡に来て〈魏都洛陽の〉天子に朝貢することを求めた。〈帯方郡の〉大守劉夏は役人をつけて〈彼らを〉京都へ送った）。

この記事に続けてその年の十二月の魏帝の詔書を記し、「親魏倭王卑弥呼に制詔す」として、大夫難升米《なしめ》、次使都市牛利《としごり》が男女生口十人、班布二匹二丈をもって朝貢したこと、魏帝は卑弥呼を倭王とし、「親魏倭王」の金印を仮綬したこと、銅鏡百枚ほか金、錦罽《きんけい》（絹織物、毛織物）など大量の品を下賜したことなどが記されている。

倭人伝の二つの版本にはどちらも景初二年（二三八年）六月と記されているが、わが国の学界の大勢はこれを景初三年の誤りとする。その根拠はいくつかある。まず姚思廉《ようしれん》の書いた『梁書』倭伝、張楚金の『翰苑』の記す魏志に「景初三年」とあること、そして『太平御覧』が、景初三年の公孫淵の死後に倭の女王が難升米等を遣わして朝貢した記事を載せていることである。さらには『日本書紀』神功皇后三十九年条に魏志を引いて「明帝の景初三年六月、倭の女王、大夫難斗米等を遣わし」とある。神功紀は魏志倭人伝の大夫難升米を難斗米とし、帯方郡の大守を劉夏ではなく鄧夏としている。なお李延寿の撰になる『北史』は景初五年とするが、景初は三年までなので『北史』に判断の基準を求めることは無理だろう。だが『梁書』や『翰苑』、『太平御覧』、神功紀などが卑弥呼の最初の朝貢を景初三年としていることで、学界の大勢は倭人伝の景初二年を景初三年の誤りとしているのだが、これにはさらに次の事情が加わる。魏の明帝は景初二年（二三八年）正月、司馬宣王（司馬懿）に遼東、楽浪の大守公孫淵を討つよう命じ、司馬懿を遼東へ送った。司馬懿は洛陽を発つ前に戦船を韓半島へ送り、楽浪、帯方の二郡を接収、自身は軍を率いて遼東へ向かい公孫淵を挟撃、この年の八月に淵を滅ぼした。だから公孫淵の死は景初二年であって『太平御覧』の景初三年の公孫淵の死後という記事は誤っている。景初二年を三年の誤りとする識者は、魏志倭人伝にある卑弥呼の朝貢が景初二年の六月なら韓半島（帯方郡と楽浪郡）、遼東は戦乱の最中で、難升米らの遣使一行は京都洛陽へ向かうことはできなかったろう。だから卑弥呼の遣使は他のいくつかの史料にあるように景初三年であって、倭人伝の景初二年は誤っているとしたのである。

さてこの部分を検証しよう。倭人伝によれば景初二年六月、卑弥呼の使者で大夫の難升米、次使都市牛利は生口十人、班布二匹二丈を携え帯方郡治に詣《いた》り、魏へ朝献する意思を伝えた。帯方郡の大守劉夏は、倭国の使者に配下の官吏をつけて彼らを京都へ送り届けた。そしてその年の十二月、彼らに対して魏の明帝の詔旨が下る。詔は卑弥呼を倭王とし金印を仮綬、絳地交龍錦《こうち》五匹、白絹五十匹などの錦罽《きんけい》（錦は文様を施した絹織物。罽は毛織物）、銅鏡百枚、佩刀《はいとう》二口、金子《きんす》八両等々、貧弱な献上品には不釣り合いな大量の品々を下賜するとした。この出来事は景初二年ではなく三年であったのか。倭国の使者は景初三年であったなら問題なく帯方郡から遼東を経由して洛陽へ向かうことができたであろうが、その前年景初二年なら洛陽へ行くことは不可能であったのだろうか。不可能とする見方が今日の学界には多い。しかし公孫淵との戦闘の最中に遼東を通ることができなかったとは必ずしもいえないのではないか。帯方郡の大守劉夏は倭国の使者に郡の官吏をつけて洛陽へ詣らしめたと陳寿は記している。通常なら使者に案内人をつけても吏をつけて洛陽へ送り届けることはしない。戦乱の最中であったからこそわざわざ官吏をつけ、使者の安全をはかって京都へ送り届けたのだろう。

倭国の遣使が景初二年ではありえないとする根拠は盤石ではなく、逆に倭国の遣使が景初三年ではありえない理由がある。既述のように魏の明帝は景初二年正月、司馬懿を遣わして遼東の公孫淵を討った。淵は同年八月敗死し、その首は京都に送られた。翌景初三年正月明帝は急死する。明帝には子がなく司馬懿らが諮って八歳の斉王芳を即位（少帝）させた。この年景初三年（二三九年）六月に倭国の使者が朝貢したとするならこの年の詔書は少帝の詔書であり、少帝の命で大量の下賜の品々が準備されたことになる。ところが卑弥呼の使者難升米、都市牛利は下賜される品々をもたず帰国した。彼らの帰国は景初三年十二月の詔から考えれば、当然その翌年正始元年のことだろう。一方下賜の品々は正始元年中に準備が整い、その年の内に帯方郡の大守弓遵《きゅうじゅん》の手元に送られ、弓遵は建中校尉梯儁《ていしゅん》を倭国へ遣わしこれらの品を届けさせた。梯儁の倭国への遣使は正始元年とあるだけで月の記載はない。難升米らが帰国した直後に梯儁の遣使があったのだろうが、なぜわずか数ヶ月の間難升米らを待たせることができなかったのか。景初三年の遣使であったとしたら、難升米らの帰国と梯儁の来日（遣使）とがほぼ同時期になったはずで、その理由が解せない。またこの年一年は明帝の服喪の期間であったはずで、その十二月に新帝の卑弥呼への下賜の詔書が出されたとは考えにくい。さらには景初三年十二月に詔書が出され下賜の品々が準備されだしたとしたら、なぜ倭国の使者に下賜の品をもたせなかったのだろうか。これらの状況から、難升米らの遣使を景初三年とする説には疑義が生じる。

陳寿の記述通り景初二年六月ならこうした想定は一変する。当時韓半島の南辺には倭人が居住しており、北部九州の倭国（邪馬壹国連合）は彼らから韓諸国と魏の帯方、楽浪郡、公孫淵の遼東郡の情報などを得ていただろう。倭国連合は南方の狗奴国と対立していた。韓半島の倭人から魏が公孫淵を討とうとしている兆しをつかんだ倭国は、帯方郡と魏の支援を得るため急遽難升米らを魏へ遣わす。貧相な朝貢品はそのあらわれだろう。卑弥呼の遣使の一三〇年前の倭国王帥升の朝献は生口百六十人だった。卑弥呼の二回目の遣使は景初二年の四年後のことだが、生口三十人、白珠五千孔、異文雑錦《いもんざつきん》二十匹など当時の倭国にとってはそれなりの朝貢の品を貢献している。それらに比べて景初二年の朝貢は貧弱な品であった。急遽決まった朝貢に準備が追いつかなかったのではなかろうか。郡へ詣《いた》った難升米らを戦火の楽浪郡、遼東を通過させるため郡の大守劉夏は郡の官吏を同道させた。魏と郡は、韓諸族の反抗、遼東、高句麗との対立、呉との抗争という魏をとりまくきびしい情勢から、倭の朝貢を大いに歓迎した。これが貧相な朝貢の品に対する莫大な下賜の品々と、卑弥呼に対する「親魏倭王」の金印の仮綬の理由である。

繰り返そう。卑弥呼の使者は景初二年（二三八年）六月郡へ着き、魏朝への朝貢の意を伝えた。大守劉夏はさっそく官吏をつけて使者を京都へ送る。倭国（邪馬壹国連合）の朝貢は魏朝にとって大いに歓迎され、魏の都の内外で大掛かりな宣伝が行なわれたろう。そして明帝の詔書が景初二年十二月に発せられ、倭国の朝貢に対する大量の下賜の品々の準備が開始された。ところがその直後思いがけない事態が発生する。翌月景初三年一月一日の明帝の急死である。このため景初三年の一年間は明帝の服喪の期間となり、下賜の品々を準備する作業は中断され、倭国の使者は手ぶらで帰国することになる。魏志第四巻三少帝紀には新帝即位の年（景初三年）の十二月、正始への改元の詔勅が発せられ、停止されていた諸事をはじめるとある。しかもこの詔勅には「夏正」を用いよという項が加えられた。死んだ明帝は青龍五年（二三七年）三月景初に改元したが、この年青龍五年三月を一ヶ月繰り上げて景初元年四月とし、暦を一ヶ月すすめた。この景初の改元のさいの暦の移動を、正始への改元の時、景初三年十二月の次に後十二月を加えることで元に戻し、たまたま明帝が正月一日に死んだので以後毎年正月になる忌日を避けるために、古代夏王朝以来の暦に戻す趣旨の暦改正であった。こうして実質十三ヶ月間の服喪期間を経て卑弥呼への下賜の品々を準備する作業が再開され、これらの品々は集められ装封されて帯方郡に送られる。そして大守弓遵《きゅうじゅん》は建中校尉梯儁《ていしゅん》を卑弥呼のもとへ遣わし、これらの下賜の品を届けさせたのである。このように考えれば、景初二年六月に倭国が朝献したのであって、決して景初三年ではないことがわかるだろう。明帝の急死という突発事態がなかったら、卑弥呼の遺使は景初二年か三年かわからなかったに違いない。二年の遺使だったからこそ明帝の死の服喪期間と重なり、難升米らはいつ下賜が実行されるかわからず空手で帰国することになり、下賜の品々は倭国の使者にではなく、帯方郡の建中校尉によって倭国へもたらされたのである。

なお、倭人伝によれば三世紀中葉、魏の帯方郡の郡使がたびたび倭国を訪れている。この正始元年（二四〇年）の建中校尉梯儁のほかにも、正始六年倭国に黄幢《こうどう》（軍隊の指揮に用いる旌旗《せいき》）が賜与されたときには、郡の吏が倭国へ赴き、難升米に黄幢が渡されているし、正始八年には狗奴国との戦闘が激化した折倭国は載斯《さいし》、烏越《うえつ》を郡へ派遣し、郡は塞曹掾史《さいそうえんし》の張政を倭国へ送って告喩している。正始元年の記事は倭王に拝仮とあり、六年、八年は難升米に告喩したとある。正始元年の倭王はもちろん卑弥呼である。そしてこうした記述にあたって、魏の郡使が北部九州ではなく畿内大和にまで赴いたことを示すいかなる徴候がまったくないことも、このさい確認しておきたい。

銅鏡百枚と三角縁神獣鏡

魏帝から卑弥呼に下賜された品々の中に銅鏡百枚があった。卑弥呼が鏡を含む下賜品を入手したのは正始元年（二四〇年）である。この文献の記述を証明するかのような銅鏡が出土している。大阪府和泉市の黄金塚古墳から出土した景初三年の銘が入った三角縁神獣鏡《さんかくふちしんじゅうきょう》である。その後同じ景初三年銘の三角縁神獣鏡は島根県の神原神社古墳からも出土し、さらには景初四年銘の盤竜文様鏡も京都府福知山市の広峯古墳から発見された。景初四年銘の盤竜鏡はさしおいても、景初三年銘の三角縁神獣鏡は卑弥呼に下賜された銅鏡であったのか。そうだとすれば卑弥呼にもたらされたこれらの鏡が、分与品として各地の豪族に渡ったのか、あるいは交易品として各地に流通したのかはおいても、大阪と島根、京都から出土したのだから、邪馬台国畿内説が有利になるのは避けられない。そして実際鏡を中心とする考古学上の発掘成果は、邪馬台国畿内説を支える強力な支柱となっている。ただしこれらの古墳は四世紀半ばから後半の築造とされており、たとえこれらの鏡が卑弥呼から下されたものであったにしても、これらの古墳の主が卑弥呼から直接鏡を貰った可能性はまずない。景初二年以降も倭国の魏への朝貢は続いた。倭人伝によれば倭王（おそらく卑弥呼だろう）は正始四年、大夫伊声者《いせき》、掖邪狗《ややく》らを遣わして、生口、倭錦などを朝貢し、正始六年、八年には狗奴国との間が緊迫化したので、帯方郡から黄幢《こうどう》が届けられている。そしてこれらの人と物の交流にあたって、正始元年に卑弥呼に下された銅鏡百枚以外にも魏鏡が流入していた可能性は否定できない。

　北部九州の弥生時代の遺跡から出土する中国鏡は、後漢の時代かそれ以前の鏡が多い。これは畿内出土の鏡と対照をなす。畿内出土の鏡はその大半が魏晋時代か仿製鏡（日本で造られた鏡）で、比較的大きな古墳から出土している。九州から出土する漢鏡の多くは背面の模様に摩耗があって、製作されてから墳墓に埋納されるまでかなりの期間を要したと考えられるのに対し、畿内出土の魏晋鏡にはその手ずれがなく、鏡の製作後それほどの期間をおかずに埋納されたと考えられている。このことが古墳の発生を三世紀半ばまで引き下げた原因の一つとなった。しかし古墳との関係はひとまずおくとしても、三世紀に日本に入ってきた大量の舶載鏡（中国で製作され日本へ入ってきた鏡）は、もっぱら畿内を中心に出土しており、このことが弥生時代後期後半（通常三世紀をあてる）の文化の中心はすでに畿内にあったことを裏付けるという視点は、邪馬台国畿内説にとって強力な論拠である。ただしこの場合、文化の中心が政治の中心であり、それが邪馬台国であることの論証が必要なことはいうまでもない。

もう一点、畿内説にとって強力な援軍になっているのは三角縁神獣鏡である。この鏡は今日までに五〇〇枚以上出土しているが、その半数は畿内で、北部九州からの出土は二割に満たない。そして前述のように三角縁神獣鏡の中に景初三年の紀年銘の入った鏡が、大阪と島根の古墳から出土したことである。三角縁神獣鏡は西日本各地から出土する（少数だが東日本からも出土する）が、中国からは一枚も出土していない。これをもって、この鏡は舶載鏡ではなく仿製鏡であろうとする意見が文献学者を中心に起こる。これに対して考古学者、とくに鏡の専門家からは、その技術の優秀さ、材質などから仿製鏡ではありえないとの強力な反論が出て、論争は膠着状態に陥っていた。ところが一九八〇年代になって中国の研究者王仲殊が、日本の三角縁神獣鏡に関する研究成果をおさめた論文を発表する。その要旨は、中国で出土する神獣鏡はすべて平縁で三角縁はない、日本で出土する神獣鏡と画像鏡の図柄は呉のものであり、日本の三角縁神獣鏡は呉の技術者集団が倭国の招きで来日し、日本で製作したものだろう、としたのである。この論文の発表によって三角縁神獣鏡が仿製鏡であることはほぼ確定したといえるだろう。だが細部には疑問も残されている。

　その一つは、日本の招請で呉の技術者集団が来日したのならなぜ鏡の工匠だけに限られたのか、もっと中国の先進文化、技術があるのに鏡に限定されたことに疑問を感じるとするものである。また出土した鏡の中に呉の年号である赤烏《せきう》元年鏡や赤烏七年鏡があるが、魏の景初三年鏡、正始元年鏡もある。呉の工匠が魏の紀年銘の鏡を製作することは考えられない。さらに出土した鏡の中には粗雑なつくりで舶載鏡とは認めがたいものがあり、また銘文の刻字が左回りになっているものがある。鏡の専門家が中国鏡と見間違えるような精巧な鏡が日本で作られていた一方で稚拙な品物も作られていた。精巧な品はともかく、一目でそれとわかる稚拙な鏡が、呉の技術者集団の手によるものとは考えられない。

　日本列島の各地から出土する三角縁神獣鏡は、これまでのところ中国からの出土はなく、王仲殊のいうように日本で作られたものであることは確かだろう。他の分野の中国の技術者集団の渡来の痕跡がないのだから、日本の側による鏡の工匠の組織的な招請は考えにくい。だとすればこれらの精巧な鏡は、偶発的な彼らの渡航の結果によるものと考えるべきだろう。一方魏の工匠も渡来したのではないか。彼らと彼らの技能を受け継いだ日本の技術者の手で、大量に三角縁神獣鏡は作られ続けたと考えたい。

　三世紀初頭までに日本に入ってきた中国鏡は、当初は珍重され手元に置かれ伝世されてきた。その所有者が死ぬとこれらは甕棺墓、周溝墓などに埋納された。そして弥生時代後期以降、墓への埋納のため鏡の需要が高まり、仿製鏡が作られ、鏡は伝世されても本来の機能を失ない手ずれされることが少なくなった。これが手ずれのない仿製鏡の埋納の原因であろう。死者の権力と財力の象徴として鏡の大量供給がなされていく。そして三世紀半ば以降魏や呉の工匠と彼らの技術と技能を受け継いだ日本の技術者の競合によって、古墳への埋納という鏡の需要を満たすため鏡の製作が続けられる。これが畿内で発見される魏晋鏡の実態であろう。景初四年の盤竜鏡は決して中国の地で作られたものではない。景初四年鏡の銘は「景初四年五月丙午之日陳是作竟」とあり、左回りで刻印されている。前述のように景初三年十二月少帝は正始への改元を行なったので、暦の上では景初四年は存在しない。だから陳という名の工匠は、二四〇年一月以前に魏の地にいた可能性はあっても二四〇年二月以降に魏の地でこの鏡を作ったことはありえない。この月に正始への改元があったからである。景初四年銘の盤竜鏡は、正始への改元の情報が届かなかった日本で鋳造された可能性を濃くしているといえるだろう。

景初三年鏡についていえばこれも左回りに刻印されている。魏志倭人伝に、景初二年十二月卑弥呼に銅鏡百枚を含む下賜品を付すとあるが、その百枚の中にこの景初三年鏡が入っていたことはまずありえない。魏王朝の正規の下賜品が左回りの刻字の鏡であることはおよそ考えられないからである。

弥生時代の中期から後期にかけて、北部九州を中心に中国鏡の甕棺墓への埋納が多くみられたが、古墳時代に入ると鏡の埋納は畿内中心に変化してくる。四世紀以降に築造された古墳から出土する鏡は、そのほとんどが仿製鏡とみて間違いない。そしてこのことから四世紀には文化の中心が畿内にあったことは否定できないにしても、それが邪馬台国に結びつくとは断言できないこともまた否定できない。考古学の研究、発掘成果はいまだ邪馬台国論争に決定的な影響を与えていないのである。

径百余歩の卑弥呼の冢

卑弥呼の死と卑弥呼の冢《ちょう》に関する魏志倭人伝の記述は、「その八年、大守王頎《おうき》官に到る」の記事の後にある。

「卑弥呼以て死す。大いに冢を作る。径百余歩。徇葬する者、奴婢百余人」。

「その八年」とは正始八年（二四七年）で、陳寿はこの記述の後卑弥呼の死を記しているのだから、一般的には卑弥呼の死は正始八年以降とすべきだろう。ところがこの「卑弥呼以死」にはいくつかの読み方がある。多いのは「以死」をそのまま「卑弥呼以て死す」（卑弥呼が死んだ）とする読み方で、これなら記述の順からいって卑弥呼の死は正始八年以降の死となる。次に「以死」を「死するを以て（大いに冢を作る）」とする読み方があり、これも正始八年以降の死と考えて間違いはない。問題なのは「以」には「已」と同じく副詞で「すでに」という読みができることで、この場合には正始八年には卑弥呼はすでに死んでおり、人々が冢を作ったのが正始八年であったということになる。卑弥呼の死に関しては後代の『梁書』と『北史』が正始中としている。正始は十年（二四九年）に改元があるので、これらから考えれば卑弥呼の死は正始七年から九年の間、幅をとってみても二四〇年代の後半と考えて間違いないだろう。

漢の時代以降、死を表わす語句は、天子を崩、貴人、諸侯を薨《こう》、士の死を卒《しゅつ》とし、庶民は死であった。『三国志』の夷蛮伝には卑弥呼だけでなく他の夷蛮の王にも死が用いられている。当時の魏、晋朝の上層階層の世界観が示されているといってよい。

さて、次は卑弥呼の冢《ちょう》で、この部分の原文は「大作冢径百余歩徇葬者奴婢百余人」である。この記述が邪馬台国畿内説の主要な論拠の一つになっていることはよく知られている。径百余歩の大きな冢であり、卑弥呼の死に伴なって奴婢百余人を徇葬させていることから、このような古墳は北部九州にはなく大和でしかありえないとする。そして実際奈良県桜井市の纏向遺跡にある箸墓が三世紀中葉の築造であり、墳長二八〇メートル、後円部の径が一六〇メートルで後円の径が百余歩にきわめて近いことから、箸墓こそ卑弥呼の墓であろうとする議論が展開される。さらに二〇〇九年には纏向遺跡から三棟の大型建物の遺構が発見され、卑弥呼の宮殿ではないかとの推測さえ生まれ、なかにはこれで邪馬台国は決まったと断言する識者さえ現われた。魏志倭人伝のこの部分の記述はこのように邪馬台国論争に深くかかわっている。以下にこの部分を考えてみたい。

まず冢《ちょう》である。径百余歩の冢というと百数十メートルの大きな古墳を連想するが、本来冢は、山の頂、墓、塚を意味する。だから「卑弥呼以死大作冢」は、卑弥呼が死んだので人々は墓を作ったという意味で間違いはない。『三国志』には冢が四ヶ所に出現する。第一は魏志韓伝で、韓の人々の「住み家は草の屋根で壁は土、形は冢のようで入口は上部にある。一家すべてがその中で暮らし、長幼男女の別はない」とある。第二は倭人伝の倭人の風俗、習慣を記した部分で、倭人（大人《たいじん》や王ではなく一般の倭の人々）は「死ぬと棺に収めるが槨《かく》はなく、土を盛って冢を作る」とある。第三はいまみた卑弥呼の冢である。最後は蜀志諸葛亮伝で、諸葛亮（孔明）は遺言で「山を利用して墳墓を作り、冢は棺を入れるに足る広さ、通常着用している服で身を包み、器物は棺に入れざるべし」としたという。これらの冢の記述からみる限り、卑弥呼の冢が径百数十メートルの大古墳を指しているとは考えにくい。韓伝では、冢は土で四方をふさいで屋根は草ぶき、屋根の一部に穴をあけ出入り口として利用する一般人の家を表現した。倭人伝では、冢を倭人の埋葬に際して作られる土を盛った塚で、通常は遺骸を棺に入れるが外槨はなく、棺に直接土を被せるとした。蜀志の諸葛亮伝の場合はもっと明快で、墳墓と冢を分けている。諸葛亮は成都郊外の定軍山に葬られたが、生前彼は山の一部を利用して墳墓とし、そこに冢を作って棺を収めるよう遺言で指示している。

　前漢から後漢の盛期は比較的厚葬で、墓域を広くとり陵も高く大きかった。この傾向は後漢の後期のころまで続くが、後漢末期から三国時代になると政情が不安定になり、文帝（曹丕）が薄葬を命じて以後、魏だけでなく呉、蜀でも土盛り（封《ほう》という）、植樹（樹）がなされなくなる。墳墓は棺を入れるだけの大きさでよく、棺の中の器物もできるだけ少なくする薄葬が一般化していった。陳寿が『三国志』を撰した晋代はこうした葬送方法が敷衍していたのである。

　そこで倭人伝に戻ろう。径百余歩の前に「大作冢」がある。一部の論者はこれを卑弥呼が死んだので大きな冢を作ったと読むが、「大作冢」は「大きな冢を作った」ではない。「大」は「冢」にかかるのではなく「作」にかかるのだから、人々は大いに冢を作った、冢を作るのに人々は大いに励んだという意味である。この文から卑弥呼の大きな古墳という想定を導き出すことはできない。そして径百余歩の冢である。魏、晋朝では一里は三百歩、一歩は六尺で一尺は約二四センチなので一里は約四三二メートルとなる。陳寿は韓伝、倭人伝で、韓方四千里、郡より女王国へ万二千余里と記述した。そしてこの里は魏、晋朝の里の六分の一から七分の一に相当することを知った。だがもちろん陳寿には韓伝、倭人伝の里に対応する歩、尺の記述はなく、一里が三百歩、一歩が六尺の魏、晋代とは異なる長さの単位の記載もない。卑弥呼の径百余歩の冢の一歩は六尺で、およそ一四四センチという数字は動かし難いだろう。だから一五〇メートルを超える大古墳というイメージが生まれるのだが、当時魏、晋朝にはこのような古墳は存在しなかった。厚葬が行なわれていたのは秦、前漢から後漢の盛期のころであった。後漢末になると社会不安が広がり、盗掘が横行する。魏の武帝（曹操）の時代には薄葬化が進むが、盗掘の影響もあったのかもしれない。武帝の陵墓は未だ確定していないが、近年発見された河南省安陽県の武帝の墓とされる遺構は地下に築かれた墓室で、地上部分には王墓の痕跡はなく、そのため発見が遅れたとみられる。秦の始皇帝陵以来径一〇〇メートルを超すような墳丘墓は中国にはなかった。だからもし径百余歩の墳丘をもつ王墓を魏使もしくは郡使が実見してその様子が魏王朝の官吏に伝わり、その状況を陳寿が知ったら、倭人伝のこのような簡素な記述で収まるはずがない。

卑弥呼の径百余歩の冢とは三国の時代の墓制から考えて墓域全体を指し、冢そのものは棺を入れるに足る封だったのではないか。北部九州には弥生時代の周溝墓が散在しているが、それらはこの倭人伝の記述をよく表現しているといえよう。魏志国淵伝にある「破賊文書は旧《もと》一を以て十と為す」から陳寿が卑弥呼の径十余歩の冢を百余歩としたという想定も考えられないではないが、魏の対呉戦略の申し子とはいえ『三国志』執筆時には呉は消滅していたのだから、数字を虚飾する必要はまったくなかったろう。また露布その他に卑弥呼の冢の大きさが示されていたとも考えにくい。したがって径百余歩の冢とは墓域全体を指したと考えたい。

最後に徇葬する者奴婢百余人である。わが国では弥生期、古墳期に殉葬の風習があったことを示す徴候は考古学上確認されていない。殉死の習俗が確認されていないので、卑弥呼の死にあたって本当に奴婢百余人が殉葬されたのかという疑問が生じる。ただし文献の上では垂仁紀二十八年条に、垂仁の叔父にあたる倭彦命《やまとひこのみこと》の死にあたって近習の者を殉葬した記事がみえる。生きたまま従者を埋めたがなかなか死なず彼らは泣きうめいたという。彼らが死ぬと、野獣、鳥がその屍体を食い荒らし悲惨をきわめた。これを聞いた天皇は、その後の皇后日葉酢《ひばす》媛命《ひめのみこと》の死のときには、埴輪をつくらせ人に代えて埋めさせたという。有名な埴輪と埴輪をつくった野見宿禰と土師連《はじのむらじ》の起源譚である。だがこれも考古学的には確認されていない。さらには卑弥呼の死にさいして殉葬があったのだとしたら、奴婢だけを殉死させたというのも考えにくい。なによりも男弟をはじめ卑弥呼に近い人たちが殉死させられただろう。実際他の夷蛮伝では殉葬者は奴婢ではなく、「臣妾《しんじゅう》数十、百人を数う」などとしている。ただし殉死者の中に近親者がみえないことは、卑弥呼が女性であることのほかにも、殉死についての後世の視点からみた判断基準の違いであろうとする考えも可能かもしれない。たとえば七世紀蘇我倉山田石川麻呂が中大兄皇子殺害の嫌疑を受けて自死に追い込まれた時、妻子眷族《けんぞく》が殉死しているが、こうした事例と同列に扱うことはできないかもしれない。だがそれにしても奴婢百余人の徇葬には疑義が残る。

もう一点は『三国志』の紹興本、紹熙本ともに「殉葬」ではなく「徇葬」としていることである。「殉」を「徇」と記す他の史書もないではないが、「徇」のもともとの意味は使役する、従うである。つまり卑弥呼の死にさいしてその葬儀に奴婢が百人以上従がったという解釈である。卑弥呼の死に百人もの奴婢が殉葬されたとすればその風習はすぐにはなくならず、北部九州なり大和なりに少なくとも一定期間は残るだろう。その風習を示す考古学上の遺物が日本のどこからも出土していないことは、倭人伝の「徇葬」が「殉葬」ではないことを示しているのではなかろうか。

三世紀末、晋の史官陳寿によって撰せられた魏志倭人伝に登場する邪馬台国は、これまでみてきたように倭の三十国の連合体で、卑弥呼の女王国は一世紀後漢の光武帝から「漢委奴国王」の金印を仮綬された奴国《なこく》であった。二世紀初頭には倭国王帥升の朝貢があり、二世紀の後半には中国の史書が記す「倭国乱」あるいは「倭国大乱」があったが、その乱後も奴国の倭国内の地位に変動はなかった。だがこの国は三世紀中葉、卑弥呼の時代の末期に、おそらく女王国連合の南に勢力を築いていた狗奴国《くなこく》との争闘で深刻な危機に直面する。そしてこの危機の最中に女王卑弥呼は死去する。男王が立てられたが国中従わず後継をめぐって連合体内では抗争が起こり、千余人が殺されたという。倭人伝によれば卑弥呼の宗女（一族の子女）壹与《いよ》が立てられたことによって抗争は収まった。その後泰始二年（二六六年）晋朝の成立（二六五年）を祝う倭国からの遣使があったことが『晋書』武帝紀にある。奴国を盟主とする倭国の連合体からの遺使であった。こうした中国史書の記述から、三世紀後半までは北部九州の奴国が倭人の諸国の盟主として、中国の王朝に認められていたことは確認できるだろう。

三世紀後半の日本列島は弥生時代から古墳時代への移行期にあたるが、その移行には地域差があったことは否めない。北部九州はその中でも先進地域に属していたが、その北部九州よりもっと進んだ地域があった。畿内大和である。畿内大和の状況を記す同時代の文献史料はないが、八世紀前半に撰録された『古事記』と『日本書紀』、考古学上の発掘成果などによって、畿内大和の状況はある程度推測できる。以下に章をかえて、三世紀から四世紀の畿内大和を中心とする日本列島をみていきたい。

第三章　三、四世紀の日本列島

銅鐸文化の消滅

縄目の文様の厚手の縄文土器とは区別される文様が簡略で焼成温度が高い薄型の弥生土器と、一部定住化はあったにしても採集、狩猟、漁労の移住生活から稲作農業による定住化と環濠集落の形成、石器に替わる金属器の使用、これらを特徴とする時代が弥生時代である。これまで弥生時代は紀元前四世紀ごろに始まり、三世紀の後半ごろまでと考えられていた。この弥生時代の認識と年代観が近年大きく揺らぐことになった。二〇〇三年国立歴史民俗博物館が、弥生時代の重要な指標である稲作の普及による本格的な農耕社会の成立を、放射性炭素年代測定によって、従来考えられていた前四、五世紀から約五〇〇年遡らせたのである。弥生時代の始まりは水田稲作の開始とするのが大勢だが、この時期がおよそ紀元前十世紀とされた（次ページ図参照）。この判断が妥当かどうかはすぐには決着をみないだろうが、少なくとも縄文時代から弥生時代への移行期は再検討を要することになるのかもしれない。

弥生時代はこれまで紀元前四世紀末ごろにはじまり、前期（前三〇〇年―前一〇〇年）、中期（前一〇〇年―後一〇〇年）、後期（後一〇〇年―三〇〇年）の三期に区分されていたが、弥生時代の開始が五〇〇年ほど早まるなら当該の絶対年代は引き上げられるだろう。弥生時代早期（先Ⅰ期）は前八〇〇年頃まで、前期にあたるⅠ期は前四〇〇年頃まで、中期にあたるⅡ、Ⅲ、Ⅳ期は一世紀前半まで、そして後期Ⅴ期は三世紀中葉までとなるのかもしれない。菜畑《なはたけ》遺跡（佐賀）、板付遺跡（福

弥生時代の時代区分

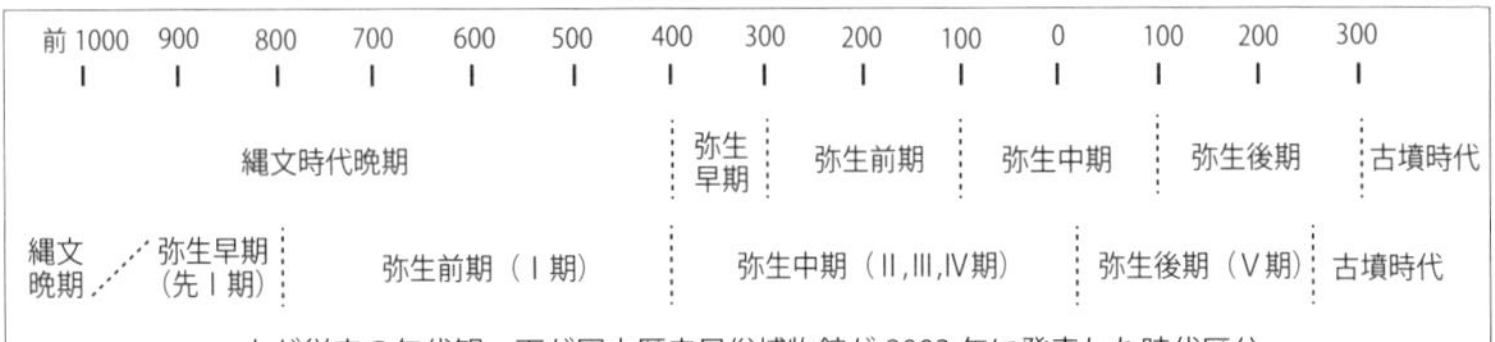

上が従来の年代観、下が国立歴史民俗博物館が2003年に発表した時代区分

岡）は弥生時代早期にあたり、佐賀県の吉野ヶ里遺跡の始まりは前期（Ⅰ期）である。北部九州の那珂遺跡、須玖遺跡、糸島の三雲遺跡など主な遺跡はいずれも前期から中期、後期へと継続している。

弥生時代早期にまず北部九州に伝わった灌漑稲作は、それほど時をおかずに中・四国、近畿、東海へ伝わった。小路《しょうじ》（山口）、南溝手（岡山）、津島（岡山）、田村（高知）、大開《だいかい》（兵庫）、唐古鍵《からこかぎ》（奈良）などの遺跡で、これらに続いて大阪南部の池上曽根遺跡が前期中頃から形成される。池上曽根遺跡の場合、前期前半に出現し前期末には約三ヘクタールの地が環濠で囲われ、環濠の外には方形周溝墓が作られた。中期初めには環濠はさらに拡大されて東西二六〇メートル、南北二八〇メートル（五・六ヘクタール）に、中期後半には居住域は環濠の外側に広がり全体で一一ヘクタール規模にまで拡大されている。池上曽根遺跡の大型建物の柱の伐採年代は紀元前五二年と出た。後漢の光武帝から金印が仮綬される一〇〇年前である。畿内より少し遅れて稲作が始まった東日本では水田耕作は一部に限られ、キビやアワなどの畠作物が主体であったとみられる。

弥生時代の前期末から中期初めにかけて北部九州では青銅製の武器形祭器が製作され始めたが、これを追うように畿内各地と東海、北陸の一部では銅鐸《どうたく》の鋳造が始まる。北部九州での武器形青銅器、畿内とその周辺での銅鐸の原料は、どちらも韓半島から調達されていた。それらは鋌《てい》状のものもあったが大部分は銅剣、銅戈《どうか》、銅矛《どうほこ》など青銅製の武器で、鉄器の普及により青銅製の武器は使われなくなり、鋳潰されて新たに銅剣や銅鐸などの祭祀用の祭器として再生された。北部九州で発見される銅剣、銅矛などは刃がないので武器として使用されたのではなく、祭器として個人が所有していたとみられ、銅鏡などとともに所有者が死ぬと副葬されるが、畿内の銅鐸はあくまでも祭祀用で集落ごとに保有、保管されていた。弥生時代中期の近畿地方の土溝墓、周溝墓からは突出した個人、いわゆる王などの権力者の存在は確認されていない。北部九州で確認される王墓は弥生時代後期に入った畿内では存在していなかった。水田稲作によって比較的安定した食糧を確保し、九州を経由して青銅素材を入手しながら武器形祭器とは異なる銅鐸を農業祭祀に用い、周囲を環濠で囲みその中にあって高床式の倉庫とみられる大型建物を建て、豊かな農耕社会を築いていたそうした銅鐸国家のイメージが浮かび上がる。

銅鐸は紀元前三世紀ごろから製作されだしたと考えられている。その起源はおそらく馬鈴から転じた朝鮮式の小銅鐸で、それらにみられるように吊り下げて内部にある舌《ぜつ》を左右に振って銅鐸本体に当て音を出して、祭祀用の祭器として利用したのだろう。初期の小銅鐸、小型の銅鐸の中には内部が摩耗しているものが発見されている。舌を本体の内側に何回も当て音を出したと思われる。北部九州では銅鐸はほとんど広がらず、もっぱら銅剣、銅戈などの武器形青銅器が作られ祭祀に使われていたが、畿内とその周辺では祭祀には銅鐸が農耕社会の祭器として使われ、時代とともに大型化し精巧化していった。そして大型化することによって、吊り下げて内側の舌を振って音を出す祭祀用の祭器としてではなく、見て拝跪する祭器に変容していったと考えられる。

銅鐸は集落から少し離れた山中、谷あい、傾斜地などから発見される。遺棄されたり廃棄されたりしたのではなく、多くは意図的に埋められた形状をなしている。埋納された銅鐸の中には集落から見通せない山中に埋められた例のように、意図的に隠されたとしか考えられない事例もある。単体で出土する場合もまとまって発見される場合もあるが、鰭《ひれ》を立ててあったり交互に並べたり、中には入れ子状態で出土する例もあり、銅鐸の埋納が一方では何らかの儀式によるものであることをうかがわせるとともに、一部には予想外の事態に遭遇したため急遽埋納された状態を示しているものもある。

一九八四年十月、島根県斐川町の神庭荒神谷《かんばこうじんだに》で大量の青銅器が発見された。中細形銅剣三五八本で、それまでに列島各地で出土した中細形銅剣の総数およそ三〇〇本を上回る量の出土であった。翌年にはその七メートル東側の斜面から、銅矛一六本、銅鐸六個が出土する。さらに十二年後の一九九六年荒神谷から南へ山一つ越えた加茂町で銅鐸が大量出土した。加茂岩倉の谷あいの斜面から大小の銅鐸が基本的に入れ子状態で三九個まとまって発見されたのである。島根県の神庭荒神谷遺跡と加茂岩倉遺跡からの青銅器の大量出土で日本の青銅器の出土状況は一変し、出雲の青銅器文化の重要性が改めて見直された。これらの青銅器群は弥生中期初頭から製作されだし、中細形銅剣は出雲で作られた可能性が高く、銅矛は北部九州からもたらされたらしい。銅鐸は一部出雲地方での出作られたものもあるようだが大部分は近畿製とみられる。九州と畿内を結ぶ文化の接点としての出雲の地の役割が浮かび上がる。さらに重要なのは銅鐸の終焉の時期がこれらの発見で見直されたことである。全国で出土する銅鐸は、これまで出土地を問わず、古墳の出現の直前、すなわち三世紀の初めごろ急激に終息したと考えられてきた。しかし、神庭荒神谷、加茂岩倉の場合は、畿内の銅鐸の終焉よりおよそ一〇〇年から一五〇年も早く、弥生時代中期末か後期の初めに一括大量埋納されたらしい。そして銅鐸、銅剣の大量埋納に符節を合わせるように弥生時代後期から荒神谷の周辺で、四隅突出型の大型墳丘墓が作られだす。銅鐸埋納の動きはおよそ一〇〇年後、畿内と畿内周辺各地に広がり、銅鐸は急速に消滅していった。銅鐸はていねいに埋納されていた出土例もあるが、突如埋められた様相を呈しているものも少なくない。こうした状況の意味するものは以下に考えていくが、銅鐸の消滅に替わって、出雲では西谷墳墓群にみられる四隅突出型の墳丘墓が、畿内では奈良県桜井市の箸墓古墳に象徴されるような大型の前方後円墳が築かれていく。

　北部九州ではすでに弥生時代前期には集団の統率者のために特別な周溝墓が作られはじめ、中期後半には王墓と呼ぶにふさわしい多彩な副葬品を収めた墓が生まれる。中国から近畿、北陸では集団の統率者のための特別な墓の出現は弥生時代後期中ごろ以降で、周溝墓とは違って纏向《まきむく》石塚やホケノ山古墳などの弥生終末期の古墳（墳丘墓）として現われてくる。この時期は土器の編年では庄内式土器の段階に属し、銅鐸の終焉と一致している。

　弥生時代の終焉と新たな時代の幕開けに明確な一線を引くことはむずかしい。弥生時代後期後半に築造された岡山県の楯築《たてつき》古墳、奈良県の纏向石塚、ホケノ山古墳（いずれも二世紀末か三世紀初頭の築造）などのように一〇〇メートルに迫る墳丘を持つ前方後円の形状を持った墳丘墓があり、これらの墳丘墓とおそらくその直後に築造されたのであろう奈良県纏向の箸墓古墳、京都府の椿《つばい》井大塚山古墳、福岡県の石塚山古墳など（おそらく三世紀前半の築造）との時期的な差異はかなり微妙だろう。古墳時代は弥生土器から土師器《はじき》への転換によってはじまるとする一部意見もあるが、この変遷がそれほど明確に現われていないことから、今日では古墳の出現をもって古墳時代とするのが一般的である。だがこの古墳の定義もなかなか一線を画しにくい。学界の大勢は、古墳時代とは、正円形の後円部を持ち、墳丘長一〇〇メートル程度以上、竪穴式石室を持ち、一定程度の副葬品を有する前方後円墳が出現する時代とする。上記の特徴を備えた古墳は、箸墓古墳、椿井大塚山古墳、石塚山古墳、西殿塚古墳などで、これらの古墳が出現するのは三世紀中葉とされた。そして昨今この時期は数十年繰り上げられ三世紀前半と考えられている。

さて、ここまで考古学の発掘と研究成果に依拠して、日本の二、三世紀をみてきた。考古学の場合出土する遺物の時代は、土器の編年作業が進んだことによってかなり正確にわかるようになってきた。だが、だれが、なぜ、あるいはどうして、は考古学のうえからはよほどの条件が揃わない限りわからない。たとえばある古墳の被葬者はだれかという問いは、墓誌のような遺物が出土しない限り、文献史学の成果抜きにはほとんどの場合解答を与えられない。銅鐸や銅剣がまとまって出土しても、どうしてこれらの器物が埋められたのか、なぜこの場所に埋められたのかの答えは出てこない。これらは周辺地域とより広範囲の考古学の発掘成果、関連する諸分野の研究と文献史学の検討から類推していかなければならない。

弥生時代後期後半から古墳時代にかけて畿内を中心とする一帯では、これまでみてきたように銅鐸文化が急速に衰退した。前方後円墳を築く勢力がこの地を席捲したのだろう。銅鐸文化の担い手と銅鐸消滅後に出現する大型の前方後円墳を築造した勢力とは、おそらく異種の文化・政治勢力であったろう。銅鐸埋納の事績が次代へ継承されていないからである。『続日本紀』和銅六年（七一三年）七月六日に次の記事がある。

「大倭国宇太《うだ》郡波坂郷の人、大初位上の村君東人《むらのきみのあずまひと》、長岡野の地に銅鐸を得て、之を献上す。高さ三尺口径一尺。その制、常に異なるも、音、律呂《りつりょ》に協《かな》ふ」。

奈良時代の元明天皇の世、『古事記』奏上の翌年、『日本書紀』編纂の七年前に宇陀で官人が銅鐸を掘り当て、これを官衙に届け出た。受け付けた所司はこの器物を楽器とみたものの、この朝廷の古来からの制とは異なっており、この器物が何か、どのように使われたのかわからなかったので雅楽寮に収蔵された。このことをもってしても、銅鐸の伝承が、その後の古墳時代の担い手、そして飛鳥朝の支配者や官人に伝わらなかったことがわかる。畿内における銅鐸の消滅は三世紀前半でその直後から大型の前方後円墳が築造されていくのだが、出雲ではこの動きはもう少し早く一世紀末から二世紀初頭で、銅剣、銅戈、銅鐸などの青銅製祭器は埋納され、その直後二世紀前半からは四隅突出型墳丘墓が築かれていく。畿内と出雲のどちらの場合にも、銅剣や銅鐸などを祭器としていた勢力が、異質の文化と価値観を持つ勢力の膝下に屈したことがうかがえる。

さて、この変動は何らかの文献、史書に反映されているのだろうか。そこでまず魏志倭人伝をはじめとする中国史書である。これらには「倭国乱」あるいは「倭国大乱」として、倭国内で抗争と争乱があったことが記されている。その時期は、一つは二世紀後半、次は卑弥呼死後の三世紀中葉である。この争乱は北部九州に限られていたのか、それとも西日本全体を覆う規模で展開されたと考えるべきか。中国史書が記す最初の乱は二世紀後半だが、このときは西日本全体が不安定な状態にあったことは想定されうる。『後漢書』の「桓、霊の間、倭国大いに乱れ」、あるいは『梁書』の「霊帝光和中」が不正確であろうことはすでにみたが、魏志倭人伝には「倭国乱れ、相攻伐すること歴年」とあり、この乱がある程度の期間と規模を有していたことは容易に察せられる。しかし次の三世紀中葉の卑弥呼の死後の乱は比較的短期間であったことが倭人伝の記述から読みとれる。倭人伝は卑弥呼の死後

「更に男王を立てしも国中服せず。更〻《こもごも》相誅殺し、当時千余人を殺す。また卑弥呼の宗女壹与年十三なるを立てて王となし、国中遂に定まる」

としている。この時は狗奴国との戦争の最中であったが、壹与を立てたら国中が定まったとしているので、この乱が西日本全体を巻き込む長期の争乱であったと読むには難があるだろう。一方、卑弥呼の擁立時の乱は歴年となっている。乱れた期間は数年と考えられるが、倭人伝全体の記述、山島に依っており、魏の時三十国の表記や邪馬台国への里程記事、卑弥呼の死後の乱などを総合して考えるなら、これも倭国内、北部九州における争乱と考えて間違いはないだろう。こうした想定は中国史書の記述と銅鐸埋納の時期についての考古学上の到達点との微妙な乖離からも確認できる。すなわち中国史書による倭国乱は二世紀後半とみて間違いはないし、出雲の青銅器埋納は一世紀末から二世紀初頭と考えられる。卑弥呼没後の国内争乱は三世紀中葉だが、畿内を中心とする銅鐸の消滅は三世紀の前半である。したがって魏志倭人伝や他の中国史書が記す倭国争乱と銅鐸消滅時の騒擾《そうじょう》、争乱とは直接結びつくものではないと考えたい。

記紀伝承造作説への疑念

二世紀、三世紀の日本列島における銅鐸文化の急速な消滅という事実が中国史書にその痕跡を止《とど》めていないとすれば、記紀その他の日本の文献の上ではどうだろうか。以下に記紀の記述から三、四世紀の日本列島を考えてみたい。

『古事記』と『日本書紀』に関してはこのあと述べる機会があるかと思うが、さしあたって必要なのは、記紀の記述に二世紀初頭と三世紀前半のころに異質集団の侵入による争乱、争闘の記録、記載あるいは痕跡がないかどうかである。記紀の記述から歴代の天皇（天皇の称号は七世紀後半の天武の時代に生まれたと考えられるが便宜上天皇の呼称を使う）の即位年、統治年数、没年などを読み取る作業はかなりむずかしいが、六世紀中葉の欽明以降はこうした事項はほとんど解明できるし、さらには考古学の成果と記紀双方の記述を付け合わせることによって、雄略、安康、允恭あたりまではかなりの程度、即位年、統治年数はわかる。すなわち允恭、安康は五世紀中葉、雄略は五世紀後半に大和・長谷の地に君臨した大王であったろう。しかし『古事記』は編年体の史書という視点をはじめからもっていなかったことから、また『日本書紀』は辛酉《しんゆう》革命説によって初代神武の即位年を推古の時代の辛酉年より二十一元（一元は六十年）前の辛酉年に設定し、歴代の天皇の統治年数を大幅に延伸したことから、河内王朝の大王允恭以前の即位年と没年、統治年数を『日本書紀』の記述からそのまま読みとることは不可能である。

しかし『古事記』に関しては何らかの古記録が編者の作為が加わらずにそのまま記されていると考えていいだろう。『古事記』は初代神武から三十三代推古まで、仲哀妃神功皇后を入れて三十四人の天皇のうち十五人の天皇の没年干支を記す。『日本書紀』はすべての天皇の没年干支を記すが、これは前述のように神武の即位年を推古九年（六〇一年）の一二六〇年前、紀元前六六〇年にもっていくために在位年数を延伸しているので、継体以後はともかくそれ以前はまったく虚構である。しかし『古事記』はすべての天皇の没年干支を記していない。こうした『古事記』の記述は、編者が帝紀など何らかの古記録なり伝承なりに基づいて（もちろんこれらが正しいとは限らない）そのまま『古事記』に記されたとみることが可能であり、多くの空白部の存在は『古事記』の天皇の没年干支に創作の手が加わらなかったとみなすことができよう。周知のように干支は十干と十二支の組み合わせで、同じ組み合わせは六十年に一回まわってくる（還暦）。だから狂うとすれば六十年単位で狂うので、没年齢ほど簡単に造作できない。たとえば『古事記』は応神の没年干支を甲午、仁徳のそれを丁卯、履中のそれを壬申とする。この記述が正しいなら、応神が死んだ甲午年に仁徳が即位（実際には空位期間があったとみられる）、仁徳が丁卯年に死んだのなら仁徳は三十三年在位したことになる。同様に履中は仁徳死後五年後か六十五年後に没した。六十五年の統治期間は考えられないので履中は五年間在位していたのだろう。このように没年干支の記載はかなりの程度それぞれの大王の在世の年次を確定することになる。その結果が次ページの表である。そうであるなら、十代の崇神は実在したとすれば四世紀初頭に大和三輪山麓に君臨した大王であったのかもしれない。

記紀ともにその記述は帝紀と旧辞から構成されている。帝紀とは、天皇の系譜、后、妃、皇子、皇女、皇居の地、没年と陵の場所等を記した古記録であり、旧辞とはその天皇に付随する歴史物語で、旧辞には臣、連などの氏族、豪族の系譜等も含まれている。帝紀は『古事記』の三十三の天皇、『日本書紀』の四十の天皇すべてにあるが、旧辞は『古事記』では初代神武と十代崇神から二十三代顕宗までであり、『日本書紀』は神武と十代崇神以下四十代持統まである。つまり二代綏靖から九代開化までは記紀ともに旧辞がない。これが欠史八代である。

崇神－推古の没年推定

		古事記			日本書紀		
		没年干支	西暦年	統治年数	没年干支	西暦年	統治年数
10	崇神	戊寅	318				
11	垂仁						
12	景行						
13	成務	乙卯	355				
14	仲哀	壬戌	362				
	神功皇后						
15	応神	甲午	394				
16	仁徳	丁卯	427				
17	履中	壬申	432				
18	反正	丁丑	437				
19	允恭	甲午	454		癸巳	453	42
20	安康				乙未	455	3
21	雄略	己巳	489		己未	479	23
22	清寧				癸亥	483	5
23	顕宗			8	丁卯	487	3
24	仁賢				戊寅	498	11
25	武烈			8	丙戌	506	8
26	継体	丁未	527		辛亥	531	25
27	安閑	乙卯	535		乙卯	535	2
28	宣化				己未	539	4
29	欽明				辛卯	571	32
30	敏達	甲辰	584	14	乙巳	585	14
31	用明	丁未	587	3	丁未	587	2
32	崇峻	壬子	592	4	壬子	592	5
33	推古	戊子	628	37	戊子	628	36
34	舒明				辛丑	641	13
35	皇極				譲位		4
36	孝徳				甲寅	654	10
37	斉明				辛酉	661	7
38	天智				辛未	671	10
39	天武				丙戌	686	15
40	持統				譲位		11

・現在の皇統系譜は、天智と天武の間に39代弘文（大友皇子）を入れ、天武を40代、持統を41代とする。
・記は推古まで。参考までに紀も允恭以降を抜き出した。

さて、この草創期の天皇の覇業を記すのが初代神武の東征（あるいは東遷）説話である。日向高千穂宮での神武ら兄弟の協議で、彼らは東征に出発する。宇佐、筑紫の岡田宮、安芸の多祁理《たけり》宮、吉備の高島宮を詣でて態勢を整えた後、彼らは難波津に上陸、那賀須泥毘古《ながすねひこ》（『日本書紀』は長随彦《ながすねひこ》）の軍勢とたたかう。日下《くさか》の楯津《たてつ》での合戦で敗れ神武は長兄五瀬命《いつせのみこと》を失なうが、彼らの一団は熊野へ迂回、山道を踏破して大和盆地に突入、敵を斃して大和南部の一角に支配権を確保する。こうした話の大筋は記紀で同じだが、細部は異なる。だがさしあたっての問題は、かなり仔細に記された神武東征、覇業の記述と、神武に続く二代綏靖から九代開化までに旧辞がないことだろう。これが神武の架空説、東征説話の造作説の根拠となって、今日の学界の主流をなしている。以下にこの点を考えてみたい。

神武東征は虚構であり記紀の編者の造作であったのだろうか。記紀の記述、とくに『古事記』のそれをみていくと、造作説に従いにくい状況が浮かび上がる。その第一は、この説話の持つ地理的な適合性、現地性である。神武の一団の出発地が後の日向国（宮崎県）の高千穂であったかどうかは、今は問わない。筑紫の日向《ひむか》の高千穂という記述は、日向も高千穂も普通名詞と考えられることから、必ずしも後の日向国とは限らないからである。だが筑紫の日向なのでいずれにしろ彼らの本拠は九州であった。九州を出発した彼らは瀬戸内海を東航する。神武記は彼らが浪速《なみはや》之《の》渡《わたり》を越えた後白肩津《しらかたのつ》に碇泊し、ここで那賀須泥毘古《ながすねひこ》とたたかったとするが、この白肩津は今（記紀編纂時の七、八世紀）の日下の蓼津《たでつ》（楯津）であると記している。現在日下の楯津は東大阪市日下町で生駒山脈に近く、もちろん船では行けない。八世紀でも河内湖に面した水場には近かったが、当時河内湖は外海（大阪湾）とはつながっていなかったので、難波津（大阪湾）からそのまま船で向かうことはできなかった。ところが弥生時代には河内湖は海とつながって河内湾となっており、楯津はその

飛鳥時代（7世紀）の河内湖

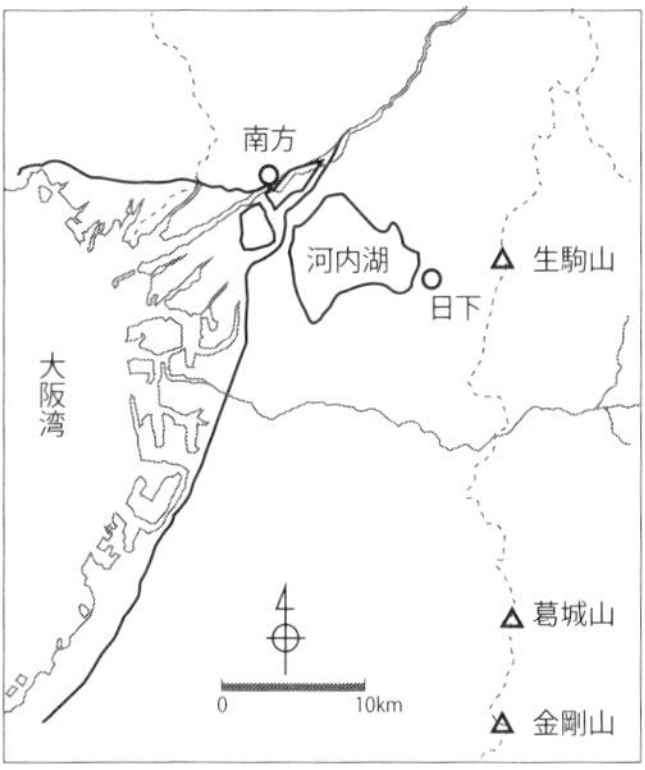

弥生期（2～3世紀）の河内湾

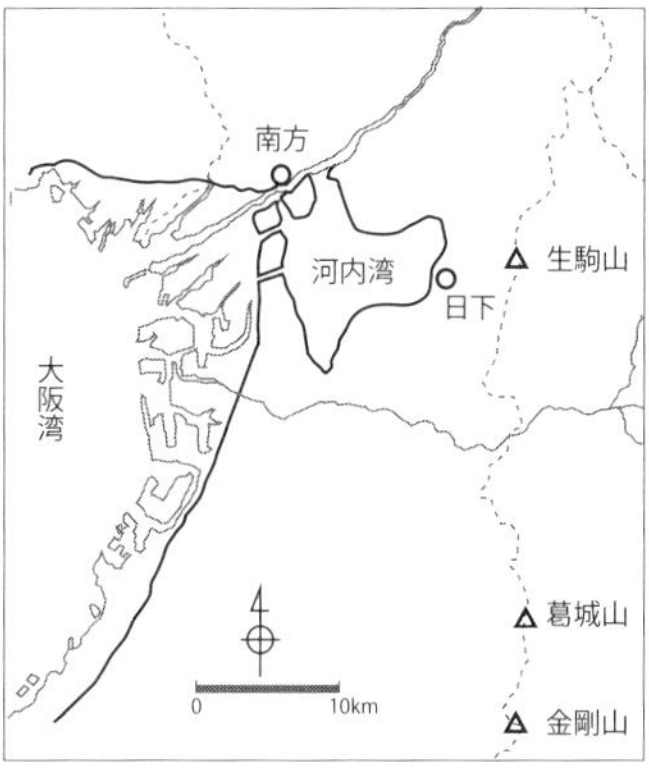

最奥部であった。神武の一団は楯津に上陸したと記紀は記すが、記紀編纂当時船では行けない日下の蓼津（神武記）、白肩之津（神武紀）を含む物語が、記紀の述作者の創作であるとは考えにくい。神武の一団は楯津に上陸したが待ち受けていた那賀須泥毘古の軍勢とたたかって敗れ、神武の兄五瀬命は重傷を負った。一行は退却し南方《みなみかた》から大阪湾へ出て南下するが、この南方は現在の淀川区西中島の一帯、阪急電鉄京都線の南方駅付近である。南方は神武記にある。ところが南方も八世紀の当時は淀川に面していたが河内湖とはつながっていなかった。記紀編纂時の八世紀の当時、船で楯津へは行けなかったし楯津から南方へも行けない。南方へは大阪湾から淀川を遡行しなければならなかった。弥生時代の推定図（上掲）をみればわかるように、神武の船団は難波津の海の北の端から河内湾に進入し、東の端にあたる日下に上陸したが、戦闘に敗れ退却して南方を通って大阪湾へ出て血沼海《ちぬのうみ》に至る。後の和泉国である。このあと神武の長兄五瀬命は男之水門《おのみなと》で死に、遺体は竈山《かまやま》に埋められた。血沼海、男之水門、竈山など南方以降の地名

は、『古事記』の記述から後世に命名された可能性があるが、日下、南方はそうではあるまい。八世紀の記紀編纂時に船では行けなかった日下、河内湖とは水路で結ばれていなかった南方は、記紀の編者の創作の可能性を否定するものであろう。

神武東征説話の造作説に従えない第二は、『古事記』に顕著に表れているその表現のリアリティー、残虐性である。緒戦に敗れた神武の一団は南下して、大きく迂回し熊野へ上陸した後、八咫烏《やたからす》の嚮導《きょうどう》を得て嶮岨な山道に踏み入る。そして彼らは大和盆地へ侵攻、背後から在地勢力を襲う。宇陀には兄宇迦斯《えうかし》、弟宇迦斯《おとうかし》の兄弟の豪族がいた。弟は神武に帰属するが兄は従わず罠を仕掛けて待つ。弟は兄を裏切り兄の策を神武に知らせたので、神武の配下の道臣命《みちのおみのみこと》、大久米命《おおくめのみこと》が先手を打って兄宇迦斯を彼自らが作った罠に押しこめ殺すというストーリーである。しかし『古事記』はそのあとの記述がなまなましい。

「(兄宇迦斯は)己が作りし押《おし》に打たえて死にき。爾《ここ》に即ち控《ひ》き出して斬り散《はふ》りき」。

つまり兄宇迦斯は押に打たれて死んだが、道臣命らはその死骸を切り刻んであたり一面に撒き散らしたという。神武記が『古事記』の編者の創作であるならば、神武の戦闘での勝利譚にこのような残酷な仕打ちをわざわざ造作する必要はないだろう。

もう一つは久米歌の記述である。神武の一団はさらに進んで忍坂《おさか》の大室(奈良県桜井市忍坂)に至ると、そこには在地の豪族土雲八十建《つちくもやそたける》が待ち構えていた。神武は一計を策して和睦と称して現地の首長たちを集め饗応する。もちろん宴の場では彼らの武具は預けられたであろう。そして宴の最中に武器を持たせた膳夫《かしはで》(料理人)に、歌を聞いたらいっせいに斬り殺せと命じて宴席の場へ送りこみ、久米歌を合図に現地民の長たちを皆殺しにしてしまう。

「忍坂の大室に到りましし時、尾生ひたる土雲八十建その室にありて待ちいなる。かれ、ここに天つ神の御子の命以《みこともち》て饗《あへ》を八十建に賜ひき。ここに八十建に宛てて八十膳夫を設け、人ごとに刀《たち》佩《は》けて、その膳夫等に誨《をし》へて、『歌を聞かば一時共《もろとも》に斬れ』と曰《の》りたまひき。かれ、その土雲を打たむとすることを明せる歌に曰はく『忍坂の　大室屋に　人多《さは》に　来入《きい》り居り　人多に　入り居りとも　みつみつし　久米の子が　頭椎《くぶつつ》い　石椎《いしつつ》いもち　撃ちてしやまむ　みつみつし　久米の子らが　頭椎い　石椎いもち　撃ちてしやまむ　久米の子らが　頭椎い　石椎いもち　今撃たば宜し』かく歌ひて、刀《たち》を抜きて一時《もろとも》に打ち殺しき」。

（忍坂の大室に着いた時、尾の生えた土雲という名の大勢の武人が岩屋で待ち構えていた。そこで〈神武は一計を案じ〉彼らを宴席に招いた。〈神武は〉料理人たちに刀を持たせ、歌を聞いたらいっせいに斬りつけよと命じた。その土雲を討とうとする歌は「忍坂の大きな室屋に大勢の武人が集まっている。だが久米部の武人〈神武方〉は頭椎の大刀や石椎の大刀で撃つだろう」。このように歌っていっせいに刀を抜いて〈土雲の八十建を〉撃ち殺してしまった）。

「撃ちてしやまむ　みつみつし」はこのあとこの久米歌で何度も繰り返される。この和睦に名を借りた騙《だま》し撃ちの皆殺し作戦は、神倭伊波礼毘古《かむやまといはれひこ》（神武）の主導によって実行されたことを『古事記』自身が証言している。神武の卑劣な騙し撃ちの残虐行為を記す『古事記』の記述が、編者の創作であるとはとうていありえないだろう。

第三は、記紀の神武東征と大和征服譚の記述に若干の相違があり、そのことが神武説話の造作説に疑問を投げかけていることである。記紀ともに神武は大和へ侵攻しこの地に支配権を打ち立て畝火の白檮原《かしはら》（畝傍山の橿原宮）で即位するのだが、『古事記』は当地の前支配者那賀須泥毘古《ながすねひこ》の最期にふれていない。一方神武紀は、饒速日命《にぎはやひのみこと》が長髄彦《ながすねひこ》を殺害して神武の配下に加わったように記している。なぜ『古事記』は那賀須泥毘古の殺害にふれていないのか。後述する機会もあるかもしれないが、記紀にはこのような齟齬が多い。一例をあげておこう。十二代の景行記（『古事記』）は景行の事績をほとんど記さず、景行の王子小碓命《おうすのみこと》（倭建命《やまとたけるのみこと》）の熊曾、出雲、東国の征討を記すが、景行紀（『日本書紀』）は景行自身が九州へ遠征し、豊前、豊後、日向を平定し、薩摩から肥後、肥前を席捲して筑後へ凱旋したように記す。この場合景行の事績を麗々しく書き連ねた景行紀にある伝承が、景行の遠征譚のない景行記へ改変したとは考えにくい。『古事記』にないように、景行には九州への遠征はもちろんなかった。その限りでは景行記は真実を伝えている。同様に神武紀にあるように長髄彦が饒速日命に殺されたのなら、神武記はそれをなぜ記さなかったのか。那賀須泥毘古は緒戦で神武の軍を破ったばかりか彼の実兄を死に至らしめた仇敵である。その那賀須泥毘古が、神武紀にあるように殺害されたのなら、『古事記』がそれを記さないわけがない。実際には那賀須泥毘古は殺されてはいなかったのだろう。つまり神武の代での大和の制圧は畝火、磐余《いはれ》の地に限られ、目指す大和の支配者那賀須泥毘古の討伐には成功しなかったのではなかったか。実際神武即位前紀は神武自身に

「邊《ほとり》の土《くに》未だ清《しずま》らず、餘《のこり》の妖《わざわい》尚梗《あ》れたり」
（周辺の地はまだおさまらず、わざわいも残っておりしかも根強い）

といわせている。また神武紀三十一年条には秋津洲《あきつしま》の地名説話となる腋上《わきがみ》の嗛間丘《ほほまのおか》（御所市東北の国見丘とされている）に登って国見をする記述があるが、『日本書紀』は彼に

「内木綿《うちゆふ》の眞迮《まさ》き国と雖《いへど》も、蜻蛉《あきつ》の臀呫《となめ》の如くにあるかな」
（狭い国とはいっても蜻蛉〈とんぼ〉が交尾している〈まるくつながり小さな円を描く〉ように山々に囲まれた小さな国だなあ）

といわせている。内木綿は意味不明だが、『日本書紀』の編者は神武に、得た国は眞迮き国（小さい国）であると、極端にいえば低い丘に登れば一望できる小さな国であるといわせているのである。大和盆地全体を制圧したのなら「眞迮き国」などというはずがない。遠く九州の地から大和盆地へ侵攻してきた侵入者の一団は、橿原の一隅を占拠してそこに居を構えたが、周辺一帯の制圧には成功せず周囲の在地勢力とは緊張した関係が続いていたのだろう。そのような状況が記紀の記述から読みとれる。

津田左右吉以来、神武伝承は八代の欠史の故に架空、造作とされ、少なくとも崇神以前、おそらくは応神以前の記紀の説話は創作であるとする考えが今日の学界の主流となっている。河内王朝以降は兄弟継承であるのに欠史八代は父子継承とされている天皇の系譜にも問題があるし、なによりも法外な長寿と非合理的な統治年数の問題もある。だが造作説は、それならなぜ記紀の編者は神武に続く八代の説話を造作しなかったのかというただ一言の問いの前に崩れざるをえないだろう。八代に旧辞のないことは神武東征と大和征服譚が造作であることを証明するのだろうか。そうではない。記紀の編者が神武の伝承を創作したのなら、続く八代の説話も当然創作するだろう。神武伝承

は作ったが、その後のことまで彼らは頭が回らなかったに違いないなどと、古代の人間の力量を侮るべきではない。実際には記紀にあるような神武の伝承はあったのだろう。だから記紀の編者はそれを記した。もちろん中には切り捨てた部分も、あるいは針小棒大にした部分もあったかもしれないが、それでも神武の伝承を記した。しかし続く八代の伝承はまったく残っていなかった。わずかに神武死後、神武の長子当芸志美美命《たぎしみみのみこと》が神武の末子で異母弟の神沼河耳命《かむぬなかわみみのみこと》に討たれ、神沼河耳命が即位（綏靖）する話が神武記にある。『日本書紀』はこの話を綏靖紀に入れるが、これ以外の旧辞部分は綏靖以降開化までの八代にはなく、八代の部分は帝紀の記述を当てるだけで満足しなければならなかったのだろう。この八代の説話を造作しなかったことが、逆に神武伝承造作説が成り立たないことを示しているのではなかろうか。

さて、こうした神武東征が架空の作り話ではないとすれば、神武の東征の時期とはいつごろのことであったのだろうか。そしてそれは考古学上の銅鐸の消滅時期とどのようにかかわりあうのだろうか。このテーマの検討に入る前に、『日本書紀』の編者が初代神武の即位年を、中国古来の讖緯《しんい》歴運《れきうん》に基づいて、七元（一元は還暦の六十年）ごとに変革が起こり、三度の変革（二十一元の一二六〇年）で大変革になるという辛酉革命説に立って、初代神武の即位年を推古の時代の辛酉年（六〇一年）から一二六〇年前の紀元前六六〇年に設定したことを改めて想い起こしたい。辛酉革命説は二十一元の変革を主張するのであって年数は譲れない要素であるが、その間に何代の天皇が即位したかは問題にしていない。つまり『古事記』の編纂にあたった人たちは、神武から推古までを古伝承にしたがって三十三人の天皇が統治したとしたが、その思想を前提として『日本書紀』の編者は、最終巻の持統天皇を四十代とし、辛酉年に在世していた推古までの三十三代の天皇の統治期間を一二六〇年としたのである。もちろん記紀の編者たちは、神武の時代であろうと崇神、仁徳、継体の時代であろうと、人間のナチュラルな寿命は承知していた。たとえ天皇であろうと当時にあっては七十歳、八十歳を超えて多くの人は生きられないことを知っていた。それにもかかわらず彼らは天皇の代数を増やすことは考えなかった。たとえば二十一代雄略はおそらく五世紀の後半に没した大王であったろう。『古事記』は己巳年《きしねん》（おそらく四八九年の己巳年）、『日本書紀』は己未年《きびねん》（同四七九年）の没になっている。雄略以降持統までの二十人の天皇の治世の合計はおよそ二一〇年、一人の天皇の治世は平均で十一年弱だが、雄略以前の二十人の天皇の治世の合計は、神武の紀元前六六〇年の即位に合わせたため一一〇〇年、平均で五十五年の在位となっている。八世紀初頭の知識人の間には過去一〇〇年、二〇〇年の大王の政治と治世の伝承は残っていた可能性があったかもしれない。だから彼らは五世紀後半の雄略以降の天皇に関しては、それらの天皇の治世を意図的に延伸することはしなかった。しかしそれよりさらに一〇〇年、二〇〇年先となれば、雄略以前に何人の天皇が統治したかという伝承は人の記憶には残っていなかったろう。雄略から神武までの間に新たに天皇を四十人、五十人創作すれば、一人の天皇の治世は十八年、十五年になり、よりナチュラルな現実的な数字となる。『日本書紀』の編者はそうすることも可能であった。だが彼らはおそらく帝紀などの古記録の記述を尊重し、古記録にない架空の天皇を創作することはせず、『日本書紀』では一人の天皇の治世を、たとえば孝昭天皇の八十三年、孝安天皇の百二年、垂仁天皇の九十九年というように非合理的に延伸した（『古事記』には雄略以前の天皇の統治年数の記載はない）。

欠史八代ではあっても帝紀のような何らかの古記録に則って、歴代天皇の代数と即位順は動かさず、新たに天皇を創作することはせず、統治年数だけを延伸したのである。

ただし、天皇の没年齢にかんしては、適当に延伸して記していったと単純にみることはできない。たしかに天皇の没年時の年齢も、『日本書紀』では垂仁の百四十歳、神武の百二十七歳など、『古事記』では崇神の百六十八歳、垂仁の百五十三歳、神武、景行の百三十七歳など非現実的な数字が列記されている。だが注意しなければならないのは、没年齢の記載がすべての天皇にあるわけではないことである。『古事記』は十四代仲哀天皇の后神功皇后を含めた三十四人中二十四人の没年齢を記し、それのないものは十人である。『日本書紀』は神功皇后を含む四十一人中没年齢を記すもの二十二人である。つまり没年齢は記紀双方ともにどうしても記さなければならない事項ではなかった。いったいに没年齢ほど造作のしやすい数字はない。没年齢は天皇の在位年数と直結するわけではなく、それぞれの天皇の皇子、皇女がいつ生まれたか記されているわけでもないので、在位年数を上回る数字で人間の寿命のナチュラルな数字であるならばいくらでも任意の数字を充当できる。それをせずあえて空白部分を残していることに注目すべきだろう。

これらの異常に高い没年時の年齢をどう考えるべきだろうか。ここで魏志倭人伝の記事に戻って考えてみたい。倭人伝の裴松之の注に『魏略』の逸文がある。「其の俗、正歳四節を知らず、但春耕秋収を計りて年紀と為す」。そして本文には「倭人寿考、或は八、九十、或は百」。魏志倭人伝には多くの解説書があるが、この「倭人寿考」の部分に疑義を唱えている識者をほとんどみたことがない。二、三世紀の倭人の寿命が八十歳から百歳であったと考えられるのだろうか。倭人伝は、一万二千里、水行二十日、水行十日陸行一月のようにはじめから虚偽を並べ立てているとする一方的な解釈は別にして、まじめに倭人伝の一文一文を検討するのなら、この「倭人寿考」をどのように解釈するのかは重要な問題の一つである。当時はこのように長寿であったのだろうとする安易な見解には厳しい検討が要求されるべきだろう。さて、この「倭人寿考」だが、これは『魏略』がいうように、倭人は正歳（正月）と四節（四季）を知らず、年齢を春耕と秋収で数える、すなわち一年に二回歳をとる、その平均寿命は八十歳から九十歳、あるいは百歳であるという意味である。つまり記紀の編纂に先立つ数世紀前、倭は一年に二回歳をとる二倍年暦の世界であった。その平均寿命は、今日の数字に直せば四十歳から四十五歳、あるいは五十歳であるという。もちろん記紀編纂時は一年に一回歳をとる今日の年暦である。しかし記紀の編者は、過去の天皇の没年齢をその古記録にあるがままに記紀に記載した。もし造作をするのなら二百歳を超える天皇があってよいのだが、最高齢は『古事記』の百六十八歳、『日本書紀』の百四十歳にとどまっている。この二倍年暦は『古事記』では二十一代雄略まで、『日本書紀』では二十八代宣化まで続いているとみられるが、この検討は別の機会に譲りたい。『古事記』に没年齢のある初代神武から二十一代雄略までの神功皇后を含む二十二人の天皇の平均寿命は九十一・七歳、通常の年暦に換算すれば四十五・九歳であり、『日本書紀』の神武から二十八代宣化までのうち没年齢の記載のない十三人を除いた神功皇后を含む十六人のそれは九十三・二歳、通常の年暦では四十六・六歳である。倭人伝にいう倭人の寿命と見事に一致することがわかる。

さて、そうであるならば、神武とその後の欠史八代がそれぞれの統治年数はともかく、代数と継承順が記紀の記述通りなら、神武はいつごろの時代を生きた人であったのかという問題である。十代崇神の治世と没年は前述のように四世紀初頭だろう。没年がおおよそ推定できる十代崇神（崇神の即位年、あるいはその前の開化の没年は『古事記』にはないので、三一八年に没したであろう崇神）の次の十一代垂仁から奈良朝の最後の四十九代光仁天皇の譲位（七八一年）まで、三十九人の天皇の平均在位は十一・八年である。時代によって不均衡が生じる場合もありうるので念のため三十九代四六二年を二十九代欽明までと三十代敏達からの前後に分けてみても、前者の十九人の天皇の平均在位は十三・二年、後者の二十人は平均で十・四年となる。平均で十年から十三年というところであろう。これを欠史八代にあてはめるなら、神武の治世は、崇神を含め垂仁から十代前なので、二世紀の末から三世紀の初頭であるとする推定が成り立つ。大和における銅鐸の消滅時期とおおよそ重なっているとみて大過ないだろう。

　二世紀末から三世紀初めにかけて九州の豪族の末裔である神武とその兄たちは一団を率いて瀬戸内海を東航、河内へ上陸したが、在地の豪族とたたかい手痛い敗北を喫した。彼らは熊野まで南下、山越えをして南から大和盆地に侵攻、橿原の一隅を確保した。ここは銅鐸文化圏の中心部とはいわないまでもその一角であり、侵入者たちは現地民の祭器であった銅鐸を回収して銅鏃《やじり》その他の武器に改鋳したのだろう。奈良県中部から南西部、南東部とも不思議にも銅鐸はほとんど出土していない。現地民はそれらの祭器を隠す間もなく奪われたのだろう。そして周囲を銅鐸文化圏に囲まれた状態で、橿原、磐余の地で異文化の集団の生活がはじまる。おそらく最初の彼らの侵攻から数十年から百年ほどの間は近隣の地へ攻め入る程度の確執と抗争はあったかもしれないが、この集団が周囲を大きく制圧するような軍事成果はあげられなかった。記紀には欠史八代の宮居と陵が記されている。八代の存在も不確かなのに宮居、陵墓の記述を信用するには勇気がいるが、それでもある程度の傾向はつかめる。それらをみる（左の図と表を参照）と、七代孝霊の陵墓は片岡の馬坂（北葛城郡王寺町本町）、九代開化の宮は春日の伊耶《いざ》河《かわ》宮（春日山から奈良市へ下る佐保を流れる率川《いざかわ》）、開化陵は伊耶川の坂（奈良市油阪町）で、孝霊の陵と開化の宮、陵以外の初代神武から八代孝元までの宮と陵は、すべて大和南西部の橿原市、御所市を中心とする

欠史八代の宮居と陵墓

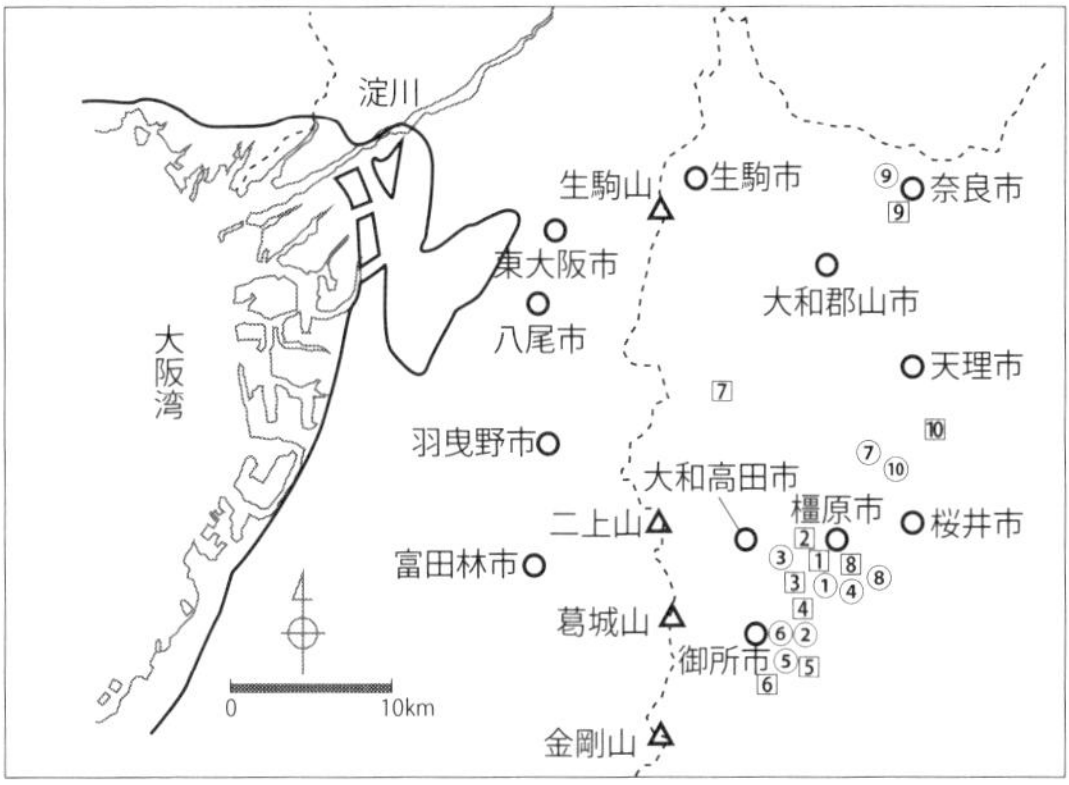

			古事記	日本書紀	
神武	宮	①	畝火の白檮原宮	橿原宮	橿原市畝傍町
	陵	[1]	畝火山北方白檮尾の上	畝傍山東北陵	橿原市大久保町
綏靖	宮	②	葛城の高岡宮	葛城の高丘宮	御所市森脇
	陵	[2]	衝田崗	倭の桃花鳥田丘上陵	橿原市四条町
安寧	宮	③	片塩の浮穴宮	片塩浮穴宮	大和高田市三倉堂
	陵	[3]	畝火山の御富登	畝傍山南御陰井上陵	橿原市吉田町
懿徳	宮	④	軽の境崗宮	軽の曲峡宮	橿原市大軽町
	陵	[4]	畝火山の真名子谷の上	畝傍山南繊沙谿上陵	橿原市西池尻町
孝昭	宮	⑤	葛城の掖上宮	掖上池心宮	御所市池之内
	陵	[5]	掖上の博多山の上	掖上博多山上陵	御所市三室博多山
孝安	宮	⑥	葛城の室の秋津島宮	室の秋津嶋宮	御所市室
	陵	[6]	玉手崗の上	玉手丘上陵	御所市玉手
孝霊	宮	⑦	黒田の廬戸宮	黒田廬戸宮	磯城郡田原本町黒田
	陵	[7]	片岡の馬坂の上	片丘馬坂陵	北葛城郡王寺町本町
孝元	宮	⑧	軽の堺原宮	軽の境原宮	橿原市大軽町
	陵	[8]	剣池の中の崗の上	剣池島上陵	橿原市石川町
開化	宮	⑨	春日の伊耶河宮	春日率川宮	奈良市油阪町
	陵	[9]	伊耶河の坂の上	春日率川坂本陵	奈良市油阪町
崇神	宮	⑩	師木の水垣宮	磯城瑞籬宮	磯城郡田原本町
	陵	[10]	山辺道の勾の岡の上	山辺道上陵	天理市柳本町

一帯に限られており、十代崇神になってから大和の南東部へ進出する兆しをみせる。三世紀末までは神武の一統は大和南西部に蟄居を余儀なくされたとみて間違いないだろう。

そうであるなら、三世紀中葉から三輪山麓一帯に築造されだす大型の前方後円墳の被葬者をどう考えるかだが、神武の系統とは別の異文化集団であったのかもしれない。彼らも二世紀末ごろまでには大和南東部へ進出し、銅鐸を祭器とする先住民を制圧したか駆逐し、かわって巨大古墳を築造しその前方部で彼ら独特の祭祀を行なう政治、文化と伝統をつくりあげていったのだろう。三輪山麓の纏向の地に進出した集団は三世紀初頭には、経済力、戦闘力、統率力、文化の進展などで周辺の集落の居住者たちを圧していた。大和南東部へは西日本各地から土器などの文物と情報が集まるようになり、集まった文物と情報は各地へ散っていった。当時としては高度な文化水準に達した纏向は、東西二キロ、南北一・五キロにまたがる広大な集落で、環濠や城柵、楼観などが確認されていないことから三世紀初めには周辺の集落と抗争のない時代、弥生時代を脱して古墳時代の特徴を備えた発展段階に達した集落、あるいは原初国家としての要素を持った集団になっていったのかもしれない。三世紀初めから三世紀中葉はいわゆる魏志倭人伝に記された邪馬台国の時代である。倭人伝の記述とは異なった環濠や城柵、楼観のない、すなわち集落（国）同士の抗争、戦乱のない新しい経済と文化の水準を纏向の人たちは築いていたのだろう。神武東征から一世紀か一世紀余、九州北部や大和周辺部より一歩先んじて大和南部は新しい時代、古墳時代に入ったのである。

神武の一統が大和南西部に侵入した二世紀末から彼の血族が橿原、畝傍の一帯を支配し続けたおよそ一世紀の間、大和のみならず西日本の各地は銅鐸文化の担い手であった在地住民に替わって、新たな水稲耕作民の集団が進出し、次第に旧勢力を統合してより大きな集合体となり、原初的な国家をつくりあげていく過程であったと考えて差し支えないであろう。大和南西部の神武の系列のほかに大和南東部の纏向にもこうした原初的な国家が形成されだしていたが、大和北部の佐保の一帯にもこうした集団が能力のある統率者のもとに原初的な国家を形作っていた。この種の集合体はおそらく三世紀後半以降日本各地に醸成されていったのだろう。それらの中でも力を持っていたのは、大和の二、三の集団、山背、丹波、出雲、吉備などの集団であった。さきにみた出雲の銅鐸文化の終焉は、この過程の先駆けであったと考えて間違いはない。列島は弥生時代から古墳時代へ大きく動き出していくのである。

小国家の割拠を示す古墳の築造

水田耕作が普及した弥生時代は、縄文時代と同様に自然環境に依拠し、豊作を願うがために祭祀を重んじた社会であった。その祭祀の対象が銅鐸であったのだが、新たに西日本各地に進出した異文化集団は、銅鐸を祭器とする祭祀に替わって葬送にかかわる祭祀を執り行なう。だが彼らの祭祀が葬儀、葬送と墓地での祭祀だけに集中したとは考えられない。おそらく稲作を中心とする農作業と生活現場での祭祀も行なわれていたに違いない。しかしそれらの痕跡は消し去られたのだろう。

既述したように西日本の銅鐸の消滅の先駆けとなったのは、一世紀末から二世紀初頭の出雲で、この直後から出雲では四隅突出型墳丘墓が造られていく。銅鐸祭祀を営んでいた人々は小さな集落を作り、一定の秩序のもとに生活していたが、新たにこの地に進出した四隅突出型墳丘墓を築造した人々によってこれらの集落は次第に統合され、小さな国々が形成されていく。こうした動きは出雲から山を越えた吉備、あるいは丹後、丹波、但馬などへ広がっていくのだが、当初これらの地では円墳か方墳に突出部がついた墳丘墓として造られていった。弥生末期の墳丘墓で注目したいのは東瀬戸内地方（岡山県と広島県東部）にみられる特殊壺と特殊器台で、これらの地方ではこうした器具を用いて祭祀を行なっていたのだろう。別の場所では別の器材を使って祭祀を行なっていたことが想定できる。この特殊壺と特殊器台は後の円筒埴輪の祖形となった。

　円墳、方墳に突出部がつく大型の墳丘墓は、三世紀に入ると次第に前方後方墳から前方後円墳の形状に定型化されていく。その経緯を止《とど》めているのは、纏向石塚、ホケノ山古墳、福岡の石塚山古墳などでこれらの古墳（墳丘墓）の築造は三世紀前半だろう。そして三世紀中葉には纏向に箸墓古墳が築造される。箸墓古墳は墳丘長二八〇メートル、後円の径が一六〇メートル、魏志倭人伝にいう卑弥呼の冢の径百余歩に近い大きさであり、しかもこの周濠から出土した土器の放射性炭素測定が二四〇年から二六〇年と出たことで、卑弥呼の墓ではないかとして一躍注目された。箸墓の築造後各地に大型の前方後円墳が次々と作られたことで古墳時代の諸条件が満たされ、三世紀中葉以降古墳時代が始まったと考えて間違いないだろう。

　この箸墓古墳の記事が崇神紀にある。孝元天皇の皇女で崇神の姑倭迹迹日百襲姫《おばやまとととひももそひめ》は聡明で、孝元天皇の異腹の皇子武埴安彦《たけはにやすひこ》の乱を予知し、乱を未然に防ぐなど、よく崇神の政治を助けた。その倭迹迹日百襲姫が大物主神《おおものぬしのみこと》の妻になったが、神は夜にしか姫のもとへ来ない。姫は昼間に来てお顔を拝みたいというと、神はそれなら明朝櫛函に入っていよう、だが私の姿を見て驚かないようにと答えた。姫は朝櫛函を開けるときれいな子蛇《こおろち》が入っていたので驚いて叫んだ。すると大物主神は人の姿になって「あなたは私に恥をかかせたので、私はあなたに恥ずかしい目をさせてあげよう」といって三輪山へ姿を隠した。倭迹迹日百襲姫は三輪山を仰ぎみて悔い、その場に坐り込んだところ箸が姫の陰部にささり死んでしまった。そこで時の人は大市《おおち》に墓を造った。それが箸墓で、その墓は昼は人が造り夜は神が造ったという話である。

三世紀前半の終わりごろに纏向に造られた巨大な前方後円墳箸墓の築造譚が崇神紀にあることは、『日本書紀』の編者が、三輪山麓一帯に進出した集団の始祖が崇神であったと想定していたことを物語っている。この王朝は一般に三輪王朝と呼ばれている。箸墓以降この地には、三世紀後半から四世紀前半にかけて、西殿塚古墳（二四〇メートル、手白香皇女陵）、外山《とび》茶臼山古墳（二〇〇メートル）、メスリ山古墳（二五〇メートル）、行燈山《あんどんやま》古墳（二四〇メートル、崇神天皇陵）、渋谷向山古墳（三一〇メートル、景行天皇陵）などが次々に築造されていく。これらが崇神を始祖とする代々の王の墳墓であることは認めてよいだろう。崇神の生きた時代は箸墓の築造より数十年後のことと考えられる。だから記紀には記されていなくても崇神の二、三代前から彼の父祖は三輪山麓一帯に君臨していた王であった可能性が高い。崇神記は、崇神が高志道《こしのみち》（北陸道）と東国、旦波《たには》（丹波）へ将軍を遣わしてそれらの地を服従させ、伯父の建波爾安《たけはにやす》王の叛乱を抑えたので、崇神の代には国は泰平となり民は豊かになった。そこで人々は崇神の世を称えて崇神を「初国《はつくに》知らしし御真木天皇《みまきのすめらみこと》」といったという。『日本書紀』も左記の箸墓伝説の記事の後同様の記事を載せ、崇神が「御肇国《はつくにしらす》

4世紀末に築造された200m超級の大型古墳

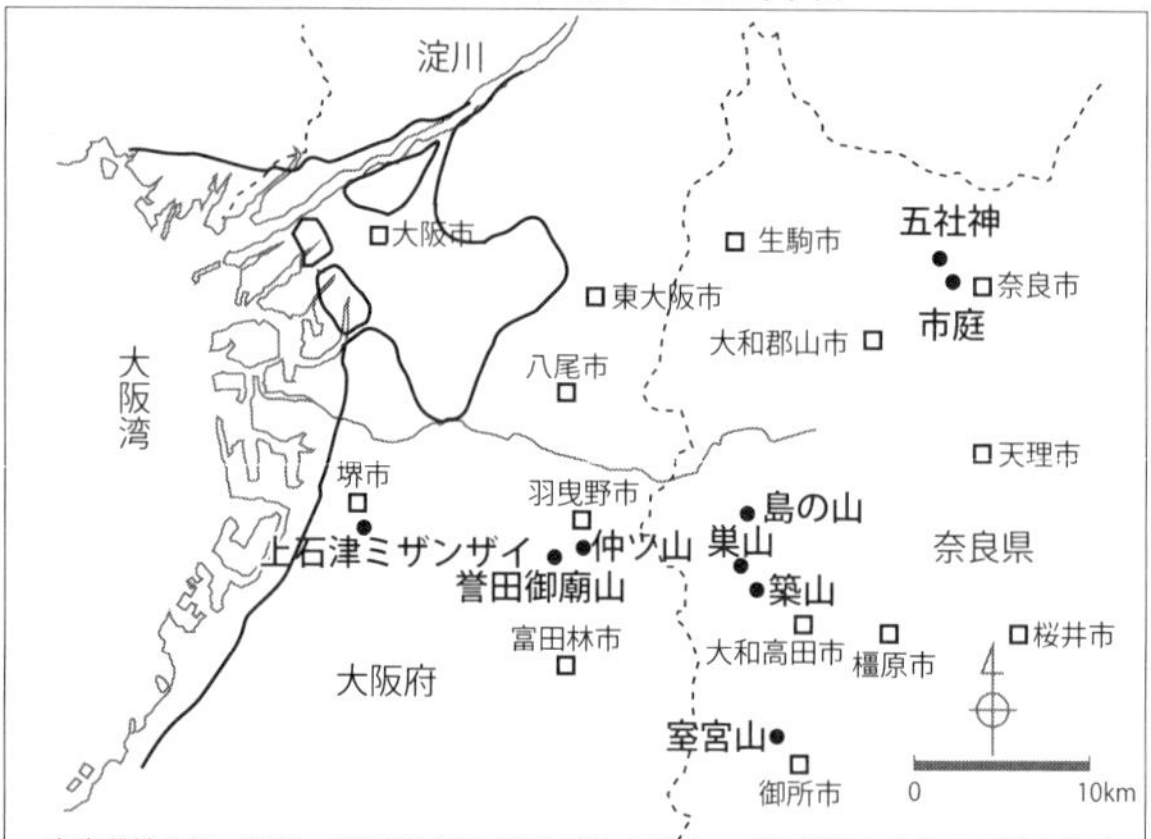

奈良盆地北部、西部、南西部と河内平野西部、東部に、大王墓とみられる大型古墳がほぼ同時期に築かれている。

天皇《すめらみこと》」と称えられたことを記している。

　この奈良盆地南東部の大型古墳の築造は四世紀の中葉までで、このあと大型古墳は北方の佐紀で造られていく。現在の奈良市から西へ広がる佐紀の地には四世紀後半、宝来山古墳（二三〇メートル、垂仁天皇陵）、佐紀《さき》陵《みささぎ》山《やま》古墳（二一〇メートル、日葉酢媛《ひはすひめ》陵）、石塚山古墳（二二〇メートル、成務天皇陵）、五《ご》社《さし》神古墳（二八〇メートル、神功皇后陵）が造られるが、五世紀にはいってからも市庭古墳（二五〇メートル、平城天皇陵）、コナベ古墳（二〇〇メートル、陵墓参考地）、ウワナベ古墳（二六〇メートル、陵墓参考地）、ヒシアゲ古墳（二二〇メートル、磐之媛陵）などが五世紀中葉ごろまで造られ続けていく。その一方で奈良盆地の西部では巣山古墳、築山古墳、島の山古墳、室宮山古墳など二〇〇メートル級の古墳が四世紀後半から五世紀初めにかけて築造され、四世紀末には大阪平野で津堂城山古墳、仲ツ山古墳が造られ、最大の誉田御廟山《こんだごびょうやま》古墳（四二〇メートル、応神天皇陵、五世紀初頭）、大仙陵古墳（四八〇メートル、仁徳天皇陵、五世紀前半）へとつながっていく。このように四世紀後半から五世紀前半にかけては、大王墓とみられる二〇〇メートル超級の大古墳が、ほぼ同時期に、奈良盆地北方（佐紀古墳群）、奈良盆地西部（馬見古墳群）、大阪平野南西部（百舌鳥《もず》古墳群）、大阪平野南東部（古市古墳群）などに営まれた（前ページ図参照）。もとより古墳の大きさだけによって大王墓かそうでないかを判断することはできないが、二〇〇メートル超級の古墳群の畿内各地での同時出現は、この当時畿内一帯が一つの統一的な政治勢力によって支配、あるいは統合されていたわけではないことを示唆しているといえよう。記紀はもちろん、天孫の降臨、神武の東征から神武が大和一帯を席捲し、十代の崇神の時代列島各地（といっても『古事記』は東国、北陸道、丹波だけ、『日本書紀』はこれに西海道を加えた四道）に将軍を派遣してこれらの地を従え、さらに十二代景行の時代には、景行自身の九州遠征（『日本書紀』のみ）と景行の王子倭建命が熊曾、出雲（『古事記』のみ）、東国を征討する話を組み立て、神武の王統が継承されていったことを主張する。大規模古墳が各地に次々と営まれていく四世紀末は、記紀の記述から判断すればおそらく応神、仁徳の時代にあたるのであろうが、このような古墳の築造状況を考えるなら、崇神を始祖とする三輪王朝はもとより四世紀末と思われる河内王朝も、西日本一帯の席捲はおろか、畿内でさえ統合できていなかったであろう。

畿内の状況は上述の通りだが、四世紀末ごろの列島各地の古墳の築造状況も、畿内政権の列島支配を示すものにはなっていない。四世紀末の築造と考えられる吉備の造山古墳《つくりやま》（岡山県岡山市）は墳丘長三六〇メートルで、大仙陵（伝仁徳陵）、誉田御廟山（伝応神陵）、上石津《かみいしつ》ミサンザイ（伝履中陵）に次ぐ全国四番目の大きさの古墳だが、造山古墳が造られた当時は上石津ミサンザイに継ぐ二番目の墳丘長を持つ古墳であった。上石津ミサンザイは墳丘長三六五メートルなので造山古墳とほとんど変わらない規模の古墳である。大和の大王墓に匹敵する大古墳が吉備に築造されていた。なお上石津ミサンザイは履中陵とされているが、築造時期は誉田御廟山、大仙陵より古い。仁徳の子である履中の陵が仁徳陵とされる大仙陵、仁徳の父応神陵とされる誉田御廟山より古いのである。明治初年の陵墓地の指定がいかに杜撰であったか、またそれを固陋に守る宮内庁の頑迷な姿勢が指弾されてしかるべきであろう。

四世紀末から五世紀初頭、東日本でも大古墳は造られていた。群馬県太田市の太田天神山古墳（二一〇メートル）でこの被葬者はこの地方の政治勢力の首長であったろう。言葉を換えていえば大王であり、日本列島の各地はこうした小国家の割拠状態にあったといって差し支えないだろう。ただしこのことは文物の交流、伝播とは一線を画して考えなければならない。政治勢力の支配が及んでいるか否かにかかわらず、文化、技術革新の情報は伝わり、土器や農工具、武器などの文物は流通する。たとえば三角縁神獣鏡の同笵鏡（同じ鋳型で作られた鏡）が西日本各地から出土することに注目し、大和政権の大王が各地の首長に鏡を分配することによって支配関係を築いていたとする議論があるが、同笵鏡は下賜されたとは限らず、鏡の出土から支配、被支配の関係を導き出すのは無理だろう。一部には古墳時代前期に造られた畿内の割竹形石棺が四国の石で造られていることをもってそこに臣従関係を見いだそうとする意見がある。また銅鏡あるいは石製品の一部が畿内から流出していると想定し、このことをもって畿内の政権がそれらを各地の首長に分配して、支配、あるいは同盟、連合の関係を探ろうとする見解もある。こうした状況から三世紀から四世紀にかけて、畿内の政権が畿内ばかりか西日本の主要部を勢力下に治めていたとする見方があるが、古墳時代前期から中葉にかけての古墳の築造状況はそうした見解に同意を与えていないと考えて差し支えないだろう。

金石文が語る四世紀

さて、この項の最後に四世紀までの金石文をみていきたい。金石文とは、金属や石に刻まれた文章や字句、銘文で、誤写、誤刻がありえない文字通りの第一級の史料である。ただし製作されてから長期間に本体の劣化、崩落が進み、判読が難しくなったものがあり、解釈をめぐって論争になっているものもある。この期間に該当する金石文は、第一に奈良県天理市の東大寺山古墳出土の鉄剣銘、第二に同じ天理市にある石上神宮《いそのかみじんぐう》所蔵の七支刀の銘、第三に国外史跡だが中朝国境の鴨緑江岸に屹立する高句麗好太王碑の碑文である。以下にこれらをみていきたい。

まず、東大寺山古墳出土の鉄剣銘である。この鉄剣の背には「中平□□五月丙午造」とあり、この鉄剣が後漢霊帝の中平（一八四～一八九年）年間に作られたことがわかる。この鉄剣がどういう経緯で倭国に入り、奈良県天理市の東大寺山古墳に副葬されたのかは不明である。この古墳の被葬者はわからないが、古墳は四世紀後半の築造なので、この鉄剣は一五〇年以上もの間伝世していた。そしてその間に環頭の部分に環頭飾りが取り付けられた。環頭飾りは倭国製である。この鉄剣からはそれ以上のことはわからない。後漢の中平年が象嵌《ぞうがん》されているのだから、鉄剣は中国で作られたのだろうが、いつ倭国へもたらされたのかについては興味ある仮定がある。鉄剣が作られて半世紀後の三世紀中葉の卑弥呼の時代には、帯方郡を通じて魏と倭の人と文物の交流が盛んであったから、そのころこの剣が海を渡った可能性があるかもしれない。魏から晋の時代における中国での伝世、製作後それほど時間を置かずに倭国へ渡り九州での伝世、作られてから九州、大和へと比較的短期間に動いて東大寺山古墳の被葬者の近辺で伝世され、環頭飾りがつけられ、四世紀後半所有者の死によってこの古墳に副葬されたなど、幅広い仮定が可能である。現段階ではこれ以上の探索は不可能だろう。

第二は石上神宮に伝わる七支刀である。国宝に指定されているこの刀は、刀身の左右にそれぞれ三本の枝が互い違いに出ている異様な刀で、刀身の表と裏に六十余文字の銘文が金象嵌されている。一般に読まれている銘文は以下である。

表「泰和四年□月十一日丙午正陽造百練鋼七支刀□辟百兵宜供供矦王□□□□作」

裏「先世以来未有此刀百濨王世子奇生聖音（晋）故為倭王旨造伝示後世」

先学がこれまでこの銘文に取り組み読解しようとしてきたが、一部で文字が消滅しており、完全な解読は今日までなされていない。だが銘文の読解をすすめていく中で二つの問題が明らかになってきた。その一つは年号の問題、もう一つはこの異形の刀は倭王に献上されたのか、それとも下賜されたのかという問題である。まず年号の問題である。銘文の冒頭にある泰和四年だが、この字句の年号はどの国のどの時代にも確認されていない。同じ読みで太和は、魏の明帝の太和四年（二三〇年）、東晋の廃帝の太和四年（三六九年）、北魏の孝文帝の太和四年（四八〇年）がある。ところが泰の字はよいとして次の和に異論が出た。一部の論者は和ではなく初と読めるとし、泰初と読んでこれを百済の逸年号ではないかとしたのである。百済では六世紀まで年号は確認されていない。もちろん百済の逸年号である可能性もまったくなしとはしないが、百済の逸年号を主張するのであればそれを論証することこそ求められるのであって、百済の逸年号が論証できない以上、議論をすすめることはできない。泰和四年は太和四年だろう（この点は後述する）。そこで太和四年は、魏、東晋、北魏の三つの王朝のどれだろうか。銘文には「百滋王世子奇生聖音（晋）故為倭王旨造」と読める部分があり、七支刀は百済から倭国へもたらされたと考えられる。三世紀魏の明帝の時代、百済は成立しておらず馬韓五十余国の分立状態であった。だから魏の明帝の太和の時代はないといってよい。次に北魏の太和四年の可能性だが、これも否定的である。当時倭の五王は中国南朝の宋、斉に朝貢し、北朝との関係はなかった。北魏の史書『魏書』にも倭国の記述はない。さらに北魏と百済の通交も確認されていない。こうした状況のもとで百済王が異形の刀の銘文に北魏の年号を用いる可能性はほとんどないだろう。残るのは東晋の廃帝奕《えき》の太和四年（三六九年）だが、東晋を記す『晋書』帝紀八廃帝奕の紀にも倭国の記事はない。ところが後代のいくつかの史書に「泰和六年十一月、大司馬桓温、帝を廃して海西公と為す」（『世説新語』）、「晋の泰和の起居注」（『隋書』経籍志）などと、太和が泰和と記されている文献が存在していた。晋の起居注を引くこれらの文献は南朝劉宋の時代、あるいは唐代の成立で信頼できる文献といえる。これによって七支刀に記された銘文は四世紀、晋の太和（泰和）四年（三六九年）であることが確定したのである。

さて、そうなると四世紀後半の国際秩序が問題となる。つまり倭国と百済の上下関係で、七支刀は百済王から倭王へ献上されたのか、下賜されたのかという問題である。従来わが国の史学界の大勢は、この七支刀が『日本書紀』神功皇后五十二年（二五二年、干支二巡引き上げて三七二年）条の

「五十二年秋九月の丁卯の朔丙子に、久氐《くてい》等、千熊長彦《ちくまながひこ》に従ひて詣《まうけ》り。則ち七枝刀一口、七子鏡一面、及び種種の重宝を献る」

の記事からこの七支刀（神功紀では「七枝刀」）は百済から献上されたものと信じて疑わなかった。この献上という位置づけは現在でも続いている。ところがこの解釈に朝鮮民主主義人民共和国の研究者から異論が出た。刀の表に象嵌された「宜供供侯王」を「侯王の供用とするのに宜しく」と読んで、百済王が侯王である倭王に下賜したものであるとしたのである。だがこれは恣意的な読みである。侯王は中国の皇帝が夷蛮の王に対して用いる語で、中国皇帝からすれば倭王も百済王も侯王である。侯王の供とするに宜しくとはあくまでも晋帝の立場であって、そうであるなら晋帝の命を受け百済王が作らせたものでなければならない。さらに百済王からの下賜説を主張する論者は、倭王に下賜する語として「宜供供侯王」の「供供」を「供給」と読んで下賜を示す「給」の字を生みだしたことである。これまでこの「供供」を「供給」と読んだ日本の研究者はだれもいない。供を給と読めるのか。こうなると問題は字の読み方にかかってきて、読み方によっては献上にも下賜にもなりうるような様相を呈してきたのだが、下賜説の弱点は、仮に供を給と読んだところでこの給以外に下賜を示す語がまったくないことである。これは百済王が倭王に刀を献上したとする献上説にもいえることであって、倭王に献上したとする献や奉の字がないのだから、献上説、下賜説ともにその根拠がないことになる。

そうなると問題はどのように解決されるべきだろうか。七支刀の銘文中には献上に該当する語はなく、下賜に該当する語も不確かな給の字以外にはない。聖音が聖晋に読める点、また晋の太和の年号が使われている点を考えるなら、この刀は、晋帝の意を受けた百済王が倭と誼を結ぶため、異形の刀を作らせ吉祥の句を象嵌させて倭王へ贈ってきたと解すのが妥当かもしれない。銘文中に使われている「侯王」は侯王で中国の皇帝が夷蛮の王に対して用いる語である。「百濨王世子」、「倭王旨」は同格で、中国皇帝が「侯王」の供と為せと命じていると解釈すべきだろう。百済王は、「供供」と供の字を重ねているように贈与に際して丁重な表現を用い、倭王と対等の立場で銘を刻ませたと考えられる。それは献上とは異なった儀礼上必要な表現であった。

石上神宮の七支刀の問題では、最後に銘文末尾の「為倭王旨造」にふれておきたい。ここでは旨の字の読みがむずかしい。一般には「倭王の旨《むね》によって作る」と読まれているが、旨とは上旨、すなわち意向であり、そうであるなら倭王の意向によって百済王が作ったとなる。これでは文意の統一が損なわれることになり、献上説につながることになりかねない。したがってこの旨は倭王の旨によってと読むことはできないだろう。旨は天子の命令とする解釈があるが、これはもっと後代おそらく唐代以降の用法で、七支刀の銘にはあてはまらない。もう一つ旨にはうまい、よいといった意味があるが、一般には酒食に用いられるのでこの銘にはそぐわない。また一部に美しいという意味があるが七支刀を表現するのに適切だろうか。そうであるならここは素直に「倭王旨の為に造る」と読むのがもっとも適していると思われる。倭王旨とは、その王の一字名が示しているように、東晋の次の宋代から朝貢する倭の五王につながる王であった可能性が高い。三世紀半ばの泰始二年（二六六年）に晋朝の成立を祝う倭国のおそらくは壹与の朝貢から一五〇年、倭国の情報は中国の史書から消え、次に倭国が中国の史書に姿を現わすのは『晋書』安帝紀にある安帝の義熙《ぎき》九年（四一三年）の倭王賛（『宋書』などでは讃）の朝貢である。ところが安帝紀の記述より五〇年前、『晋書』武帝紀の記述の一〇〇年後、倭の五王の父祖にあたる倭王が百済王と交流をもっていた。倭の五王は後述するが、この倭王旨が、帥升、卑弥呼、壹与の倭国を継承していたのである。

三、四世紀の金石文の検討の最後は高句麗好太王碑である。

朝鮮・中国国境を流れる鴨緑江北岸の中国吉林省集安に、高さ六・三メートル、幅は四面がそれぞれ一・四〜一・九メートルの巨大な石碑が現存する。高句麗好太王碑である。碑は好太王の死二年後の四一四年、子の長寿王によって集安に建立された。集安は高句麗の王城として栄えた地だが、長寿王が都を平壌へ移し、七世紀高句麗滅亡後廃墟と化してからは、千年以上もの間、世に知られることはなかった。好太王碑は十九世紀末に発見されるが、当地に進出していた日本の陸軍参謀本部はただちに碑文の解読にとりくみ、倭は辛卯《しんぼう》の年（三九一年）に海を渡って百済、新羅を破り臣民としたという箇所を読み取る。こうして、大和朝廷は四世紀にはすでに朝鮮半島へ大掛りに進出していたことが歴史的事実として認定され、その後の日本軍国主義の日韓併合、東アジア侵略へのイデオロギー的基盤が準備された。

戦後になってもこの状況に基本的変化はなかった。記紀の史料批判はすすみ、神功皇后紀にも検討が加えられたが、任那日本府の存在をはじめ、日本がこの時期から韓半島に進出していたことは事実として、そのまま肯定されてきた。ところが一九七〇年代に入って、日本の歴史学者、韓国、中国、朝鮮民主主義人民共和国の研究者らが相次いで碑文の読み方に異を唱え、この定説に疑義を提出する。

韓半島北部に位置する高句麗は、四世紀中葉中国北方の燕との抗争に敗れ、南の新興国百済に王城を攻められ国王が戦死するなど苦難の道を歩んでいる。だが三九一年、好太王が即位すると、彼はその二十二年の在位の間に、百済に攻め入って失地を回復し、新羅に進出して倭の勢力を排除し、北方の燕を敗走させ、高句麗を東アジアの強国の地位に押し上げた。好太王は四一二年に没したが、その業績は子の長寿王によって石碑に記された。四面に刻まれた一八〇二字の碑文は、三つの部分から構成されている。第一段は高句麗の開国伝承で、第二段は好太王の業績をうたい、第三段は好太王の王陵を守護する烟戸《えんこ》に関する記事になっている。

問題は、第二段冒頭の永楽五年条の「辛卯年来渡海破」を含む記事である。

「永楽五年歳在乙未王以稗麗不貢整旅躬率……百残新羅舊是属民由来朝貢而倭以辛卯年来渡海破百残□□□羅以為臣民以」。

永楽元年（辛卯年、三九一年）十八歳で王位についた好太王は、永楽五年自ら軍を率いて碑麗《ひれい》を討った。従来のわが国の解釈では、このあと百済、新羅はもとは高句麗の属民で高句麗に朝貢していたが、倭は辛卯年に海を渡って百済を破り、さらに新羅を従えて倭の臣民としてしまったとする。こうした読み方がわが国では半世紀以上にわたってとられていたが、この解釈に異論が出たのである。倭は辛卯年に海を渡って来たり、百済、新羅を破って臣民となしたとするわが国の従来の読みは、指摘されるまでもなくおかしな読みであるといえよう。

第一に、碑文に登場する「臣民」という語句を、倭の臣民と理解することは決してできない。高句麗王城の地に、高句麗王によって建碑された碑文上の「臣民」という用語は、高句麗の臣民以外には考えられない。倭の臣民と解釈していた従来のわが国の読み方が基本的に誤っており、こうした解釈を続けてきたわが国の史学界が指弾を受けたのは当然である。第二に、「以為臣民以」で永楽五年条は終わるのだが、永楽五年条の末尾に永楽元年（辛卯年＝三九一年）の倭の百済、新羅占拠の記事がおかれるならば、年次の倒錯になってしまうこと（後述）、もう一つは好太王の業績が前半の碑麗討伐作戦だけになってしまうことである。そのような不条理な構成の文章が碑文に刻まれることは考えられない。そうであるならば、「破百済□□□羅」（この□は、おそらく更討新かそれに類する文字であろう）は、王の行動でなければならない。そして内容の上からは、「破百済」「討（破）新羅」の故にこの両国は臣民になったのであるから、王がこの両国を「為臣民」（臣民となした）のである。そして第三に、辛卯年に倭が百済、新羅を破って倭の臣民にしたとするならば、この永楽五年条になぜ五年前（辛卯年）の記事が記載されたのであろうか。永楽五年条の最末尾におかれたこの内容は、五年前の出来事ではなく、まさにこの永楽五年の出来事でなければつじつまがあわない。「渡海」も「破百済」も「□□□羅」も「以為臣民」も辛卯年ではなく、すべて永楽五年の事件であったのである。渡海作戦を敢行して百済から倭を撃退し、新羅から倭を駆逐したのは、まさに永楽五年の好太王であった。

繰り返すが、好太王は、即位して五年目の永楽五年、かねてから圧力を加えられていた北方の碑麗を討伐し、嚇々たる戦果をあげる。碑文はそう記す。そして永楽五年条の後半部分に続いていく。先にあげた永楽五年条の後半の部分は次のように読むべきであろう。

（百済、新羅は以前は高句麗の臣であり、〈高句麗に〉朝貢していた。ところが辛卯年に倭が百済、新羅に侵入〈「来」という字をあてている〉してから朝貢しなくなった。そこで王は、〈永楽五年＝三九五年、碑麗討伐のあと〉海を渡って〈敵の背後をつき〉百済を破り、新羅を討って、百済、新羅を高句麗の臣民となした）。

辛卯年に倭が百済、新羅に侵入したために、高句麗への朝貢が途絶えてしまったのだが、この倭の侵入をそのまま認めたくなかった高句麗の立場を、簡略な「倭来」という表現にした。これまでのわが国の碑文の読み方が根本的に誤っていたのである。

倭は四世紀後半、百済との間に確執もあったが、百済の太子を受け入れ協力関係を築いている。そして四世紀末にはたびたび新羅に侵攻し、新羅を支援していた高句麗ともたたかい、一時は高句麗を撃破して半島北部へ追い返していた。その後、倭の軍勢は、高句麗、新羅から撤退を余儀なくされる。しかし辛卯年（三九一年）以降も、倭は永楽八年（三九八年）百済へ進出するとともに新羅へも侵攻し、十年にも倭は安羅《あら》と合同で軍事行動を起こし、新羅の王城を占拠している。これらは好太王碑に刻されている。こうした状況をみるならば、韓半島は、高句麗の一方的な攻勢、勝利でなかったのだが、高句麗の首都丸都城の近くに建てられた好太王を讃える碑であってみれば倭の行動をこのように記したのもうなずけよう。

そして重要なことは、好太王碑に記されている倭の実態である。わが国の学界の一部には、この倭を大和朝廷とする見方が根強くある。すなわち大和朝廷は、四世紀末には韓半島に進出して百済、新羅を服属せしめ、弁韓の地に任那日本府をおいて韓諸国を支配したとするものである。さすがに近年では任那日本府による韓諸国支配を公言する議論は影を潜めているが、好太王碑文の意図的な解釈と神功皇后紀の記述が、こうした見方に今日でも一定の影響を与えていることは無視できない。四世紀末倭人が韓半島の一角に勢力を築いていたことは疑えない事実である。百済は近仇首王《きんきゅうしゅおう》（三七五～三八四年）の時代高句麗と対決し、倭国とも提携して一時は高句麗の王城を攻めている。ところが高句麗に好太王が即位（三九一年）すると好太王の侵攻を受け、百済はいっそう倭国への支援に頼る。倭国と百済の同盟は一時的には功を奏するのだが、好太王の子長寿王の時代になると倭国の半島での失政、百済王室の弱体化などで高句麗の侵攻は激しさを増す。これは五世紀のことで、後述することになろう。

　魏志韓伝には韓半島の南端に倭人が居住しているとする記述があった（南、倭と接す）。魏志倭人伝には対海国、一大国の人たちは良田なく、あるいは食するに足らず南北に市糴《してき》すとあった。こうした経済活動とともに北部九州の邪馬壹国連合（倭国）は、韓半島の倭人を支援し、弁辰（弁韓）の韓人と接触を深めていた。それから一世紀余、韓半島は伝承によるならば近肖古王《きんしょうこおう》（百済）、奈勿王《なこつおう》（新羅）によって百済、新羅が建国され、倭の後援を受けた弁辰が伽耶を中心に勢力を築き、半島北部に王都を定めた高句麗と対峙していた。半島の倭人は北部九州の倭国の援護を受け、伽耶諸国を支援するため高句麗、新羅と戦戈を交えることもあった。時には高句麗の地奥深く侵攻したが、高句麗に好太王が現われその子長寿王の時代になってからは高句麗に圧倒され、百済、新羅への影響力も影を落とした。高句麗が百済を襲うのは四世紀末以降のことで、このときから倭国は百済に接近し、高句麗、新羅に共同で当たるようになる。倭国に倭の五王が現われるのはこの直後の五世紀のことで後述することになるが、この倭国は北部九州にあった卑弥呼、壹与の倭国であった。

四世紀末、北部九州の倭国が韓半島の倭人を支援して、時には半島へ渡り交戦していたころ、大和の二、三の政治勢力、美濃、尾張や東国、出雲、丹波、吉備、瀬戸内のいくつかの地など、日本列島の各地では小さな国家が近隣の集落を統合していく過程が進行していたのである。

第四章　倭の五王の時代

三国を統一した晋（西晋）は、三一六年五胡十六国の乱によって華北を追われ、南へ逃れて王室を再興する。これが東晋で、東晋はおよそ一〇〇年続くが、四二〇年東晋の一部将であった劉裕が宋を建国する。この東晋の末期から宋の時代、倭国の王がこれらの中国王朝へ朝貢した。一字名の讃、珍、済、興、武の五人で倭の五王という。

この倭の五王の東晋朝と宋朝への朝貢は五世紀の初頭からだが、これに先立つ四世紀中葉韓半島は大きく動いた。馬韓諸国の統合によって百済が建国され、辰韓でも新羅が誕生する。百済は建国後東晋へ朝貢し中国文化を積極的に受け入れる。北方の高句麗は隣接する強国、鮮卑族の慕容《ぼよう》氏（三三七年燕国として自立）との対立から四世紀初頭には東晋に接触している。

このころ倭国は韓半島南辺に居住する倭人の活動を援護し韓半島の情報を入手しており、百済、新羅の建国、百済の東晋への朝貢などの韓半島の動きに触発され、五世紀倭王讃が即位すると彼は東晋に朝貢する。三世紀中葉の壹与の西晋朝への朝貢以来一五〇年ぶりの中国王朝との接触である。倭国の王は讃以降も中国への朝貢を続ける。こうして倭の五王による中国の王朝への朝貢が再開されるのだが、倭の五王の検討の前に、四世紀から五世紀の韓半島と倭国との関係を、百済系史書をとりこんだ記紀の記述からみていきたい。

四世紀の韓諸国と高句麗

三世紀末三国を統一した西晋朝は、半島経略をすすめるため中国東北部に平州を置き、遼東から韓半島を統括し韓諸族への支配を強めようとする。ところが四世紀初め北方の匈奴が動き出し、匈奴の漢王劉聡は三一一年西晋の東都洛陽を襲いこれを落とす。匈奴の攻撃に呼応するかのように、半島北部から遼東北郡を支配していた高句麗の美川王は西晋の遼東郡を攻め遼東郡を奪った。西晋平州の遼東郡は韓半島支配の要諦であった。遼東郡が高句麗に占拠されると半島の楽浪、帯方の二郡は孤立無援となり、美川王の攻撃で楽浪郡は三一三年、帯方郡は三一四年滅亡する。ここに中国の韓半島支配は事実上終わった。美川王は三一五年には玄菟郡も落としている。匈奴に侵攻された西晋は三一六年西都長安も占拠され、江南に逃れて三国時代の呉の故地建業で王朝を興す。これが東晋である。

四世紀前半華北は匈奴に蹂躙されたが、中国東北部と韓半島北部は遼西郡に基盤をもっていた鮮卑族の慕容氏が建国した燕と、この混乱の中で力をつけ漢四郡を滅亡させた高句麗が互いに覇を競い、きびしく対立していた。この時期の華北は北方の諸種族が武力抗争を繰り広げた五胡十六国の時代で、鮮卑族の慕容皝《ぼようこう》は華北の雄趙（後趙）との抗争の中で三三七年独立して燕を名乗り、翌年には趙との戦闘で趙を敗走させる。三三九年には高句麗に攻め入るがこの時には高句麗の故国原王との間に和睦が成立している。三四二年高句麗の故国原王は王都を平壌から鴨緑江北岸の丸都城（集安）へ移した。丸都城はもとの高句麗王城で燕との戦いの結果撤退せざるをえなくなった地だが、これを知った燕の慕容皝は大軍をもって丸都城を攻める。故国原王は燕の攻撃を支えきれず平壌城へ逃げ戻った。この敗戦で高句麗は燕との抗争を放棄し、燕の冊封を受け入れ国力の充実に専念する。

高句麗と燕が争っていた四世紀中葉、韓半島では漢四郡の支配から解き放たれた馬韓諸国、辰韓諸国がそれぞれ百済、新羅を建国する。この建国間もない百済を三六九年高句麗故国原王が二万の軍勢で襲った。英邁な百済の建国者近肖古王は高句麗軍を迎え撃ち、近肖古王の王子近仇首の率いる軍勢によって高句麗軍は追い返された。その二年後高句麗の油断をみた近肖古王は高句麗王城の平壌城を攻め、応戦に出た故国原王を討ちとって勝利を収めている。

高句麗では故国原王の敗死後小獣林王が即位した。彼とその次の故国壌王の二〇年間は高句麗にとって雌伏の時代であった。そして三九一年高句麗に好太王（広開土王）が即位する。即位の五年後にはじまる好太王の侵攻によって新羅、百済と弁辰の諸国は激動に見舞われた。好太王の死の二年後、子の長寿王によって建てられた好太王碑によれば、王は即位後国力を充実させ軍を整えると、永楽五年（三九五年）北方の碑麗《ひれい》を討ち勝利を収める。王は碑麗から戻るや、今度は一転して百済に攻め入る。好太王の攻撃に百済の阿華王《あかおう》は為すすべなく、高句麗へ多くの貢物を出し、王の弟を質に差し出し、臣従を誓ったらしい。新羅も、西からは倭人に攻められ、北からは高句麗の侵攻を受け苦しい状態が続いていた。永楽九年には平壌城を巡察していた好太王のもとへ新羅の使者が来て、倭人が新羅の国境に満ちて倭国に従うよう新羅王に迫っていると訴え、好太王の新羅への出兵を乞うたと碑文にはある。高句麗は翌年新羅へ出兵するが、新羅の王城は倭人で満ちていたという。五万の高句麗軍が迫ると倭人は王城から撤退したので高句麗軍は倭人を追うが、この間隙をついて安羅人が新羅の王都を占領したらしい。このあとも好太王は倭人と交戦し、高句麗の影響力を百済、新羅へ残そうと努め、北方の扶余、東方の東沃沮《よくそ》、西方の遼東地方へ出征するなど、全体としては領土の拡大に成功している。好太王の後を継いだ長寿王は西に燕と戦い後魏と対立し、南に新羅、百済を攻めてその版図を最大にした。高句麗は五世紀には東アジアの強国として全盛をきわめている。

高句麗は紀元前一世紀、中国東北地方から韓半島北部に勢力を築いていた扶余《ふよ》族から、一族の朱蒙《しゅもう》が分離独立し、建国したとされている。これが史実かどうか確認するすべがないが、このころ高句麗が建国されたことは認めてよいだろう。建国後高句麗は、周辺の扶余の諸種族、濊《わい》、貊《はく》の諸族と緊張状態にあり、前漢を滅ぼした新の王莽《おうもう》からも攻撃を受けている。漢王朝を再興した光武帝によって王莽は滅ぶ（後二三年）が、光武帝は遼東から韓半島にかけては武力による介入を行なっていない。光武帝の関心は北方の匈奴にあった。そのため遼東郡を支配していた公孫氏は自立の方向を強め、高句麗とも衝突するようになる。一世紀から二世紀末にかけて高句麗は、周辺の鮮卑族、濊、貊、扶余諸族と遼東郡の公孫氏との間で連携と対立、抗争を繰り返しながら国家機構を整え国力を充実させていく。

高句麗の政治構造は、建国当初から五つの部族による連合国家という形態をなしていた。五つの部族がそれぞれ王を擁立する資格と権限を持ち、王の選定、選出だけでなく、主要な政策や法令、戦闘や遠征、兵の徴集などの重要な政治方針を部族集会で決定した。しかし二世紀末、故国川王《ここくせんおう》の死後、兄弟間の後継争いを制して王位に就いた延優（山上王《さんじょうおう》）は部下の官僚を使って五族の力を弱め、王権の強化を諮る。部族集会での王の選出は依然として続くが、王による父子継承の要素が強くなり、高句麗では韓諸国に一歩先んじて、中央集権の官僚体制が進行していった。

百済は伝説では高句麗の始祖朱蒙の子温祚王《おんそおう》が、紀元前一世紀高句麗を去って南へ移り漢江河畔に建国したというが、この記述はそのままでは受け入れられないだろう。『三国志』の魏志韓伝は概略次のように記す。韓は帯方郡の南にあり、東西は海をもって限りとなし、南は倭と接している。韓は西から馬韓、弁辰（弁韓）、辰韓に分かれ、馬韓は五十余国で大国は一万余家、小国は数千家で、全体では十万余戸。弁辰と辰韓はそれぞれ十二ヶ国、合わせて二十四あり、弁辰、辰韓の居住地は入り組んでいる。弁辰、辰韓の大国は四、五千家、小国は六、七百家からなり、二十四国で四、五万戸。辰韓十二国は辰王に属するが、辰王は馬韓の人によって占められていた。弁辰十二国にはそれぞれ王がいる。弁辰は馬韓の影響力にはふれていない。『三国志』韓伝のこうした記述から判断する限り、三韓の中でも馬韓の優位性は明らかだろう。これは三世紀の韓諸国だが、おそらく四世紀の中葉馬韓の一国伯済国が周辺の馬韓諸国を統合して、百済が建国されていったと考えられる。中国史書に百済が登場するのは『晋書』孝武帝紀で、晋の太元九年（三八四年）に百済王須《しゅ》（近仇首王）が使いを遣わして朝献したとある。このあと百済は映《おう》（腆支王《てんしおう》〈直支王《ときおう》〉）も東晋へ朝貢（四一六年）し、劉裕が宋を建国（四二〇年）すると宋へもただちに朝貢し、百済王、鎮東大将軍の爵号を得ている。

百済の古史で問題になるのは、『宋書』、『梁書』の百済国伝に、晋の時代（東晋三一七～四二〇年）の末期、高句麗が遼東を侵略しその地を支配すると、百済は遼西郡に進み遼西郡から晋平郡を支配したとする記事である。四世紀末高句麗が遼東へ侵攻し遼東を得たころ、百済は遼東よりさらに遠方の遼西、晋平を領有したのだろうか。学界の大勢はこの記事には懐疑的で、ほとんどの識者は百済の遼西郡占有には言及しないが否定する根拠もないだろう。百済は近肖古王の時代の三六九年、高句麗の故国原王《ここくげんおう》の攻撃を受けるが、これに耐え高句麗を追い返した後、三七一年には逆に高句麗の平壌城を襲った。応戦に出た故国原王は流れ矢に斃れ百済は勝利を得たが、このとき百済はさらに西へ進み、東晋の思惑と庇護で遼西、晋平の二郡を領有したのかもしれない。高句麗は故国原王の敗死の後、小獣林王、故国壌王の時代に国力の回復に努め、三九一年好太王（広開土王）が即位すると、北に碑麗《ひれい》（沃沮《よくそ》）、粛慎《しゅくしん》を討ち、南に倭、百済を攻め領土を拡大する。好太王碑に遼東地方への進出はないが『三国史記』（逸失した百済系三史書とは別で、高麗王朝の仁宗が金富軾《きんふしょく》に命じて一一四五年に撰述させた史書）には西方の燕と対立し抗争していた様子がうかがえる記事があるので、好太王の時代遼東を席捲したと考えて差し支えないかもしれない。好太王の攻勢によって脅威を受けた百済は遼西、晋平の維持に力を注ぐ余裕はなかったろう。百済が東アジアの歴史の中で輝いたのは近肖古王、近仇首王の半世紀足らずの時代だけであった。

　新羅は辰韓十二国の中の一国斯盧国《しろこく》が周辺の諸国を統合して、四世紀後半に建国されたとされている。辰韓諸国の統合の際馬韓の王の支配を脱して独自の政治体制を築いたのだろう。辰韓諸国を統合したのは、斯盧国の有力豪族金氏出身の楼寒《ろかん》である。彼は奈勿《なこつ》王として知られ、五世紀初頭まで在位した。新羅は農耕を中心とする六つの村落共同体を基礎に出発した部族国家である。辰韓諸国を統合した新羅になってもこの性格は変わらず、王権は脆弱で村落ごとの独自性が強く、四世紀後半の奈勿王のもとでは倭人と高句麗の侵攻に絶えず脅かされていた。高句麗好太王碑によれば、奈勿王の辛卯年（三九一年）、新羅は倭人の侵攻に屈するが、四〇〇年好太王は五万の大軍を派遣し、高句麗軍が新羅王城に迫ると倭人は撤退する。ところが高句麗軍が倭人を追っていった間隙をついて安羅人が新羅王城を占領する。新羅の国はこのような状態であった。奈勿王は、戻って安羅人を駆逐した高句麗に頼らざるを得ず、新羅は高句麗の庇護のもとに置かれる。五族の政治介入を排し王への権力集中を諮った高句麗と、元々が非力な国にあって村落共同体的性格から脱皮できなかった新羅との差であろう。奈勿王は長子実聖を高句麗に質に、次子未斯欣《みしきん》を倭国へ質に出して新羅の国家としての存続を諮る。この兄弟の帰国にかかわる王の忠臣朴堤上《ぼくていじょう》の説話が『三国遺事』にあり、国を守るために高句麗へも倭国へも実子を質にださなければならなかった新羅王の苦悩を描いている。部族国家の弊害による新羅の内紛はこのあとも続き、四〇二年死んだ奈勿王に替わって即位した彼の長子実聖王は、新羅王都に進駐していた高句麗軍に義兄の訥祇《とき》を殺させようとして、逆に高句麗軍によって殺されている。五世紀初頭までの新羅はこのように高句麗と倭国に抑えられ、悲哀を味わっていた。

　最後は弁辰（弁韓）である。『三国志』魏志韓伝は三世紀の三韓をかなり詳しく記している。弁辰は馬韓の東方、慶尚南道の海沿いと洛東江に沿って点在する十二国からなり、それぞれの国には王（渠帥《きょすい》という）がいた。辰韓の王は馬韓が決めたとあるが、弁辰にはそうした記述はないので渠帥は村落共同体（国）の部族集会で決められたのかもしれない。馬韓、辰韓にはそれぞれ伯済国、斯盧国のような他の集落（国）を圧倒する国が出て、周辺諸国を統合していったのだが、弁辰にはそのような核になる国は生まれなかった。五世紀まで存続した国は、南加羅《ありひしのから》（弁辰狗邪国《くやこく》）、阿羅《あら》（安羅、弁辰安邪国《あやこく》）、大伽耶《だいかや》（弁辰弥烏邪馬国《みうやまこく》）、小伽耶（弁辰古資弥凍国《こしみとうこく》）、子他《した》（弁辰古淳是国《こじゅんぜこく》）、史《し》忽《こつ》（弁辰軍弥国《ぐんみこく》）などである。

馬韓、弁辰、辰韓の南には倭人が居住していた。好太王碑にある高句麗と抗争していた倭、あるいは倭人はこの半島南岸の倭人であったが、彼らは九州北岸の倭国とも随時交流、通商していた。魏志韓伝は、韓、南倭と接すとあるが、弁辰の南加羅、小伽耶、史勿などは南岸にあって海に面しているので、倭人が半島南岸全体を占有していたとみることはできない。これらの弁辰諸国（伽耶諸国）は三世紀以降、国境を接する倭人と連携を強め、高句麗、百済、新羅の間にあって確執と抗争を続けていく。

百済史料にみる倭国と韓半島

『日本書紀』には神功皇后紀から欽明紀にかけて、逸失した百済系の三史書、「百済記」、「百済新撰」、「百済本記」の記述がそのまま、あるいは『日本書紀』の編者（述作者）の文に作り変えて記されている。『日本書紀』における「百済記」の初出は神功皇后紀四十七年条で、千熊長彦《ちくまながひこ》を「職《ちく》麻那那加比跪《まななかひこ》と云へるは蓋《けだ》し是か」である。「百済記」の文を直接引くのはこの四十七年条が最初だが、その一年前の四十六年条の地の文（本文）に百済の肖古王の記事がある。この肖古王は百済十三代の近肖古王（三四六〜三七五年）なので、その三年前の神功紀四十三年に倭人伝から正始四年（二四三年）の倭王の朝貢の記事を置く神功皇后紀の記事はもちろん合わない。『日本書紀』の編者は、神功皇后の時代を三世紀とするために倭人伝を取り込んだのだが、同時におよそ一世紀後（正確には一二〇年後）の「百済記」の記事も取り込んだ。このため神功皇后紀の記事は干支二巡（一二〇年）引き上げて読まなければならなくなった。神功紀四十六年条の百済の肖古王（近肖古王）に関する記事は倭国の使者が百済の肖古王のもとへ赴く筋立てになっている。この年（神功四十六年＝二四六年、干支二巡引き上げて三六六年）は近肖古王の在位（三四六〜三七五年）中なので矛盾は起こらないが、百済史料の取り込みの仕方に誤りのある箇所が二、三ある。そのため『日本書紀』の記述に齟齬が生じているのだが、それらは随時みていくことにしよう。

　まず神功紀四十七年条にある千熊長彦の記事で、その大意は以下である。百済王は三人の使者に貢物をもたせ倭国へ送った。百済の使者は大和朝廷へ伺候したが、新羅の使者も一緒だった。朝廷は百済と新羅の貢物を調べる。新羅の貢物は立派なものが多かったが百済のそれは貧しく数も少なかった。百済の使者に問い質すと、彼らは道に迷い新羅に入って捕えられ、用意していた貢物を取り上げられたという。百済の使者の言い分では、彼らは新羅の貧しい貢物をおしつけられ、新羅の使者は百済の立派な貢物を持って百済の使者と一緒に朝貢した。朝廷は新羅の使者を叱責し、千熊長彦を使者として新羅に遣わし新羅を譴責した。この千熊長彦はこのあとも『日本書紀』に登場するのだが、彼は分註では「分明《わきわき》しく其の姓《かばね》を知らざる人なり」、「一《ある》に云はく、武蔵国の人。今は是額田部槻本《ぬかたべのつきもと》の首《おびと》の始祖なりといふ」とある。一国を代表する使者の身元、出身が不明だとするこの記述に疑問が出るのは当然である。『日本書紀』の編者の手元には出自不明の千熊長彦という人名があった。別の伝では額田部槻本の首の始祖ともあった。この伝を編者は「百済記」の職麻那那加《ちくまななか》比跪《ひこ》と結びつけたが、名前以外には所伝はまったくなかったので、このような記述となったのだろう。だがそれ以上に不可解なのはこの事件の筋立てである。百済の使者が道に迷って新羅に行ってしまったとは決してありうる話ではない。当時はどの国も朝貢などで使者をたてる際には、使者のほかに随員として通事（通訳）、道案内人、貢物の運搬人などを同道させる。だから道に迷うことはありえない。また仮に一行が新羅に入り込んだにしても百済の貢物を新羅が奪うなど考えられないし、それを新羅が大和朝廷への貢物に流用することもありえない。四、五世紀の当時の国家は朝貢の際貢物には自国の特産品をあてていた。さらに新羅が百済の貢物を奪ったのなら、百済の使者を同道させるはずがない。同道すれば新羅の悪事が百済の使者の口から洩れるだろうから、彼らを新羅で拘束し留め置く措置をとるだろう。どのような角度から考えてもこの話は『日本書紀』の編者の述作である。繰り返すがこの話は『日本書紀』の地の文であり、「百済記」を引いているわけではない。職麻那那加比跪《ちくまななかひこ》に関していえば、「百済記」にあった倭国の使者の名を記して、これを大和朝廷の伝承にあった千熊長彦に結びつけようとした。ただし千熊長彦は日本側にも具体的な伝承はなかった。そこで『日本書紀』の編者はそれ以上に記述を続けることができなかったのだろう。

　これが神功四十七年条の記事だが、その二年後の四十九年条は『日本書紀』の地の文のみで、百済と新羅に関する記事がある。神功四十九年（二四九年、干支二巡引き上げて三六九年）朝廷は新羅を討つため、荒田別《あらたわけ》、鹿我別《かがわけ》に兵をつけ百済の使者久氐《くてい》らとともに卓淳国《とくじゅんこく》へ送った。ところが卓淳へ集まった兵は少なく、これでは新羅を破れないので沙白《さはく》、蓋盧《こうろ》を百済へやって増兵を命じた。百済は木羅斤資《もくらこんし》と沙沙奴跪《ささなこ》に兵をつけ、沙白、蓋盧とともに卓淳へ向かわせ、この軍勢で新羅を破ったという。『日本書紀』の編者はこの伝承を大和朝廷が四世紀後半韓半島へ進出していた証左であるかのように描く。まず、荒田別、鹿我別だが、応神紀十五年八月条に荒田別、巫別《かむなきわけ》がみえ上毛《かみつけ》野臣《ののおみ》の祖とある。巫別は神功紀の鹿我別とされる。彼らはこの年百済に渡り五経博士の王仁《わに》を招聘したとあるが、それ以外には現われない。上毛野臣の祖というのも具体性に乏しいし、「百済記」からの引用もない。つまり、もともと「百済記」には荒田別、鹿我別の記述はなかった。武内宿禰、葛城襲津彦、千熊長彦などとともに『日本書紀』の編者の創作であろう。沙白、蓋盧は百済人と思われるが他にはみえない。木羅斤資の木羅は百済の名族の一つで木《もく》（木劦《もくら》＝木羅）満智《まち》の父とされているが、木劦満智が活躍したのは四七五年の漢城の落城事件のころなので、およそ一〇〇年のへだたりがあり年代が合わない。木羅斤資が実在したのなら満智の父ではないだろうし、満智の父ならば百済の近肖古王の時代に卓淳国から新羅に向かったのは木羅斤資ではなかったろう。木氏だとすれば斤資の父か祖父であったかもしれない。ここにも所伝の混乱がみえる。もう一人の沙沙奴跪は名前から察するに百済人ではないが大和朝廷の人間でもない。大和朝廷の人間に少しでも比定できる人物であったなら、『日本書紀』の編者がそのことにふれないはずがない。「百済記」が記すこの人物は倭国から遣わされた将であったかもしれない。

　さて、『日本書紀』が伝える「百済記」は、倭国がこの年（三六九年）の新羅攻略で新羅に近い弁辰七国を平定したことを記している。その七国は、比自㶱《ひしほ》（魏志韓伝の不斯国《ふしこく》、現昌寧《チャンニョン》）、南加羅《ありひしのから》（同弁辰狗邪国《べんしんくやこく》、現金海《キムヘ》）、㖨国《とくこく》（現慶山《キョンサン》）、安羅（同弁辰安邪国《べんしんあやこく》、現咸安《ハムアン》）、多羅《たら》（現陜川《ヒョプチョン》）、卓淳《とくじゅん》（同州鮮国《しゅうせんこく》、現大邱《テグ》）、加羅（大伽耶《だいかや》、同弁辰弥烏邪馬国《べんしんみうやまこく》、現高霊《コーリョン》）である。この時倭国は耽羅《たんら》（忱弥多礼《とむたれ》、現済州島《チェジュド》）をも接収したらしい。『日本書紀』は、この弁辰七国と耽羅の平定を大和朝廷の行為とし、耽羅を百済に与えたように記しているが、これは百済と九州の倭国との共同行動だろう。このあとも倭国と百済は馬韓諸国の四邑、比利《ひり》、辟中《へちゅう》、布弥支《ほむき》、半古《はんこ》を降伏させたとしているが、これらの集落は百済の中でも東へ寄った地にあるので、その記述は肯定的に考えてよいだろう。百済はこの年高句麗の故国原王の侵攻を受け、高句麗軍は一時は王城にまで迫った。大規模な軍事作戦の展開中に虚を突かれたのかもしれない。このころ倭国と百済は頻繁に使者の交換を行なったと神功皇后紀は記しているが、荒田別、千熊長彦、武内宿禰など既述の人物の往還であり、こうした記述をもって大和朝廷の行動とみることはできない。

神功五十二年条（二五二年、干支二巡引き上げて三七二年）には百済からの七枝刀、七子鏡の献上記事がある。七子鏡の所在は分からない（一部には備中吉備津彦社の鈴鏡をあてる意見がある）が、七枝刀は石上神宮在の七支刀であることはほぼ確かだろう。この異形の刀が百済からもたらされたものであることはまず間違いない。『日本書紀』の編者はこの神功五十二年条を「百済記」を引いた文とはせず、すべて『日本書紀』の編者の地の文として献上を意味する「重寶《たから》を献《たてまつ》る」、「聖朝《ひじりのみかど》に奉《たてまつ》らむ」などとし、百済王が倭王に七支刀を献上したかのように描いている。すでに述べたように百済の近肖古王から倭王旨《し》へ渡った七支刀は、その銘に献上を示す「奉」「献」もなければ、下賜を示す「給」「賜」もないことから、両国の交誼の進展を願っての百済王からの贈与と考えて間違いはない。

神功皇后紀六十二年条には「百済記」からの長文の引用がある。

「百済記に云はく。壬午年に新羅、貴国に奉《つかへまつ》らず。貴国、沙至比跪《さちひこ》を遣《つかは》して討たしむ」。

「百済記」からの引用はこのあとも続くのだがその大意を記しておこう。壬午年（三八二年）、新羅は貴国に朝貢しなかった。そこで貴国は沙至比跪を遣わして新羅を討とうとした。新羅は沙至比跪に美女を差し出し懐柔したので、沙至比跪は新羅の側につき加羅を攻めた。加羅国王、諸臣、加羅の民は百済へ逃れた。加羅の己本旱岐《こほんかんき》（旱岐は王《こきし》）の妹既殿至《けでんち》は大倭《やまと》に来て天皇に沙至比跪の裏切りを奏上、天皇は怒って木羅斤資を遣わし、加羅を復興させた。木羅斤資は百済の将なので倭国へきていたか、倭国が百済と諮って斤資を出動させたかのいずれかだろう。沙至比跪は天皇の怒りを恐れ姿を隠したが、天皇の怒りが解けないことを知って自害したという。話の筋としては、加羅をめぐっての百済と新羅の攻防で、当時のこの三国の状況が一応矛盾なく記されているといえよう。

ここで問題となるのが天皇、貴国と沙至比跪である。とくに天皇と貴国については『日本書紀』の編纂時、編者によって百済三史書に手が加えられたのだろうとする見方があるし、さらには三史書は百済で撰せられたものではなく、『日本書紀』の編纂時に倭国へ亡命してきた百済人の手によって述作されたのだろうとする極端な意見さえある。天皇の用語が大和朝廷で使用されるのは七世紀後半の天武朝からである。だが、中国ではすでに天皇の用語は『史記』などにみられるように、漢代のころから天皇《てんこう》、地皇《ちこう》、人皇《じんこう》として使われている。その天皇の語句が四世紀後半ごろまでに入ってきて、倭国で使われていた。それを百済の史書はそのまま記したのである。

次は貴国である。百済人の手になる百済の史書に倭国のことを貴国と書くはずがない。ここから

「百済記に云はく」とあっても『日本書紀』の編者が引用文に手を加えたのだろうとの見方が天皇と同様大勢になっている。実はこの貴国という語句は神功四十六年条の本文（『日本書紀』の地の文）が初出で、そこには概略以下の記述がある。斯摩宿禰《しまのすくね》が卓淳国《とくじゅんこく》（新羅に近接した伽耶《かや》諸国の一つ）へ遣わされた。卓淳の末錦旱岐《まきむかんき》は斯摩宿禰に、百済王の使者が来て東の方に日本《やまと》の貴国があることを知ったが道がわからない、今度貴国の使者が卓淳国へ来たら貴国との通貢の仲介をとってもらいたいと百済王がいっていたという。卓淳王はこのように斯摩宿禰に伝え、これをきっかけに百済と倭国との通交の道が開かれた。貴国は『日本書紀』の編者の作為なのか。実は貴国の語句は「百済記」を引用した三つの年条（神功六十二年、応神八年、応神二十五年）の四ヶ所に表われるが、次の「百済新撰」、「百済本記」にはまったく出現しない。このことから『日本書紀』の編者の作為という説は成り立たないだろう。「百済記」にだけ倭国を貴国として用いる理由がないからである。貴国という語句は尊い（貴い）国と捉えることも可能だが、「百済記」の撰者が倭国を貴い国と記すことはありえない。もう一つ貴国には敬語として貴方の国、貴国という用法が考えられるが、会話ならともかく、あなたの国なら二人称なのでこれもありえない。そうであるなら残る可能性は貴国は固有名詞ではなかろうかとするものである。三世紀のことだが魏志倭人伝には三十の国名が列挙されている。この三十のうち帯方郡より倭国の首都奴国へ至る途上の国（対海国、一大国、末盧国、伊都国など）には方位、里程、戸数などがあるが、奴国より南の国は国名しか記されていない。その一国に鬼国《きこく》がある。鬼国と貴国に一脈通じるものがありはしないだろうか。一方は卑字、他方は佳字である。「百済記」が佳字を使うのに若干疑念もあるが、もともと倭人伝の鬼国は貴国であった可能性もあろう。五、六世紀の倭国と百済の関係を考えれば、その国名がそのまま「百済記」に記された可能性も否定できないだろう。さらに佐賀県の北東部には基山《きやま》があり、佐賀、福岡県境には基肄城《きいじょう》もある。邪馬壹国連合の一国とみられる吉野ヶ里遺跡の北東である。貴国が基国に後世変化したとは考えられないだろうか。「キ」の国という想定が現実味を帯びる。四世紀後半から五世紀初頭にかけて、かつては奴国が占めていた倭国の盟主の地位を貴国（鬼国）が継いだと考える余地はないだろうか。根拠が弱いといわれればそれまでだが、貴国という「百済記」の表記が『日本書紀』の編者の改竄であろうとする見解は再考されてしかるべきだろう。

　最後に沙至比跪《さちひこ》である。学界の大勢は沙至比跪を葛城襲津彦《そつひこ》とする。襲《そ》は沙《さ》に、津《つ》は至《ち》に音が変化して、同一人が日本側では葛城襲津彦として、百済側では沙至比跪として伝わったのだろうとしている。こうした解釈が可能であるか考えてみたい。『日本書紀』は葛城襲津彦の伝承を、神功五年条（二〇五年、干支二巡引き上げて三二五年）、神功六十二年条（二六二年、同三八二年）、応神十四年条（二八三年、同四〇三年）仁徳四十一年（三五三年〈仁徳紀は干支二巡引き上げることはできない〉）の四ヶ所に記している。一方で「百済記」が引く沙至比跪は神功六十二年条にしか現れない。葛城氏は大和の豪族で、襲津彦は四世紀末のころに活躍した人物と考えられている。襲津彦の娘磐之姫は大王仁徳の皇后となり、履中以下の四子を生んだと仁徳紀は記しているし、襲津彦の子葦田宿禰の娘黒媛は履中の妃となって市辺押磐王を生み、市辺押磐の子億計《おけ》、弘計《をけ》は苦難の末大王になっている。こうして葛城氏は四世紀から五世紀にかけて外戚としての地位を築いた。おそらくその墓記、あるいは家伝には葛城襲津彦の伝承があり、後世になって襲津彦が対外関係でも活躍したことがこの伝承に追記されたのだろう。「百済記」の沙至比跪の記述を葛城襲津彦に結びつけた『日本書紀』の編者の作為と考えたい。

「百済記」の沙至比跪《さちひこ》は神功六十二年条にのみ現われる。六十二年条以降に沙至比跪が出てこないのは、六十二年条で彼が自刎したとあるので当然だが、六十二年条以前にも出現しない。襲津彦伝承の初見は五十七年前の神功五年条である。時代が合わないとはいえ襲津彦の成功譚（新羅の使者にだまされたが、新羅を攻め城を奪い捕虜を献上する）になっているので、「百済記」の他の年条に沙至比跪のことがあれば、神功紀はそれを葛城襲津彦に結び付けて記したであろう。さらに襲津彦は応神十四年条、十六年条、仁徳四十一年条にもでてくるが、「百済記」の沙至比跪は神功六十二年条だけであることも、沙至比跪が襲津彦でないことの傍証だろう。

『日本書紀』の編者は、「百済記」の貴須王（近仇首王）の壬午年（三八二年）に貴国が沙至比跪を遣わして新羅を討たせた記事をみつけた。「百済記」の記述に登場する倭人は、ほとんどが大和朝廷の帝紀、旧辞などの古記録にない人名である。「職麻那那加比跪」を千熊長彦に、「沙至比跪」を葛城襲津彦にあてはめたが、それ以外には「百済記」に現われる人名は大和朝廷の古記録にある人間に比定できなかった。沙至比跪は「百済記」では倭国から遣わされた将で、新羅に懐柔され、倭国を裏切り自害するという不名誉な結末に終わっている人物である。そのような沙至比跪だが、『日本書紀』の編者はこれを葛城襲津彦にあて、彼の事績にした。『日本書紀』の編者は大和朝廷が百済を従えていた伝承をつくりあげる上では、意に副わない伝承ではあっても沙至比跪を葛城襲津彦にあてた方が説得力があると考えたのだろう。武内宿禰、千熊長彦と同様、『日本書紀』の編者の創作と考えたい。

「百済記」を引く『日本書紀』の神功皇后の段は以上だが、「百済記」に依拠した記事が神功紀六十四年条、六十五年条にある。「六十四年に、百済国の貴須王《きすおう》薨《みまか》りぬ。王子《せしむ》枕流王《ちんりゅうおう》、立ちて王《こきし》と爲《な》る」。「六十五年に、百済の枕流王薨りぬ。王子阿花年少《わか》し。叔父辰斯《しんし》、奪ひて立ちて王と爲る」。『三国史記』によれば、百済の近仇首王（『日本書紀』の貴須王）は三八四年夏四月に死、子の枕流が立ったがわずか一年余で枕流王も死ぬ。枕流王の子の阿華（阿花）は年少であったので枕流王の弟の辰斯が即位した。「百済記」からとったこれらの記事は干支二巡一二〇年引きあげるなら『三国史記』の記述に合致する。

神功六十二年条の次に「百済記」が『日本書紀』に現われるのは応神紀八年条（二七七年、応神の代も干支二巡引き上げてよければ三九七年だが、応神記の応神甲午年〈三九四年〉の死と齟齬をきたす）で、百済の辰斯王の後を継いだ阿華王が貴国に無礼を働いたとある。そこで倭国（貴国）が軍事行動を起こして枕弥多礼《とむたれ》（耽羅《たんら》＝済州島）と東韓の三邑（峴南《けんなむ》〈甘羅城《かんらじょう》〉、支侵《ししむ》〈爾林城《にりんじょう》〉、谷那《こくな》〈高難城〉）を接収したらしい。倭国との関係悪化を修復したかった阿華王は王子直支《とき》（腆支《てんし》）を倭国へ質に出した。この応神紀八年条が四世紀の末年頃とすれば、韓三国(百済、新羅と伽耶諸国)も倭国も高句麗好太王の攻勢に直面し、百済、倭国ともに関係の修復は不可欠であった。こうした韓半島の状況に関して「百済記」が好太王の行動を抑えた筆致で記そうとするのは理解できるが、応神紀にはこの八年の「百済記」からの引用と、十六年条の直支《とき》の帰国、そして二十五年条の直支王の死以外には百済政情の記述はなく、切迫感の乏しい内容になっている。応神紀二十五年条（二九四年、干支二巡引き上げることはできない）の地の文「二十五年に百済の直支《とき》王《おう》薨《みまか》りぬ。即ち子久爾辛《くにしん》立ちて王と為《な》る」は、『三国史記』の百済本紀（逸失した「百済本記」とは別で、『三国史記』は新羅本紀、高麗本紀、百済本紀と列伝から成る）の直支王《ときおう》（腆支王《てんしおう》）四二〇年の死とは六年の違いがある。ただし応神紀十六年（二八五年、これも干支二巡引き上げることはできないが応神の時代としなければ四〇五年）の是歳条の地の文に「是歳百済の阿花王薨《みまか》りぬ。天皇、直支《とき》王を召して謂《かた》りて曰《のたま》はく、汝《なんじ》国に返りて位を嗣げとのたまふ」にある阿華王の死、腆支王《てんしおう》（直支王）即位の四〇五年は百済本紀とは合っているので、応神紀二十五年の「百済記」の記事の取り込み方に『日本書紀』の編者の錯誤があったのだろう。応神紀の記事によりはっきりした過失があるのは三十九年条（三〇八年、これも干支二巡引き上げることはできないが四二八年のこととなる）で、『日本書紀』が応神二十五年（二九四年なので四一四年のこととなる）に死んだと記した百済直支王が妹《いも》（この場合はもちろん妻〈王妃〉ではなく同母妹か異母妹であろう）新齊津媛《しせつひめ》を倭国へ遣わすという記事がある。同じ応神紀で十四年前に死んだとされる百済直支王が妹を倭国へ遣わせるはずがない。逸失した百済三史書の信憑性は高い。「百済記」は六世紀中葉までの百済の歴史をどんなに遅くとも七世紀の前半までに、おそらくは六世紀後半に百済の地で撰述された同時代史である。しかも、「百済新撰」、「百済本記」は編年体の史書であった。だが史書にある記述を『日本書紀』のどの年紀に取り込むかは、ひとえに『日本書紀』の編者の裁量にかかっていた。ほとんどが『日本書紀』の年紀に矛盾することなく組み込まれたが、編者の失念による若干の齟齬があったのである。

　この大王応神の時代（四世紀後半から四世紀末）にかかわる一連の倭国と百済を中心とする韓半島

の情勢をみていきたい。神功紀が引用する「百済記」にあるように、韓半島南岸の倭人は四世紀後半から九州北岸の倭国の支援を得て、伽耶諸国のみならず新羅、百済へも浸蝕を深めていった。ところが四世紀末高句麗に好太王が即位すると韓半島は大きく動く。百済は倭国と共同で高句麗にあたろうと模索し、三世紀に弁辰と呼ばれていた伽耶諸国は倭国の庇護を得ようとする。そして事態は倭国と高句麗の対決へと進んでいく。もちろんこれには倭国の韓半島南部支配の思惑もあった。倭国は伽耶諸国ばかりか百済の要請をも受け入れ、百済の政情に踏み込み高句麗と対峙することになる。新羅は好太王の四世紀末の出撃までは倭国とのなかば従属的な提携の道を選んでいたのだが、好太王の侵攻によって頼る先を高句麗に切り替える。

高句麗で好太王が即位したとき、百済は辰斯王の時代であった。彼は兄枕流王の死後枕流王の嫡子阿華が幼少だったので王位に就いた。その辰斯王は好太王の即位の直後薨じ、阿華王が三九二年即位する。好太王はこの阿華王の百済を永楽五年（三九五年）襲った。好太王碑に「海を渡りて」とあるので、戦船を利用して百済、倭連合軍の背後を突き、前後から挟撃したのかもしれない。この敗戦で百済は倭国への傾斜を一段と深め、阿華王は王子直支（腆支）を倭国へ人質に出す。好太王碑は、好太王がこの年百済、新羅に大勝したように記しているが、四年後にはまたもや倭人の新羅への侵攻があったので実際はそれほどでもなく、倭人の攻撃をひとまず退けた程度であったのかもしれない。永楽十年（四〇〇年）好太王は歩騎五万を遣わし、新羅へ侵攻し王城を占拠していた倭人を攻めようとする。高句麗の大軍が迫ったことを知った倭人は新羅から撤退する。その四年後には倭人は百済の地から西海岸を北上し、旧帯方郡衙まで進み高句麗軍と交戦している。碑文には欠字があってはっきり確認ができないが、この年（永楽十四年＝四〇四年）は好太王自らの出陣だろう。碑文には「倭寇潰敗、斬殺無数」とある。碑は好太王を顕彰するため子の長寿王によって建てられたので、その読みには一定の配慮が必要である。好太王が倭人を掃討したとあっても、倭人はその後百済や新羅に勢力を保持しているからである。四〇四年の半島西海岸での高句麗の倭人掃討のあと、百済は阿華王が死に後継をめぐって確執があったことがうかがえる。『日本書紀』の応神十六年（二八五年、干支二巡引き上げて四〇五年だが応神の代ではないだろう）是歳条は阿華王の死（『三国史記』も同じ四〇五年の死）を伝えた後、倭国へ人質として来ていた王子直支を百済へ送り返して王位に就け、阿華王の時代に接収していた東韓の三邑（峴南《けんなむ》、支侵《ししむ》、谷那《こくな》）を百済へ還したとする。五世紀初頭のこのころから二、三〇年後の百済と倭国の位置関係を考えると疑問もないわけではないが、倭国は百済と新羅、伽耶諸国を臣従させる状態とはいえないだろうが、外交関係では主導権を握っていたと考えてもよいだろう。

　四世紀末から五世紀初頭の高句麗と新羅、百済、倭国の四国の位置関係は、人質を出す側、受ける側という側面でみる限り、次のような構図になる。すなわち倭国と高句麗の間には人質を送る、受け入れるという関係はなかったが、高句麗は新羅からは奈勿王の長子実聖を質にとっている。百済と高句麗の間には質を出す、受けるという関係はない。倭国は百済からは阿華王の子直支を、新羅からは奈勿王の次子未斯欣を質にとっている。高句麗、倭国ともこの時期はどこの国へも人質を送っていない。こうしてみる限り、一般に考えられているように倭国と高句麗の対立を軸に、百済、伽耶諸国が倭国と提携し、高句麗は新羅を勢力下に組み入れていたと考えていいだろう。ただし五世紀の後半からは百済と新羅は対高句麗で共同して対抗する局面もあった。高句麗に攻められて百済の王都漢城が落城したとき、王子文周は一人逃れるが、新羅から援兵を得たとされているのも、こうした新羅、百済の関係であった。

五世紀初頭から中葉にかけて韓半島は、倭国と高句麗の対立を軸に展開する。好太王の死後十九歳で即位した長寿王は、四九一年九十八歳で死ぬまで七十九年在位した驚異的な長寿と在位を誇った王だが、その治世の間に彼は高句麗を東アジアの強国にした。最大版図は、北は黒竜江を越え、東は豆満江に及び、西は遼東半島を掌握し、南は漢江にまで達した。五世紀初頭新羅は、高句麗好太王によって席捲され、好太王の死後も高句麗の干渉を受け入れる。倭国との提携の道を選んだ百済は高句麗と対立することになり長寿王の侵攻に絶えず苦しむ。蓋鹵王《こうろおう》の四七五年、長寿王の軍勢は王都漢城を囲んだ。蓋鹵王は子の文周を南へ逃がすが、自らは戦乱の中に落命する。南に逃れ即位した文周王によって百済は再興するが、この漢城の落城によって、百済はいったん滅亡したといってよい状態に立ち至ったのである。

中国史書による倭の五王の記事

東アジア諸国の中国王朝への遣使、冊封は三四九年の高句麗の燕への朝貢にはじまる。この年燕との戦闘に敗れ燕に屈した高句麗は燕に朝貢、征東大将軍営州刺史楽浪公の称号を叙授される。燕は高句麗を冊封することによって東方を固め華北へ進出することに力を注いだが、一方高句麗にとっても燕の冊封を受けることは、燕との争いを避けることで扶余、東沃沮への進出を諮るとともに南の百済をうかがう狙いがあった。建国間もない百済は高句麗の動きに対応していち早く東晋に朝貢し、三七二年には百済近肖古王は鎮東将軍領楽浪大守の号を得ている。その後百済辰斯王は三八七年の朝貢にさいして使持節都督鎮東将軍百済王の称号を受けた。一方、高句麗と新羅はこのころ五胡十六国の北朝後秦に朝貢し、後秦の冊封を受けている。

中国の南北の王朝と高句麗、新羅、百済が通交を活発化させていた四世紀末、高句麗で好太王が即位した。即位後の彼の南下政策は新羅、百済の存在を脅かした。五世紀に入ると高句麗、百済は争闘を有利に展開させるため相次いで南朝の東晋に朝貢、中国からの冊封と将軍号の叙授を願い出る。

こうした中、九州の倭国では讃が即位した（残念ながら彼の字《あざな》、死後の諡号《しごう》はわからない）。後述するが倭王讃の即位はおそらく四一三年のことだろう。彼は韓半島南辺に居住する倭人からの情報で、百済、高句麗の中国南朝への朝貢を知ったに違いない。高句麗では四一二年の好太王の死後即位した長寿王が中国風の一字名高璉を名乗って即位の翌年朝貢し征東将軍の号を得ている。倭王讃も即位するや東晋朝へ朝貢した。倭国ではこれが中国の王朝への一五〇年ぶりの遣使であった。この朝貢は『晋書』安帝紀に記されているが、その記事から推測する限り倭王讃は冊封、叙授を求めたものではなかったようである。このとき彼は倭国王、あるいは将軍号を叙授されていない。その後倭王讃は、四二〇年の宋朝の成立にさいして宋朝へ朝貢する。倭国の朝貢はこのあと五世紀後半まで続き、『宋書』をはじめいくつかの中国史書はこれらの朝貢が讃、珍、済、興、武という一字名の五人の王によって行われてきたことを記している。倭の五王である。この五王の朝貢を記した中国史書のうち記事量では『宋書』と『南史』がもっとも多いのだが『南史』は唐代の成立である。『宋書』は、南朝梁の沈約《しんやく》（四四一～五一三年）の筆になる。宋朝に続く斉朝、梁朝の三代は禅譲で、彼はその三代に仕えた吏官であった。沈約が『宋書』を著したのは斉の武帝（四八二～四九三年）の四八八年であり、宋の禅譲の九年後であった。したがって『宋書』は『三国志』と同様同時代史であり信憑性が高いといえよう。

倭の五王は『宋書』、『南史』だけでなく『梁書』、『南斉書』にもでてくる。『梁書』は姚《よう》史廉《しれん》が唐の高祖（六一八～六二六年）の時代六二二年に著したもので、梁（五〇二～五五七年）の滅亡から六十年ほど経っており、『南史』と同様唐代の成立である。『南斉書』は梁朝に仕えた史官蕭《しょう》子顕《しけん》（四八九～五三七年）の手に成るもので、斉の禅譲の十余年後の成立である。したがって史料価値としては『宋書』と『南斉書』が高いのだが、『南斉書』の倭国の条は、建元元年（四七九年）に倭王武を鎮東大将軍へ進めるという記事があるだけで、情報量はいたって乏しい。これには斉の時代（四七九～五〇二年）に倭国からの貢献がほとんどなかったという事情が底辺にある。『宋書』倭国伝は貢献記事だけを記し記事量としてはそれほど多くない。しかし、三世紀中葉の卑弥呼、壹与の朝貢を最後に倭国の記事が中国史書から絶えて一五〇年、五世紀になって主として朝貢の記事が中心であるにせよ倭国の情報が中国の史書に記されたのだから、これらの記述が当時の倭国を知る上で貴重な情報であることは間違いない。

『晋書』、『宋書』、『梁書』、『南史』、『南斉書』にある倭の五王の記事を表にした（次ページ）。こ

中国史書の倭の五王の記事

義熙九年	413年	倭国、方物を献ず	晋書安帝紀
?		晋の安帝の時倭王賛、朝献す	梁書倭伝・南史倭国伝
永初二年	421年	倭讃、貢を修む。除授を賜う	宋書倭国伝ほか
元嘉二年	425年	讃、方物を献ず	宋書倭国伝・南史倭国伝
元嘉七年	430年	倭国王、使を遣し方物を献ず	宋書文帝紀・南史宋本紀
?		讃死して弟珍立つ。使を遣し朝献す	宋書倭国伝・南史倭国伝
?		賛死して弟弥立つ	梁書倭伝
元嘉一五年	438年	倭王珍、方物を献ず。珍を安東将軍に	宋書文帝紀・南史宋本紀
元嘉二〇年	443年	倭王済、方物を献ず。安東将軍となす	宋書文帝紀ほか
?		弥死して子済立つ	梁書倭伝
元嘉二八年	451年	倭王済を安東大将軍に進める	宋書文帝紀
元嘉二八年	451年	倭王に使持節都督六国諸軍事を加える	宋書倭国伝・南史倭国伝
大明四年	460年	倭国、使を遣し貢献す	宋書孝武帝紀ほか
?		済死して世子興立つ。使を遣し朝献す	宋書倭国伝ほか
大明六年	462年	倭王興を安東将軍となす	宋書倭国伝・南史倭国伝
昇明元年	477年	倭国、使を遣し献物す	宋書順帝紀
?		興死して弟武立つ	宋書倭国伝ほか
昇明二年	478年	倭国が貢献。上表。武を安東大将軍に	宋書順帝紀ほか
建元元年	479年	倭王武を鎮東大将軍に進める	南斉書倭国伝
天監元年	502年	倭王武を征東将軍に進める	梁書倭伝ほか

の表から倭王の朝貢と中国側、主として宋朝の対応を考えてみたい。

五世紀の倭国に関する最初の記事は『晋書』安帝紀にあり、義熙九年（四一三年）倭国が方物を献じたとする。義熙九年は東晋の安帝の時代で、この東晋の時代の倭国の朝貢を『晋書』ばかりか『梁書』と『南史』も確認している。『梁書』倭伝は「晋の安帝の時倭王賛有り。賛死して彌立つ」と記し、『南史』も「晋の安帝の時の倭王讃使を遣わし朝貢す」と記した。この義熙九年は中国の側に王朝の交替もなければ晋帝の代替わりもないので倭国の側の代替わりの可能性があるが、他の年次を検討することで改めて考えてみたい。

次は永初二年（四二一年）の倭王讃（ただし『宋書』は倭讃とする）の朝貢である。ここで初めて『宋書』は倭国の統治者讃の名を記した。永初二年はその前年に宋朝が成立したのだから、その成立を祝う倭国の朝貢であるとみていいだろう。倭王讃は中国の王朝の周辺諸国への膨張政策＝冊封体制と東夷諸国、とくに高句麗、百済の対応から、宋朝の成立という事態の進展にいち早く対応したのではなかったか。そうであるなら、その七年前の義熙九年（四一三年）の朝貢は、新たに倭国の支配者となった讃の中国、韓半島諸国との関係をみすえた行為と考えてもいいだろう。三世紀中葉から中国晋朝との交流（朝貢）を絶った倭国の新しい東アジア情勢に対応した倭王讃の即位に際しての決断だったと考えたい。

東晋の徐州刺史であった劉裕は四二〇年、宋を建国するが二年後に死去、義符（少帝）の治世の間に内紛が起こり、四二四年義隆（文帝）が即位する。倭国は宋朝の実情をかなり正確に掴んでいたのだろう。少帝の即位に際して倭国は遣使していない。そして永初二年の遣使から四年後の元嘉二年（四二五年）、おそらく文帝の即位によって宋の政情が落ち着いたことをみて倭王讃は朝貢する。元嘉二年の朝貢は、宋朝文帝の即位を祝う倭王讃の朝貢であった。

次の倭国からの遣使は、『宋書』文帝紀によれば元嘉七年（四三〇年）だが、これは宋朝の側に代替わりがあったわけではない。『宋書』倭国伝や『南史』倭国伝などに「讃死して弟珍立つ」とあり、『梁書』に「賛死して弟彌立つ」とあるのがこの元嘉七年の朝貢であることは間違いなく、倭国の讃（賛）が死んで珍（彌）が即位したことによる遣使、朝貢であろう。倭国の側の代替わりによる朝貢であった。元嘉十五年（四三八年）この倭王珍が遣使、朝貢し、安東将軍、倭国王を冊封されている。このときは宋朝にも倭国の側にも代替わりがあったとは認められないので、宋朝から冊封と叙授を求める倭国の遣使であったのだろう。五世紀に入ってから倭国が中国の王朝に叙爵を求めたのは、中国史書の記述によるならばこの元嘉十五年が初めてである。すでに高句麗や百済は晋朝の時代から自身の権威づけのために朝貢し、鎮東将軍（百済、三品、四一六年）、征東大将軍（高句麗、二品、四一六年）の号を受けている。倭国の場合は百済や高句麗ほど中国の王朝の冊封を受ける必要性は高くはなかったが、それでも韓半島南部の伽耶諸国をめぐる確執などでは中国の王朝の叙爵を得ていた方が都合がよい。四世紀末から五世紀初頭の高句麗、新羅との抗争、百済との関係から、倭国はこの時期に至って遣使し、爵号を求めたのだろう。求めた号は「使持節都督・倭・百済・新羅・任那・秦韓・慕韓六国諸軍事・安東大将軍・倭国王」であった。施政上の倭国王は首肯できるが、軍事に関する百済の都督の要求は宋朝としては容認できるはずがない。百済は腆支王《てんしおう》（餘映、四〇五～四二〇年）が宋朝成立時に朝貢、鎮東大将軍を叙授され、その後久爾辛王《くにしんおう》（四二〇～四二七年）、毗有王《ひゆうおう》（四二七～四五五年）も同じ鎮東大将軍、百済王を冊封されている。宋朝にとって倭国の百済都督の要求は論外であった。ただし新羅は宋朝へ朝貢していなかったので、倭王の新羅の都督の要求は宋朝のあずかり知らぬところである。任那（伽耶）は実質倭国の管轄下にあったのだろう。問題は秦韓と慕韓である。秦韓は三世紀の辰韓で、四世紀の半ば斯盧国《しろこく》が周辺諸国を統合して新羅を建国した。『三国志』韓伝によれば辰韓、弁辰（弁韓）はそれぞれ十二国であったという。斯盧国が辰韓十二国すべてを統合したことは確認されていないので、新羅に加わらなかった国があったとしても不思議ではない。慕韓も同様で、馬韓五十余国から百済に加わらなかった国があった可能性もあったろう。この四半世紀後、宋朝は倭王済に使持節都督・倭・新羅・任那・加羅・秦韓・慕韓六国諸軍事を叙すが、たとえ宋朝に朝貢していないとはいえ、新羅、秦韓の諸軍事を同時に叙していることは、秦韓とともに慕韓も、当時存在せぬ国として一概に否定することはできないのではあるまいか。

元嘉二十年（四四三年）倭王済が朝貢する。『梁書』倭伝は時期を明示しないが「彌死して子済立つ」とする。『宋書』などでは珍と済の関係を記載しないが、『梁書』の彌が珍だとすれば、済は珍の子である。この元嘉二十年には宋朝の代替わりはないし、元嘉十五年のように叙授を求めてきたわけでもないので、倭国の代替わりの可能性が高い。元嘉二十年かその前年に倭王珍（彌）が死んだので、即位した済は方物を献じ宋朝の冊封を求めた。冊封と諸軍事の任官はその当人に限られる。前任者が死んだからといって後任者は自動的に任官されるのではない。これが代替わりのたびに宋朝へ遣使する理由であった。次の元嘉二十八年の『宋書』、『南史』などの記事は、宋朝に代替わりがなく、倭国もその後の大明四年（四六〇年）倭王興が朝貢、冊封を求めているので代替わりとは考えられないことから、元嘉十五年の時のように上表して叙授を乞うたものだろう。その結果倭王済は、「使持節都督・倭・新羅・任那・加羅・秦韓・慕韓六国諸軍事を加え安東将軍は故《もと》の如く」という爵号を得た。元嘉二年倭王珍が六国諸軍事を要求してから四半世紀後になって済はその地位を得た。ただし珍の要求にあった百済の諸軍事は宋朝の認めるところではなく、百済の替わりに加羅を加え数の上で六国諸軍事とした。なお『宋書』文帝紀にある済を安東大将軍に進める記事は、倭国伝の安東将軍に進める記事と齟齬をきたしているが、文帝紀の安東大将軍が誤りであると考えたい。

『宋書』などによればその次の倭国の朝貢は大明四年（四六〇年）だが、この間元嘉三十年（四五三年）に宋朝では文帝から孝武帝への代替わりがある。この宋朝の代替わりには倭国は遣使、貢献をしていない。大明四年の朝貢は『宋書』孝武帝紀、倭国伝などをみる限り、倭国の代替わりだろう。大明四年かその前年に倭王済が死に、世子興が継いだ。世子とするので倭王済は生前興を後継に指名したのだろう。大明六年（四六二年）に孝武帝は興を安東将軍、倭国王に冊封する。孝武帝はその二年後他界し、子業《しぎょう》が即位するがすぐに廃され劉彧《りゅういく》（明帝、四六五〜四七二年）が帝位に就く。代替わりの混乱からか興はこの前後遣使していない。宋朝は孝武帝の死（四六四年）後政情が乱れ、幼い皇帝が続けて擁立され、廃されていった。こうした状況は倭国の側の対応にも影響を与え、新帝が即位したからといってただちに祝賀の使者が送られたのではなかったとみられる。

次の倭国の朝貢は昇明元年（四七七年）で、このときは倭国に代替わりがあり、興の後を継いだ武が遣使、朝貢したのだが、宋朝の側でも代替わりがあり劉昱《りゅういく》（四七二〜四七七年）が廃され順帝（四七七〜四七九年）が即位した。たまたま宋朝と倭国の双方で同じ年に代替わりがあった。おそらく倭国の側は武の即位に際して朝貢するため渡海したところで、宋朝の代替わりを知ったのだろう。この時の使者は、倭王武が「使持節都督・倭・百済・新羅・任那・加羅・秦韓・慕韓七国諸軍事・安東大将軍・倭国王と称し」たことを宋朝に伝えた。だが宋朝の側はこれにその場では返答を与えなかった。冊封されなかった倭王武は翌年上表する。その上表文（次ページ）が全文『宋書』倭国伝に載っている。この上表を受けて宋朝は武を使持節都督・倭・新羅・任那・加羅・秦韓・慕韓六国諸軍事・安東大将軍に叙した。こうして倭王武は祖父珍以来念願の六国諸軍事（ただし百済は入らない）、中国南朝の官位では二品にあたる安東大将軍、倭国王を叙授された。

さて、この倭王武の上表文である。このポイントはいくつかある。第一は、最初にでてくる「祖《そ》

倭王武の上表文

封国は偏遠にして藩を外に作《な》す。昔より祖禰《そでい》躬《みずか》ら甲冑《かっちゅう》を擐《つらぬ》き、山川を跋渉《ばっしょう》し、寧処《ねいしょ》に遑《いとま》あらず。東は毛人を征すること五十五国、西は衆夷を服すること六十六国、渡りて海北を平ぐること九十五国。王道融《ゆう》泰《たい》にして土を廓《ひら》き畿《き》を遐《はるか》にす。累葉《るいよう》朝宗《ちょうそう》して歳に愆《あやま》らず。臣、下愚なりといえども、恭《かたじけ》なくも先緒を胤《つ》ぎ、統《す》ぶる所を駆率し、天極に帰崇し、道百済を遥《へ》て、船舫を装治す。而るに句驪《くり》無道にして、図りて見呑《けんどん》を欲し、辺隷《へんれい》を掠抄し、虔劉《けんりゅう》して已《や》まず。毎《つね》に稽滞を致し、以て良風を失い、路に進むといえども、あるいは通じあるいは不《しか》らず。臣が亡考《ぼうこう》済、実に寇讐《こうしゅう》の天路を壅塞《ようそく》するを忿《いか》り、控弦《こうげん》百万、義声に感激し、方《まさ》に大挙せんと欲せしも、奄《には》かに父兄を喪《うしな》い、垂成《すいせい》の功をして一簣《いっき》を獲ざらしむ。居《むな》しく諒闇にあり、兵甲を動かさず。これを以て、偃息《えんそく》して未だ捷《か》たざりき。今に至りて、甲を練り兵を治め、父兄の志を申《の》べんと欲す。義士虎《こ》賁《ほん》文武功を効《いた》し、白刃前に交わるともまた顧みざる所なり。もし帝徳の覆載を以て、この彊敵《きょうてき》を摧《くじ》き克《よ》く方難を靖んぜば、前功を替えることなけん。竊《ひそ》かに自ら開府儀同三司《かいふぎどうさんし》を仮し、その余は咸《み》な仮授して、以て忠節を勧む。

禰《でい》」である。祖禰とは父祖、祖先を表わす普通名詞だが、一部に禰を『梁書』にみえる倭王彌《や》と解し、倭王武の祖父の倭王彌とする見解がある。しかし禰を彌とする根拠がなく、しかもその直前には「自昔」（昔より）とあって特定の時点を指しているわけではなく、過去からある程度の時間の継続性を含む語句を使っていることからみて、祖禰を祖父の彌とする見方に従うことはできない。ここは「私の祖先は」と解釈すべきだろう。第二は「渡りて海北を平ぐること九十五国」である。後述するが倭の五王は江戸時代の松下見林以来大和朝廷の大王（天皇）に比定されてきた。だが内陸に位置する大和からみて海北とはどこを指すのだろうか。韓半島の諸国は大和からみればほぼ真西にあたっている。倭王武が大和の王であるとすれば「渡りて海北を平ぐる」の表現はまったく意味をなさないものとなるだろう。第三は倭王武が上表文で、亡父済は高句麗の非道を怒って戦いを準備していたが、突然父と兄を一度に失なってしまったといっていることである。この場合一挙に死んだのは済の父と兄ともとれるが、武の父と兄ともとれる。倭の五王を大和の大王に比定するにあたって、上表文のこの部分も重要な要素である。

ここまで『宋書』を中心とする中国史書の倭の五王に関する記述をみてきたが、倭国から中国の王朝への朝貢には三つのパターンがあることが読みとれよう。その第一は倭国の代替わりによる朝貢である。義熙九年（四一三年）、元嘉七年（四三〇年）、元嘉二十年（四四三年）大明四年（四六〇年）、昇明元年（四七七年）の五回で、これらは倭国からの朝貢があったことを、倭国伝だけでなく正史の帝紀が記している。四一三年の朝貢は倭王讃の即位とは断言できないが他の事項と同様帝紀に記載されていることからみて讃の即位である可能性が高く、四三〇年は珍（彌）の即位、四四三年は済、四六〇年は興、そして四七七年は武の即位に際しての朝貢であった。第二は中国の側の代替わり、あるいは王朝の交替による倭国の朝貢である。これは四二一年（四二〇年の宋朝の成立、武帝即位）、四二五年（四二四年の文帝即位）、四七七年（この年の順帝即位）、四七九年（この年の斉朝の成立、高帝即位）の四回である。倭国は中国の皇帝の代替わりのすべてで朝貢しているわけではない。第三は倭国の側が中国の王朝に遣使、貢献して叙授、冊封を求めるケースである。これは四三八年倭王珍が六国諸軍事、安東大将軍を求めたもの、次は四五一年倭王済が同様の爵号を求め、最後は四七八年倭王武が安東大将軍の号を求めたもので、最後の四七八年の上表は叙授されている。

これらの記事の中では倭国の代替わりの朝貢がもっとも注目されるだろう。代替わりの年が示されれば倭の五王のそれぞれの在位期間がわかり、大和朝廷の大王の在位期間と一致するかどうかという問題につながるからである。

大和朝廷の大王との比定

この倭国の五人の王は江戸時代の松下見林以来、大和朝廷の応神から雄略までのそれぞれの大王に比定されてきた。論じ尽くされている観もあるが、その比定の仕方を振り返っておこう。最初にこの問題を取り上げた松下見林は、一字名をもつ倭王を主に名前から大和朝廷の大王に比定していった。松下の比定は以下である。

讃　―　履中　履中の名は去来穂別《いざほわけ》、第二字の来《さ》をとって讃とした。
珍　―　反正　反正の名は瑞歯別《みずはわけ》、第一字の瑞を誤って珍とした。
済　―　允恭　允恭の名は雄朝津間稚子宿禰《おあさつまわくこのすくね》、第三字の津を誤って済とした。
興　―　安康　安康の名は穴穂《あなほ》、穂《ほ》を興《ほん》とした。
武　―　雄略　雄略の名は大泊瀬幼武《おおはつせわかたけ》、第五字の武をとった。

この松下の比定は基本的に新井白石に受け継がれ、白石は細部に異論を持ちながらも松下に賛意を示している。しかし明治に入ると年代論から倭の五王を検討した那珂通世《なかみちよ》が、讃、珍について異論を提起した。那珂は、讃を履中としたのでは在位期間があわず、永初二年、元嘉二年はもとより義熙九年の朝貢も讃であったろうから、讃は少なくとも十二年以上在位したとみなければならず、記紀などの各大王の在位期間から讃は履中よりも仁徳をあてるべきであるとした。だが讃が仁徳ならば珍は反正でよいのか。『宋書』は讃の次は弟の珍が即位したとしているので、讃が仁徳ならば『宋書』の系譜には合わないのだが、系譜に関しては後述しよう。戦後前田直典は、倭王武の上表文にある祖禰《そでい》を祖父の彌《や》と読み解き、武が雄略であるなら彌は仁徳で讃は応神であろうとした。讃＝応神説は前田が初めてである。識者の多くは『梁書』の彌を『宋書』の珍とするが、彌と珍は別人で彌を讃と珍の間に入れ五王ではなく六王であったとする論者も現われた。こうして倭の五王をめぐる論争はもつれた。今日では讃は応神、仁徳、履中に、珍は仁徳、履中か反正に、済は允恭で異説はなく、興は安康だが少数意見で木梨軽皇子《きなしかるのみこ》（允恭の長子で安康の実兄）にあてる論者がいる。最後の武は雄略でほとんど異論はない。中国史書にみえる倭の五王はだれに比定すべきなのか。この謎は今日においても決着をみていない。倭の五王はそれぞれ大和朝廷のどの大王に比定できるのか、あるいはできないのか。以下にこれをみていこう。

　まず松下が唱えた五王を名前から大和朝廷の大王に比定していった方法を検討したい。繰り返すが、松下は、履中の去来穂別《いさほわけ》の第二字「来」を「さ」と読み「讃」とした。以下、反正は瑞歯別《みずはわけ》の一字目の「瑞」を誤って「珍」とし、済は允恭で雄朝津間稚子宿禰《おあさつまのわくごのすくね》の三字目「津」を誤って「済」とし、興は安康でその名穴穂の二字目「穂」を「ホン」と読み、中国側が「興」の字をあてたとする。武は雄略で大泊瀬幼武の五字目「武」をとったとした。こうした比定の仕方が基本的に容認されてきた。だがこの比定はあまりにも支離滅裂である。大王名の一字目をとったり二字目にしたり、あるいは五字目にするなど一定のルールがなく、しかも音をとる場合と字そのものをとる場合があり、それでも該当しない場合は中国側の誤写、あるいは聞き違えにしてしまう。名前から五王を比定するこの方法は江戸時代の専売特許ではなく、今日においても市民権を得ている。反正の瑞歯別の場合、瑞を誤って珍としたという解釈ではなく、珍は「ミズ」の意味から珍としたと主張する論者さえ現われている。しかし大勢としてはこのような比定の仕方はあまりにも非学問的で説得力に欠けることから、近年では雄略の武以外は大王の名から倭の五王を大和朝廷の大王にあてる論調は控えられる傾向にある。

この問題にはもう一つの側面がある。この倭王の一字名は遣使した当時のそれぞれの大王の意志で一字名としたのか、それとも使者が自分の思惑、判断で大王の一字をとって倭王何々としたのか、さらには朝貢してきたフルネームの大王の名を中国側が勝手に一字名にしたのか、という問題である。このうち第一の仮定、個々の大王のそれぞれの意志で倭王何々としたという議論はほとんど問題にされていない。当時の王は大王の係累、地方の豪族を指していたので、倭王と称してもこの位置関係には承服できかねたであろうからである。ただし近年は大王の意志で一字名を名乗ったとする論調が一部にある。だが多くの論者は、使者の作為とするものと中国側の行為とするものである。当時の朝貢は、使者と大勢の従者が物品とともに文書を携え現地に赴き、中国の皇帝に拝謁し文書と物品を差し出す。文書は厳重に緘封されており、使者が文書を開封して文面を変更できるわけがない。使者の思惑、判断による変更、作為は決してありえない。それなら中国側による倭王の一字名への変更という可能性はあるだろうか。もちろんこの当時、中国王朝へ朝貢している東夷諸国の中には、中国風に姓一字、名一字を名乗って朝貢する国があった。たとえば高句麗の王族は高を姓とし次に名を続けて高璉、高翼などとして朝貢している。また百済も国王は餘という姓を使い、百済王餘映、王族の高官も餘紀などとしている。倭の五王の場合も倭王讃を倭讃と表示し、王の臣下に倭隋と呼ばれていたものもいた。しかしそうした風習の未だ確立していない国では、受け入れる中国側は朝貢してきた国と王の名をそのまま記載した。『宋書』夷蛮伝のみならず他の史書でも、夷蛮の王名、遣使者の名は何字になろうと省略せずに、「呵羅単国王・毘沙跋摩」、「遼東鮮卑王・吐谷渾」などと表音を漢字で記している。東夷の諸国の朝貢に際して、中国側が彼らの判断で朝貢国の王の名を一字名にすることがあり得ないことをこうした事実は示している。

したがって、倭王讃が履中だとしたら、履中が自分の名の「去来穂別」（万一この仮定が正しいとしても「去来穂別」は『日本書紀』の表記であり、『古事記』の「伊耶本和気」の方が確率は高い）の二字目をとって「倭来」と国書に記したとはほとんど考えられないし、それを中国側が「倭讃」に変えた、あるいは間違えたこともありえないことは断言できよう。倭王武も同様である。雄略が国書に「倭王武」と記した可能性はほとんどないだろう。雄略の和風諡号《しごう》は『古事記』では「大長谷若建」で、『日本書紀』の「大泊瀬幼武」より古い表記であると考えられる。だが『古事記』の諡号に「武」はない。さらに埼玉県稲荷山古墳から出土した鉄剣の銘である。この銘文は鉄剣の保存処理中の一九七八年に発見された。「獲加多支鹵大王」の文字が読みとれるが、わが国の学界の大勢はこれを「ワカタケル」と読み雄略にあてている。「獲加多支鹵」に「武」の字はない。これについては後にふれるが、仮に「獲加多支鹵」が雄略なら、どうして雄略が倭王武に結びつくのだろうか。無理に無理を重ねていることは明らかだろう。

倭の五王の検討にあたっては、五王の治世と応神以下雄略までの大王の没年干支からみた在位年の比較がもっとも重要な要素であろう。さきに中国史書の記述から五王の在位期間を考えた。倭王は代替わりにあたって、中国南朝の東晋、宋、斉の王朝へ朝献している。その年次は前王の死の当年か翌年であったろう。そうであるなら、五王のそれぞれの治世は以下の年次になるだろう。ただし、前王が死んだその年に新王が中国へ朝貢したとは限らずその翌年になったこともありえたので、一年の誤差はあるかもしれない。

讃　義熙九年（四一三年）～元嘉七年（四三〇年）
珍　元嘉七年（四三〇年）～元嘉二十年（四四三年）
済　元嘉二十年（四四三年）～大明四年（四六〇年）
興　大明四年（四六〇年）～昇明元年（四七七年）
武　昇明元年（四七七年）～

武の没年は中国史書からは読みとれないが、『梁書』倭伝と『南史』倭国伝には梁の建国（天監元年＝五〇二年）にあたって高祖（武帝）が倭王武の軍号を征東将軍（『南史』は征東大将軍）に進める記事がある。これをもって倭王武が六世紀まで在世していたと無条件にみることはできないが、否定もできない。『梁書』百済伝は、この天監元年の冊封で前年殺害された百済の東城王（牟太《むたい》）が征東将軍に叙授されたことを記している。だが当時の南朝にあって、こうした齟齬が数年間も正されなかったとは考えられないし、他の夷蛮伝の記事から考えれば、武の治世は少なくとも五世紀末年（五〇〇年）まで続いていたと考えて差し支えないだろう。

さて、こうした『宋書』の記述に対して、記紀は五世紀の対中国関係と諸大王をどのように描いているだろうか。まず『古事記』である。『古事記』は編年体の体裁をとっていないが、応神から雄略までの大王については安康以外の大王に没年干支を載せている。『古事記』の没年干支については後述する。この時期の『古事記』の対外記事は、応神記に新羅人の渡来、百済の照古王（近肖古王）のわが国への朝貢と呉の技術者の貢上の記事、雄略記に呉人の渡来記事があるが宋朝との交流の記事はいっさいない。『日本書紀』には神功皇后の段に魏志倭人伝の記述が四つの年条にはめ込まれているが、これは三世紀の話である。『日本書紀』には韓三国の記事が、百済系三史書を取り込んでかなり多いが、応神から雄略の間の中国王朝との交流は、仁徳紀五十八年条の「冬十月、呉国、高麗国、並《ならび》に朝貢《みつぎたてまつ》る」と、雄略紀六年条の「夏四月に呉国、使を遣して貢献《みつぎたてまつ》る」の二つがあるだけである。倭の五王に関する中国史書の数多くの記述と記紀の海外接触譚の少なさは、異常ともいえる対照をなしているといえよう。

次に記紀によるそれぞれの大王の在位期間を考えてみたい。『古事記』は前述のように上代から推古までの記述だが、すべての大王の没年干支を記しているわけではない。神功皇后を含む三十四人の大王のうち没年干支があるものは十五人で過半数の大王に没年干支はない。だから記されている干支は何らかの古記録から取られたとみられ、没年干支のない大王には『古事記』の編者の創作の手が加わらなかったと考えるべきであろう。もちろんこのことは記されている没年干支が正しいということを必ずしも意味しない。間違っている可能性もあるが、少なくとも『古事記』の編者によって大王の没年干支が創作されてはいないということである。そうであるならこの『古事記』の大王の没年干支を追っていくことによって、その大王の没年がわかる。狂うとすれば六十年単位で狂ってくるので、かなりの確度でその大王の没年が求められる。

『古事記』の最後の大王は推古で戊子《ぼし》年に没しているが、これは六二八年で推古紀とも一致している。推古の六二八年から遡っていくと、用明の没年干支丁未年（五八七年）は用明紀とも一致し、敏達のそれは甲辰年（五八四年）である。敏達紀は敏達の没年を乙巳《いつび》年（五八五年）とするので記紀で一年の違いがあるが、敏達がこのころ没したことは確認できる。宣化、欽明に没年の干支はないが、宣化の前安閑には乙卯《いつぼう》年がある。この乙卯年は五三五年でしかありえない。継体の没年は後述する。次に『古事記』が記すのは雄略で、この間の武烈、仁賢、顕宗、清寧には没年干支はない。しかし『古事記』のみならず『日本書紀』もこの四代の大王の治世はかなり短いように記されており、雄略の己巳《きし》年が四八九年であることは疑いようがない。その前の己巳年は四二九年で、在位二十数年の継体を含めても五代で一〇六年の在位期間はありえないからである。こうしてわれわれの目的である応神から雄略までの在位年を考えるうえで基礎となる雄略の己巳年四八九年の死が導き出された。この雄略四八九年の死はこのあとの倭の五王の検討の出発点として大過ないだろう。倭王武を雄略とする学界の大勢もこの数字が基礎となっている。念のため『日本書紀』は雄略の没年を己未《きび》年（四七九年）としており、『古事記』とは十年の違いがあるが、五世紀の後半の死であることでは一致している。

そこで倭の五王に直接かかわる雄略と彼以前の大王である。雄略の一代前の安康には『古事記』に没年干支はなく、允恭は甲午年の没である。五世紀後半の己巳年の前の甲午年は四五四年、允恭が五世紀中葉に死んだ後安康が即位するが、記紀の記述によれば安康は数年を経ずして妃の連れ子の幼児に殺害され、雄略が即位する。雄略が三十余年在位したことになるが妥当だろう。五世紀中葉の允恭の死が確かめられたが、その前の反正と履中はともに允恭の兄で仁徳の子である。記紀は履中も反正も短命であったように記されているが、『古事記』にある仁徳の丁卯年《ていぼうねん》の没、履中の壬申年、反正の丁丑年《ていちゅうねん》の没は履中、反正ともに五年の在位となる。これも首肯できるだろう。そうであるなら仁徳の前、応神の没年干支の甲午年は四世紀末の三九四年で、仁徳は、仁徳紀が記すように即位前の空位期間を含めて三十三年の治世となる。これらが『古事記』に記されたそれぞれの大王の没年干支から読みとれる倭の五王に比定された応神から雄略までの即位と在位期間である。

これに対して『日本書紀』は、推古九年（六〇一年）の辛酉年から遡って二十一回目の辛酉年に大変革が起こったという中国古来の讖緯説《しんいせつ》をもとに初代神武の即位を設定したので、歴代の大王の在位期間が延伸されているのだが、延伸されている大王は五世紀中葉以前に限られている。六世紀後半の敏達、用明、崇峻の即位年と没年は、敏達に一年の違いがあるが記紀では一致している。その前の安閑も記紀の没年干支が示すところに没した可能性が高い。五世紀にまで遡ると河内王朝の十一人の大王（応神から武烈まで）のうち『古事記』が没年干支を記すのは、応神から允恭までと雄略である。『日本書紀』は允恭以前の大王の統治年数を延伸しており、彼らの没年干支も統治年数に合わせて作為されているが、允恭以降は統治年数をみても延伸されているようにはみえない。允恭から継体までの没年干支は『古事記』にない場合が多いので確かめにくいが、おそらく作為はなかったであろう。

倭の五王と河内王朝の大王との在位比較

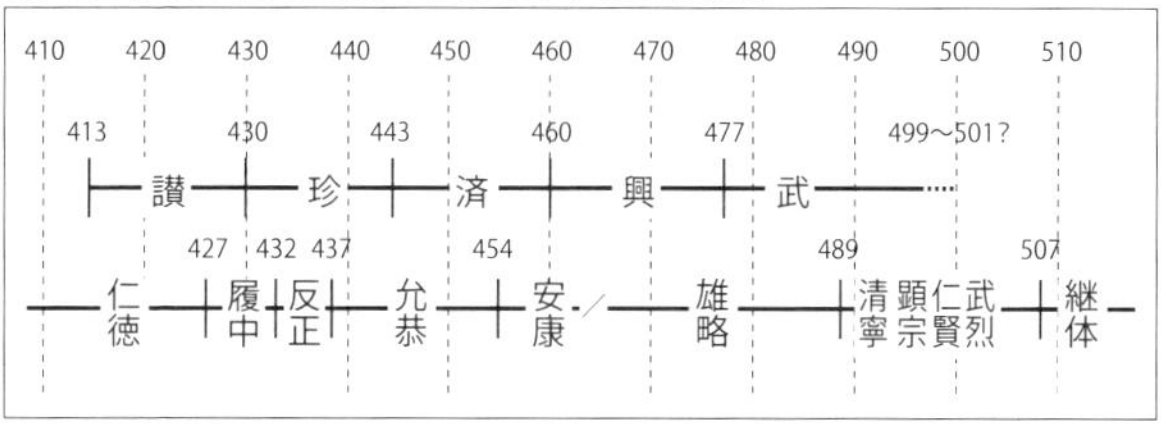

当面の倭の五王にかかわる応神から雄略までの没年を『日本書紀』からとってみると、雄略は『古事記』の己巳《きし》年（四八九年）に対して己未《きび》年（四七九年）、安康は乙未《いつび》年（四五五年、『古事記』なし）、允恭は癸巳《きし》年（四五三年、『古事記』は甲午年〈四五四年〉）、允恭以前の反正、履中、仁徳、応神は延伸されているので『日本書紀』を参照することはできない。念のため『日本書紀』によるこれらの大王の統治年数を記しておくと、允恭四十二年、反正五年、履中六年、仁徳八十七年、応神四十一年で、応神の即位は西暦二七〇年となる。『古事記』の没年干支では応神の前の仲哀の没年は壬戌《じんじゅつ》年の三六二年だから、これが事実とすれば『日本書紀』の編者は応神から雄略まで統治期間をおよそ一〇〇年延伸したのである。

このように『古事記』の記述から、倭の五王に比定されるべき大王の死没年が推測された。繰り返すと、雄略は己巳《きし》年（四八九年）に、安康には没年干支はないので不明だが、允恭は甲午《こうご》年（四五四年）に、反正は丁丑《ていちゅう》年（四三七年）に、履中は壬申《じんしん》年（四三二年）に、仁徳は丁卯《ていぼう》年（四二七年）に、応神は甲午《こうご》年（三九四年）に没した。したがって倭の五王の朝貢から導き出された倭王の在位と、これら大和朝廷の大王の在位を重ね合わせるならば、倭の五王が大和朝廷のどの大王に該当するのかがわかる。それが上の図である。倭の五王のどの王をとっても彼らが大和朝廷の大王にあたらないことは明らかだろう。高名な識者の一人は、讃、珍、済、興、武をそれぞれ履中、反正、允恭、安康、雄略に比定し、年代的にだいたい一致するとして、年代論から五王を大和朝廷の各大王にあてたが、だいたい一致するとはどうみてもいえない。倭の五王を年代論から大和朝廷の大王に比定することは不可能であるといえよう。

倭の五王が大和朝廷のどの大王にあたるかの最後の要素は、『宋書』、『梁書』にある倭王の系譜と、記紀の応神以下の大王の系譜の比較である。『宋書』によれば讃の弟が珍で、珍と次の済との関係はなく、済の次は世子興が、興の次は興の弟武が立ったとする。『梁書』は『宋書』の讃を賛とし、賛の次は賛の弟彌が、彌の次は彌の子の済が、済の次は済の子の興、次はその弟武が倭王になったとする。一方記紀の系譜は、仁徳は父応神を継ぎ、履中は父仁徳を継いでいる。履中の次は弟反正、反正の次はその弟允恭で、允恭の次は彼の子安康、雄略が次々に即位する。これを図で示せば右の図のようになる。系譜を活かすなら讃（賛）の次は弟珍（彌）が即位したのだから、讃は応神、仁徳ではありえない。また允恭が済だとしたら『梁書』では済は父から王位を継いだのだから、允恭は兄から大王位を継いだという記紀の記述には合わない。

倭の五王と河内王朝の系譜

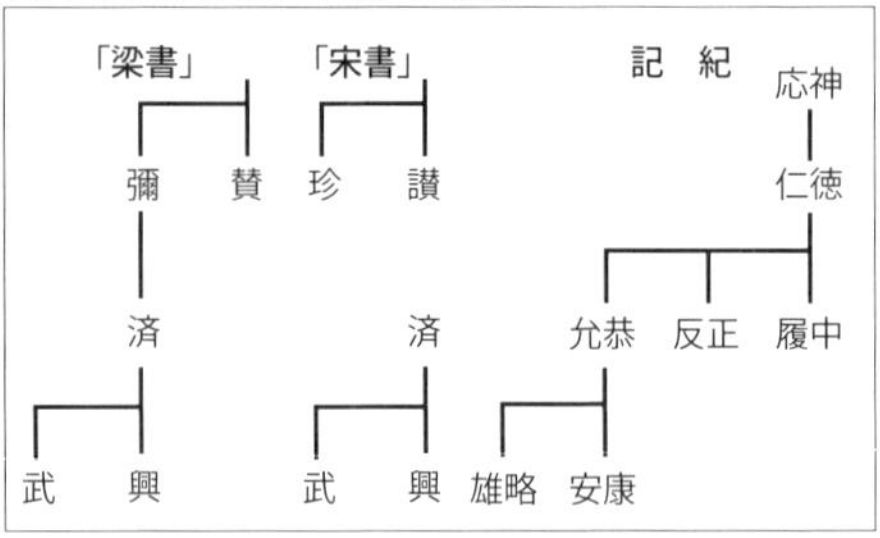

このように倭の五王の系譜は五王が大和朝廷の大王であることを決して肯定していないのだが、もう一つ系譜に関連して、倭王武の上表文にあった「奄《にわ》かに父兄を喪《うしな》」うの語句を考えてみたい。

この文の始まりは「臣が亡考済《ぼうこう》」（亡考は亡父）とあり、「奄かに父兄を喪」ったのは武の父済ともとれるが、武自身ともとれる。済は高句麗征討を準備していたが、突然父と兄を亡くしたと解釈した場合、済が允恭だとすれば父は仁徳である。済は宋朝へ朝貢しようとしたが、その道を高句麗が塞《ふさ》いでいるので軍を整え高句麗を討つため「方《まさ》に大挙せんと欲」したが、「奄《にわ》かに父兄を喪《うしな》」ってしまった。ところが日本の伝承では記紀ともに、仁徳はその治世の終わりころに韓半島へ渡り、高句麗と戦戈を交えようとした形跡は微塵もない。彼の晩年は、臣下と寿歌のやりとりをした（『古事記』）、仁徳の善政によって天下は泰平になった（『日本書紀』）ことが述べられているだけである。

仁徳には、履中、中津王、反正、允恭と妾腹の大日下王の五人の男子がいたとされているが、中津王は父仁徳の死の直後に殺害されたように描かれている。兄履中と臣下の娘をとりあい後継争いに発展して殺された中津王は允恭にとって兄であり、允恭が「奄かに父兄を喪」った済に該当しないでもない。だが、こうした仁徳と中津王の死が、「控弦《こうげん》百万、義声に感激し、方《まさ》に大挙せんと欲せし」とする倭王武の上表文の記述と雲泥の差があることは、だれしも認めざるをえないだろう。

また、武自身が半島への出兵を準備していたが、父と兄の急死で出兵は中止のやむなきに至ったと読む場合、武が雄略だとすれば父は允恭で、允恭の晩年にも記紀ともに対外的な緊張場面はない。というより、允恭記には新羅からの船八十一隻分の貢物の献上記事を除いて、允恭の治世には海外接触譚がまったくない。「控弦百万」は允恭に関してもあてはまらないだろう。高句麗との確執、抗争など存在する余地がないのである。

記紀によれば允恭には、木梨軽《きなしかる》、八釣白彦、穴穂、坂合黒彦、大泊瀬幼武の五人の子がいた。この五人のうち允恭の死後不慮の死を遂げているのは木梨軽王で、彼は『日本書紀』では同母妹の軽《かるの》大郎女《おおいらつめ》と通じたため允恭の死後自決している（一説では二人とも伊予へ島流し、『古事記』は二人を心中とする）。ただし允恭紀には二人が密通したのは允恭の死より十九年前としており、軽王の允恭死後の断罪に疑問がある。だが仮に軽王の処刑が允恭の死の直後であったところで、この事件が上表文の事案を指しているのだろうか。大王家の内紛で「奄かに父兄を喪」なったのに、倭王武がこのことを理由に宋朝に支援を要請するわけがない。父兄が允恭の父兄の場合でも雄略の父兄の場合でもそれは同じことで、いうなれば大王家のスキャンダルが原因で軍の発動ができないのだから、こうした理由から高句麗討伐の要請の上表文を宋朝に出すことは考えられない。またこうした女性をめぐる確執で軍勢を失なったこともありえない。上表文を出した倭王武が雄略でないことは疑う余地がないといえよう。

倭の五王の正体

一部は繰り返しになるが、もう一度倭の五王と応神以下雄略までの各大王との比定をまとめておこう。『宋書』には永初二年（四二一年）、元嘉二年（四二五年）に讃が朝貢した記事があるが、これを疑うことはできない。さらに『梁書』倭伝の「晋安帝の時倭王賛有り」と、『晋書』安帝紀の「是の歳（義熙九年＝四一三年）……倭国……方物を献ず」の二つの記述は、讃の朝貢を示していると考えざるをえないので、讃は少なくとも四一三年から十二年間は在位していたのだろう。那珂通世の指摘するところである。さらに元嘉七年（四三〇年）倭国の代替わりの朝貢があり倭王珍が方物を献じているので、元嘉七年まで讃は在位していたと考えられる。讃の在位期間はおそらく十七年ほどだろう。履中は記紀ともに五年間の在位としているが、『古事記』の没年干支の記述からも履中の五年の在位は妥当だろう。讃が履中に比定できないことは間違いない。それなら讃は仁徳であろうか。讃が仁徳であることを否定する二つの文献がある。一つは『宋書』文帝紀で、文帝紀は元嘉七年の倭国からの朝貢を記しているが、これが讃の死と珍の即位であろうことはすでに述べた。『古事記』は応神の死を甲午年（三九四年）、仁徳の死を丁卯年（四二七年）とするので、倭王讃の治世とずれている。もう一つは『宋書』倭国伝ほかで珍は讃の弟としていることである。仁徳の後継は子の履中なので讃は仁徳ではありえない。仁徳の父応神の場合はさらに困難で、系譜の齟齬のほかに年代の違いがあり、応神は四世紀の末にはすでに没している。『古事記』の没年干支に作為がないことはすでに述べた。倭王讃は履中にも仁徳にも応神にも該当しないのである。

倭王讃が大和朝廷のどの大王にも比定できないことは、続く珍、済、興、武の比定にも重大な影響を与えるといっていいだろう。中国史書の一連の倭の五王の記事の一人の王が大和朝廷の大王でなければ、残る四人も大和朝廷の大王であるはずがないからである。しかもこれまでの検討から、在位期間のうえで珍は履中にも反正にも允恭にも比定することはできないし、ほとんど異論のない済＝允恭も在位期間が合わず、『梁書』の彌が珍であるとしたら、父から王位を継いだ済は兄反正から大王位を継いだ允恭に比定することはできない。倭王興を安康に比定する試みは、興が少なくとも十年以上（中国史書の帝紀に記された倭国の朝貢が代替わりのそれであるとすれば十七年）在位したのに対して、安康は記紀ともに、母を安康に奪われた目弱王《まよわおう》（眉輪王）によって数年（安康紀、雄略紀によれば三年）を経ずして殺害されている。系譜が合っていたところでこれだけ在位期間が違えば、興は安康ではありえないことも明らかである。

最後の倭王武の人名比定の粗雑さについては繰り返さないが、年代論のうえでも武＝雄略の比定は成り立たない。允恭の死は、癸巳《きし》年（四五三年、『日本書紀』）、甲午年（四五四年『古事記』）と記紀で一年の違いがあるが、次の安康は数年で殺害されているので、雄略は倭王興の即位（大明四年＝四六〇年）前に大王位に就いたのだろう。倭王興の在位は十五年を超えており安康に比定できないが、倭王武も宋朝の最末期か斉朝の成立（四七七年）のころ王位に就いたので、雄略の治世とは大きなずれがある。さらには前述の上表文もある。どの視点から考察しても倭王武は雄略ではありえないし、倭の五王が大和朝廷の大王に比定できないことは明らかであろう。

さて、それなら倭の五王とはどこの王なのか。その答えは倭国（九州王朝）の王以外にはありえない。このことを証明するのが『宋書』に記された倭王武の上表文である。既述のように上表文には「東は毛人を征すること五十五国、西は衆夷を服すること六十六国、渡りて海北を平ぐること九十五国」とある。東と西は大和朝廷にも該当する可能性はあるが、「渡りて海北を平ぐる」は、大和朝廷にはあてはまりようがない。振り返ってみるなら『三国志』魏志倭人伝、『後漢書』倭伝には、倭国はもと百余国に分かれていたとあった。『三国志』、『後漢書』に登場する倭国はすでにたびたび述べてきたように北部九州の倭国である。『三国志』韓伝は馬韓五十余国、弁辰、辰韓を二十四国としていた。三韓の国の数は三世紀なので、後漢の時代にはもっと多くの国（聚落）に分かれていた可能性もあったろう。倭王武の「祖禰《そでい》」（先祖）は躬《みずか》ら甲冑《かっちゅう》をつけ、山河を駆け巡り、戦戈を交えていたのだろう。この状況は四、五世紀になっても基本的に変わらなかった。

　高句麗の例だが四一二年に死んだ好太王を顕彰して、その二年後に子の長寿王（四一三～四九一年、この王は在位七十八年に及び九十八歳で死ぬ。長寿王の名の由来である）が巨石に碑文を刻ませた。碑文には好太王の勲功が八つの年代にわたって記されているが、「王躬率」と「王教遣」が峻別されている。前者は好太王自身が軍を率いて敵の軍勢と戦った記述で、八項目のうち四項目を占め、後者は三項目で好太王が部下の将を遣わして敵軍にあたったことを示している。一、二世紀から五世紀ごろまでは、東夷諸国は王自らが戦いの先頭に立って戦う時代であった。九州の倭国の王も代々そうだったのだろう。『三国志』の魏志倭人伝にこうした記述が見当たらないのは、この時期の倭王がたまたま女性の卑弥呼、壹与で、おそらく戦闘の前面に立つことはなかったためだろうが、その前後の倭国では国内戦でもまた渡海しての新羅、高句麗との戦闘でも、その先頭には倭王自らが立っていた。倭国、高句麗だけでなく馬韓、弁辰、辰韓（四世紀以降は百済、伽耶、新羅）でもそうであった。四、五世紀の高句麗、新羅、百済は国王の戦死が多い。

　四世紀後半に百済の近肖古王は、信頼を寄せていた倭王旨《し》に同盟関係を強化する目的で七支刀、七子鏡を贈っている（三六九年）。好太王碑によれば辛卯年（三九一年）倭国の軍勢は渡海して新羅を屈服させる。百済はそれ以前から倭国と提携して高句麗にあたってきたので、碑文の「百済新羅旧是属民」（百済と新羅はもとから高句麗の属民であった）は割り引いて読む必要があろう。倭王は好太王と同様、こうして軍事行動を直接指揮し戦ったのだろう。五世紀後半高句麗の長寿王は自ら軍を率いて百済を攻撃し百済を深刻な状態に陥らせている。おそらく倭王済は、百済、伽耶を支援するため軍船を整え兵員を集結させ、渡海してこれら諸国の窮状を救おうとしたのだろう。このとき済と彼の太子を不慮の災難が襲った。倭王武の上表文にある「奄《には》かに父兄を喪《うしな》い」である。渡海の途上での遭難か、半島上陸直後の不意打ちによる全面敗北といった事態であったかもしれない。倭国はこのため重大な打撃を蒙り、百済、伽耶諸国の状況はいっそう深刻化した。この十余年後高句麗長寿王の攻撃によって百済の首都漢城は落ち、蓋鹵王《こうろおう》は捕えられて殺害され、百済は一度は滅ぶ。四七五年の漢城の落城といわれる事件である。倭国は済の死後彼の後を継いだ興によって国力の回復に励むが、興の時代には渡海して高句麗と雌雄を決することができるような状態にまでは至らない。四七七年興は没し武が即位する。こうした状況のもとでの倭王武の上表文である。上表文からは当時の東アジアの緊迫した状況が伝わってくる。

「句麗《くり》無道にして、図りて見呑《けんどん》を欲し、辺隷《へんれい》を掠抄《りょうしょう》し虔劉《けんりゅう》して已《や》まず」。

(高句麗は無道で各地を取り込もうとし、辺境を掠め人を殺傷している)。

「今に至りて、甲を練り兵を治め、父兄の志を申《の》べんと欲す。義士虎賁《こほん》文武功を効《いた》し、白刃前に交わるともまた顧みざる所なり」。

(〈私は〉今、軍の訓練、整備を進め、父兄の志を実現しようとしている。義士勇者、文武が功を練り、白刃が目の前に交わろうとも顧みない所である)。

これに対して記紀には、仁徳、履中以降雄略の時代にかけて、王朝の雌雄を決するような対外戦争の危機感は毫も伝わってこない。大和朝廷は中国王朝とは何のかかわりをもたず、半島の諸国とも接触はなかった。大和朝廷の大王が、『宋書』などにみえる倭の五王ではありえないことはこれ以上の言を必要としないだろう。

それでは記紀にある大和朝廷の韓半島の諸国とのかかわりの記述をどうみるべきなのだろうか。大和朝廷が古来韓半島に進出し、この地を侵略、支配してきたとする主要な論拠は、高句麗好太王碑の碑文の意図的な読み方などとともに、『日本書紀』の神功皇后紀以降にある「百済記」など逸失した百済系三史書を取り込んだ記事である。倭の五王に関連する百済系史書は「百済記」と「百済新撰」で、「百済記」は神功紀四十七年（二四七年、干支二巡引き上げて三六七年）条から雄略紀二十年（四七六年）条までの五ヶ所に現われ、「百済新撰」は雄略紀二年（四五八年）条から武烈紀四年（五〇二年）条までの三ヶ所にみえる。三世紀韓半島の南部には馬韓、辰韓と並んで弁辰（弁韓）と呼ばれていた地方があり、南加羅、大伽耶などいくつかの国邑（伽耶《かや》諸国）を形成していた。四世紀後半ごろから倭国は韓半島に居住する倭人を通じてこの伽耶諸国の政治に容喙し、次第に強い影響力を与えるようになり、百済とも接触して高句麗をも含めた韓半島諸国の政争にかかわるようになる。これらはもちろん九州の倭国の活動だが、『日本書紀』の編者は、「百済記」にある近肖古王《きんしょうこおう》（三四六〜三七五年）、近仇首王《きんきゅうしゅおう》（三七五〜三八四年）時代の伽耶諸国と倭国の動きや事件を、干支二巡引き下げて三世紀の事績として神功皇后紀に組み入れた。

その『日本書紀』に引用された「百済記」の内容である。神功紀四十六年（二四六年、干支二巡引き上げて三六六年）斯麻宿禰《しまのすくね》を卓淳国《とくじゅんこく》（伽耶諸国の一つ）へ遣わし、百済との国交を開く折衝をさせる。翌年大和朝廷と百済の国交が開かれる。神功紀四十九年（二四九年、同三六九年）新羅が大和朝廷に従わず、朝廷は上毛野君《かみつけののきみ》の始祖荒田別《あらたわけ》、鹿我別《かがわけ》を遣わして新羅を討たせる。神功紀六十二年（二六二年、同三八二年）葛城襲津彦《そつひこ》を遣わして新羅を討たせる。応神紀三年（二七二年、同三九二年）百済王が天皇に無礼を働いたので角宿禰《つぬのすくね》（紀臣の祖）、矢代《やしろ》宿禰（波多臣の祖）、石川宿禰（蘇我臣の祖）、木菟《つく》宿禰（平群《へぐり》臣の祖）を遣わして百済王を廃する。応神紀十六年（二八五年、同四〇五年となるが応神死後のことになる）木菟宿禰と戸田宿禰（的臣《いくはのおみ》の祖）を遣わして新羅を討たせる。これらが神功皇后紀、応神紀に記されている。

「百済記」からの引用と「百済記」からとった事績を『日本書紀』の本文にする手法で、神功紀、応神紀は大和朝廷が新羅、百済を制圧したことを記しているが、これらの記事には日本側（大和朝廷）の国内伝承がまったく伴なっていない。さらに韓半島に派遣されたこれらの将軍たちは、いずれも七世紀以降の有力氏族の始祖で、彼らは上毛野臣の二人を除いてみな武内宿禰の後裔とされ、その武内宿禰は景行の時代から仁徳朝にかけて活躍したとされる伝説上の人物で、その伝承からは彼の年齢は三百歳を超えていたことになり実在の可能性はない。『日本書紀』の編纂にあたって当時の有力氏族の家記、家伝、あるいは墓記などを取り入れた結果の記述である。

「百済記」の確認できる歴史上の最後の事象は四七五年の漢城の落城の事件なので、「百済記」の撰述は五世紀末から六世紀の前半と思われる。これは倭の五王の時代より半世紀から一世紀後のことだが、このころ百済は新羅の侵攻に耐え、伽耶諸国とともに倭と共同で対応していた。百済の武寧王は倭国に援助を乞い、倭国もこれに応えたが、こうした情勢が当時撰述されていた「百済記」の記述に影響を与えたのであろう。一五〇年から二〇〇年後に「百済記」のこうした記述に注目した『日本書紀』の編者は「百済記」を取り込み、神功紀、応神紀を撰述していったが、そのさい大和朝廷の有力氏族の家記にある固有名詞（人名）をこれらに書き加えていったのだろう。

五世紀の倭の五王の時代まで、中国と韓半島の文物が大和へもたらされることはあっても、畿内大和に権力を確立していた大和朝廷が韓半島諸国、ましてや中国の王朝と接触することはなかった。『日本書紀』の編者は七世紀までに入手した『三国志』や『後漢書』などの中国史書や百済系三史書などを読み込み、これらを『日本書紀』に取り込むことで、大和朝廷の権威を高め政権支配の要諦とした。わが国の学界の大勢は、『日本書紀』の編者の神功紀などへ干支二巡引き上げて取り込むという作為は認めながらも、大和朝廷の韓半島への進出の記述は、三世紀ではなく四世紀の事象として受け入れてきた。そしてこの時期から五世紀にかけて大和朝廷の大王である倭の五王が韓半島へ進出し、この地の一部を支配し、中国の王朝へ朝貢していたとする。だが倭の五王が大和朝廷の大王に比定できないことはこれまで述べてきた。

倭の五王は九州の倭国の王であった。この国は三世紀卑弥呼の後を継いだ壹与が、晋の泰始二年（二六六年）に朝貢して以後、中国の王朝との接触を絶った。しかし倭国は韓半島の倭人、伽耶諸国には支援を続けており、高句麗の南下で苦境に立たされた百済とも関係を深めていく。百済の阿華王（阿莘王《あしんおう》とする文献があるがおそらく阿華王〈三九二〜四〇五年〉だろう）は太子腆支《てんし》（直支《とき》）を人質として倭国へ送り、倭国の支援を仰がねばならなかった。そして五世紀に入って倭王讃は中国南朝の東晋に朝貢し、冊封を求める。晋朝との接触は一五〇年ぶりで、以後歴代の倭王は高句麗の掣肘を宋朝に求め、諸軍事の都督を要求していく。これらの倭国の動きを『宋書』をはじめとする中国史書は記した。こうして九州の倭国は中国南朝に朝貢しながら韓半島における自己の足場を確保し、半島に居住する倭人と提携しながら伽耶諸国を後援し、百済と結び、高句麗、新羅と渡り合っていくのである。

第五章　記紀の記述と五世紀の大和

五世紀に君臨した倭の五王の時代は、大和では大王仁徳から雄略のころまでの河内王朝の諸王の時代にあたる。この時代をわが国の伝承はどう記しているのかという視点から、以下に記紀の記述をみていきたい。まず基本的な枠組みの問題として、『古事記』と『日本書紀』における伝承、事績に南朝、北朝を問わず中国の王朝への大和朝廷からの貢献記事がいっさいないことを指摘しておきたい。『古事記』には雄略記に、王子白髪命《しらかのみこと》（清寧）のために白髪部《しらかべ》の名代《なしろ》を定め、長谷部《はつせべ》の舎人を定め、河瀬の舎人を定めた時に呉人《くれひと》が渡来したとの記事がある。これが五世紀、中国とのかかわりを示唆する『古事記』の唯一の記事だが、この呉《くれ》は中国江南の呉の人の可能性もあるが、高句麗の句《く》麗《れ》の人の可能性もある。しかしもちろんこの記事は中国の王朝への倭国からの遣使ではなく、中国の王朝が倭国へ使者を派遣したわけでもない。そしてこの記事以外に『古事記』はこの倭の五王にかかる時期に中国とのかかわりをいっさい記していない。

一方『日本書紀』の四世紀から六世紀には中国史料と百済の史料を取り込んだ記述がある。中国史料が出現するのは神功皇后紀で、『三国志』と晋の起居注の記事が神功皇后紀の四つの年条にはめ込まれている。最初は神功紀三十九年（二三九年）条。

「魏志に云はく、明帝の景初の三年の六月、倭の女王、大夫難斗米等を遣して、郡に詣《いた》りて、天子に詣らむことを求めて朝献す。大守鄧夏、吏を遣して将《い》て送りて、京都に詣らしむ」。

（魏志によると、明帝の景初三年六月、倭の女王は大夫難斗米らを遣わして、郡に至りて、〈中国の〉天子に朝貢を求めた。〈帯方郡の〉大守鄧夏は役人をつけて〈倭の大夫らを〉京へいかせた）。

続けて神功紀四十年（二四〇年）条。

「魏志に云はく、正始の元年に、建忠校尉梯携等を遣して、詔書印綬を奉りて、倭国に詣らしむ」。

（魏志によると、正始元年、〈郡の大守は〉建忠校尉梯携らを遣わして、詔書、印綬をもたせ、倭国へいかせた）。

神功紀四十三年（二四三年）条。

「魏志に云はく、正始の四年、倭王、復使《またつかひ》大夫伊聲者掖耶約等八人を遣して上献す」。

（魏志によると、正始四年、倭王はまた大夫の伊聲者、掖耶約ら八人を遣わして朝貢した）。

そして最後は神功紀六十六年（二六六年）条。

「是歳、晋の武帝の泰初の二年なり。晋の起居の注に云はく、武帝の泰初の二年の十月に、倭の女王、譯《をさ》を重ねて貢献せしむといふ」。

（この年、晋の武帝の泰初二年、晋の起居注〈中国の天子の言行、勲功などを記した行政記録〉に、この年の十月、倭の女王が譯《おさ》を重ねて〈何度も使いをよこして〉朝貢したと記している）。

前の三つの年条は魏志倭人伝から、最後の六十六年条は文中にあるように晋の起居注からとったもので、この四つの年条が神功皇后紀にある。『日本書紀』の編者は、魏志の三世紀の事象を神功皇后紀に組み入れることによって、神功皇后を卑弥呼に比定させたのである。

神功皇后紀以降の『日本書紀』の対外関係の記述には韓半島の記述があり、中国関係の記事よりは圧倒的に多いのだが、韓半島の記事は中国史書を取り込んだ記事とは少々様相が異なる。『日本書紀』は四世紀から六世紀にかかる百済を中心とする韓半島の事象を、逸失した百済系の三つの史書から取り込んで、そのままあるいは『日本書紀』の述作者の文として、神功皇后紀から欽明紀の文中に組み入れている。魏志と百済系史書を取り込んだ記事以外にも応神紀に阿知使主《あちのおみ》、都加使主《つかのおみ》の呉《くれ》への遣使記事がある。三世紀の記事はおくとしても、四、五世紀の記事は大和朝廷と半島諸国、中国南朝との繋がりを示しているのだろうか。大和朝廷の諸王は半島諸国との繋がりを通して中国南朝へ朝貢したのだろうか。彼らが、中国史書が記す倭の五王であったのだろうか。

以下に四世紀後半から五世紀の大和を記紀の記述から探っていこう。

三輪王朝から河内王朝へ

河内王朝の始祖は大王応神とされているが、応神の父仲哀、母息長帯比売《おきながたらしひめ》（神功皇后《じんぐう》）の伝承をまずみていこう。仲哀記は仲哀の父を倭建命《やまとたけるのみこと》、母を布多遅能伊理毘売《ふたじのいりひめ》、大王成務の死後大和の王として即位し、宮は穴門《あなと》（長門＝山口県）の豊浦宮と筑紫の訶志比宮《かしひのみや》で天の下を治《し》らしめたとする。仲哀は最初に大江王（仲哀紀では彦人大兄王）の娘大中津比売（大中姫）との間に香坂王《かごさかおう》、忍熊王《おしくまおう》の二子をもうけ、次に丹波の息長宿禰王《おきながすくねおう》の娘息長帯比売《おきながたらしひめ》を娶《めと》して品夜和気命《ほむやわけのみこと》、品陀和気命《ほむたわけのみこと》の二子を生む。仲哀紀は『古事記』と異なり品夜和気（誉屋別）の母は大酒主《おおさかぬし》の娘弟媛《おとひめ》とする。仲哀は大和で即位した後敦賀へ行き、戻って南海道を行幸し、紀伊国（もちろんこの時代南海道をふくむ七道はなく、紀伊国もない）の徳勒津宮《ところつのみや》（現和歌山市）にいたとき、熊襲《くまそ》（『古事記』は熊曾）の乱の報に接する。これが仲哀二年三月で仲哀は穴門へ向かい、神功皇后は敦賀から淳《ぬ》田《た》門《みなと》（若狭国三方郡の立石岬に比定される）を経て穴門豊浦津へ赴き、仲哀九年には筑紫橿日宮《かしひのみや》へ移る。つまり『日本書紀』は、大和の大王が熊襲を討伐するため不十分ではあっても大和から筑紫への行程にふれているが、仲哀記は突然筑紫の訶志比宮《かしひのみや》からはじまる。

まず仲哀記。大王仲哀は熊曾国を撃とうとして、琴を控《ひ》いて神託を求めた。神功皇后が神がかり（神の代理として神の言葉を伝える）して神の教えを告げるには、「西の方に国があり、その国には金、銀、宝物がある。その国を従えさせてあげよう」といった。仲哀は西の方を見たが「国は見えずただ大海があるだけだ」という。これを聞いた神は怒って仲哀に「この国は其の方の治める国ではない。黄泉《よみ》の国へ行きなさい」と命じた。琴の音が聞こえなくなったので周囲の人が仲哀をみると仲哀はすでに死んでいた。このように『古事記』は仲哀を神のいうことを信じない愚かな大王だったので、神の怒りにふれて死んだように描いている。さらに仲哀記の記述で注意したいのは、西の方に国があるという神の託宣である。筑紫訶志比宮の近くの高所に登って西の方をみても海は見えないが国も見えないだろう。西の方角は松浦半島から遠く五島列島の方向にあたる。新羅をはじめ韓半島の諸国はほぼ真北の方角であり、韓半島を西の方とするのは大和の地理観にほかならない。

仲哀を神を信じない暗愚な大王とするのは『日本書紀』も基本的に同じで、仲哀が熊襲を討とうとすると、神が「其の方はなぜ熊襲を討とうとするのだ。あの国は荒れて貧しい国だ。ところが海の彼方には豊かな宝の国がある。私（神）を祀ればその国はたたかわずとも従うだろう」という。仲哀はこれを疑い高い山に登って海の彼方を見たが何も見えないので、神功皇后に「海の彼方には何も見えない。どうして神は欺くのだろう」という。これを聞いた神は「私の言葉を疑う其の方は国を保てないだろう。だが皇后は今、身籠っている。その子がこの国を治めるだろう」と告げる。仲哀は熊襲とたたかったが勝てず戻り、翌年（仲哀九年）二月、病にかかり死ぬ。仲哀紀には、この記述の直後に

「即ち知りぬ、神の言《みこと》を用いたまはずして、早く崩《かむあが》りましぬることを」

（神のいうことをきかなかったために早く死んだことが知られる）

という文言があり、このあとの応神、仁徳の記述と対比して考えるべき内容を含んでいる。

このように仲哀の死をめぐっては、仲哀記は神の言葉を信じなかったための神がかり死、仲哀紀は神の教えを信じず熊襲討伐に出かけ敗れた結果の病死という体裁をとっているのだが、仲哀紀には別伝がある。分註で

「一に云はく、天皇、親《みずか》ら熊襲《くまそ》を伐《う》ちたまひて、賊《あた》の矢に中《あた》りて崩《かむあが》りましぬといふ」

（別伝では、天皇は熊襲を討伐するため親征したが、賊の矢にあたって死んだという）

とある。つまり仲哀自らが熊襲との戦闘にあたり、その結果敵の矢にあたって死んだという敗死の印象を強く示唆する表現である。指揮官が死んでも戦闘には勝つという場合もありうるが、古代の場合そのようなケースはおこりにくい。指揮官の存在そのものが戦闘の原因となる場合が多いからである。仲哀記、仲哀紀、仲哀紀一云の三つの伝のうち、どれが本来の伝承であったかは明らかだろう。仲哀紀一云の仲哀の戦死がもとの伝承であったことは間違いない。『古事記』と『日本書紀』の本文は、熊襲との戦争の敗北に導かざるを得ない仲哀の戦死という記述を避け、仲哀を神がかり

死、あるいは病死としたのだろう。仲哀を、神のいうことをきかない愚かな大王というイメージで描くことは『日本書紀』の編者の意図であった。このことは河内王朝を興した応神の描写、この王朝の最後の大王武烈の描写、河内王朝に替わる継体王朝を興した大王継体の描写に表われているのだが、ここでは仲哀の死に関する『日本書紀』のこの記述に留意しておきたい。

仲哀の死後、この国は神功皇后の胎中に宿る子が治めるという神託を受けた皇后は、神が教え諭したように軍船を整え新羅へ向かい（海中の大小の魚が船を背負って進めた）新羅、百済をたたかわずに従えた。これらの国々は年ごとの朝貢を誓ったという。神功皇后はこのとき胎中の子が生まれそうになったが、石で腰を抑え出産をのばし、筑紫へ戻ってから応神を出産する。神功皇后が応神を生んだ地が宇美町、出産を抑えるために使った石が鎮懐石で怡土郡《いとぐん》深江村にある。このあたりの伝承は記紀で大差ないが、神功皇后紀には新羅への出兵の前に北部九州一帯の征討がある。神功紀によれば、皇后は吉備臣の祖 鴨別《かものわけ》を遣わして熊襲を討たせたが、熊襲はいくらもたたないうちに自然に服従した。仲哀紀には神を祀れば新羅は服するし熊襲も従うだろうという神がかりがあるが、新羅、熊襲の服属の順序に若干の齟齬がみられる。続いて神功皇后は橿日宮《かしひのみや》（福岡市香椎《かしい》）、松《まつ》峡宮《をのみや》（現大宰府市）で羽白熊鷲《はしろくまわし》とたたかい、層増岐野《そそきの》（怡土郡雷山、現前原市雷山）で羽白熊鷲を討ち果たし、田油津媛《たぶらつひめ》を山門縣（筑後国山門郡山門郷）で討伐して、新羅へ向かう筋立てである。

記紀ともに神功皇后の新羅征討は同工異曲で、仲哀記は

「軍《いくさ》を整へ船雙《な》めて度《わた》り幸《い》でましし時、海原の魚、大き小さきを問はず悉《ことごと》に御船を負ひて渡りき。爾《ここ》に順風《おひかぜ》大《いた》く起りて、御船浪の従《まにま》にゆきき」

（〈皇后は〉軍勢を整え、船を連ねて海を渡っていった時、海の大小の魚はすべて皇后の船を背負って渡った。その時風が起こり船は波に運ばれて進んでいった）

とあり、神功皇后紀には、

「和珥津《わにつ》より発ちたまふ。時に飛廉《かぜのかみ》は風を起し、陽侯《うみのかみ》は浪を挙げて、海の中の大魚、悉《ふつつ》に浮びて船を扶《たす》く。則ち大きなる風順《おひかぜ》に吹きて帆舶《ほつむ》波に随ふ」

（〈皇后の軍船は〉和珥津〈鰐浦＝対馬上県郡〉から出発した。その時風の神は風を起こし、海の神は波を起こし、海中の大魚はすべて浮かんで船を助けた。順風が吹き波が船を押し出した）

とある。皇后の軍船は新羅の国の中（半分）にまで達したので、新羅の王は怖れをなして、今後は大和の王の馬飼いとなって貢物を献上してお仕えしますと誓ったという。これを知った百済と高句麗は「日本国《やまとのくに》」（神功紀）にはとてもかなわないことを悟り、以後の朝貢を約した。仲哀記は、皇后に従ったのは新羅と百済だけで、高句麗にはふれていない。

新羅から戻った神功は、応神を生んで大和へ戻ろうとするが、応神の異母兄香坂王《かごさかおう》、忍熊王《おしくまおう》は神功皇后と応神の大和支配を認めず、軍を興して神功、応神を待ち受けていた。二王が出陣した地は、記紀ともに斗賀野《とがの》、菟餓野《とがの》、大阪市北区兎我野町、または神戸市灘区の都賀川付近と考えられている。ここで香坂王は誓約《うけひ》の最中に大きな猪に喰い殺されるが、忍熊王は軍を整えて神功皇后の軍と対戦する。忍熊王は神功の軍と何度も応戦し、記紀どちらも神功、応神の軍の一方的勝利といっていないところが興味深い。しかも神功の軍は、建内宿禰《たけのうちのすくね》あるいは和珥臣《わにのおみ》の祖武振熊《たけふるくま》が偽って降伏し、相手が弓の弦を切って戦闘を収めたところを攻撃するという策略を使って忍熊王を討ちとっている。策略を使って敵を倒すことは、当時にあっては決して恥ずべき行為ではなかった。だまされる側の対応に問題があるのだが、策略を使うことは彼我の優劣に関しては歴然としている。まともな戦闘をしたのでは勝てないから策略を使うのであって、この場合は神功、応神の側が劣勢だったのである。戦闘の地は摂津、河内、紀伊、山城に及び、最後に決着がついたのは宇治川のほとりで、忍熊王は琵琶湖に身を投じた（仲哀記）、あるいは瀬田の済《わたり》（瀬田川の渡し場）に落ちて死んだ（神功皇后紀）。こうして神功皇后は香坂王、忍熊王の二人を討って大和へ凱旋し、神功の執政がはじまる。

『日本書紀』は神功皇后の執政を摂政としており、彼女の即位を認めなかった。この成人女性と若年男性の共同統治という政治形態は、記紀にあっては神功皇后と応神が初見だが、七世紀以降は、推古・厩戸、斉明・中大兄、持統・文武、元正・聖武と随所に散見される。しかし注意したいのは、神功以外はいずれも成人女性が大王、天皇として即位しているのに神功のみは女帝としての役割を果たしながら即位していない。こうして神功皇后は、女帝でありながら女帝ではない二重の性格を有することになり、これを『日本書紀』の編者は摂政（マツリゴトフサネヲサメタマフ）という統治形態にしたのである。摂政の「摂」は、引く、手に持つ、収める、整えるなど多様な意味を持つが、ここでは代行する、助けるを意味し、おそらく帝紀、旧辞などの古伝承に、大王として統治した実態のない神功を女帝に準じる位置づけにしたのだろう。これよりおよそ一〇〇年後に大王清寧の死によって王統が絶たれようとした時、群臣によって招聘された飯豊青皇女の場合は、顕宗、仁賢の探索が彼女のほとんど唯一の事績だったので、彼女の即位は否定できたが、神功の場合には仲哀の死後熊襲を従え新羅を平定し、筑紫に戻ってから応神を生み、母子で大和へ上り大和の支配者を斃してその地を支配し、応神を即位させるまで彼を庇護するという少なくない事象の記述が必要であった。それが神功皇后の摂政としての執政、神功紀の段立てになったのだろう。

仲哀記はこのあと建内宿禰が太子（応神）を連れて近江、若狭をまわり、越前の角鹿《つぬが》（敦賀）に行宮《かりみや》を建て応神を住まわせ、角鹿の伊奢沙和気《いささわけ》の大神の託宣を受ける話がある。この話は神功紀十三年条にもあって、武内宿禰が太子（応神）を連れて角鹿の笥飯《けひ》（気比）神社を拝み、大和へ戻って大御酒《おおみけ》を献り、大殿《おおとの》に宴《とよのあかり》をしたという。この説話をもって記紀の神功皇后に関する話は、百済関連の記事を除いて終わる。

神功皇后紀には『三国志』魏志倭人伝、晋の起居注とともに百済の逸失した史書「百済記」が取り込まれている。『日本書紀』の編者は三世紀の魏志の年条と四世紀の「百済記」の年条とを一緒に神功皇后紀に組み込んだ。神功紀六十四年条には百済の貴須王《きすおう》（近仇首王《きんきゅうしゅおう》）が死に枕流王《ちんりゅうおう》が即位した記事があるが、これは西暦三八四年で、翌年の神功六十五年には枕流王が死に辰斯王《しんしおう》が即位したが、これは三八五年の出来事である。ところが神功皇后紀は、その次の年神功六十六年に西暦二六六年の晋の武帝への倭の朝貢の記事が配されるという奇妙な年条建てになっている。『日本書紀』の編者は、神功皇后伝承を三世紀の事績にするため魏志の年条を取り込むことによって神功皇后を卑弥呼に比定したが、干支二巡（一二〇年）後の「百済記」の事象も同じ神功皇后紀に組み入れたのである。

ところで神功皇后は息長帯日売《おきながたらしひめ》（仲哀記）、氣長足姫《おきながたらしひめ》（神功皇后紀）で、息長宿禰王の娘とされている。息長帯日売の和風諡号は、七世紀の大王舒明の息長足日廣額《おきながたらしひひろぬか》とオキナガ、タラシで重なる。舒明の妃皇極は、天豊財重日足姫《あめとよたからいかしひたらしひめ》で神功皇后とタラシヒメを共有する。皇極は重祚し（斉明）て筑紫へ赴き、新羅攻撃を指揮した。実際には彼女の長子中大兄が陣頭に立った。そして彼女は筑紫で陣没する。このように神功皇后は、後世の舒明、皇極と和風諡号が重なること、その斉明の時代、韓半島へ軍を送って新羅と応戦したことが後景となって神功皇后伝承が生まれたとする解釈がある。この見方には説得力がある。息長は氏族の名で足（タラシ）、帯（タラシ）も尊称なので、オキナガタラシヒメには名前に相当する固有名詞がない。こうしたことからも神功皇后は架空の存在であることが知れる。息長氏が畿内に勢力を築くのは大王継体の時代以降で、継体の孫にあたる大王敏達が息長眞手王《おきながまておう》の娘広姫を正妃にしてからは確固たる地位を築いた。敏達と広姫との間に生まれたのが彦人大兄で、その遺児田村王子が大王推古の没後、即位（大王舒明）する。そして田村の異母兄茅渟王《ちぬおう》の娘宝王女（後の大王皇極・斉明）を娶り、中大兄らが生まれ、息長系が確立する。こうした時代背景を考えれば、神功皇后の虚構は明らかだろう。

記紀ともに九州の生まれとする応神（『古事記』は品陀和気命《ほむだわけのみこと》、『日本書紀』は誉田天皇《ほむたのすめらみこと》）は神功皇后の没した翌年の庚寅年に即位した（応神紀）。ここまで応神の事績は記紀ともにかなり変化に富んだ展開がなされてきたが、応神の即位後はこれまでのような劇的な物語の展開はみられなくなる。『古事記』は応神が軽島の明宮《あきらのみや》（あるいは豊明宮《とよあきらのみや》）で政《まつりごと》を行なったとする。軽島は現在の橿原市大軽町とされている。応神の名品陀《ほむだ》は褒武多《ほむた》で鞆《ほむた》が語源とされる。鞆は弓を射る時、弓の弦《つる》の跳ね返りを防ぐ革製の防具で左の臂《ひじ》につける。応神紀によれば応神は生まれたときから鞆状の肉のこぶが左の腕にあったらしい。これが応神の名（品陀＝誉田）の由来だと『日本書紀』は記しているが、この名が応神陵とされる誉田御廟山《こんだごびょうやま》古墳のある羽曳野市誉田につけられた。通常なら宮のある地に大王の名がつけられることが多いが、誉田と軽島の明宮との関係が不明である。

応神の子女は多い。応神記は十人の后妃と二十六人の子女（『古事記』の記述では二十七人になる）を持ったとあり、応神紀は八人の后妃と二十人の子女（ただし応神紀には十九人しか列記されていない）がいたとする。応神の子女の中で注目されるのは、高城入姫《たかきのいりひめ》所生の大山守皇子《おおやまもりのみこ》、仲姫《なかつひめ》所生の大鷦鷯天皇《おおさざきのすめらみこと》（仁徳）、宮主宅媛《みやぬしやかひめ》所生の菟道稚郎子皇子《うじのわきいらつこのみこ》、弟姫《おとひめ》所生の稚野毛二派皇子《わかのけのふたまたのみこ》であろう（いずれも応神紀の表記）。菟道稚郎子は応神が太子（当時太子の用語はない）にした皇子、大山守は応神死後、太子菟道稚郎子を倒そうとして逆に仁徳と太子に殺される皇子、稚野毛二派は、後代大王継体の祖として「上宮記」に取り上げられる皇子である（後述）。このように多くの子女を持った応神だが、これらの子女は多くが後世の氏族の始祖とされていることから考えて、彼らが自分らの出自を始祖大王としての応神に結びつけるために、系譜を作為し利用したのだろう。応神がこの河内王朝の始祖大王である伝承が早くから確立していたことは十分考えられる。ただし注意しなければならないことは、次の仁徳以降王位は兄弟間で継承されていったが、応神の子女の場合王位は兄弟への継承という形をとっていないことである。もちろん王位をめぐっての兄弟間の争いは応神の子女の場合にもあり、『日本書紀』に記述されているだけでも、大山守、菟道稚郎子（自害）、隼《はや》総別《ぶさわけ》、雌鳥皇女《めとりのひめみこ》が不慮の死を遂げている。応神の子女に兄弟間への王位継承の兆候がみられないことは、『古事記』にある仲哀の壬戌年（三六二年）の没年から三十二年後に応神が没したらしいこと、応神の甲午年（三九四年）没年から三十三年後の丁卯年に仁徳が没したらしいことにあるように、応神、仁徳の治世が長かったとみられることに一つの要因があるのかもしれない。

応神は日向の諸県君《もろあがたのきみ》の娘髪長比売を召したが、その姿をみた仁徳が父応神に彼女を所望する。兄弟はおろか親子でも女性をめぐる争いは絶えず、その多くは悲惨な結末を迎えているが、この応神と仁徳の間では応神が献上された娘を仁徳に譲るという珍しい結果になっている。これは応神の器量を大きく広くみせようという記紀の編者の曲筆だろう。応神は

「幼くして聰《さと》く、玄《はるか》に監《みそなは》すこと深く遠し。動容《すがたふるまい》進止《のり》あり、聖表《ひじりのしるしあや》異しきこと有り」

（幼少から聡明で、物事を深く遠くまで見通し、立ち居振る舞いにも不思議に聖帝の兆しがあった）

と応神紀にあり、仁徳は

「幼くして聰明《さとさか》く叡智しく、貌容《すがたかたち》美麗《うるわ》し。壮《そう》に及《いた》りて仁寛慈恵《めぐみうつくしび》ます」

（幼時より聡明、叡智で、容貌は美しく、壮年に至って心広く恵み深かった）

とある。応神、仁徳の聖帝伝説をつくりあげるのに、一人の娘を親子で争っていては伝説にならない。記紀の編者にはそうした配慮も当然あったのだろう。

魏志を取り込んだ記述以外では、『日本書紀』には応神紀三十七年条に、阿知使主《あちのおみ》、都加使主《つかのおみ》を呉《くれ》へ遣わして縫《きぬ》工《ぬ》女《ひめ》を求める記事がある。阿知、都加の親子は高麗へ着き呉への道を問う。高麗の王《こきし》は案内人として、久礼波《くれは》、久礼志《くれし》の両人をつけ一行を呉へ送りだした。呉の王は工女《ぬひめ》兄媛《えひめ》、弟《おと》

媛《ひめ》、呉織《くれはとり》、穴織《あなはとり》の四人の女性を彼らに与えたという。四十一年二月阿知使主らの一行が筑紫に戻る。筑紫で宗像大神が工女を求めたので、阿知は兄媛を大神に奉り、残る三人の工女を伴なって大和へ向かい、摂津の武庫《むこ》まで来た時阿知は応神の訃報に接する。応神の生前には間に合わなかったが、阿知使主、都加使主は三人の工女を大鷦鷯《おおさざき》（仁徳）に奉ったという。この説話に出てくる阿知《あちの》使主《おみ》、都加使主《つかのおみ》の親子は、渡来系の氏族倭漢《やまとのあや》（東漢）氏の祖で、応神二十年に来朝したことが応神紀にある。倭漢氏はその後、八世紀までに勢力を築いた坂上氏のもとで父祖伝承を肥大化させ、漢の高祖（劉邦）の末裔と称するまでになる。

ところが応神紀三十七年の阿知使主、都加使主の説話は、雄略十二年条と十四年条の身狭村主《むさのすぐり》青《あお》、檜隈民使博徳《ひのくまのたみのつかひはかとこ》の説話とまったく同じである。雄略十二年夏四月、この両人は呉へ遣わされ二年後の十四年一月手末《たなすえ》の才伎《てひと》（手工技術の巧みな人）漢織《あやはとり》、呉織《くれはとり》、衣縫《きぬぬひ》の兄媛《えひめ》、弟媛《おとひめ》を連れて住吉《すみのへ》津《のつ》へ戻るとある。そして三月には衣縫の兄媛を大三輪神に奉った。このように応神紀の縫女伝承と雄略紀の才伎伝承が、人名、神へ奉献された工女の名など、細部に至るまで同じなので、雄略紀の説話を応神紀で繰り返し使ったと考えてよいだろう。詳述する余裕はないが、『日本書紀』は雄略紀から用明・崇峻紀、皇極紀から天智紀が先に撰述され、神代から安康紀まではその後に撰述された。応神紀の述作者は、年紀建てでは応神より後の雄略紀の記述を知っていたのである。この応神紀三十七年条と四十一年条の呉《くれ》の工女《ぬひめ》招聘記事が『日本書紀』の述作者の創作であることは、呉の工女の名が兄媛、弟媛、呉織、穴織などとされ固有名詞がないこと（これは雄略紀の記事も同じ）、高句麗王がつけてよこしたとされる久《く》礼《れ》波《は》、久《く》礼《れ》志《し》も、呉《くれ》あるいは句麗《くれ》から名づけられたとみられることからもうかがえる。もちろん久礼波、久礼志は他にはみえない。さらに高句麗の王にも名がない（当時高句麗は故国壌王か好太王〈広開土王〉の時代）し、呉の王も特定されていないことでも明らかである。また国と国との交流でありながら、贈与、下賜あるいは献上といった扱いがなされていないことも他に例をみない。呉の国とするのだからおそらく中国南朝の東晋の孝武帝（在位三七二～三九六年）のころかもしれないが、そのような事績はもちろん『晋書』にはない。すべてが『日本書紀』の編者、述作者の作文なのだろう。最後に大王の命によって遠国へ旅し、命じられたものを手に入れるが、大王の生前に間に合わなかった話は、この応神と阿知使主が初めてではなく、垂仁紀九十年条の大王垂仁が田道間守《たじまもり》に命じて非時《ときじく》の香菓《こうのみ》を求めさせる話がある。十年後非時の香菓を得て持ち帰った田道間守は垂仁の生前には間に合わなかったが、応神の説話も類似の伝承と考えるべきだろう。

仁徳の治世で注目されるのは、いくつかの水運、土木工事の記事である。広大な地を囲って堀を巡らし平地に古墳を築造する技術、難波高津宮の北に堀江を築き大阪湾に水路をつなげる工事、茨《まむ》田《た》堤の築造工事など、記紀にはこの時期渡来系の技術者の力を得て、群臣と民衆を組織して駆使していた様が描かれている。こうした水利事業と河内平野の開墾で、河内王朝初期の経済力は向上しただろう。大仙陵、誉田御廟山古墳がそれぞれ仁徳陵、応神陵である保証はないが、四世紀末から五世紀前半に巨大古墳が集中して出現するのはその反映であろう。仁徳の政に関して有名なのは、仁徳が高所に登って国のすみずみをみると

「国中《くぬち》に烟《けぶり》発《た》たず。国皆貧窮《まず》し。故《かれ》、今より三年《みとせ》に至るまで、悉《ことごと》に人民《たみ》の課役《えつき》を除《なく》せ」

（国中に炊事の煙が立っていない。民は貧しいのだ。だから今から三年民の調と役を免除せよ）

とし、宮殿は荒れるがままにした。そして三年後同じところに登ってみると今度は家々に煙が満ちていたので、

「人民《たみ》富めりとして、今はと課役《えつき》を科せたまひき」

（人々は豊かになったとして、調と役を課した）

という説話である（仁徳記）。この話は『日本書紀』では仁徳紀四年二月条、三月条、七年四月条、十年十月条にあり、『古事記』の説話にさらに修飾が加えられ、仁徳を聖帝として持ち上げる役割を果たしている。応神、仁徳の聖帝としての伝承からは、前の仲哀の時代とは区別された新しい時代という印象を与えようとする記紀、とくに『日本書紀』の編者の意図が浮かび上がる。

次は仁徳紀五十八年冬十月の記事で、「呉国《くれのくに》、高麗国並《こまのくにならび》に朝貢《みつぎたてまつ》る」である。この記事にも遣わした国王（皇帝）の名、使者の名、使者の着いた地、使者の口上あるいは国書などの記述はない。編年体の史書という体裁をとっている以上、国と国との交流、交誼をこのような簡略な記述で済ますことはありえない。もちろん仁徳五十八年条に相当する中国王朝の遣使記事は、当該の『晋書』、『宋書』などにはない。すべて『日本書紀』の述作者の創作である。

応神からはじまる河内王朝の伝承が、その前の三輪王朝の伝承の後半部分と比べて異質なのは、記紀の大王の諡号《しごう》によっても裏付けられる。記紀の大王の諡号の一覧（次ページ）をみられたい。神武、崇神や仲哀、応神など漢字二字の大王、天皇の名は漢風諡号と呼ばれ、奈良朝後期に記紀の記述にもとづいて、壬申の乱で自害した大友王子の曾孫にあたる淡海三船《おうみのみふね》によって一括して命名さ

大王（天皇）の諡号

		『古事記』	『日本書紀』	
1	神武	神倭伊波礼毘古	神日本磐余彦	カムヤマトイハレビコ
2	綏靖	神沼河耳	神渟名川耳	カムヌナカハミミ
3	安寧	師木津日子玉手見	磯城津彦玉手看	シキツヒコタマテミ
4	懿徳	大倭日子鉏友	大日本彦耜友	オオヤマトヒコスキトモ
5	孝昭	御眞津日子訶惠志泥	観松彦香殖稲	ミマツヒコカエシネ
6	孝安	大倭帯日子国押人	日本足彦国押人	ヤマトタラシヒコクニオシヒト
7	孝霊	大倭根子日子賦太邇	大日本根子彦太瓊	オオヤマトネコヒコフトニ
8	孝元	大倭根子日子国玖琉	大日本根子彦国牽	オオヤマトネコヒコクニクル
9	開化	若倭根子日子大毘毘	稚日本根子彦大日日	ワカヤマトネコヒコオホヒヒ
10	崇神	御眞木入日子印惠	御間城入彦五十瓊殖	ミマキイリヒコイニエ
11	垂仁	伊久米伊理毘古伊佐知	活目入彦五十狭芽	イクメイリヒコイサチ
12	景行	大帯日子淤斯呂和氣	大足彦忍代別	オオタラシヒコオシロワケ
13	成務	若帯日子	稚足彦	ワカタラシヒコ
14	仲哀	帯中日子	足仲彦	タラシナカツヒコ
15	応神	品陀和氣	誉田	ホムタ（ホムタワケ）
16	仁徳	大雀	大鷦鷯	オホサザキ
17	履中	伊邪本和氣	去来穂別	イザホワケ
18	反正	水歯別	瑞歯別	ミツハワケ
19	允恭	男浅津間若子宿禰	雄朝津間稚子宿禰	ヲアサツマワクゴノスクネ
20	安康	穴穂	穴穂	アナホ
21	雄略	大長谷若建	大泊瀬幼武	オホハツセワカタケ
22	清寧	白髪大倭根子	白髪武廣国押稚日本根子	シラカノタケヒロクニオシワカヤマトネコ
23	顕宗	袁祁之石巣別	弘計	ヲケ（ヲケノイハスワケ）
24	仁賢	意祁	億計	オケ
25	武烈	小長谷若雀	小泊瀬稚鷦鷯	ヲハツセノワカサザキ
26	継体	袁本杼	男大迹	ヲホド
27	安閑	廣国押建金日	廣国押武金日	ヒロクニオシタケカナヒ
28	宣化	建小廣国押楯	武小廣国押盾	タケヲヒロクニオシタテ
29	欽明	天国押波流岐廣庭	天国排開廣庭	アメクニオシハラキヒロニハ
30	敏達	沼名倉太玉敷	渟中倉太珠敷	ヌナクラフトタマシキ
31	用明	橘豊日	橘豊日	タチバナノトヨヒ
32	崇峻	長谷部若雀	泊瀬部	ハツセベ（ハツセベノワカサザキ）
33	推古	豊御食炊屋比売	豊御食炊屋姫	トヨミケカシキヤヒメ
34	舒明		息長足日廣額	オキナガタラシヒヒロヌカ
35	皇極		天豊財重日足姫	アメトヨタカライカシヒタラシヒメ
36	孝徳		天萬豊日	アメヨロヅトヨヒ
37	斉明		（皇極重祚）	
38	天智		天命開別	アメミコトヒラカスワケ
39	弘文		（大友皇子）（和風諡号なし）	
40	天武		天渟中原瀛眞人	アメノヌナハラオキノマヒト
41	持統		高天原廣野姫	タカマノハラヒロノヒメ
42	文武		天之眞宗豊祖父	アメノマムネトヨオオジ
43	元明		日本根子天津御代豊国成姫	ヤマトネコアマツミシロトヨクニナリヒメ
44	元正		日本根子高瑞浄足姫	ヤマトネコタカミズキヨタラシヒメ
45	聖武		天璽国押開豊桜彦	アメシルシクニオシハラキトヨサクラヒコ

れた。これに対して大王、天皇の本来の名と思われる記紀に記された名が和風諡号である。和風諡号は、応神の誉田《ほむた》、安康の穴穂《あなほ》、顕宗の弘計《をけ》のようにごく短いものから、崇神の御間城入彦《みまきいりひこ》五十瓊《いに》殖《え》、清寧の白髪武廣国押稚日本根子《しらかのたけひろくにおしわかやまとねこ》のように長大な名をもつ大王までいろいろある。記紀編纂時、神武や仁徳、推古などの漢風諡号はなかった。大王、天皇の事績はすべて和風諡号で記されていたのだが、その編纂の過程で和風諡号が整えられていったのだろう。つまり、ある時代にある伝承をもつ大王がいたがその名はあいまいであった。それが記紀の記述に伴なって整理され、確立されていったのである。

『古事記』の編纂は元明の時代、『日本書紀』の編纂の勅も元明の時代だが奏上されたのは元正の時である。元明の和風諡号はヤマトネコアマツミシロトヨクニナリヒメ、元正の和風諡号はヤマトネコタカミズキヨタラシヒメでヤマトネコを共有する。また元正の和風諡号の末尾のタラシヒメは、彼女の三代前（曾祖父母）の舒明オキナガタラシヒヒロヌカ、皇極アメトヨタカライカシヒタラシヒメのタラシ、タラシヒメに重なる。このヤマトネコをもつ大王（天皇）は、孝霊、孝元、開化、清寧、持統、文武、元明、元正の八人おり、タラシヒメ、タラシヒコをもつ大王（天皇）も、孝安、景行、成務、仲哀、舒明、皇極、元正と神功皇后（オキナガタラシヒメ）の八人にのぼる。さらにクニオシをもつ大王は、孝安、清寧、安閑、宣化、欽明、聖武の六人、ワケを共有する大王も景行、応神、履中、反正、顕宗、天智の六人である。

河内王朝は応神から武烈までの十一代だが、これら十一人の大王のうち清寧（シラカノタケヒロクニオシワカヤマトネコ）を除く十人はヤマトネコ、タラシヒコをもっていない。また武烈に続く継体から『古事記』記載の最後の大王推古までの八人も、ヤマトネコ、タラシをもっていない。一方、応神より前の景行、成務、仲哀と神功皇后はタラシを共有しており、景行を除く三人は名前の核になる固有名詞がない。成務の諡号ワカタラシヒコ、仲哀の諡号タラシナカツヒコからタラシヒコをとればワカとナカツだけの普通名詞だけとなり、神功の諡号オキナガタラシヒメもオキナガは地名なので、本来の個人の名に相当する固有名詞はない。彼らは実在したとしても、その名が不明だったので、普通名詞の寄せ集めで和風諡号をつくりあげたのだろう。神功皇后の場合は大王舒明との共通性が浮かび上がる。舒明の和風諡号はオキナガタラシヒヒロヌカで神功とはオキナガ、タラシで語句を共有し、その妃宝王女（大王皇極）アメトヨタカライカシヒタラシヒメともタラシヒメを共有している。したがって、舒明、皇極の時代（七世紀）以降になって、これら各大王の名がつけられたと考えて大過ないだろう。

綏靖から開化までの欠史八代の諡号も造作の可能性は高い。特に孝安から開化まではヤマトネコを共有しており、元明、元正の時代の直前の記紀の編纂の過程でこれらの大王名がつくられていった可能性を捨てきれない。ただしこうした可能性はあくまでも名前の創作であって、そうした事象を行なった大王の存在まで否定する根拠とはならない。これらの大王の和風諡号は、タラシヒコの命名にみられるように、仲哀と応神の間に一つの画期があることを示唆しているし、ヤマトネコの名をみる限り欠史八代と崇神、垂仁の間に画期を認めることができよう。すなわち和風諡号からも、崇神からはじまる三輪王朝、応神からはじまる河内王朝が想定できるのである。

大王履中以後の伝承と政争

次の局面へ進もう。仁徳後、履中から雄略までの大和朝廷の事績である。この時期が倭の五王の時代にあたる。

記紀の伝えるところによれば、応神を始祖とする河内王朝は、王位継承をめぐって血腥い争いが五世紀を通じて続いたように記すが、その原因の多くは王位の兄弟継承にあった。大王雄略の祖父にあたる仁徳は、正妃磐之姫《いわのひめ》との間に、大兄去来穂別《おおえのいさほわけ》（履中）、住吉仲皇子《すみのえのなかつのみこ》、瑞歯別《みずはわけ》（反正）、雄朝津間稚子宿禰《おあさつまのわくごのすくね》（允恭）の四子を、日向髪長媛《ひむかのかみながひめ》との間に大草香皇子《おおくさかのみこ》と幡梭皇女《はたびのひめみこ》をもうけている。仁徳没後、王位は長子履中が継ぐが、履中の次弟住吉仲皇子が履中を殺そうと宮に火を付けた。『古事記』は仲王（住吉仲皇子）が実の兄である大王を焼き殺して王位の簒奪を図った事件として描くが、履中紀は少し違い、仁徳没後履中の即位前に履中が羽田八代宿禰の娘黒媛を妃にしようとしたのを、仲王が黒媛を犯し、その発覚を恐れて兄履中を宮もろとも焼いて殺害しようとしたように記す。記紀ともに履中は臣下に助けられて難波から丹治比野《たじひの》（現羽曳野市）へ逃げ、さらに当岐麻《たぎま》道《ち》（竹内街道）を通って石上《いそのかみ》神宮へ入った。履中は伺候した三弟の瑞歯別に仲王の殺害を命じ、瑞歯別は謀略を用いて仲王の部下に主人仲王を殺させるという筋書きである。履中には前述の黒媛との間に磐坂市辺押羽皇子《いはさかのいちべのおしはのみこ》、御馬皇子《みまのみこ》、青海皇女《おうみのひめみこ》の皇子、皇女がおり、幡梭皇女との間にも一女がいるが、履中紀は儲君《ひつぎのみこ》（皇太子）を履中の三弟瑞歯別とする。当時は皇太子あるいは太子の称号はなく、皇太子にあたる大兄の称号もない。履中紀は履中を大兄《おほえの》去来《いさ》穂《ほ》別《わけ》とするが、この大兄は大江で難波の海辺を指している。『古事記』には太子、大兄への言及はない。太子として記された最初の王子（御子《みこ》）は大王允恭の長子木梨軽王子で『古事記』允恭天皇の段では木《き》梨之《なしの》軽《かるの》太子《ひつぎのみこ》としているが、『古事記』のこの記述も編者の作為である。

履中の即位に際して、履中の次弟仲王が謀殺されるという事件があったが、履中の在世中は記紀ともにさしたる事績は記されていない。履中の後を継いだのは三弟瑞歯別（反正）で、この大王の治世にも記紀ともに事績はほとんどない。反正の子は正妃丸邇臣小事《わにのおみこごと》の娘津野媛《つのひめ》の生んだ二女（香《か》火姫《ひのひめ》皇女、圓《つぶら》皇女）と津野媛の妹弟媛《おとひめ》の生んだ財皇女《たからのひめみこ》と高部皇子《たかべのみこ》（反正紀）だが、財、高部は『古事記』では男女が逆になって財王《たからのみこ》と多訶弁郎女《たかべのいらつめ》となっている。すでに述べたように『古事記』は河内王朝の草創期の大王の没年干支を、応神甲午、仁徳丁卯、履中壬申、反正丁丑、允恭甲午と記している。応神の死没した甲午年を三九四年（この数字は一〇三ページ参照）とすれば、仁徳没年の丁卯年は四二七年となるだろう。次の四八七年の丁卯年では仁徳の前に空位期間がなければ、仁徳は九十三年在位したことになり不可能だからである。同様に履中の壬申年の死が正しければ（疑う理由はない）この壬申年は四三二年、反正の丁丑年は四三七年、允恭の甲午年は四五四年となる。そうであるならこれらの大王の在位年数は仁徳三十三年（仁徳紀は仁徳即位前に三年の空位期間があったことを記す）、履中五年、反正五年、允恭十七年となり、記紀の記述から考えてこれらの大王の没年はかなり妥当していると考えられる。『日本書紀』は安康、雄略のころまでの在位年数を延伸していない。安康三年、雄略二十三年、清寧五年、顕宗三年、仁賢十一年、武烈八年となる彼らの没年干支は、『古事記』の記述とも六世紀初頭の継体の即位の時期とも大きく矛盾していないように読める。だが『日本書紀』が記す反正以前の大王の没年干支には明らかに延伸がある。反正の庚戌年（四一〇年）の死没だと允恭は四十二年の在位となるので、そのような在位期間は考えられないし、反正、履中の在位（反正五年、履中六年）は虚構と断じる理由が見当たらないにしても、その前の仁徳の八十七年の在位が『日本書紀』の編者の造作であることは明らかである。

さて、大王允恭の治世で注目すべきは、記紀ともに氏姓を正したことを記していることである。氏姓の乱れは国家秩序の乱れにつながるので、これを正すことは為政者にとって重大事であった。『古事記』の序で太安万侶が記した天武の詔にも氏姓を正すことが「邦家の経緯、王化の鴻基」として述べられていた。次は允恭紀四年条にある允恭の詔である。

「上古《いにしえ》治《くにおさ》むること、人民《おほみたから》所を得て姓《かばね》名《な》錯《たが》ふこと勿《な》し。今朕《われ》、践祚《あまつひつぎし》りて茲《ここ》に四年。上下《かみしも》相争ひて、百姓《おほみたから》安からず。或いは誤りて己が姓《かばね》を失い、或いは故《ことたへ》に高き氏を認《と》む。其れ治むるに至らざることは、蓋《けだ》し是に由《よ》りてなり。朕、不賢《をさな》しと雖も、豈《あに》其の錯《たが》へるを正さざらむや」。

（上古、国がよく治まっていたときは人民は所を得て氏姓が誤ることはなかった。私は践祚《せんそ》して四年になるが、上下相争って百姓〈人々〉は安らかではない。誤って自分の姓を失なうものがあり、あるいは故意に高い氏を詐称するものがいる。よく治まらないのはこのことによる。私は微力ではあるが、この誤りを正さなければならぬ）。

そして氏姓の詐称を正すために盟神探湯《くかだち》をせよと命じた。盟神探湯とは熱湯に手を入れ、焼けただれれば偽りを述べた証しとされたので、

「是より後、氏姓《うじかばね》自づから定まりて、更に詐《うつは》る人無し」
（これより以後、氏姓は自《おのずか》ら定まって偽る者はいなくなった）

という。

五世紀前半の大王位は、仁徳の死後、彼の王子履中、反正、允恭が次々に継いだが、妾腹の大草香は氏族の支持を得られなかったらしく、允恭のあと王位は仁徳の孫の代へ移る。允恭紀は、允恭の在世中に彼の長子木梨軽を後継の太子《ひつぎのみこ》にしたとある。前述のように太子は皇太子であり、五世紀中葉に太子の称号が存在したとは考えられないが、天孫の系統を受け継ぐ「天津日継《あまつひつぎ》」の日を継ぐという意味から「ヒツギ」という語句が当時存在し、それを後に太子にあてた可能性はある。允恭は履中、反正の王子をさしおいて、自分の子を後継に指定した。兄弟間の王位継承は末弟まで王位が渡ると、次はどの兄弟の子が王位を継ぐかで争いが起こる。それを防ぐため允恭はおそらく早くから自分の長子への継承をすすめたのだろう。ところが彼の長子木梨軽は同母の妹軽大郎女《かるのおおいらつめ》と通じてしまう。当時同母の兄妹、姉弟間で関係を持つことは許されなかった。木梨軽は失脚するのだが、ここで記紀の所伝は違う。允恭記によれば、允恭死後太子軽は同母妹軽大郎女と密通、これが知れて三弟穴穂が長兄軽を捕え、伊予に流す。軽大郎女は木梨軽の後を追い、途中で追いつき二人は心中するという筋立てになっている。一方允恭紀は、允恭の生前軽と軽大娘（軽大郎女）の相姦が発覚、大郎女を伊予へ流す。允恭死後三弟穴穂は軽太子の即位を認めず軽と対立、軽も人と武器を集めて対抗しようとするが支持を得られず軽は自害する。木梨軽の追い落としに功があった三弟穴穂は事件後即位（安康）する。この真偽のほどはわからないが、王位継承をめぐる兄弟間の対立が争いに発展したことだけは確かだろう。だが允恭の王子たちを巡る対立と抗争は、長兄木梨軽の死にとどまらなかった。

大王に即位した穴穂《あなほ》（安康）は、『古事記』では木梨之軽《きなしのかる》、境之黒日子《さかいのくろひこ》に次ぐ允恭の第三子と記され、允恭紀も第三子としているが、安康紀では第二子とされ、分註で「一云第三子也」とする。『日本書紀』の編纂の過程での異伝の混入だろう。この安康の事績では大草香王の殺害にふれておく必要がある。安康即位前紀によれば、安康が弟の大泊瀬《おおはつせ》（後の雄略）のために大王反正の娘たちを与えようとすると、彼女らは

「君王《きみ》、恒《つね》に暴《あら》く強《こは》くましましき。朝《あした》に見《まみ》ゆる者は夕《ゆうべ》には殺されぬ。夕に見ゆる者は朝には殺されぬ。是を以て、命を奉ること能《あた》はず」

（あの方は日頃から乱暴で恐ろしい方です。朝呼ばれた方は夕べには殺され、夕べに伺候した方は朝には殺されます。ですからご命令を承ることはできません）

と断ったという。そこで安康は、仁徳の妾腹の王子大草香のもとへ、その妹幡梭皇女《はたびのひめみこ》を大泊瀬に差し出すように、臣下の根使主《ねのおみ》を遣わした。大草香、幡梭は安康、雄略の叔父、叔母にあたる。大草香は妹幡梭を大泊瀬へ娶わせることを承諾、家宝の押木珠縵《おしきのたまかずら》を根使主へ渡し、安康へ奉献するよう頼んだ。ところが根使主は押木珠縵のみごとさに心を奪われ、その宝物を私しようと、安康に、大草香は幡梭皇女を差し出すことを拒否し、無礼な言動をしたと讒言した。根使主の讒言を信じた安康は兵を出して大草香の家を囲み、大草香を殺し、大草香の妹幡梭皇女を大泊瀬に与え、大草香の妃中蒂姫《なかしひめ》を奪って自分の妃にしてしまう。記紀の記述では、河内王朝以前は大王が王女（妾腹の王

女をも含めて）を娶った例はない。同母の姉妹を娶るのは許されなかったが異母姉妹を妃とするのは禁忌ではなかった。ところがその事例はない。しかし仁徳の子の時代になると、記紀の記述を信用するなら、まず履中が異母妹の幡梭皇女《はたびのひめみこ》を娶り、幡梭皇女は中蒂姫《なかしひめ》（履中紀は中磯皇女《なかしのひめみこ》とする）を生み、中蒂姫は大草香に嫁いだ後安康の妃となる。安康が弟大泊瀬に与えた幡梭は仁徳の王女で履中妃であった。大王が王女を妃とするのは、このあと継体朝になってから続くようになるが、そのきっかけには王位を簒奪した継体の王位継承の正当化という動機があった。その次第は後述することになる。

履中紀元年条は履中が正妃黒媛との間に磐坂《いわさかの》市辺押羽《いちべのおしは》（市辺押磐）、御馬《みま》の二王子と青海皇女（飯豊王）をもうけ、妃幡梭皇女との間に中磯皇女《なかしのひめみこ》を生んだことを記している。一方で履中の父仁徳は、仁徳紀によれば髪長媛との間に大草香皇子と幡梭皇女があったとする。この仁徳の娘幡梭皇女が履中妃になったのだろうか。さらに大草香は妹幡梭皇女と履中の間に生まれた中磯皇女（中蒂姫）を妃としたのだろうか。この二つの可能性はどちらもないとはいえないだろう。しかし一度履中に嫁した幡梭が履中死後兄大草香のもとへ戻り、履中の弟允恭の子雄略の妃になることはほとんど考えられない。このことは履中と幡梭の間に生まれた中蒂姫が安康妃に、中蒂姫の母幡梭が安康の弟雄略の妃になるという世代の不一致からもいえよう。同名の別人は考えにくいので、『日本書紀』の編纂に際しての所伝の錯綜が原因であろう。仁徳記には、仁徳は髪長比売《かみながひめ》との間に波多毘《はたひ》能大郎子《のおおいらつこ》（大草香皇子）、波多毘能若郎女《はたひのわきいらつめ》（幡梭皇女）がいたことを記すが、履中記には波多毘能若郎女の名はなくもちろんその子中磯皇女もない。ところが安康記には根臣（根使主）の讒言を信じた安康が大日下王（大草香王）を殺した後、その正妃長田大郎女を奪って自分の妃にしたことが記されている。この長田大郎女とは安康記によれば大日下王の嫡妻《むかひめ》とされているので、安康紀の中蒂《なかし》姫《ひめ》とならざるをえない。ところが長田大郎女は允恭の王女で母は安康の母と同じ中津比売《なかつひめ》（忍坂《おしさかの》大中姫《おおなかつひめ》）である。安康が長田大郎女を奪って自分の妃としたのなら同母姉を妻にしたことになり、彼の長兄木梨軽と同母妹軽大郎女との同衾と同じケースとなる。直前に軽王子の追放があったこともあり、安康が同母姉長田大郎女を奪って妃にしたとは考えられない。『古事記』に関しても所伝の錯綜があったのだろう。記紀ともに允恭没後の伝承は混乱している。

中蒂姫には大草香との間に眉輪王（『古事記』は目弱王）という幼児がいた。安康記には是歳七歳とある。眉輪王は安康と中蒂姫との会話から安康が自分の父を殺したことを知り、安康の午睡中に彼を刺殺する。兄安康が眉輪王に殺されたことを知った末弟の大泊瀬（雄略）は大いに怒り眉輪王を捕えようと二人の兄に話を持ちかける。父の敵安康の寝首をかいた眉輪王は、葛城氏の円大《つぶらのおお》臣《おみ》（安康記は都夫良意富美《つぶらおほみ》）の邸へ逃げ込んだ。ここでも記紀の所伝に違いがある。安康記は、大長谷王子（雄略）が兄黒日子王にどうしたらよいか聞いたが、黒日子がいいかげんな態度だったので黒日子を殺し、さらにもう一人の兄白日子王に尋ねたが、白日子も同様の態度だったので殺してしまう。そして雄略は兵を集め都夫良意富美の邸を包囲した。大臣は娘訶良比売《からひめ》（韓媛）と五ヶ所の屯宅《みやけ》を差し出して許しを乞うたが、雄略は聞き入れなかった。円大臣は目弱王を殺し自分も自害する。これが安康記の目弱王事件の顛末である。この話は『日本書紀』では雄略紀にある。安康殺害を知った雄略はすぐ上の兄八釣白彦にどうしたらよいか問いただすが、返答がないので白彦を刺殺してしまう。雄略はもう一人の兄坂合黒彦のもとへいくが、黒彦は雄略の隙をみて円大臣の邸へ逃げ込んだ。雄略は円大臣の邸を包囲する。円大臣は娘韓媛と葛城の屯倉七ヶ所を献上して罪をあがなおうとするが、雄略は聞き入れず円大臣の邸に火をつけ攻撃する。眉輪王、坂合黒彦、円大臣とその家族、家臣は韓媛を除いてみな焼け死んだという。記紀ともに雄略の猛々しさ、凶暴さを語っているといえよう。

雄略は同母の兄二人と眉輪王、葛城氏の族長の円大臣《つぶらのおおおみ》を屠って即位するが、大王即位の直前にもう一人の王位継承の資格者履中の王子市辺押磐を謀殺する。これは雄略の兄安康が、生前彼らの従兄弟である市辺押磐に王位を譲り後事を託そうとしていたことを恨んでの雄略の所業と考えられる。眉輪王事件の年（安康三年、おそらく四五七年）の十月、雄略は市辺押磐を近江の来田綿《くたわた》の蚊屋《かや》野《の》（現滋賀県蒲生郡竜王町、一説には愛知郡愛荘町蚊野）へ狩に誘い射殺してしまう。この所伝は記紀で大差ないが、雄略即位前紀は市辺押磐の同母弟御馬皇子《みまのみこ》もその後雄略に捕えられ殺害されたことを記す。御馬王子の殺害の話は『古事記』にはない。しかし履中記には黒比売所生の市辺忍歯王、御馬王、青海郎女の記述があるので御馬王子の存在は確かだろう。履中紀にも履中に三人の子の記述がある。『古事記』の安康の条には雄略が市辺王を殺害したとき、その遺骸を切り刻んで飼葉桶に入れ地中に埋めてしまう話、市辺王の二人の子意祁《おけ》王（兄、後の仁賢）、袁祁《をけ》王（弟、後の顕宗）が難を逃れ山代の苅羽井《かりはい》（現京都府木津川市山城町綺田《かばた》）まできて二人が乾飯《ほしいい》を食べていると猪甘《いかい》（朝廷の食に供する豚を飼う部民）の老人が来て二人の乾飯を奪う話がある。いずれも後段の顕宗記で、市辺王の遺骸のありかを示した老婆に褒美を与える記述、乾飯を奪った猪甘に制裁を加える記述がある。『日本書紀』には幼い兄弟の難行苦行の話はないが、市辺押磐が舎人と一緒に穴に埋められる話、幼い兄弟が舎人日下部連使主《おみ》とその子吾田彦《あたひこ》に守られて逃げるが、使主は自害し吾田彦は兄弟に長く仕える話がある。

市辺押磐王、御馬王は履中の王子で母は葛城氏出自の黒媛（黒比売）、眉輪王とともに討たれた円大臣も葛城氏の一族の長であった。安康から雄略の時代にかけて、河内王朝が草創期から深い関係を築いてきた葛城氏の勢力を奪う意図が、この時期の王権にあったようである。雄略は即位後、平群臣真鳥《へぐりおみまとり》を大臣に、大伴連室屋と物部連目《め》を大連《おおむらじ》にして葛城氏の勢力を削いだのだが、この措置は雄略の近親殺害による大王家の血縁の弱体化と相まって他の氏族の台頭を許し、結果的に王権の基盤を危うくしたとみることができよう。

さて、この大王雄略の事績をみていこう。雄略記には大長谷若建《おおはつせのわかたけ》（雄略）の名をとって長谷部《はつせべ》の舎人を定め、韓比売との間に生まれた白髪命《しらかみのみこと》（後の清寧）の名代《なしろ》として白髪部《しらかべ》を定める記事がみえる。清寧には記紀ともに妃はなく子もないことから、一部にはその存在が架空視されているが、名代の設置が清寧記にもあり白髪部が各地に存在していることから、白髪命（清寧）は存在したとみていいだろう。雄略記には興味ある説話がいくつかある。その一つは雄略が河内に行った時、途中に堅魚木《かつおぎ》（建物の棟木の上に装飾用につけた鰹《かつお》状の木）をつけた雄略の宮殿に似せた立派な家があった。雄略が、宮殿に似せた家を造るとはけしからんと怒ってその家を焼こうとすると、その家の持ち主が出てきて謝ったので雄略は許したという。この説話は、専制君主として描かれている雄略のような大王でも、他の有力氏族の長とあまり変わらない宮に住んでいたことで、当時の大王の権力の未成熟さを示しているといえるのかもしれない。また行幸の途上で見かけた童女に宮中に召すから待っているようにといった雄略がそのことを忘れてしまい、童女が八十歳になってから雄略に会いに宮殿を訪れた話、吉野への道中で美しい童女に会い、舞を舞わせ歌を詠みこの娘を妃とした話など、即位前の雄略の行状にはそぐわない説話もある。興味深いのは秋津島の地名起源説話で、神武紀には神武が奈良盆地南端の御所市本間（腋上《わきがみ》の嗛間《ほほま》）の丘に登って国見をしたとき、彼の得た国は蜻蛉《あきつ》の臀呫《となめ》（トンボの交尾）のように丸い小さな国だったので、そこから秋津洲の名が生まれたとあるが、この雄略記は雄略が阿岐豆野《あきつの》へ行幸したとき、雄略の腕に虻《あぶ》が喰いついたがすぐ蜻蛉《あきつ》（トンボ）がきてその虻を咥え飛び立った。ここから阿岐豆野の地名が生まれ、大和の国を蜻蛉島《あきつしま》というようになったとする。しかも雄略紀四年条には雄略記と同じ虻と蜻蛉の説話がある。つまり『日本書紀』は蜻蛉島の地名起源説話を神武紀と雄略紀の二ヶ所に記している。地名起源説話が二つあるはずがない。秋津洲（蜻蛉島）の地名起源説話は、雄略記、雄略紀にあるように、虻と蜻蛉から生まれたのだろう。神武紀を今検討する余裕はないが、本間の丘に登っても広い奈良盆地が、周囲を山に囲まれた眞迮《まさ》き国（小さい国）、トンボのトナメの形をした丸く小さい国に映るわけがない。ただし大和を中心とする秋津洲（蜻蛉島）が大八洲（大八島）の一つであるとする記紀伝承の正当性を雄略記、雄略紀の説話が証明するものではないのだが、大八洲（大八島）伝承の検討は別の機会に譲りたい。

以上は『古事記』の雄略説話だが、次に『日本書紀』をみていこう。雄略紀にはいくつかの大王雄略の説話がある。吉野へ狩猟に行き、宴のあと雄略の問いにすぐに答えられなかった群臣を斬殺する話、百済の王族の娘を宮中へ召したが、娘が群臣の一人と通じたため二人の四肢を木に縛り付け焼き殺してしまう話、吉備臣《きびのおみ》田狭《たさ》が自分の妻の自慢話をしているのを聞いた雄略は、田狭を任那（任那については後述する）の国司にして任那へ追いやり彼の妻を奪い取る話、宮中で飼っていた鳥が犬に喰い殺されたのを知った雄略は、その官人の顔に入れ墨をして鳥養部《とりかいべ》にしてしまう話などで、雄略の短慮、暴虐の数々を記している。興味あるのは、同じ題材の話が雄略紀では潤色されていることである。あるとき雄略は葛城山に狩に行った。その途中で自分と同じ鹵簿《ろぼ》（行幸の行列）、装束の人に出会う。この倭《やまと》の国で天皇は私しかいないのに其の方は誰だと雄略は問うと、相手は私は葛城山の一言主神《ひとことぬしのかみ》であると答えた。これを聞いた雄略は「惶《おそ》れ畏《かしこ》みて」「拝《おが》み献《たてまつ》」ったと雄略記は記す。この同じ話が雄略紀では、一言主神と出会った雄略は互いに名乗り合って意気投合し、日が暮れるまで一緒に狩を楽しみ、日が暮れると一言主神は雄略を近くまで送ったとある。もう一つの話は、これも葛城山へ狩に行った話で、大きな猪が出てきたので雄略は鏑矢《かぶらや》で射たが猪は雄略に向かってきた。雄略は恐ろしくなって大きな木に登って猪を避けたとするのが雄略記だが、一方雄略紀は、大きな猪が出てきたので雄略は舎人に殺すよう命じたが、舎人は恐ろしくなって木に登り逃げてしまう。猪は雄略に向かってきたので、雄略は猪を弓で突き刺し足で踏み殺した。狩の後雄略は臆病な舎人を斬ろうとするが、皇后に止められたとする。この同じ題材のそれぞれ二つの話を読めば、もとの伝承は雄略記であることがわかるだろう。『日本書紀』はこれらの伝承を曲筆したのである。

　さて、記紀の雄略の条にはこうした説話があるが、韓半島に関する記述を別にすれば、ほとんどが畿内とその周辺の説話に限られている。雄略の時代のころまでに西日本各地の制圧が進んだのなら、そうした各地の記述があってしかるべきなのに、雄略記はもとより雄略紀にも畿内の説話が中心で、各地の説話はほとんどない。近国と山陽道の一、二の国の説話が雄略紀にはあるが、それ以外には地方の事象、大和朝廷への服属や反抗、あるいは諸国からの調などの献上、人の動きなどはまったく記されていない。このころの記紀の記述は大和と近江、伊勢、吉備の一部などに限られている。雄略紀の十八年条に伊勢の朝日郎《あさけのいらつこ》の乱があり、乱は鎮圧されたように記されているが、これはもともと伊勢東部の制圧がこのころに行なわれた可能性を否定できないだろう。さらに雄略死(雄略二十三年)後、吉備臣尾代《おしろ》の率いてきた蝦夷が備後の娑婆水門《さばみなと》(備後の佐婆《さば》村)で乱をおこした。彼らは尾代の軍に討たれながらも遠く丹波の浦掛水門(現丹波の久美浜)まで逃れ、そこで全員が討伐されているのだが、これも吉備、備後の征討が雄略朝のころであったと考えていいのかもしれない。だが吉備臣尾代は他にみえず、瀬戸内で起こった乱が日本海側で終息するというのも理解に苦しむ。五世紀の後半、伊勢、伊賀や近江、丹波、吉備などがこのころ大和朝廷に服していったのかもしれないが、『古事記』にこれらの記述がみえないことを考えると、『日本書紀』の編者の作為とも考えられる。大和を取り巻くこれらの地の制圧は、『古事記』に旧辞部分のない仁賢以降の五世紀の末以降であった可能性もあろう。

雄略の妃と王子に関しても記紀の所伝は異なる。まず雄略記。雄略は大日下王《おおくさかのみこ》の妹若日下部王《わかくさかべのみこ》を娶ったが子はなく、もう一人都夫良意富美《つぶらおほみ》の娘韓比売《からひめ》を妃として、白髪命《しらかのみこと》、若帯比売命《わかたらしひめのみこと》を得た。雄略紀では大日下王は大草香皇子、若日下部王は幡梭皇女《はたびのひめみこ》、都夫良意富美は円大臣《つぶらのおおみ》で、雄略記にあるこれらの妃と王子、王女は雄略紀にも記されている。違いが出るのは、雄略紀に幡梭皇女、韓媛以外に、吉備上道臣の娘稚媛《わかひめ》と春日和珥臣深目《かすがのわにのおみふかめ》の娘童女君《おみなぎみ》の二人の妃を持ったことである。前者は前述の吉備上道臣田狭《たさ》の妻稚媛《わかひめ》である。稚媛は雄略が彼女の夫田狭を任那へ追いやり、夫の留守中に奪った女性で、彼女は田狭との間に兄君、弟君の二子があった。雄略紀は雄略と稚媛との間に磐城皇子、星川皇子が生まれたとする。童女君は春日大娘皇女を生み、この皇女は後に仁賢皇后となって小泊瀬稚鷦鷯命《おはつせのわかさざき》（武烈）と皇女六人を生んだ。雄略記の所伝にない稚媛と童女君が『日本書紀』の編者の創作であろうとする見方は、少なくとも童女君に関しては成り立たないかもしれない。彼女の生んだ春日大娘皇女は後に武烈や手白香皇女（継体妃）、橘皇女（異論はあるが宣化妃）を生んでいるからである。さらに雄略紀は童女君は「本是采女《もとこれうねめ》なり」とする。そうなると春日和珥臣深目の娘という所伝に信がおけなくなる。和珥臣深目は他にあらわれない。童女君が春日大娘を生み、春日大娘は武烈を生んだので、童女君を采女の出自から臣の娘へと曲筆したのかもしれない。『古事記』は仁賢の条で仁賢妃春日大娘を雄略の娘とするが、雄略記に春日大娘の名はない。彼女が采女の出自であった可能性は高いだろう。

問題は雄略紀にある吉備稚媛である。稚媛と星川皇子についてはたびたびふれてきたが、ここで改めて清寧紀の記事を含めて振り返っておこう。最初に稚媛が雄略紀に登場するのは元年条で

「吉備上道臣の女《むすめ》稚媛《わかひめ》有《はべ》り。二の男《ふたはしらのひこみこ》を生めり。長《このかみ》を磐城皇子《いはきのみこ》と曰《まお》す。少《おとと》を星川稚宮皇子《ほしかわのわかみやのみこ》と曰す」

とある。続いて七年是歳条の記事で、吉備上道臣田狭が宮殿で同僚に自分の妻稚媛を自慢している

のを聞いた雄略が、稚媛を自分のものにしてしまおうと、田狭を任那の国司にして追いやり稚媛を奪う。田狭は稚媛との間に兄君《えきみ》、弟君《おときみ》の二子があった。田狭が任地へ赴いた後、雄略は弟君に新羅への出征を命ずる。弟君は渡海するが新羅への道が遠いことを知り、父のいる任那へいってしまう。弟君の妻の樟姫《くすひめ》はもともと朝廷への忠義心があつく、朝廷に忠節でない弟君を殺してしまうという筋書きである。雄略紀の最後に雄略が、星川は心が邪悪なので気をつけるようにと遺言する記事があり、これを受けて清寧紀では雄略死後、吉備の稚媛が星川をそそのかして乱を起こす。星川の同母兄磐城皇子はこの乱に加わらなかったが、星川と稚媛、星川の異父兄兄君が大蔵に立てこもり、清寧と大連大伴室屋の軍とたたかった。室屋は大蔵に火を放ち、星川、稚媛らを焼死させる。このとき吉備上道臣らは星川と稚媛に加勢しようと船四十艘を率いてきたが、星川らがすでに死んだことを知って吉備へ戻った。後に朝廷は吉備上道臣らを譴責したという。

さて、この星川の乱を考えてみよう。『古事記』には、稚媛、田狭、星川などは登場せず、雄略死後吉備に関する事象が一切ないことを最初に確認しておこう。そこで稚媛だが、稚媛は雄略元年条に「吉備上道臣《きびのかみつみちのおみ》の女《むすめ》」とあるだけで、稚媛の父にあたる上道臣の固有名詞がない。さらに七年是歳条の分註には「別本に云はく、田狭臣が婦《め》の名は毛媛《けひめ》といふ。葛城襲津彦《かつらぎのそつひこ》の子、玉田宿禰の女《むすめ》なり」とあり、この別本は、雄略が田狭の妻毛媛の容貌が並外れてすぐれていたので、その夫を殺しその妻を奪ったという。雄略が田狭の妻を奪った別本の記事から、吉備とは縁のなかった田狭を吉備臣に仕立てその妻毛媛（稚媛）とその子の吉備を足がかりにした乱に描いた『日本書紀』の編者の創作ではないだろうか。さらに雄略紀では、田狭が任那の国司の任にある時、その子弟君が新羅を討つようとの朝廷の命に背いて、新羅を討たずに父の任国任那へ戻ると、田狭は弟君によくやったと賞賛の言葉をかけるが、弟君が妻樟姫に殺されても田狭のその後の反応、あるいは後日譚はない。この兄君、弟君という表記も実名ではなく、彼らの実在を示していないと考えてよいだろう。さらに樟姫の出自に関して『日本書紀』は何も記さず、樟姫の父祖、あるいは氏は不明で他にもみえない。もう一つ不審なのは清寧紀で星川、稚媛らが大蔵で焼死する時城丘前来目《きのおかさきのくめ》という星川の臣下が死んだと記されているが、この城丘前来目はすでに雄略九年条で新羅に渡って新羅軍と交戦し、戦死した紀岡前来目連《きのおかさきのくめのむらじ》と同一人とみられることである。新羅で戦死した来目連が十数年後、大和の大蔵で焼死することはできない。この新羅の話にもその前提となる事績、あるいは後日譚など他に関連する記事はない。これらを総合して考えるなら、吉備の制圧は雄略朝の時代ではなく、稚媛は、玉田宿禰の娘で田狭臣（もちろん吉備上道臣ではない）の妻毛媛の事績を吉備上道臣の娘に置き換えたのではあるまいか。大和朝廷は、雄略朝（おそらく五世紀後半から末）より後に吉備を制圧したのだろうが、その制圧を雄略の時代に置き換えたのだろう。以上が大王雄略を記す記紀の伝承だが、これらの記述から雄略の時代に、東は関東から西は九州に至るまでの日本列島の主要部を大和朝廷が席捲していたとみるわけにはいかないだろう。

五世紀後半、雄略朝の支配はどこまで広がっていたのだろうか。『日本書紀』に比べてより原型をとどめているとされる『古事記』雄略天皇条に出てくる地名をあたってみると、大王雄略が宮を定めたとされる長谷の朝倉を筆頭に、呉原《くれはら》（現明日香村栗原）、引田部（現桜井市初瀬）、吉野、纏向、春日など、朝倉を中心とするおよそ二〇キロ圏（現在の奈良県の北半分）の地名が過半を占め、残りは河瀬（近江国栗太《くるもと》）と伊勢、三重を除いてすべて大倭《おおやまと》を含む奈良時代の畿内六県に含まれる。畿内を外れる地名は近江国栗太と考えられる河瀬で、ここに川瀬を管理する舎人を置いた話、もう一つは伊勢と三重で、伊勢国三重郡から出仕した婇《うねめ》にまつわる説話になっている。少なくとも雄略記から読みとる限り、五世紀後半の雄略朝の版図は、近江、伊勢を除いて後の畿内六国の枠からはみ出すことはなかったと思われる。

『日本書紀』の雄略天皇条に出現する地名に関しては少々検討する必要がある。雄略紀には逸失した百済系三史書が、二年条、五年条、二十年条の三ヶ所に挿入され、雄略の時代に大和朝廷が韓半島に進出していたように記されているが、これらの韓半島関係の記事を除くと、雄略紀に出てくる地名のおよそ六割は後の畿内六国で、残りのおよそ四割は畿外である。畿外の約四割という数字は雄略記に比べかなり高い。畿内以外の地名では、大倭《おおやまと》に近い近江、伊勢が三分の一を占め、他は遠国である。東山道では信濃、甲斐、武蔵が一回ずつ出てくる。西国では山陰道、山陽道が多く、ほかには南海道（讃岐）一回、西海道の筑紫が一回あるだけである。これらの雄略紀の記事から雄略朝は九州から関東に至る日本の主要部を版図に収めていたとみることが可能だろうか。まず甲斐である。雄略紀十三年九月条に甲斐の黒駒の話がある。黒駒の脚の速さが工匠の命を救ったという話だが、甲斐の黒駒が大和朝廷に献上されたのは天智朝のことなので、仮にこの説話のように馬を走らせたことがあってもその馬が甲斐の献上馬であったとみることはできないだろう。『日本書紀』の編者の潤色の可能性が高い。信濃と武蔵はどちらも朝廷に召しだされた仕丁が雄略から懲罰を受ける話で、もちろん稲荷山鉄剣銘の「乎獲居臣《おわけのおみ》」（後述）とは何の接点もない。物語から信濃と武蔵が導き出されているわけではないので、雄略朝がこれらの地を席捲していた証しとみることはできない。西国の讃岐、筑紫はどちらも伊勢の朝日郎《あさけのいらつこ》の討伐にあたった筑紫（九州の総称）の聞《きく》（企救《きく》郡）の物部大斧手《おおおのて》、讃岐の田蟲別《たむしわけ》という物部連目《め》配下の武将の名である。当時筑紫や讃岐から武人が召しだされ伊勢の豪族の討伐に動員されたと読むことが可能かもしれないが、この記事以外に南海道、西海道諸国に関する記事はない（韓半島に関連する記事は除く）ので、雄略朝の支配がこれら諸国に及んでいた証しとするには弱いだろう。

雄略紀十七年三月条には土師連《はじのむらじ》の祖吾笥《あけ》が、摂津の来狭狭村《くささむら》、山背《やましろ》の内村、俯見村《ふしみむら》、伊勢国の藤形村と、丹波、但馬、因幡の民部《かきべ》を献上する記事があり、これらの村と国がこのころ大和朝廷に服属した可能性もないわけではない。そして翌十八年の伊勢の朝日郎《あさけのいらつこ》の討伐である。伊勢の東半分の服属もこのころだろうか。雄略紀の最後には雄略死後に吉備臣尾代が娑婆水門《さばのみなと》（備後国佐波村《さばむら》）で叛乱に立ちあがった蝦夷を討伐する記事がある。清寧紀には吉備の稚媛、星川の乱もあり、五世紀後半大和朝廷の山陽道における征討が進む中でのこれらの地の抵抗と捉えられなくもない。ただしこうした事績を『古事記』がまったく語っていないので、雄略朝よりもう少し後の『古事記』に旧辞部分のない仁賢以降の五世紀末から六世紀初頭の出来事であった可能性も残されているのではないだろうか。そして最大の問題は、こうした雄略をめぐる記紀伝承が『宋書』にある倭王武の上表文と共通の時代背景と地域性を持っているのかということである。繰り返し述べてきたように、倭王武の上表文には

「昔より祖禰《そでい》躬《みずか》ら甲冑《かっちゅう》を擐《つらぬ》き、山川を跋渉《ばっしょう》し、寧処《ねいしょ》に遑《いとま》あらず」。

（私の父祖たちは自ら甲冑をつけ、山河をかけまわり、休む暇もなくたたかいつづけてきた）。

「臣が亡考《ぼうこう》済、実に寇讐《こうしゅう》の天路を壅塞《ようそく》するを忿《いか》り、控弦《こうげん》百万、義声に感激し、方《まさ》に大挙せんと欲せしも、奄《には》かに父兄を喪《うしな》い、垂成《すいせい》の功をして一簣《いっき》を獲ざらしむ」

（私の亡父済は中国への道が高句麗によってふさがれているのをみて怒り、正義の声に導かれて大挙して進発しようとしたが、父、兄を同時に亡くし、天の功もいま一歩のところで失敗してしまった）

などという叙述があるが、こうした状況は雄略記、雄略紀のどこを探しても見当たらない。五世紀を記す『宋書』、『南史』などと、同じ五世紀でも記紀の記述には越え難い乖離が存在しているのである。

稲荷山古墳出土の鉄剣銘をめぐって

一九七八年九月、奈良県の元興寺文化財研究所で、埼玉県行田市の稲荷山古墳出土の鉄剣の保存処理中に、この鉄剣から一一五文字の金象嵌《ぞうがん》の銘文が発見された。先学による銘文の解読によれば、造刀者は銘文にある「乎獲居臣《おわけのおみ》」、造刀は銘文の冒頭にある「辛亥年七月」で、前段には「意富比垝《おほひこ》」から「乎獲居臣」までの八代の系譜が刻まれ、後段では、私、「乎獲居臣」は代々杖刀《じょうとう》人《じん》の首《かしら》を勤め今に至ったこと、「獲加多支鹵《わかたける》大王」の「斯鬼宮《しきのみや》」に在る時、私は天下を「左治《さち》」し、よってこの利刀を作らしめた、と読めるという。稲荷山古墳の築造は五世紀後半とされ、辛亥年は四七一年、「獲加多支鹵大王」は大王雄略とするのが定説である。雄略は『古事記』では己巳年《きしねん》（四七九年）、『日本書紀』では己未年《きびねん》（四八九年）の没とされているので、こうした見解が多くの識者に支持されることとなった。

稲荷山古墳の鉄剣銘の発見と解読は、一八七三年熊本県菊水町（現玉名郡和水町《なごみ》）の江田船山古墳出土の銀象嵌大刀銘にも影響を与えた。この銘文は「治天下復□□□歯大王」と読解され、「復《たじひの》宮《みや》に天下治《あめのしたしろし》めす弥都歯大王《みずはのおほきみ》」と読まれて大王反正にあてられてきたが、稲荷山鉄剣銘の解読によって「復」が「獲」に、「歯」が「鹵」に変更され、大王雄略に見直されることとなった。こうした一連の考古学上の発見と解読によって、五世紀後半の雄略朝は関東から九州にかけての広範囲で支配権を確立していたこと、当時の地方有力豪族は直接大和の大王に仕え「杖刀人《じょうとうじん》」、「典曹人《てんそうじん》」（江田船山古墳出土の大刀銘）などとして組織されていたと考えられること、五世紀後半に地方豪族が八代にわたる系譜を記録していたことは『古事記』、『日本書紀』その他の文献の系譜の信憑性にも影響を与えること、などが確かめられたとされた。さらに「乎獲居臣」の「上祖《かみつみおや》意富比垝《おほひこ》」は崇神紀にある

稲荷山鉄剣の銘

（表）辛亥年七月中記乎獲居臣上祖名意富比垝其児多加利足尼其児名弖已
加利獲居其児名多加披次獲居其児名多沙鬼獲居其児名半弖比

（裏）其児名加差披余其児名乎獲居臣世々為杖刀人首奉事来至今獲加多支
鹵大王寺在斯鬼宮時吾左治天下令作此百練利刀記吾奉事根原也

□□□は人名

江田船山大刀の銘

台天下復□□□歯大王世奉事典曹人名无□弖八月中用大鉄釜并四尺
廷刀八十練□十振三寸上好□刀服此刀者長寿子孫洋々得□恩也不失
其所統作刀者名伊太□書者張安也

四道将軍の一人「大毘古《おほひこ》」であろうとする見解も市民権を得ている。このように稲荷山古墳出土の鉄剣銘は大王雄略の時代を考える貴重な手掛かりを与えたといえるのだが、この鉄剣銘から五世紀後半の大和の専制王権が関東から九州までの日本の主要部を統合していたと読みとることが可能であろうか。五世紀後半の大王雄略の時代に大和の王朝が日本の主要部を統合していたのなら、五世紀初頭から中国南朝へ朝貢していた倭国の王は、河内王朝の大王である可能性が高くなるのは当然である。ところが、近年発見された稲荷山の鉄剣の銘を大王雄略に結びつけるには、以下にみるようにいくつかの問題があるように思われる。

第一に地方豪族の長、あるいはその子弟が大和の王権に仕える形態は、少なくとも六世紀以降では、地方豪族はその子弟を大和の豪族のもとへ舎人として出仕させ、大和の豪族は自らの裁量によって大王へ奉仕させる形態を決める。だから地方豪族、あるいはその子弟は大王と直接の関係を築くことができず、大和の豪族に迫る地位を得ることはできない。その差は劃然と開いていた。稲荷山鉄剣銘の「杖刀人《じょうとうじん》」とは刀を常に帯同している人、つまり武官で、その首《かしら》とあるので大王の警護人の長であろう。継体朝以降はこうした職務には大和の豪族でなければ就けなかった。その半世紀前には地方から出仕した豪族は、大和朝廷の大王の身辺警護にあたる部門の長にまで就くことができたのだろうか。疑義が生じるのは避けられないだろう。地方豪族の子弟であると考えられる「乎獲居臣」が、大和の雄略朝で大王の警護官の長という任に就いていたと軽々に断ずることはできないのではなかろうか。

第二にこれに関連して「吾、天下を左治し」の一文である。「左治」は「佐治」で「佐《たす》けて国を治む」の意味である。魏志倭人伝には卑弥呼に仕えた男弟が「佐けて国を治む」とあり、中国の古典『周礼《しゅらい》』には周の武王が幼少の成王を「以佐王治邦国」（以て王を佐《たす》け邦国を治む）とある。このように皇帝や王が幼少で国を治められない時、あるいは女帝などの場合、彼らに替わって国を統治する行為が佐治＝左治であった。もちろん誇張はあるにせよ「乎獲居臣」のように一介の地方豪族が大和朝廷の大王を左治するという表現は、たとえようもない違和感を伴なう。「乎獲居臣」が大和の大王を左治するという表現に疑問が生じるのは当然だろう。

　第三は「獲加多支鹵大王寺在斯鬼宮時」である。上述のように学界の大勢は「獲加多支鹵大王」を「ワカタケル大王」と読み「斯鬼宮」を磯城宮《しきのみや》にあて、大王雄略が磯城宮にある時と読んだ。まず「獲加多支鹵」を「ワカタケル」と読めるかという問題である。とくに「支」を「ケ」と読み「鹵」を「ル」とするのは大いに疑問である。上代の読みなら「支」は「キ」あるいは「シ」、「鹵」は「ロ」だろう。雄略の名「オオハツセノワカタケ」から「支」を「ケ」に、「鹵」を「ル」に無理にあてたのではないだろうか。さらに雄略の宮は「長谷《はせ》の朝倉」（雄略記）、「泊瀬《はつせ》の朝倉」（雄略紀）であって磯城《しき》ではない。磯城（崇神紀）、師木《しき》（崇神記）は、記紀によれば崇神、垂仁が宮を置いた地とされる。朝倉は同じ桜井市でも磯城から数キロ西へ寄った地で、長谷の朝倉を磯城と表現することに疑問が生ずるのは避けられない。また、稲荷山古墳出土の鉄剣が関東で作られたとしたら、斯鬼が大和の磯城と認識できるだろうか。あるいは畿内でこの鉄剣が作られたとしたら、長谷と磯城の地理上の概念の相違をどう考えるかという問題が残る。ましてや雄略は『古事記』では「大長谷若建命」、『日本書紀』では「大泊瀬幼武天皇」と「長谷」、「泊瀬」が大王の名に冠せられていて、斯鬼、磯城、師木は大王雄略とはつながりをもっていない。「斯鬼宮」の「獲加多支鹵」を大王雄略とすることには問題が多いだろう。

第四に、学界の大勢は、稲荷山鉄剣の造刀者「乎獲居臣《おわけのおみ》」の八代の系譜の冒頭の「意富比垝《おほひこ》」を崇神紀の四道将軍の一人「大彦《おほひこ》」、『古事記』の「大毘古《おほひこ》」にあてているが、「大毘古」は、八代孝元天皇の長子である。もし「意富比垝」が「大毘古」なら、造刀者はその系譜をなぜもう一代前の孝元天皇から始めなかったのだろうか。崇神記（崇神紀も同じ）は大毘古が高志道《こしのみち》（北陸）へ遣わされたことを記し、少なくとも関東とはかかわりがない。鉄剣銘は大毘古の子を「多加利足尼」と刻し、先学はこれを「タカリノスクネ」と読む。ところが崇神記は大毘古の子建沼河別命《たけぬなかわわけのみこと》を「東方十二道」に遣わしたと記している。東方十二道に武蔵を含む関東一円が含まれることは間違いがない。もちろん大毘古（大彦）の子は建沼河別（武渟川別）だけでなく、「多加利足尼」も大毘古の子であった可能性もあるだろう。だが「意富比垝《おほひこ》」が大毘古なら、関東に遣わされた建沼河別《たけぬなかわわけ》も北陸へ遣わされた大毘古とともに「乎獲居臣《おわけのおみ》」の上祖《かみつみおや》である。関東により縁があると思われる建沼河別を上祖とせず、その一代前の関東に縁があるように記されていない大毘古を鉄剣に刻んだ「乎獲居臣」の意図に疑問が生じる。「意富比垝」を大毘古にあてる説は成り立つのだろうか。

稲荷山古墳出土の鉄剣銘から、大王雄略の在世した五世紀後半に日本列島の主要部が大和朝廷の支配下に入っていたと読みとる見解の最後に、造刀者「乎獲居臣」は大和の豪族であり、鉄剣は部下である稲荷山古墳の被葬者が任期を終え国へ帰る際下賜されたのであろうとする見方がある。この見方なら上述の第一、第二、第四の疑点はかなりの程度クリアするだろう。地方豪族の長、ないし子弟が大和の大王の警護官の長に抜擢されるという不自然はないし、大和の大王に替わって天下を治めたという荒唐無稽な話も多少は緩和される。崇神時代の四道将軍の一人大毘古を祖にもつという「乎獲居臣」が誇る系譜も、彼が大和の豪族なら決してあり得ない話ではない。ただし彼が系譜をもう一代前の孝元天皇からなぜ始めなかったのかという疑問は決して払拭されない。しかし造刀者「乎獲居臣」がこの鉄剣を部下に下賜したという想定はほとんど考えられない。無銘の刀剣ならまだしも、系譜を刻んだ鉄剣を部下に下賜することはありえない。仮に下賜されたとしても受けた方は他家の系譜入りの刀剣では扱いに困るだろう。そもそも刀剣は武器以前に悪霊、邪気を払い、吉祥、長寿、昇進、繁栄を願う祭器であった。稲荷山鉄剣の銘にも「記吾奉事根原也」（吾が奉事の根原を記す也）とある。「乎獲居臣」が大和の豪族で関東出身の部下に鉄剣を下賜したとする考えは到底成り立たないだろう。そうであるなら、これらの疑点を解決する方途は、稲荷山古墳出土の鉄剣銘にある「獲加多支鹵大王」をワカタケルと読みそれを大王雄略にあてる無理を冒さず、他の方面からの考究を進めていくことだろう。

江田船山古墳出土の銀象嵌《ぞうがん》大刀に簡単にふれておこう。江田船山古墳は有明海に注ぐ菊池川の河口から一五キロほど遡った地にある墳丘長六二メートルの前方後円墳で、古墳の築造は五世紀後半とみられ、その後六世紀前半にかけて二回追葬が行なわれたとされている。江田船山古墳の大刀は二回目の被葬者の副葬品として埋納されたらしい。だから大刀は五世紀末から六世紀初頭の製作であると考えて大過はないだろう。大刀を所有していた被葬者は、大王に奉事していた「无利弖《むりて》」という名の典曹人《てんそうじん》で、典曹人とは曹（役所）を典《つかさど》る人であり、大王の政治を執行する機構を統轄していたかなり高位の役職であったらしい。大刀銘は欠字があって完全には読めないが、考古学界の大勢は当初「无利弖」が仕えていた大王を「復□□□歯大王」と読み、「復宮《たじひのみや》に天下治《あめのしたしろし》めしし弥都歯《みずはの》大王《おほきみ》」すなわち大王反正にあてていた（□□□は宮弥都か宮之水をあてる）。ところが稲荷山鉄剣銘の発見によって「獲加多支鹵」がワカタケルと解読されたことから、江田船山も「復」が「獲」に、「歯」が「鹵」に変更され「獲加多支鹵」つまり大王雄略にあてられるようになった。こうした恣意的な解釈によって雄略の時代は、東は関東から西は九州までを含む日本列島の広範囲が大和朝廷によって支配されていたとされた。こうした解釈を生みだす手法が許容されるのだろうか。大いに疑問を感じないわけにはいかない。

江田船山古墳の大刀銘からは、この大王の世に典曹人として奉事していた「无利弖《むりて》」が、大刀を作らせ銘文を刻ませていたことが知られるが、この「无利弖」が江田船山古墳の被葬者なのか、それとも「无利弖」は大和の豪族で、大刀は江田船山古墳の被葬者に下賜されたのか、識者の間でも意見が分かれている。典曹人である「无利弖」が江田船山の被葬者であるならば、肥後菊池出身の畿内の大王に仕えたかなり高位の文官が、おそらく退官後故郷に帰り、同族の長が作らせた古墳に追葬されたことに違和感が生じるだろう。地方豪族の長、あるいは子弟が大和に上って典曹人という地位に就いたという仮定の不自然さはさておいても、それほどの地位にあった人間が退官後郷里へ帰ったならば、通常なら一族の中心的な地位を得るだろう。彼の死後の古墳への埋葬も、同族の首長かそれに準ずる人間が埋葬された古墳への追葬ではなく、生前から寿墓を築かせ、彼の死後は新たに築造された古墳に埋葬されたと考えるほうがまだ自然だろう。また「无利弖」が大和の豪族で大刀は肥後菊池出身の部下に下賜されたとする見方も矛盾をはらんでいる。「長寿にして子孫洋々」「其の統《の》ぶる所を失わず」とある銘からは、自分の子孫の繁栄とその領地支配の永続を願う造刀者「无利弖」の想いがみてとれるのだが、そのような大刀を造刀者が部下に下賜することがありえないこともたしかだろう。ことは稲荷山古墳出土の鉄剣と同じ様相を呈している。この根源はこれらの銘にある「獲加多支鹵」、「獲□□□鹵」をワカタケルとし、大王雄略に無理にあてようとしたことにあるのだろう。大王は大和朝廷の王に限られる呼称であったのか。日本列島の各地に王と称する統率者が一定の地域を掌握し、その一定部分が大王と称していた可能性はなかったのか。大和朝廷の日本列島の主要地域の統合をこのように早くみる根拠を、考古学上の二、三の遺物から導き出すことには問題が多い。判らないことを無理に結論付けることは学問の大道から外れるのではあるまいか。

河内王朝末期の伝承

次に雄略後の清寧、顕宗、仁賢、武烈と続く河内王朝末期の記紀の所伝をみていきたい。この時期の所伝を考察することによって、これらの大王が、倭王武が得た百済を除く韓半島諸国の諸軍事、安東大将軍の爵号によって、どのように韓半島の諸国と対峙していたのか、韓半島でどのように影響力を行使し、勢力を拡げてきたのかが示されるかもしれないからである。ところがこれらの所伝も、雄略までの諸王と同様中国南朝との接触は示されず、韓半島関連の記事も百済系史書を該当する年次にあてはめただけに終わっている。

まず清寧である。この大王は記紀ともにまったく影が薄い。清寧記は清寧に妃も子もないので名《な》代《しろ》として白髪部を定めたとし、清寧が没すると「天の下治らしめすべき王無かりき」と、清寧の死で王統が断絶したことを記している。続いて清寧記は王位を継ぐべき王を探すと、葛城の忍海《おしぬみ》の高木の角刺《つのさし》宮に、市辺忍歯別王の妹で忍海郎女《おしぬみのいらつめ》、別名飯豊王《いいとよのみこ》がいたとする。清寧記は飯豊王が即位したとは明言していないが、忍海郎女「角刺宮に坐《ま》しましき」という記述は、王位を継ぐべき血統がみつかるまでの間、飯豊王が実質上即位したことを示している。即位後飯豊は血統を探させたのだろう。実は『古事記』下巻の冒頭には「大雀皇帝《おおさざきのすめらみこと》より豊御食炊屋比売命《とよみけかしきやひめのみこと》に尽《いた》るまで凡《おほよ》そ十九天皇《すめらみこと》」という分註がある。大雀皇帝は十六代の大王仁徳、豊御食炊屋比売命は三十三代の大王推古で、この間は十八代の大王である。この分註が当初からのものか、どこかの時点で書き加えられたものか不明だが、現存の『古事記』の諸本にはすべてにこの分註があり、十九天皇としている。『古事記』中巻は神武から応神までの十五人の大王だが、中巻の冒頭には分註はない。十九人の大王であるならば飯豊王を入れなければ数が合わない。一方、『日本書紀』も飯豊皇女の即位を強く示唆している。顕宗即位前紀は「飯豊青皇女《いいとよのあおのひめみこ》、忍海角刺宮《おしぬみのつのさしのみや》に臨朝秉政《みかどまつりごと》したまふ」とする。これは朝政をとったことを意味し、即位したことを示す表現である。飯豊が即位したことは動かし難いだろう。

ところで『日本書紀』は清寧と清寧後をどのように記しているだろうか。清寧紀は、雄略死後星川皇子の乱が起こったことを記し、乱の鎮圧後の翌年清寧は即位している。清寧に子がないことから、即位の翌年白髪部舎人《しらかべのとねり》、白髪部膳夫《かしはで》、白髪部靫負《ゆけひ》をおいたとある。舎人は近習、警護を担当する国造《くにのみやつこ》、伴造《とものみやつこ》の子弟で、その経費の捻出のために部《べ》をおき、その地の民が彼らの費用を負担したと考えられる。膳夫は大王の食膳を供する部で、靫負は朝廷、大王の軍隊を供出する部であった。白髪部は畿内各地に置かれたとみられる。この年清寧紀によれば、播磨の国に遣わした国司山部連伊予来目部小楯《やまべのむらじいよのくめべのおたて》が、赤石郡（清寧の時代郡はない）の縮見《しじみ》屯倉（屯倉の設置は早くても六世紀前半から中葉）で市辺押磐王の子億計《おけ》、弘計《をけ》の兄弟を発見する。小楯は大和へ知らせるとともに宮を建てて二人を住まわせ、翌年二人の王子を大和へ連れていく。清寧は兄億計《おけ》を皇太子に、弟弘計《をけ》を皇子にしたとある。この部分は次の顕宗紀に詳しいので、顕宗紀も合わせてみていくことにしたい。

大王顕宗は兄弟の弟の方で弘計《をけ》、父は大王履中の王子市辺押磐王、顕宗紀によれば譜第《ふだい》（かばねのついでのふみ）を引いて市辺押磐は蟻臣《ありのおみ》の娘荑媛《はえひめ》を娶り三男二女を生んだという。その一は居夏《いなつ》姫《ひめ》、その二は億計王《おけのみこ》（更《また》の名は嶋稚子《しまのわくご》、更の名は大石尊《おほしのみこと》）、その三は弘計《をけ》王（更の名は来目稚子《くめのわくご》）、その四は飯豊女王《いいとよのひめみこ》（亦の名は忍海部女王《おしぬみべのひめみこ》）、その五は橘王であった。また或本では飯豊女王を弘計王の上に入れている（第三子と第四子が逆転している）。この顕宗紀の譜第からの引用には注意が必要である。まず第一子の居夏姫、第五子の橘王が他の記事にない。第五子の橘王については仁賢の皇女に橘皇女がいるので、市辺押磐の王子を意図的に仁賢の王女に仕立てたのか、あるいは故意ではなく単に所伝が錯綜したのかもしれない。第二に飯豊女王を市辺押磐の子としていることである。すでにみたように、履中元年条には履中と葦田宿禰の娘黒媛との間に市辺押磐、御馬、飯豊が生まれたことになっており、ここでも所伝の混乱がみえる。飯豊は、履中記、履中紀、清寧記がいうように履中の娘、市辺押磐王の妹であったのか、それとも顕宗紀にある譜第が記すように市辺押磐の娘、億計、弘計の妹であったのか、食い違いが生じている。そして億計、弘計兄弟の即位の経過にかんする記紀の所伝の相違という問題もある。

もう一度整理すると、まず『古事記』では雄略死後、彼の子清寧が即位したが清寧は短命で妃がなく子もなく死んだ。王位は空位になったので（群臣は）後継を探し求め、履中の王女で市辺押磐の妹忍海王女（飯豊王）を見いだした（ので王に迎えた）。一方、山部連小楯は幡磨（播磨）へ国《くにの》宰《みこともち》として赴き、播磨の屯倉《みやけ》で市辺押磐の子の億計《おけ》、弘計《をけ》（『古事記』では意祁《おけ》、袁祁《をけ》）の兄弟を発見する。彼は兄弟を大和へ上らせた。兄弟の姨《おば》飯豊王は王位を兄弟に譲ろうとするが、どちらが大王に即位するかで二人は譲り合う。結局播磨の屯倉にいたとき身分を明かすのに功のあった弘計が即位（大王顕宗）する。この即位に際して顕宗が平群臣真鳥《へぐりおみまとり》の子志毘《しび》（鮪《しび》）と争い、真鳥と鮪を斃す話がある。顕宗は石木王《いわきのみこ》の娘難波王を娶ったが子はなく、八年の治世の後死没し、兄億計が即位（大王仁賢）する。仁賢は雄略の娘春日大郎女を妃に迎え、小長谷若雀（武烈）ら七人の王子、王女を持つ。この仁賢以降『古事記』には物語にあたる旧辞部分はなく、この仁賢記も帝紀だけを記したごく短い記述である。

次は『日本書紀』である。雄略死後に星川皇子の乱が起こり、乱の鎮圧後清寧が即位する。清寧には妃も子もいなかったので後嗣を探させたところ播磨に市辺押磐王の二人の子がいたので大和に迎えた。清寧が五年の春一月に死ぬと後嗣をめぐって兄弟は王位を譲り合い決まらなかったので、兄弟の姨《おば》（あるいは妹）の飯豊青皇女が仮に朝政をとる。飯豊はその年の十一月死没、兄弟はまた譲り合うが、結局弟の弘計が即位（顕宗）、三年の治世の後顕宗が死ぬと兄の億計が即位（仁賢）する。顕宗は難波小野王を皇后にするが子はない。この難波小野王は大王允恭の子磐城王の孫とするが、允恭紀に磐城王の名はない。難波小野王は、顕宗死後、仁賢に対して無礼な振舞いをしたので自殺したという異例の記述がある。仁賢は雄略の娘春日大娘皇女を皇后とし、春日大娘は一男（武烈）六女を生む。この三女が後に継体妃となる手白香皇女で、末子の真稚《まわか》皇女は『古事記』では真若王で王子となっている。仁賢は春日大娘のほかに和珥臣日爪《わにのおみひつめ》の娘糠君娘《あらきみのいらつめ》を娶り彼女は春日山田皇女を生んでいる。春日山田皇女は安閑紀では安閑の皇后になったと記されているが、安閑記には春日山田皇女の名はない。

さて、億計、弘計と飯豊王女をめぐるこうした記紀の所伝をどう考えるべきだろうか。記紀の伝承はまず二王子の発見が清寧の生前（『日本書紀』）か、清寧の死後（『古事記』）のことかの違いに現われる。この場合どちらがより不自然かという問題であろう。清寧は『古事記』では白髪大倭根《しらかのおおやまとね》子命《このみこと》、『日本書紀』では白髪武広国押稚日本《しらかのたけひろくにおしわかやまと》根《ね》子天皇《このすめらみこと》といい、生まれながらの白髪であったという。『日本書紀』は清寧を雄略の第三子とするが、これは乱を起こした星川とその同母兄磐城を清寧の兄としたので第三子になったのであり、『古事記』がいうように雄略の子は清寧とその同母妹若帯比売命、別名栲幡姫《たくはたひめ》皇女（雄略紀）、そして妾腹の春日大娘しかいなかったのだろう。栲幡皇女は雄略紀によれば讒言で自害している。妾腹の皇女に王統は継承できない。だから清寧が死ねば雄略の血統は絶える。稚媛が本当に吉備下道臣の娘なら、おそらく当時の慣例からみて、困難ではあっても稚媛所生の磐城が清寧死後に王位に就くことは不可能ではなかったろうから、王統の断絶と記すことはない。『古事記』の記述は一応筋が通っていると考えられるだろう。一方『日本書紀』の場合、清寧の生前に後嗣を探すという不自然さは覆い難い。清寧が老齢で即位し、皇嗣を残す可能性がなく皇嗣の獲得は困難だとするのなら首肯できなくもないが、記紀の記述ではもちろん清寧は老齢での即位ではなく、むしろ若年であったと考えられる。『古事記』の所伝によれば、清寧の母で都夫良意富美《つぶらおほみ》の娘韓媛は、安康を殺害した目弱王を匿った科で父から雄略のもとへ差し出された妃なので、清寧の生年は雄略の即位以降でなければならない。さらに清寧を第三子とする『日本書紀』の記述が仮に正しければ、雄略が稚媛を奪ったのは雄略七年で、その後に磐城、星川が生まれ、第三子の清寧の誕生はその後とならざるをえない。雄略は雄略紀によれば雄略二十三年に死んでいる。だとすれば清寧は幼年のときに即位したことになる。そうであるなら即位二年目の清寧に皇嗣を求めることがなぜ不可能であり、他所へなぜ皇嗣を求めなければならないのだろうか。『日本書紀』の曲筆であり、その記述を受け入れることはできないだろう。つまり清寧の生前に後嗣を探させることはありえないのである。

その清寧の事績だが、清寧記に清寧自身の話はまったくない。一方『日本書紀』は清寧の即位前紀に異母兄星川とその母稚媛の乱の記事、即位後に億計、弘計二王子発見の記事があるがこれらは既述した。注目したいのは、清寧紀と次の顕宗紀の飯豊皇女の記事である。飯豊は前述のように履中の娘とも市辺押磐王の娘、すなわち履中の孫とも記され、所伝に混乱がみられるのだが、どちらをとるにせよ允恭、安康、雄略、清寧と続く允恭の王統とは異なり、履中の系統である。顕宗即位前紀によれば清寧五年に清寧が死んだあと飯豊が「臨朝秉政《みかどまつりごと》したまふ」（仮に朝政をとる）。清寧の死によって王位が空位になったのだが、『日本書紀』は、飯豊が即位したとも、さりとて王位が空位になったとも書くことができず、飯豊が「臨朝秉政」したがその年の内に死去、億計、弘計の兄弟が譲り合った結果、弘計が即位したと記した。

清寧は皇嗣を残さず死んだ。群臣は皇嗣を探し、履中の娘飯豊王を見いだし、彼女を即位させた。彼女のもとでさらに皇嗣を探し、市辺押磐王の二人の子億計《おけ》、弘計《をけ》の兄弟を播磨で発見、彼らを大和へ上らせ王位につけようとした。兄弟は譲り合ったが結局弟の弘計が即位、彼の死後兄の億計が嗣ぐ。これが『古事記』。一方の『日本書紀』は清寧が即位したが、妃、子ともにないので皇嗣を探したら播磨に億計、弘計の兄弟がいたので二人を大和に上らせた。その二年後（清寧三年）の一月、清寧は死に兄弟は王位を譲り合って決まらなかったので、兄弟の姨《おば》あるいは妹の飯豊王が仮に朝政をみることになった。飯豊皇女はその年の十一月死に、兄弟はまたも譲り合うが結局弟の弘計が即位（顕宗）、三年後顕宗が死に兄の億計が即位（仁賢）する。この『古事記』と『日本書紀』の二つの伝承を比べてみれば、どちらがより不合理かは明白だろう。『日本書紀』が記すように、清寧死後兄弟が王位を譲り合っているときに、兄弟の姨《おば》（妹）がでてきて仮に朝政をみることなどありうるはずがない。さらに兄弟が大和に上って二年後清寧が死に、その年の内に飯豊も死ぬという記述に『日本書紀』の編者の作為を読みとるのはきわめて容易だろう。『日本書紀』の記述は明らかに合理性を欠いている。

記紀の所伝によれば、飯豊から王位を譲られた億計、弘計の兄弟は、先に弟の弘計が即位（大王顕宗）、顕宗の死後兄の億計が即位（大王仁賢）したことになっているが、この二人の大王に関しては、兄弟そのものが実在しなかったという説、二人とも実在したが大王にはならなかったという説、仁賢は即位したが顕宗は即位しなかったとする説などが取りざたされている。こうした説が生まれる背景には、兄弟の父市辺押磐王が雄略に殺害され幼い兄弟が流浪の果て、播磨の屯倉で火焼《ひたき》の童《わらは》になっていたという信じがたい流浪譚がある。大王の孫が奴《やっこ》にまでなって身を隠していたとする記述はおくとしても、記紀ともに履中には市辺押磐、御馬、忍海王女がいたとするし、顕宗即位前紀にある譜第の市辺押磐の五人の子女も、第一子の居夏姫、第五子の橘王を除けば、系譜の錯綜があるにしても彼らの存在を否定しにくく、彼らはおそらく実在していたのだろう。ただし兄弟がそれぞれ顕宗、仁賢として即位したとする説には無条件で従うわけにはいかない。それは先の譜第の記事である。譜第には、市辺押磐と荑媛《はえひめ》の間に生まれた億計王《おけのみこ》を、更《また》の名嶋稚子《しまのわくご》、更の名大石《おほしの》尊《みこと》とし、弘計王《をけのみこ》を更の名来目稚子《くめのわくご》と曰《い》ふという記事がある。兄億計は大王を意味する大石尊という名を持っていたと譜第は記しているので億計は即位したとみることが可能かもしれないが、先に即位したとする弘計には兄億計の大石尊に相当する大王を意味する名はない。後に天武、持統の皇子草壁が早世し、その遺児軽皇子が即位（文武天皇）した後、草壁を岡宮天皇と追号したように、あるいは奈良朝の末期冤罪で非業の死を遂げた桓武天皇の実弟早良《さわら》親王の祟りを恐れた朝廷が、早良親王の死後彼に崇道《すどう》天皇の諡号を追号したように、王統への復権と仁賢即位に大功のあった弘計王を、大王として即位した体裁をとったのかもしれない。

　河内王朝の最後の大王となった武烈を記す武烈紀にも不審な記述がいくつかあるが、なかでも異常なのは武烈の悪逆非道な所業の記述である。その意味するものは以下に検討したいが、その前に武烈即位前紀にある影媛をめぐっての武烈と平群臣真鳥の子鮪《しび》との争いを取り上げたい。仁賢十一年八月仁賢が死ぬと大臣であった平群臣真鳥は自ら王になろうとして、太子（武烈）のために建てた宮に自分が移り住み、真鳥は臣下としての節操をわきまえなかった。武烈紀は真鳥の野心をまず記すのだが、その子鮪の落ち度は記されていない。武烈は大連物部麁鹿火《もののべのあらかひ》の娘影媛に想いを寄せ、彼女を娶ろうとするが、真鳥の子鮪も影媛に恋心を抱いていた。武烈と鮪は影媛を得ようと歌垣《うたがき》で歌をたたかわせる。歌垣はもともと春の田植えや秋の収穫などの農事に、豊作を祈って飲食しながら歌を歌いあい技量をたたかわせる農民の祭りで、求婚の場でもあったが、貴族など上層階層の間でも歌のやり取りが行なわれるようになり、男女間の恋の応答だけでなく、歌を歌いあうことによって女性（男性）を獲得する場としても社会的に広まっていた。この武烈と鮪の歌垣も影媛をめぐって両人の抜き差しならぬ争いに発展していった。影媛をめぐる歌垣では、歌のやり取りの中で影媛が鮪を恋慕い、鮪も影媛にひかれ、二人は互いに将来をみすえわりない仲になっていたことが明らかになる。これを知った武烈は大いに怒り、大伴金村に平群臣鮪を討つことを諮る。二人は兵を集め鮪を誘い出し、退路を断って奈良山で鮪を討ち取る。鮪が武烈に殺されたことを知った影媛は、鮪の殺された奈良山へ行き涙を流した。少なくとも影媛に対しては鮪に落ち度はなく、鮪は武烈の専横の犠牲者であったように武烈紀は記している。鮪を討ち取った金村と武烈は平群真鳥の邸を囲んで火をつけ、真鳥は大王への道が断たれたことを知って自害する。こうして真鳥、鮪の親子は金村と武烈によって滅ぼされ武烈は即位する。

この平群臣鮪《しび》の話は『古事記』にもあるが、『古事記』では鮪（志毘《しび》）の相手は武烈ではなく顕宗になっている。清寧記によれば、清寧が皇嗣を残さず死ぬと履中の子で市辺押磐の妹忍海郎女（飯豊王）が朝政をとるが、その間に皇嗣を探させ、億計《おけ》、弘計《をけ》の兄弟が発見され、彼らは大和へ上る。大和で弟の弘計は菟田首《うだのおびと》の娘の大魚《おうお》に惹かれるが、鮪も大魚を恋慕っていた。弘計と鮪の二人は大魚を得るため一晩中歌をたたかわせた。翌朝、億計、弘計の兄弟は、今鮪の邸は無防備だろうから今襲えば鮪を討つことはできるだろうと相談して、兵を集め鮪の邸を急襲し鮪を殺害する。大魚の想いは清寧記にはない。だが少なくとも鮪に非はなく彼は被害者であり、億計、弘計の兄弟の所業は非難されるべき対象として描かれている。鮪を仕留めた兄弟はどちらが王位に就くか譲り合った結果、弟の弘計が即位する。

この清寧記と武烈紀のどちらが本来の伝承であったろうか。断定的なことは言えないが、次の二つの点から武烈紀の方に曲筆を感じる。その第一は大臣平群真鳥に関する記事である。雄略紀によれば真鳥は雄略即位の時点で大臣になっている。雄略の即位は五世紀の半ば、四五〇年代だろう。『日本書紀』によれば雄略の在位は二十三年、清寧の在位は五年とある。これらの数字に必ずしも全幅の信頼を寄せるものではないが一つの参考にはなる。平群臣真鳥が大臣になって清寧の死のころまで三十年近く大臣の地位にいた可能性はないとはいえないだろうが、それからさらに十五年後の武烈の即位のころまで健在で、半世紀近く大臣を拝領していたとなると簡単には信じられない。真鳥が大臣の地位にあった時期は長くてもせいぜい清寧の死のころまでが限度だろう。武烈紀の記述に疑問が生まれるのは避けられない。第二は武烈紀の物部麁鹿火《もののべのあらかひ》である。彼の娘影媛をめぐって実際に武烈と鮪が争ったのなら、武烈の即位のころ（おそらく五世紀の末年のころか六世紀の初年のころ）麁鹿火は成人女性の娘を持っていた。麁鹿火は継体即位の二十余年後、継体から磐井を討伐するため軍の指揮をまかされ大和から筑紫へ出征する。磐井の乱は武烈の即位から三十余年後のことである。武烈の即位のころに成人女性を娘に持っていた麁鹿火が、三十余年後も健在であった可能性はあるかもしれないが、かなりの老齢であったはずの麁鹿火が、討伐軍を率いて大和から九州へ遠征することは考えにくい。武烈紀と継体紀の麁鹿火に関する記述は整合性を持たないだろう。清寧記にあるように、平群臣鮪と争ったのは顕宗だろう。顕宗は平群氏に反感を持つ他の氏族の協力を得て、真鳥、鮪の親子を討ち果たしたのだろう。だが鮪と争った女性（大魚《おうお》）の心を捉えることはできなかった。彼は顕宗紀によれば妃をもたず、三年後に死去している。『古事記』の記述から、平群氏の没落は仁賢から武烈にかけての時代ではなく、清寧、飯豊王、顕宗のころとみるべきだろう。記紀ともに平群臣鮪《へぐりのおみしび》に落ち度はなく、彼は犠牲者で、加害者は顕宗（清寧記）、武烈（武烈紀）だが、おそらく記紀それぞれの編者の意図は、平群臣真鳥、鮪親子の野心の糾弾にあったはずである。不都合な伝承なら記述しなくてもかまわないだろうが、それをあえて清寧記、武烈紀に挿入しているのは、鮪の悲恋の伝承が記紀編纂の当時まで上層階層の間で膾炙されていたからだろう。清寧記にある顕宗の大魚への思慕は、その記述の通りとみて差し支えないかもしれない。大魚の想いがないのもそれを裏付けているようにみえる。一方『日本書紀』の場合は、顕宗にかかる伝承を武烈にかかる事績とすることで、顕宗のイメージを落とさないようにしたことが考えられる。後述するが、武烈を貶《おとし》めることは『日本書紀』の編者の強固な意志であった。大魚を影媛に置き換え、影媛を悲嘆にくれる悲劇の女性とすることで、顕宗の負の役割を武烈に負わせたのだろう。

さて、武烈紀の最大の問題は、彼の悪逆非道を記す数々の記述である。詳細を記すのも疎ましいが、武烈紀には大略次のような記事がある。二年秋九月、妊婦の腹を割いて胎児をみる。三年冬十月、人の生爪を剥いで山芋を掘らせる。四年夏四月、人を樹に登らせその樹を切り倒し、人を墜落死させる。五年夏六月、人を池の樋に流し、流れ出たところを三つ刃の矛で刺し殺す。七年春二月、人を樹に登らせ弓で射落として殺す。八年春三月、女たちを裸にして馬と交接させた後、殺したり官婢に召しあげたりする。このころ寒い中でも自分は暖衣を纏うが民が凍えるのは意に介さず、自らは後宮の女たちと飽食し酒に溺れるが民は飢えさせる。そして皇嗣を残さず八年冬十二月に死んだ。

この武烈紀の数々の暴虐を記す残忍な武烈の行状は、『日本書紀』にだけあって『古事記』にはない。『古事記』は仁賢以降、帝紀だけがあって旧辞部分はないのだから、武烈記に武烈の行状がないのは当然だが、帝紀部分も妃と子がないのできわめて簡略である。武烈記が記すのは、王宮の所在＝長谷の列木宮《なみきのみや》、在位＝天下治《あめのしたしろし》めす捌歳《やとせ》（八年）、御子无《な》かりき、御子代《みこしろ》として小長谷部《おはつせべ》を定む、陵は片岡の石坏崗《いはつきのおか》、の五点である。武烈紀にあるように武烈は本当にこのような悪行を重ねたのだろうか。異常ともいえる武烈紀の記述に不審がでるのは当然だろう。こうした記述は中国の『十八史略』にある夏の桀王《けつおう》、殷の紂王《ちゅうおう》の所業の故事からつくられたと考えていい。中国の王朝は有為の王（皇帝）が王朝を興すが王朝の終わりは暴君が出てきて次の賢帝に替わるという変革思想がある。夏王朝の桀王は、『十八史略』で「貪虐《たんぎゃく》」と記されたほど暴虐を揮う残忍な王であった。

彼は天下の民ばかりか部下にまで悪逆非道な振舞いに及んだ。これがもとで殷の湯王の決起にあい、四百余年の夏王朝は滅びるのだが、その殷も六百余年後紂王がでて乱脈を極めたため周の武王の決起をもたらし、殷王朝は滅ぶ。殷鑑遠からずである。もちろん『日本書紀』の編者はこの中国の故事を知っていた。武烈の代でこの王朝は断絶する。その原因は武烈の暴政にあった。武烈に替わって有徳の王を即位させなければならない。それが継体なのだが、継体への賛辞とともに、継体の即位を必然とする前王の悪政、乱脈、暴虐を記す必要があった。武烈の暴虐非道の記述は、継体即位を正当化する目的を持った『日本書紀』の編者の作為であると明言できよう。武烈の死によって河内王朝は断絶する。『日本書紀』の年紀建てによれば武烈の死は丙戌年（五〇六年）とあるが、これは妥当かもしれない。

武烈紀にみる百済の政情

武烈紀には「百済新撰」の記事が四年是歳条の分註にある。是歳条本文からみていこう。

「是歳、百済の末多王《まったおう》、無道《あぢきなく》して、百姓《たみ》に暴虐す。国人、遂に除《す》てて、嶋王《しまおう》を立つ。是を武寧《ぶねい》王《おう》とす。（以下分註）百済新撰に云はく、末多王、無道して、百姓に暴虐す。国人、共に除つ。武寧王立つ。諱《いみな》は斯麻王《しまおう》といふ。是れ琨支《こんき》王子の子なり。則ち末多王が異母兄なり。琨支、倭《やまと》に向《まう》づ。時に筑紫嶋に至りて、斯麻王を生む。嶋より還し送りて、京に至らずして、嶋に産《うま》る。故《かれ》因《よ》りて名《なづ》く。今各羅《かから》の海中に主嶋《にりむせま》有り。王の産れし嶋なり。故、百済人、號《なづ》けて主嶋とすといふ。今案《かむが》ふるに、嶋王は是蓋鹵王《こうろおう》の子なり。末多王は、是れ琨支王《こんきおう》の子なり。此《これ》を異母兄と曰ふは、未だ詳《つまびらか》ならず」。

（この年、百済の末多王《まったおう》は無道を行ない、民を苦しめた。国人はついに王を廃し嶋王を立てた。これが武寧王である。〈以下分註〉「百済新撰」にいう。末多王は無道で民に暴虐を加えた。国人はこれを廃した。武寧王が立った。諱《いみな》は斯麻王〈嶋王〉という。琨支王子の子である。即ち末多王の異母兄である。琨支王は倭へ向かった。このとき筑紫の島に着いて斯麻王〈嶋王〉を生んだ。〈通常なら〉島から戻って京で子を生むのだが、島で〈王子は〉生まれた。だから〈王子は嶋王と〉名付けられた。今、各羅《かから》の海中に主島《にりむせま》がある。嶋王が生まれた島である。だから百済人はこの島を主島と名付けた。今考えるに嶋王は蓋鹵王の子である。末多王は琨支王の子である。これを異母兄とするのはよくわからない）。

この「百済新撰」を引いた『日本書紀』の記事の百済の王統系譜には混乱がある。末多王の死後武寧王（斯麻王）が即位した。「百済新撰」を引いた『日本書紀』は、この武寧王は昆支王子（蓋鹵王の弟）の子で末多王の異母兄であるとする。ところがこの引用の最後の部分では「今案《かむが》ふるに」として、武寧王は蓋鹵王の子であり末多王は昆支王の子である。なのに武寧王は末多王の異母兄であるというのはよくわからないとする。武寧王が昆支の子なら末多王の異母兄でありうる。武寧王は昆支の子なのか、それとも蓋鹵王の子なのか。この点では「百済新撰」からとったとみられる『日本書紀』雄略五年六月条の記事がある。その大要は以下である。百済の蓋鹵王は「日本《やまと》」と好《よしみ》を深めるため、王弟昆支を倭国へ送ろうとする。昆支は倭国へ行くのなら私に王の側妾《そばめ》をくださいと兄に乞う。兄王は弟に側妾の一人を与えるが、彼女は今懐妊しているので、倭《やまと》への途上で出産したら母子ともに百済へ還すよう昆支に命じた。彼女は筑紫の島で王子を生んだので、昆支は母子二人を百済へ戻した。この記事が正しいなら武寧王の父は蓋鹵王で、末多王とは従兄弟の関係になろう。さしあたり武寧王（斯麻王）は蓋鹵王の子、末多王は昆支の子としておきたい。

ここで簡単に五世紀後半の百済をみておこう。百済の王統系譜を参照されたい。蓋鹵王の二十一年（四七五年）、高句麗の長寿王は三万の兵を率いて百済の王都漢城を囲んだ。七日間の攻防の末これまでと悟った蓋鹵王は子の文周を南へ逃がし、全力で高句麗にあたるが討たれ、ここに百済はいったん滅亡する。蓋鹵王は以前異母弟昆支《こんき》を倭国へ質に出していた。文周は南の錦江河畔の熊津《ゆうしん》で即位、倭国から戻った叔父昆支とともに百済再興に乗り出すが昆支の死によって王権が弱体化し、佐平解仇《かいきゅう》の叛乱で、四七七年文周王は殺害される。解仇は文周王の子三斤を擁立するが、その解仇も四七九年昆支の子牟大《むたい》に殺される。この牟大が「百済新撰」にでてくる末多《まった》王で、一般には東城王として知られている。『日本書紀』は「百済新撰」を引いて東城王は「百姓に暴虐す」としているが、東城王は国内政治では大貴族眞氏と解氏に独占されていた重要な官職を能力ある中小貴族に解放し、対外的には高句麗の侵攻に対抗するためそれまで対立

百済王統系譜

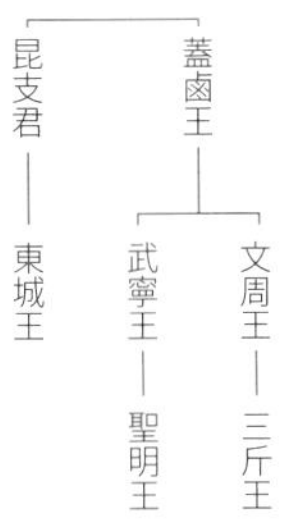

蓋鹵王	慶司・餘慶	455－475
文周王	汶洲・牟都	475－477
三斤王	壬乞	477－479
東城王	末多・牟大	479－501
武寧王	斯麻・餘隆	501－523
聖明王	明穠・餘明	523－554

していた新羅との関係を修復するなど、百済の国力回復に努めている。彼の治世は二十余年に及ぶが、晩年彼自身が取りたてた佐平苩加《はくか》の不満を買い苩加に殺害される。「百済新撰」の記述はこれをいったものだが、この事件を含めて東城王が「無道にして百姓に暴虐」であったとみることに疑問がないでもない。

東城王の死後即位したのは斯麻王（嶋王）で、これが武寧王である。一九七一年、韓国の公州《コンジュ》（七世紀の百済王都熊津《ゆうしん》）で武寧王陵が発掘され墓誌が出現した。墓誌には「寧東大将軍百済斯麻王年六十二歳癸卯年五月……崩」とあり、『南史』百済伝にある梁の武帝からの叙爵記事、『三国史記』の記述、「百済本記」からとった『日本書紀』継体十七年条の武寧王死亡記事とも完全に一致することが確かめられた。五〇一年武寧王は即位すると、東城王を殺害した佐平苩加を討伐し国内を整え、対外的にも高句麗の南下を食い止め百済を立ち直らせた。武寧王と次の聖明王の時代までは、百済は倭国と提携し伽耶諸国の一部を吸収するなど、百済を発展させるのに成功している。

さきほどもみたように、この東城王と武寧王に関しては所伝の混乱がある。『三国史記』は東城王を昆支の子とするが、武寧王を東城王の第二子としている。『梁書』百済伝、『南史』百済伝などでは東城王（牟大）は文周王（牟都）の子としている。「百済新撰」によると、武寧王は蓋鹵王の妾腹の子で、蓋鹵王は弟昆支を倭国へ人質として遣わせたときに、懐妊していた王の側妾を弟に与え倭国へ同行させた。ところが側妾は倭国への途上の筑紫の島で王子を生んだので、母子は王の命通り倭国へは行かず百済へ戻る。「百済新撰」のいう末多王は武寧王の異母兄であるとするのは、昆支に与えた女性が生んだ子だから昆支王の子という解釈なのかもしれない。武寧王を東城王の子とする『三国史記』の伝は誤りだろう。世代の隔たりがあり、斯麻王＝嶋王の諱《いみな》の由来の説明がつかないので、『三国史記』ではなく「百済新撰」の伝の方が収まりがいい。なお、武烈紀四年是歳条の末尾にある「嶋王は是蓋鹵王の子なり。末多王は是昆支王の子なり」の記事もこの伝を追認している。したがって四年是歳条分註の冒頭にある「百済新撰」にいう武寧王（斯麻王）が昆支王の子であるとする記事は、「百済新撰」の述作者の誤りかそれを取り込んだ際の『日本書紀』の編者の誤りと考えたい。

ところで、この「百済新撰」に登場する「日本《やまと》」、「大倭《やまと》」である。既述したように神功皇后四十七年（二四七年、干支二巡引き上げて三六七年）条から雄略二十年（四七六年）条までの間の五つの年条に「百済記」からの引用がある（この間にも「百済記」の文をとって『日本書紀』の本文にしている箇所がある）。「百済新撰」からの取り込みは雄略二年（『日本書紀』の年紀建てによれば四五八年）から武烈四年（五〇二年）までで、直接の引用は三ヶ所にある。つまり「百済記」の最終記事が載る少なくとも十八年前から「百済新撰」の記事ははじまっている。したがって「百済記」が記す倭と「百済新撰」が記す倭が同一王朝であることは間違いない。「百済記」の記す倭、倭国が大和朝廷ではなく九州の倭国であることは、これまで繰り返し述べてきた。この「百済新撰」にある倭も九州の倭国であることはいうまでもない。なお、一つ付け加えれば、武寧王（斯麻王）が生まれた島は、『日本書紀』が引く「百済新撰」が「今、各羅《かから》の海の中に主嶋《にりむせま》有り。王の産れし嶋なり」とする。先学の考究、探索にもかかわらずこの島が特定されているわけではないが、肥前国唐津の西の加唐《かから》島《しま》（現佐賀県唐津市鎮西町加唐島）がこれに擬されているという。武寧王の命名説話にも九州が絡んでくる。昆支王が質になったのは、大和朝廷ではなく九州の倭国であったこと、「百済新撰」の倭が九州の倭国であったことは明らかだろう。

大和朝廷で天皇の称号が使われだしたのは七世紀後半の天武朝からである。ところが天皇の語句は倭国（九州王朝）では遅くとも四世紀末には使われていた。『日本書紀』が「百済記」を引いて「天皇」に言及する初出は神功皇后紀六十二年（二六二年、干支二巡引き上げて三八二年）条で、「天皇、沙至比跪を遣して、新羅を討たしめたまふ」である。わが国の史学界の大勢はこの沙至比跪を葛城襲津彦に比定するが、葛城襲津彦でありえないことはすでにふれた。「天皇」は今取りあげた雄略紀五年（四六一年）条の秋七月の分註の「百済新撰」の引用にもでてくる。

「百済新撰に云はく、辛丑年に蓋鹵王、弟昆支君《いろどこにきし》を遣《まだ》して、大倭《やまと》へ向《まう》でて、天王に侍《つかへまつ》らしむ。以て兄王《いろねこきし》の好《よしみ》を脩《をさ》むるなりといへり」。

（「百済新撰」によると蓋鹵王は辛丑年〈四六一年〉に弟の昆支君を遣わして、大倭に参向させ、天王に仕えさせた。そして兄王の好を修めたという）。

「百済新撰」が記した「天王」は、中国南北朝の北魏を撰録した魏収の撰による『魏書』の夷蛮伝で北涼の王呂光に使われた天王と同じ字である。北涼は五世紀前半華北に覇をなした王朝で、当時の華北は「百済新撰」の記述対象であった。「百済新撰」はおそらく倭国の天皇を誤って天王と記したのだろう。これを『日本書紀』の述作者は忠実に天王と記した。『日本書紀』前田家本はこの部分を一度天皇と書いてから皇を消して王と書きなおしている。倭国の王が使った称号は天皇である。天皇は、神功六十二年条、雄略五年条（天王）のほかにも雄略二年条、継体二十五年条に、逸失した百済三史書からの直接の引用として出現している。

大王応神にはじまる河内王朝に関する記紀の記述を長々とみてきた。そしてわれわれはこれらの記述の中に中国の諸王朝との接点を見いだすことはできなかった。応神以下雄略までの諸王が中国南朝宋へ遣使した記事など皆目なかったし、宋朝、斉朝から叙爵された称号も記紀から発見できなかった。『宋書』にある倭王武は大王雄略に比定されているが、その上表文は大和朝廷の史書にはその痕跡さえ見いだせなかった。さらには雄略後の大和朝廷、清寧、顕宗、仁賢、武烈の各時代にも、中国南朝との接触はいっさいなかった。武烈紀四年是歳条の「百済新撰」の記事も武烈朝の韓半島との接触ではなかった。倭の五王を河内王朝の諸王に比定できないことは明らかである。

第六章　継体期の謎と辛亥の変

大王雄略による多数の近親殺害によって、王位継承資格者が極度に少なくなり、雄略の王子清寧が死ぬと、王位は断絶の危機に見舞われる。履中の王女飯豊王が臨朝秉政《みかどまつりごと》（政治を執ること）し、その間に継嗣を探させ、市辺押磐王（履中の王子で飯豊王の兄）の二人の子を探し出し、彼らを王位に就ける（顕宗、仁賢）が、仁賢の子武烈が後嗣を残さず死ぬと、王統は再び断絶の危機を迎える。六世紀初頭のことである。

記紀によれば、武烈死後、大伴金村が物部氏、許勢《こせ》氏らに諮って応神五世孫の男大迹《おほど》王を越から迎え即位させたという。これが大王継体だが、大和の豪族から大王に迎えられたにもかかわらず、彼は即位前はもとより即位後も大和に入ることはできず、入京するのは即位二十年後のことになる。記紀の記述によれば大王の五世孫の即位はそれまで前例がなく、継体即位の経緯が異常であり、大和の大王が大和に入れず周辺部を二十年も転々とするのも過去に例をみない。さらにこの継体の治世の後半には九州の筑紫国 造《くにのみやつこ》磐井《いはい》（『古事記』は筑紫君石井《いはい》、『風土記』は筑紫君磐井）の継体朝への叛乱が起こる。大和から物部麁鹿火《あらかひ》が筑紫へ遣わされこの叛乱の鎮圧にあたるが、彼は乱の鎮圧に一年余かかっている。磐井の乱の鎮圧後継体は死ぬが、継体の死の年次に関しては『古事記』をも含めると三つの所伝がある。さらに『日本書紀』には彼の死後彼の王子たちが後継をめぐって対立し、政権が分裂したと読めるような記述があり、しかも『日本書紀』が引用する「百済本記」は大王継体の死のころの辛亥年（五三一年）に日本の天皇、太子、皇子がともに死んだと記していること、また蘇我氏の推した欽明の即位年が、安閑、宣化の治世と重なる不審な記述もある。このように大王継体は即位から死後に至るまでさまざまな謎に包まれており、学界の評価も一定していない。

こうした継体をめぐる謎と混迷のうち、彼の治世の後半のそれは磐井の乱にみられるように九州の倭国との関係を抜きに検討することはできない。さきに中国史書にある倭の五王が北部九州に君臨した倭国の王であることをみてきたが、北部九州の国造磐井の乱は、倭の五王の最後の倭王武の朝貢からおよそ半世紀後に起こっている。以下にこの大王継体の治世と磐井の乱をめぐる謎を考えていきたい。

継体の系譜と王位簒奪

『日本書紀』は継体の即位を大略次のように記す。男大迹《おほど》天皇（継体）は誉田《ほむた》天皇（応神）の五世孫で、父は彦主人《ひこうし》王、母は振媛で活目《いくめ》天皇（垂仁）の七世孫である。二人の間に男大迹が生まれるが、父彦主人は男大迹の幼年の頃死んだ。振媛は郷里の高向（越前国坂井郡高向郷）へ帰って親の面倒をみながら王を育てようといって、男大迹を連れて高向へ帰る。男大迹は三国の坂中井《さかない》（高向）で育ち、成人する。大王武烈は武烈八年（『日本書紀』の年紀によれば丙戌年〈五〇六年〉）十二月死没し、継嗣は絶えた。そこで大連の大伴金村が諸臣に、皇嗣は絶えてしまった、禍はここから起こるだろう、今、仲哀天皇の五世孫の倭彦《やまとひこのみこ》王が丹波国の桑田郡にいると聞いた、この人を迎えてはどうだろうと諮る。彼は諸臣の賛同を得、使いを遣わすが、倭彦王は迎えにきた兵をみると怖れて色を変え山谷に隠れ行方をくらましてしまう。翌年一月大伴金村はまたも群臣に諮って、男大迹王は王位を継ぐにふさわしい人だという、男大迹王を迎えようではないかというと、大連物部麁鹿火《あらかひ》、大臣許勢男人《こせのをひと》も同意、使者に節（命を受けた印の旗）を持たせ法駕（天子の乗り物）とともに、越（越前）の三国へ王を迎えにやらせた。男大迹王は晏然《あんぜん》自若（ゆったりと静かで常と変らない様子）として、その様子は既に帝のようであった。使者は意を尽くして王を迎えようとするが、王は隠された意図があるのではないかと疑いすぐに王位を受けようとはしなかった。ここに大和の群臣の一人で男大迹王を知っている河内馬飼首荒籠《かわちのうまかひのおびとあらこ》がいた。彼は男大迹王に、金村らの招請に他意はないことを伝え、王の即位を促した。男大迹は荒籠の直言を理解し王位を受ける旨を金村らに伝える。王位に就いた後継体は荒籠を厚く遇したという。継体紀によれば継体は丁亥年（五〇七年）一月十二日樟葉宮《くすはのみや》（河内国交野郡葛葉郷〈現枚方市楠葉〉）で即位する。以上が継体即位に関する継体紀の記述である。

大王の五世孫が王位に就くというのは当時にあってはかなり異常な事態であった。継体紀は武烈の死によって「継嗣絶ゆべし」（継嗣は絶えた）として、河内王朝の王統が絶えたことを認めている。武烈の王統の断絶である。そうであるなら継体が応神の五世孫であるという記紀の記述は何なのか。五世孫というのはかなり疎遠であるにしても、応神五世孫が本当なら「継嗣絶ゆべし」とはいわないだろう。通常なら大王の子（一世王）、その子（二世王）から順に王位は継承される。当時大王の多くは複数の妃を持ち、一般に彼女らは例外もあるが多産であった。奈良朝では四世王、あるいは五世王までに王位継承権があったので、記紀が編纂されたころの奈良朝の解釈では継体が応神五世孫なら王位断絶ではない。王位継承の資格を持つ人たちは、武烈の死で絶えてしまったのだろうか。武烈の死によって継嗣が絶えたのだとすれば応神五世孫という継体の出自に疑念が生まれるのも当然だろう。武烈で王統は絶えた。ところが男大迹王は大王応神と大王垂仁につながっていた。実を定める記紀の編者は、こうした牽強付会の手法で応神の王統を復活させる。しかし応神の王統を継体が継ぐ体裁をとるためには、継体より王位継承権で優先する王子の存在が障碍になる。継体の即位を正当化するためには、一世王から少なくとも四世王までの存在を否定する作業が不可欠であった。

　武烈の死のさい一世王、二世王など継嗣の存在を記紀の記述から推測する作業は困難だが、彼らの生存の可能性をあげることはできる。武烈の死のころに生存していた可能性のある一世王は、まず武烈の同母弟の眞若王《まわかおう》である。眞若王は仁賢記に仁賢の王子で武烈の弟と記されているが、仁賢紀には眞稚皇女《まわかのひめみこ》とあり王女と録されている。『古事記』の王は男女どちらにもつけられる称号だが、仁賢記には、仁賢は春日大娘《かすがのおおいらつめ》との間に、高木郎女、財郎女《たからのいらつめ》、久須毘郎女《くすひのいらつめ》、手白髪郎女、小長《おはつ》谷若雀命《せのわかさざきのみこと》（武烈）、眞若王《まわかのみこ》をもうけたとある。こうした表記を考えると眞若王は王子であったろう。『日本書紀』は武烈の死による「継嗣絶ゆべし」を合理化する立場から、この眞若王を眞稚皇女にしたと思われる。

　第二は、雄略紀にある稚媛《わかひめ》所生の磐城皇子である。すでに詳述したように、雄略死後稚媛は星川を示唆して乱を興すが、稚媛、星川は大伴室屋、東漢掬直《やまとのあやのつかのあたひ》の軍に敗れ死ぬ。このとき、稚媛と星川、稚媛が前夫との間に生んだ兄君《えきみ》も焼き殺されたように清寧紀は記しているが、稚媛所生の雄略のもう一人の王子磐城は弟（星川）に翻意を促し、自らは乱に加わらなかった。そして彼が死んだ記述は清寧紀にはない。仮に生存していれば磐城は一世王である。だが稚媛と星川の説話は『日本書紀』の編者の造文である可能性が高く、稚媛、星川、磐城はすべて実在していなかったろう。『古事記』には稚媛の前夫とされる吉備上道臣田狭《たさ》、稚媛、磐城、星川はいっさい登場しない。しかし『日本書紀』の記述の上では、雄略の一世王としての磐城は、死亡記事がないことから生存していたことになっている。後述するがこの磐城は顕宗紀元年条の分註に允恭の王子石木王《いわきのみこ》としてでてくる。これが正しいとすれば石木は雄略の異母兄弟で一世王となるだろう。

第三は、反正紀にある大王反正と弟媛とのあいだに生まれた高部皇子である。反正は正妃（皇夫人とする）津野媛との間に香火姫皇女《かひひめのみこ》、圓皇女《つぶらのひめみこ》をもうけ、津野媛の弟《いろど》弟媛との間に財皇女《たからのひめみこ》と高部皇子を得たとある。反正記では弟比売（弟媛）が生んだのは財王《たから》と多訶辨郎女《たかべのいらつめ》とあり、男女が逆転している。高部皇子、財王のどちらが本来の伝承か確かめようがないが、どちらにせよ反正には王子がいた。ただし允恭の王子、あるいは反正の王子らは武烈没時の六世紀初頭に生存していた可能性はほとんどないのだが、石木王、財王（多訶辨王）の子である反正あるいは允恭の二世王、その子の三世王が存在していた可能性はまったくないとはいえないだろう。

記紀ともに大王の妃と子女は帝紀の記述対象で、誤っている可能性もあるが記紀に記載されるので一世王は確認できる。しかし二世王以下になると何らかの事績がない限り記紀には記載されないので、まったくわからない。たとえば仁徳の妾腹の王子に大草香王がいる。彼の父は仁徳なので彼は一世王である。大草香は甥にあたる安康に殺害される。大草香の子の一人に眉輪王（二世王）がいた。大草香に眉輪王以外に男子がいたかどうか、記紀は語らないのでわからない。眉輪王は大王安康が父を殺したことを知り、安康を殺害する。この事件がなかったら眉輪王の存在はわからなかったろう。ただし年少の眉輪王は雄略の手にかかって焼殺されている。このように記紀の記述以外にも、二世王、三世王がいた可能性はあるが、そのほとんどは記されなかった。ところが幸運なことに記紀の記述から拾い出すことのできる王がいる。

その一人は履中の二世王とされる橘王《たちばなおう》である。顕宗即位前紀は譜第から次の文を引用している。

「譜第に曰はく、市辺押磐皇子、蟻臣《ありのおみ》の女荑媛《むすめはえひめ》を娶《め》す。遂に三《みたり》の男《ひこみこ》、二《ふたり》の女《ひめみこ》を生めり。其の一を居夏姫《いなつひめ》と曰《まお》す。其の二を億計《おけ》王と曰す。更《また》の名は嶋稚子《しまのわくご》。更の名は大石尊《おほしのみこと》。其の三を弘計《をけ》王と曰す。更の名は来目稚子《くめのわくご》。其の四を飯豊女王《いいとよのひめみこ》と曰す。亦《また》の名は忍海部《おしぬみべ》女王。其の五を橘王と曰すといふ」。

『古事記』は市辺忍歯別王の子を意祁《おけ》（億計）、袁祁《をけ》（弘計）の二人、飯豊王は市辺忍歯別の妹《いろも》とし、譜第にある他の子女の名はない。億計、弘計以外に橘王という王子がいたとする譜第の記述が正しいかどうか不明である。そして橘の名を持つ王女が五世紀後半から六世紀初めにかけて記紀に登場する。まず時代は少し遡るが、大王允恭の娘に但馬橘大娘《おおいらつめ》という王女がいる。雄略のすぐ下の妹にあたる。『古事記』は彼女を橘大郎女とする。次に仁賢紀には、仁賢と春日大娘（妃）との間に橘皇女が生まれたと記されている。この皇女は『古事記』では、大王宣化の条に仁賢の王女橘中比売命《たちばなのなかつひめのみこと》として記されている。これまでの『日本書紀』の編者の編纂姿勢を考えるなら、市辺押磐王の王子（大王履中の二世王）橘王を抹消し、近親の王の王女として復活させるという手法を彼らがとったことが考えられないわけではない。いずれにしろ譜第が正しいのなら、履中の王子市辺押磐には億計、弘計のほかに橘王という王子がいた。『古事記』は履中の二世王橘王の存在を語らず、『日本書紀』の本文とともに仁賢の王女として橘皇女を記す。所伝の錯綜があったのかもしれないが、記紀の編纂の過程で作為がまったくなかったとはいいきれないだろう。

もう一人存在していた可能性のある二世王は顕宗紀元年条の分註にある丘稚子王《おかのわくごのみこ》である。元年一月是月条は「是月に、皇后小野王を立つ」とし、続けて分註で「難波小野王は、雄朝津間稚子宿禰《をあさつまわくごのすくね》天皇の曾孫《ひひご》、磐城王の孫、丘稚子王の女なり」とする。顕宗は丘稚子王の娘難波小野王を妃に迎えた。この分註の通りなら彼女は允恭の三世王であり、その父丘稚子王は允恭の二世王、大王允恭—磐城王—丘稚子王—難波小野王という系図ができあがる。しかし允恭紀には允恭に磐城王という王子はいない。そこで浮かび上がるのは允恭の第五子雄略が娶った稚媛に生ませた磐城王子と星川王子である。雄略死後に起こった稚媛と星川の乱でこの二人は死ぬが、星川の兄とされる磐城のその後の消息はない。既述のように『古事記』には稚媛、星川の乱の記述はなく、稚媛、星川とともに磐城の名もない。そして顕宗記には顕宗は石木王《いはきのみこ》の娘を娶るが子はないという記述がある。ただし石木王の出自、あるいはその父の名はない。こうしてみると、二世王、または一世王として磐城王（石木王）が存在していた可能性はあっただろう。こうして武烈の死に際して、一世王、二世王が生存していた可能性が生まれる。二世王の次世代、次々世代としての三世王、四世王の存在の可能性も否定できない。継体紀は、こうしたより近い継嗣の存在にはまったく言及することなく、大王武烈の死によって「継嗣絶ゆべし」と河内王朝の断絶を記した。しかし同時に、継体を応神五世孫として応神の系譜が続いていることを主張したのである。

『日本書紀』の編者は応神―仁徳系の王統の断絶を記したが、その一方で応神五世孫の男大迹《おほど》王を武烈の継嗣に位置付けた。ここで応神五世孫としての男大迹王の存在を考えてみたい。『日本書紀』は男大迹王の父を応神四世孫の彦主人《ひこうし》王、母を活目《いくめ》天皇（垂仁）の七世孫振媛とするが、彦主人の父、祖父、曾祖父の三代を記さない。母振媛の系譜でも大王垂仁から六代の名はない。継体記も男大迹王《をほどおう》（袁本杼命《をほどのみこと》）の父彦主人を含めて応神からの系譜を記していない。『続日本紀』には養老四年（七二〇年）、日本紀三十巻（これが『日本書紀』）、系図一巻が奏上されたとあるがこの系図一巻は伝わっていない。この系図に男大迹王の五代にわたる系譜があったのではないかという見解もあるが、系図が伝わっていないのだからそのような恣意的な想定には何ら根拠がない。

ところが鎌倉時代末期卜部懐賢《うらべかねかた》（兼方）によって書かれた『釈日本紀』に、大王継体の系譜が載っている。『釈日本紀』は『日本書紀』の注釈書で、その中に「上宮記」という今は失なわれてしまった書物の記述の断片が記され、そこに継体（平富等《をほど》大公王）の系譜がある。『釈日本紀』には「『上宮記』に曰く、一に云う」とあるので、ある史料（一）を「上宮記」が引用しそれをさらに『釈日本紀』が引用するという所伝であることがわかる。「上宮記」は鎌倉時代には現存していた書で、卜部ばかりか、橘寺の僧法空も『聖徳太子伝暦雑勘文』で「上宮記下巻注云」として「上宮記」から聖徳太子一族の詳細な系譜を引用している。卜部兼方と法空の記述からみる限り、「上宮記」は、神代、大王継体、推古朝を含む『日本書紀』の全体に言及する三巻本の大部な書で、鎌倉時代の当時は聖徳太子の著作と考えられていた。しかし今日では「上宮記」は奈良朝後期から平安時代半ばごろまでの間に『日本書紀』の講書（王族、官人を対象とした『日本書紀』研鑽のための講義）

の過程で成立したと考えられ、「上宮記」が引用した大王継体に係わる「一云」、聖徳太子の系譜に係わる「下巻注云」は、その文体と字音仮名の表記から考えて『日本書紀』の成立以前に記された史料であり推古朝遺文であるとされている。

この『釈日本紀』の「上宮記一云」にある継体の系譜は以下である。

● 凡牟都和希王《ほむつわけ》―若野毛二俣王《わかぬけふたまた》―大郎子《おほいらつこ》（意富富等王《おほほど》）―乎非王《をひ》―汙斯王《うし》―乎富等大公王《をほど》（継体）

● 伊久牟尼利比古大王《いくむにりひこ》―伊波都久和希《いはつくわけ》―伊波智和希《いはちわけ》―伊波己里和気《いはきりわけ》―麻和加介《まわかのすけ》―阿加波智君―乎波智君《をはちのきみ》―布利比弥命《ふりひめのみこと》

この二つの系譜は汙斯王が布利比弥を娶って「乎富等《をほど》大公王」が生まれることによって一本化する。『釈日本紀』を書いた卜部兼方は凡牟都和希王を大王応神とするが、「上宮記」の作者は凡牟都和希を大王応神と明言しているわけではない。ところが『日本書紀』の編者が

「男大迹《をほど》天皇は、誉田天皇の五世孫、彦主人《ひこうし》王の子なり。母《いろは》を振媛と曰《まう》す。振媛は、活目《いくめ》天皇の七世の孫なり」

としたことから、今日の学界の大勢はこれを容認し、さらには布利比弥の系譜の初代伊久牟尼利比古《いくむにりひこ》大王も伊久米伊理毘古伊佐知《いくめいりひこいさち》（『古事記』）、活目入彦五十狭芽《いくめいりびこいさち》（『日本書紀』）、つまり大王垂仁とする。「上宮記一云」の凡牟都和希王は品陀和気命（『古事記』大王応神）でよいのだろうか。表音はかなり似ているが両者には若干の異同がある。前者は「ホムツワケ」であり『古事記』は「ホムタワケ」である。上古では「ツ」が「タ」に変わり「タ」が「ツ」に変化する例をあげて凡牟都和希が

品陀和気であることを論証としようとする識者もいるが、そうした例があるからといって、「ホムツワケ」が「ホムタワケ」であったことの証明にはならない。さらに細かいことだが、振媛の系譜の冒頭の伊久牟尼利比古は大王となっているが汗斯王の系譜の冒頭は凡牟都和希王である。「上宮記一云」の凡牟都和希を応神（『古事記』は品陀和気、『日本書紀』は誉田天皇）とするのにためらいが出るのは当然だろう。

垂仁記には垂仁の王子品牟都和気が現われる。『古事記』の応神の諡号は品陀和気で、「上宮記一云」の凡牟都和希は品牟都和気とも品陀和気とも似ている。「上宮記」が引用した「一」の成立は『日本書紀』より古く推古朝遺文であることは確実である。「上宮記一云」の伊久牟尼利比古が伊久米伊里毘古伊佐知（垂仁）である保障はないが、仮に垂仁であったとしたら「上宮記一云」の凡牟都和希は垂仁記の品牟都和気（垂仁の妾腹の王子）であった可能性はあるかもしれない。男大迹の始祖が垂仁の王子凡牟都和希であったなら、奈良朝の大宝令の皇族規定（四世王、後には五世王）外になってしまう。男大迹を応神の継嗣としたかった奈良朝の為政者は『古事記』の編纂にあたって応神の鞆《ほむた》（左腕の瘤《こぶ》）伝承から生まれた品陀和気の諡号を継体の出自に利用したのではあるまいか。ただし「上宮記一云」の凡牟都和希が垂仁の王子であったとすればその子若野毛二俣王の存在である。応神記は応神の王子の一人を若沼毛二俣王（『日本書記』は稚野毛二派《わかのけふたまた》皇子）と記す。野と沼の違いはあるが同名であり、「上宮記一云」の伝は考えにくい。となると振媛系列の系譜も信用しがたくなるのだが、この点は一応留保しておこう。

布利比弥《ふりひめ》（振媛）の系譜の筆頭にある伊久牟尼利比古《いくむにりひこ》を、伊久米伊理比古伊佐知（『古事記』）、活目入彦五十狭茅（『日本書紀』）で大王垂仁に比定するのは妥当だろうか。汗斯王《うしおう》と布利比弥までの途中の系譜は、「上宮記一云」の他に史料がなく検証のしようがない。「上宮記一云」の記述から察するに、凡牟都和希から汗斯王までの系譜と伊久牟尼利比古から布利比弥までの系図はそれぞれ別の系図であったことは間違いない。継体の出自を応神五世孫に作り上げる意図を持った勢力、集団が一つの系図に仕上げたのだろう。その過程で作為はなかったのか。注目したいのは、乎富等《をほど》王の系図には汗斯《うし》王の母方の祖父牟義都国造《むぎつこくぞう》の伊自牟良《いじむら》、布利比弥《ふりひめ》の系図（大王垂仁の系図）には布利比弥の母阿那爾比弥《あなにひめ》が余奴臣《よぬのおみ》の祖の娘となっていることである。この二つの豪族、牟義都国造と余奴臣が継体の出自を正当化するため系譜を作為したことは可能性としてはあるだろう。さらに作為のない単純な誤りかもしれないが、応神の王子若沼毛二俣王の母と妃に関して「上宮記一云」の系譜には『古事記』の記述と違いが生じている。応神記は、「（品陀和気命〈応神〉は）咋俣長日子《くひまたながひこ》王の女《むすめ》息長眞若中比売《おきながまわかなかつひめ》を娶《めと》して、生みませる御子若沼毛二俣《わかぬけふたまた》王」とするが、「上宮記一云」は「凡牟《ほむ》都和希《つわけ》王、淫俣那加都比古《くひまたなかつひこ》の女子、名弟比売麻和加《おとひめまわか》を娶《めと》りて生める児若野毛二俣《わかぬけふたまた》王」とする。「上宮記一云」は続けて、若野毛二俣王は「母々恩己麻和加中比売《ももしきまわかなかつひめ》を娶りて生める児大郎子《おおいらつこ》」としている。母々恩己麻和加中比売は『古事記』の息長眞若中比売である。つまり応神の王子若沼毛二俣王の母が『古事記』と「上宮記一云」では違っているのだが、「上宮記一云」は、凡牟都和希は弟媛を娶って若野毛二俣王を生み、その若野毛二俣王は母弟媛《おとひめ》の姉中媛《なかつひめ》を妻に迎えたとする。決してあり得ないとはいえないが、母の姉を妻にするのは世代間の違いがあり疑いが生じる。『古事記』と違っていることもあり、「上宮記一云」の記述に全幅の信頼を寄せることができない理由である。

継体の出自に関する以上の状況から、継体が応神五世孫であるとする記紀の伝承をそのまま受け入れるわけにいかないだろう。

このように「上宮記一云」にある応神五世孫の乎富等《をほど》大公王(継体)の系譜はきわめて疑わしいのだが、振媛系列にある伊久牟尼利比古の子伊波都久和希《いはつくわけ》に関してはこの系譜を虚構とするわけにはいかない記述が記紀にある。伊波都久和希は垂仁の王子で、『古事記』は弟苅羽田刀弁《おとかりはたとべ》の生んだ石衝別《いはつくわけ》王、分註で羽咋《はくい》君、三尾君の祖とし、『日本書紀』は綺戸辺《かにはたとべ》の生んだ磐衝別命《いはつくわけのみこと》、三尾君の祖とする。この石衝別、磐衝別が「上宮記一云」の伊波都久和希であることは三尾君の祖とすることでまず間違いないところで、そうであるとすれば継体には応神の血が流れているか否かはともかくとして、彼が三輪王朝の血統につながることは認めていいのかもしれない。

継体の后妃と出身地に関しては記紀と「上宮記一云」の記述には異同が多い。『日本書紀』と「上宮記一云」は継体の出身地を越の三国とする。継体紀によれば継体の父彦主人《ひこうし》王は近江国高嶋郡三尾《みお》の豪族で、越前三国の豪族余奴臣《よぬのおみ》の娘振媛を娶り継体が生まれる。継体が幼少のころ父彦主人が死んだので、母振媛は彼女の実家三国へ帰って継体を育てた。この行《くだり》は継体即位前紀にある。

「遂に天皇を産む。天皇幼年《わか》くして父の王薨《う》せましぬ。振媛すなはち歎きて曰く、妾《やつこ》今遠く桑《もとつ》梓《くに》を離れたり。安《いずくん》ぞ能《よ》く膝養《ひたしまつ》ることを得む。余《やつこ》、高向に帰寧《おやとぶら》ひがてらに天皇奉養《ひたしまつ》らむといふ」。

〈振媛は〉天皇〈男大迹王《をほどのみこ》〉を生んだ。天皇〈男大迹〉が年少の時父〈彦主人王〉が死んだ。〈母〉振媛は歎いて、私は親元から遠く離れてしまったので、〈男大迹を〉立派に育てることはできないだろう。私は故郷の高向へ帰って親の面倒をみながら天皇〈男大迹〉を育てようといった）。

「上宮記一云」は、継体の父汗斯王（彦主人）が死んだとき母布利比弥（振媛）の言として

「我独り王子を持ち抱きて、親族部《うからべ》无《な》き国に在り。唯、我独り養育《ひた》し難し」

（私独り、王子をかかえて親族のいない国にいる。私独りでは王子を育てるのはむずかしい）

といって祖先三国命のいる多加牟久《たかむく》村（高向〈越前国坂井郡高向郷〉）へ帰ったとする。継体紀、「上宮記一云」の所伝はこのように伝えるのだが、この二つの伝をみる限りその出所は同じで『日本書紀』は「上宮記一云」の内容を編者が造文し、「上宮記」は「一」の文をそのまま記したのだろう。

一方『古事記』は継体の出身地を近淡海国《ちかつあふみのくに》（近江）とする。

「天皇既に崩《かむあが》りまして、日続《ひつぎ》知らすべき王《みこ》無かりき。かれ、品太《ほむた》天皇の五世の孫、袁本杼命《をほどのみこと》を近淡海国《ちかつあふみのくに》より上り坐《いま》さしめて、手白髪命に合せて、天の下を授け奉《まつ》りき」。

（天皇〈武烈〉が死んで王位を継ぐ王はいなくなった。そこで品太天皇〈応神〉の五世孫の袁本杼王を近江国から上らせ、手白髪王女と結婚させ、天下を授けた）。

このように継体の出身は「上宮記一云」、『日本書紀』と『古事記』では違っている。継体は越の三国の出身であったのか、それとも近江国の出身であったのか。継体の出身は、継体の妃をみていくことで推測できる。継体は『古事記』では七人の妃と男子七人、女子十人合わせて十七人を列記する。『日本書紀』は九人の妃と男子九人、女子十二人をあげている。継体は七人の后妃、十七人の子女を持ったのか、それとも九人の后妃、二十一人の子女であったのか。この所伝の錯綜を考えてみたい。

継体の后妃と子女

継体記	継体紀
三尾君等の祖　若比売	三尾角折君の妹　稚子媛
大郎子	大郎皇子
出雲郎女	出雲皇女
尾張連等の祖、凡連の妹　目子郎女	尾張連草香の女　目子媛
広国押建金日命	広国排武金日尊
建小広国押楯命	武小広国排盾尊
意祁天皇の御子　手白髪命（大后）	手白香皇女
天国押波流岐広庭命	天国排開広庭尊
息長眞手王の女　麻組郎女	息長眞手王の女　麻績娘子
佐佐宜郎女	荳角皇女
坂田大俣王の女　黒比売	坂田大跨王の女　広媛
神前郎女	神前皇女
田郎女	茨田皇女
	馬来田皇女
	茨田連小望の女　関媛
（田郎女）	茨田大娘皇女
白坂活日子郎女	白坂活日姫皇女
野郎女（長目比売）	小野稚郎皇女（長石姫）
三尾君加多夫の妹　倭比売	三尾君堅楲の女　倭媛
大郎女	大娘子皇女
丸高王	椀子皇子
耳王	耳皇子
赤比売郎女	赤姫皇女
阿倍之波延比売	和珥臣河内の女　荑媛
若屋郎女	稚綾姫皇女
都夫良郎女	円娘皇女
阿豆王	厚皇子
	根王の女　広媛
	兔皇子
	中皇子

少々煩瑣な作業になるが、継体の妃を九人とする『日本書紀』の記述に継体記の后妃、子女を重ねていってみよう（上表参照）。まず継体紀が皇后とする手白香皇女とその皇子天《あま》国排開広庭尊《くにおしはらきひろにわのみこと》（欽明）で、この部分は継体記（手白髪命、天国押波流岐広庭命）と一致する。次は尾張連草香の娘目子媛《めのこひめ》と勾大兄《まがりのおおえ》（安閑）、桧隈高田《ひのくまたかだ》（宣化）の二皇子で、これも継体記の目子郎女と広国押建金日《ひろくにおしたてかなひ》（安閑）、建小広国押楯《たておひろくにおしたて》（宣化）でよい。三人目は三尾角折君の妹稚子媛《わかこひめ》と大郎皇《おおいらつこのみ》子《こ》、出雲皇女で、『古事記』では三尾君等の祖若比売《わかひめ》と大郎子《おおいらつこ》、出雲郎女となる。四人目は坂田大《おお》跨王《またおう》の娘広媛で神前皇女《かむさきのひめみこ》、茨田《まむた》皇女、馬来田《うまくた》皇女を生んだとある。これが『古事記』では坂田大

俣王の娘黒比売とあり、生まれた子は神前郎女、田郎女《たのいらつめ》、白坂活日子郎女《しらさかいくひこのいらつめ》、野郎女《ののいらつめ》（長目比売《ながめひめ》）の四女で、この坂田大跨王（大俣王）の娘に違いが生じている。五人目は息長眞手王の娘麻績娘子《おみのいらつめ》で茥角皇女《ささげ》を生んだとするが、継体記でも息長眞手王の娘麻組郎女《おくみのいらつめ》と佐佐宜郎女《ささげ》とあって一致している。継体紀の六人目は茨田《まむたの》連《むらじ》小望《こもち》の娘関媛で、茨田大娘皇女《まむたのおおいらつめのみこ》、白坂活日姫皇女《しらさかのいくひひめのみこ》、小野稚《おののわか》郎《いらつめの》　皇女《みこ》（長石姫）の三人の皇女を生んでいるが、継体記には茨田連小望の娘関媛の名はない。ただし三人の皇女に関しては継体記に坂田大俣王の娘黒比売所生の田郎女、白坂活日子郎女、野郎女の名がみえる。七人目は三尾君堅楲《かたひ》の娘倭媛《やまとひめ》で、大娘子皇女《おほいらつこのひめみこ》、椀子皇子《まろこのみこ》、耳皇子《みみのみこ》、赤姫皇女の二男二女を生むとある。この継体紀にたいし、継体記は継体の妃を三尾君加多夫《かたぶ》の妹倭比売とし、大《おほ》郎女《いらつめ》、丸高王《まろこのみこ》、耳王、赤比売郎女とするので記紀で一致している。八人目の継体の妃は、和珥臣《わにのおみ》河内の娘荑媛《はえひめ》で、彼女は稚綾姫皇女《わかあやひめのみこ》、円娘皇女《つぶらのひめみこ》、厚皇子を生む。『古事記』では荑媛は阿倍之波《あべのは》延比売《えひめ》とあるが、その子は若屋郎女、都夫良郎女《つぶらのいらつめ》、阿豆王《あつのみこ》の一男二女とするので子女に関しては一致している。九人目の妃は根王の娘広媛で兎皇子、中皇子を生むとあるが、この妃と子女は『古事記』にはない。

さてこうしてみると、両者に違いが生じているのは、継体紀の坂田大跨王の娘広媛と彼女に係わる子女、茨田連小望の娘関媛と彼女に係わる子女、根王の娘広媛と彼女に係わる子女と、継体記の坂田大俣王の娘黒比売に係わる子女である。このほか荑媛（波延比売）が和珥臣の娘か阿倍氏の出身かの違いもあるがこれは後述しよう。まず坂田大跨王（大俣王）の娘広媛（黒比売）には神前皇女（神前郎女）がいるが、ほかに継体紀は茨田皇女、馬来田皇女をあげ、継体記は田郎女《たのいらつめ》、白坂活日子《しらさかいくひこの》郎女《いらつめ》、野郎女の三人を記す。このうち白坂活日子郎女は、継体紀の茨田《まむた》連小望の娘関媛所生の白《しら》坂活日姫皇女《さかいくひめのみこ》で間違いないだろう。次の野郎女も「亦《また》の名」として長目比売をあげているが、継体紀の関媛には小野稚郎皇女《おののわかいらつめのみこ》「更《また》の名」長石姫《ながいわひめ》とあるのでこれも同人であろう。茨田連小望の娘関媛の王女茨田大娘皇女《まむたのおおいらつめのみこ》が継体記の坂田大俣王の娘黒比売所生とされる田郎女かどうか定かではない。継体紀の大跨王の娘広媛には茨田皇女もいるからである。しかしいずれにしても『古事記』の選者は坂田大俣王の娘黒比売所生の王女の記述で、神前郎女の次に茨田郎女（あるいは茨田大娘女）とするところを田郎女とし、馬来田郎女、継体の妃である関媛（関比売）と茨田大娘皇女をぬかして白坂活日子郎女としたのである。この継体の妃一人と王女二人を継体記に加えるなら、継体は后妃八人から皇子七人、王女十二人のあわせて十九人の子女を持ったことになるので、継体記の文中にある「この天皇（継体）の御子達、并《あは》せて十九王なり。男七、女十二」と一致する。

『日本書紀』にのみあって『古事記』にないのが、根王の娘広媛とその二人の皇子（兎皇子と中皇子）である。ここまでで継体記文中にある十九王（男子七人、女子十二人）となるのだから、根王の娘広媛と二皇子は実在していなかったのだろう。兎皇子は酒人君の祖、中皇子は坂田君の祖とあるので、これらの豪族が、『日本書紀』の編纂にあたって始祖伝承をつくりあげこれを『日本書紀』に取り込んだのではなかろうか。根拠が弱いがそのように考えておきたい。もう一人異同があるのは阿倍之波延比売《あべのはえひめ》（『古事記』）と和珥臣《わにのおみ》河内の娘荑媛《はえひめ》（『日本書紀』）で、これはおそらく同一人物だろう。この波延比売（荑媛）は阿倍氏の出身か、それとも和珥氏の出身かという問題である。和珥氏は河内王朝時代から活躍していた有力氏族だが、六世紀後半ごろからやや陰りが出てくる。一方阿倍氏は継体の時代の後半ごろから台頭してくる。このためもとは和珥氏の娘であった荑媛を記紀の編纂の時代に阿倍氏が改竄したのではないかとする見方が成り立つが、ここは『古事記』の伝承を重視して、『日本書紀』の編纂時に和珥氏が河内の娘として継体紀に組み入れたと考えておきたい。

継体の后妃はこのように八人いたと考えられ、このうち即位後に娶ったと考えられるのは、手白《たしら》髪命《かのみこと》、茨田連《まむたのむらじ》小望《こもち》の娘関媛、阿倍之波延比売《あべのはえひめ》（和珥臣《わにのおみ》河内の娘荑媛《はえひめ》）で、この三人と尾張連等の祖目子郎女《めのこのいらつめ》以外の四人は近江の豪族の娘である。男大迹（継体）はまず出身地の琵琶湖西岸の地を固め、次いで琵琶湖東岸の息長氏、坂田氏と関係を深め、さらには美濃、尾張に大きな勢力を張っていた尾張連草香の娘目子媛を正妻に迎えることによって、畿内の周辺部では無視できない勢力を築く。継体の母振媛は越の豪族の娘だが、継体自身は越からは妃を迎えていない。三尾君等の祖若比売（角折君の妹稚子媛）所生の大郎子《おほいらつこ》は長子を意味する名であり、おそらく継体が近江高島にいた若いころに娶った妃だったろう。また三尾君加多夫の妹倭比売所生の王女に大郎女《おほいらつめ》（大娘子皇女）がいるが、倭比売も継体の雌伏の時代の妃であったのだろう。こうした継体の后妃からも、彼が越前三国の出であったとは考えられず、近江高島郡の出身であったことが知れる。こうした作為は「上宮記一云」の系譜にある余奴臣《よぬのおみ》のなせる業と考えて大過あるまい。余奴臣は越前江沼郡の豪族で継体の王位簒奪に貢献したことを示す狙いをもって、継体を越出身の応神五世孫として改竄し、これを「上宮記」がとりあげたのだろう。

継体は近江高島郡を本拠とする豪族であった。「上宮記一云」の伊波都久和希が記紀の石衝別、磐衝別の可能性があり、そうであるなら継体は垂仁の血を引いていたと考えていいだろう。その継体は遠い縁戚の豪族三尾角折君の妹稚子媛、三尾君堅槭《かたひ》の娘倭媛を妃に迎え近江琵琶湖西岸に地盤を築く。その後彼は琵琶湖東岸の坂田郡の豪族大跨王、同じく有力な豪族息長氏の眞手王とも姻戚関係を結び、近江一帯を掌握した後、尾張の豪族尾張連草香の娘目子媛を正妃に迎え勢力をさらに拡大する。ここからは推測に頼らざるを得ないが、彼は王権が脆弱化した河内王朝に触手を伸ばしたのだろう。継体は王位を窺うにあたって、四人もの妃を娶った近江の豪族たち、母の縁につながる越の豪族と、尾張連草香の娘目子媛につながる尾張の豪族との人脈を確保することで、政治的基盤と勢力を築きあげてきた。おそらく継体にとっては、姻戚関係を結ぶことが勢力拡大の重要な手段であったのだろう。有力な豪族との提携によって妃の立場は変動し、正妃が交替する。弱体化し混迷の度を深めていた河内王朝ではあったが、この王朝の大王位の簒奪は大事業であり、そのためにはこの王朝の王女の獲得は、継体にとって不可欠であった。『日本書紀』の編者にとっては継体の手白香王女の獲得は王統の継承という観点からのみ評価される事象であるのだが、継体にとっては大王位の簒奪という大目的の重要な一手段であった。さらに推測が許されるなら、継体にとって手白香王女の獲得は、略奪婚であった可能性もある。武烈ら河内王朝の王族の助命の代価に、手白香王女（継体妃）、橘王女（宣化妃）、春日山田王女（安閑妃）らを敗者が提供したと考えることも可能ではあるまいか。大王継体が大王垂仁（三輪王朝）の血を引いていた可能性はあっても、河内王朝の大王応神の五世孫であったかどうかはおそらく確たる解答がでないだろう。だが、継体の后妃の状況は彼の王位簒奪を裏付けているのではあるまいか。

応神五世孫と継体の招聘に関する継体紀の記述への疑義は倭彦王の行《くだり》にもある。武烈が死んで継嗣が絶えた。群臣は諮って、仲哀五世孫の倭彦王を探し出し、王位に就けようと迎えに行くが、王は兵をみただけで怖れて山の中へ逃げてしまう。群臣は次に応神五世孫の男大迹《おほど》王を探し出し、使者は男大迹王を訪ねる。

「男大迹《をほど》天皇、晏然《しずか》に自若《つねのごとく》して、胡床《あぐら》に踞坐《ましま》す。陪臣《さぶらふひと》を齊《ととの》へ列《つら》ねて、既に帝《すめらみこと》の坐《ましま》すが如し」。

（男大迹王は普段と変わりなくゆったりと床几にかけていた。侍臣を整列させ、すでに天子の風格を備えていた）。

この『日本書紀』にある倭彦王と男大迹王の記述をみれば明らかだろう。まず二人の五世王を登場させることによって彼らより近い継嗣は存在していなかったことを示唆する継体紀の狙いである。その上で継体紀は、同じ五世孫でも倭彦王は王者としての資質に問題があるのに対し、男大迹王はその資格を十分に備えていることを主張する。さらに血統の上でも仲哀五世孫と応神五世孫では、仲哀は応神の一代前の大王なので同じ五世孫なら応神五世孫の方が上であることになる。このような視点から継体紀を読めば、仲哀五世王の倭彦王の話は明らかに『日本書紀』の編者の創作であることが知れよう。

最後に五世王という問題と継体の諡号である。『古事記』の奏上、『日本書紀』の編纂、奏上に先立つ大宝元年（七〇一年）、大宝律令が編纂、施行されるが、この令の一節に、王統の継承に関しては一世から四世までとし、五世以降は王族としての待遇を受けない規定があった。ところがその五年後にこの令が五世王までは王族としての待遇を受けるように改正された。これは律令の中の継嗣令であるが、同じ王統を継ぐ場合でも「継」と「嗣」では意味が異なる。血縁関係があって継ぐ場合は「嗣」をあてるが、血縁関係がない場合は「継」をあてる。継体の漢風諡号は八世紀半ばにつくられており、八世紀前半の記紀編纂当時、継体は前王朝の血を継いでいなかったことを、『日本書紀』の編者と権力上層部は認識していたのではあるまいか。継体の諡号はそのことを物語っているといえるだろう。

即位二十年後の大和入京

継体は丁亥年《ていがいねん》（五〇七年）樟葉《くすは》で即位する。樟葉は現在の枚方市楠葉の付近、淀川に臨む水運の要衝だが、山背、摂津に近い河内であり、当時の大和中心部（長谷〈現桜井市〉、磐余《いわれ》〈現橿原市〉など奈良盆地南部）からは三〇キロ以上離れている。大和の豪族たちから招かれ即位した継体は、大和の地へなぜ入れなかったのだろうか。外部から招かれた大王が最初に定めた宮の立地としては不審といわざるを得ないだろう。その後継体は五年（五一一年）冬十月山背《やましろ》の筒城《つつき》に遷都する。筒城は木津川に面した水運に利便な地で大和に隣接するが、佐保、寧楽《なら》（奈良盆地北部）には近くても大和南部とは隔たりがある。そして十二年（五一八年）春三月、今度は弟国《おとくに》（山背国乙訓《おとくに》）へ移る。ここは桂川沿いの地だが樟葉よりはさらに北方で、大和へは宇治川、淀川を越えなければならない。弟国遷都の八年後の継体二十年（五二六年）、継体は磐余玉穂宮《いはれ》へ移る。即位二十年にしてはじめて継体は大和へ入った。この継体の入京に関しては継体紀に異伝がある。継体紀は「一本に曰く、七年なりと云ふ」と、磐余玉穂宮へ移ったのは七年後とする「一本」を記している。これをもって継体の大和入京を即位の七年後として、継体の大和入りはそれほど遅れたわけではないとする意見もある。しかし継体の大和入りが仮に即位七年後であったとしても、大和の豪族に招かれた継体が、即位後なぜすぐに大和に入れなかったのかという疑問は残る。大和の豪族の一部には継体の大和入りを歓迎しない動きがあったことは確かだろう。『日本書紀』の編者の立場からすれば、大和の豪族の招請によって即位した継体が、その治世の大半を大和周辺部で過ごした事態をできれば認めたくなかったろう。だから『日本書紀』の編者が継体紀の「一本」の伝に採用できる根拠があると判断したなら、彼らは七年説を「一本」とはせず本伝とし、二十年説を「一本」とすることもできた。しかし彼らはそうはせず二十年説を正伝とした。七年説は『日本書紀』の編者にとっても異伝扱いにしなければならないほど根拠が弱かったと考えるべきだろう。

継体の二十年後の大和入りに史実を感じるもう一つの理由は継体の陵墓の位置である。『日本書紀』は継体を継体二十五年の没（これは後述する）とし、この年十二月に藍野陵に葬られたとするが、この藍野陵を宮内庁は明治初期に『延喜式』などの記述から茨木市の太田茶臼山古墳に指定した。ところがこの古墳は出土した埴輪の年代測定から五世紀中ごろの築造とされ、六世紀前半に死んだ継体の陵墓とするわけにいかないことが明らかになっている。考古学者の多くは継体陵を茶臼山古墳より二キロほど東にある高槻市の今城塚《いましろつか》古墳としているが、今ここで注目したいのは、藍野陵とされる今城塚古墳の位置である。この古墳は樟葉宮の西、弟国の南西にあって、大和中心部からは四〇キロ以上も離れている。この墓はおそらく寿墓（被葬者が生前に作らせた墓）だろう。継体が即位七年後に入京したのだとすれば、大和から遙かに離れたところに墓を築くことは理解できない。寿墓の築造は七年後より二十年後の方に説得力がある。継体入京七年説はありえず、そうであれば二十年説でなければならない所以である。

こうした状況から継体二十年後の大和入京はおそらく史実を語ったものであったと考えてよいだろう。すなわち継体の即位当初、彼の大和支配は在大和の多くの豪族に受け入れられなかった。継体の即位に抵抗する勢力が存在し、彼らの力を弱めるか、彼らの支持を得るかしなければならず、こうした諸豪族を懐柔するのに彼はほとんど治世の大半を費やしたのだろう。ところが継体紀の記述からは継体の抵抗勢力の実態が浮かび上がってこない。彼の即位を推し進めた勢力はわかっても抵抗した勢力はわからない。こうしたことから継体は即位後大和に入れなかったのではなく入らなかった、入る必要がなかったのではないかという見方が生まれる。しかしこの見方は成り立たないだろう。前政権を倒した継体が前政権の基盤を放置することは考えられず、放置すれば新政権の転覆につながる危険のあることを、権力を奪った継体自身がだれよりも知っていたであろう。だとすればどういうことが考えられるか。

『日本書紀』の記述によれば、継体を大王に推戴することを持ちだしたのは大伴氏で、大伴金村は物部氏、和珥氏らの賛同を得たように記されているが、実際に継体を擁立し、支持に廻ったのはおそらく大伴氏と一、二の小氏族だったのではなかろうか。物部、葛城、和珥、蘇我氏など在大和の有力氏族は難色を示したのではなかったか。三輪王朝時代からの名門葛城氏は雄略の時代、玉田系と葦田系に分かれるが、葦田系の葛城氏は北葛城地方を本拠としており、和珥氏は奈良盆地北部を、蘇我氏は磐余を、平群氏は奈良盆地北西部を地盤としていた。継体としては三輪地方と磐余に若干の拠点を持つ大伴氏の力だけでは、新王朝の統治はおろか、自身の身の安全に不安を感じたとしても不思議はない。そのため継体は、大伴氏の意向に従って自らの勢力基盤である近江に近い河内北部で即位し、宮を構え、大和の諸豪族の懐柔を諮ったのだろう。しかし彼らとの対立は長引き、彼らの支持を獲得するのには二度の遷都を必要とする長期間となった。一方で物部氏、和珥氏、葛城氏、中臣氏らにとっても、新政権が樹立され二十年近くも経てば、河内王朝の復活の見通しはたたなくなり、それぞれの所領の支配にも障碍が生まれ、新政権との妥協を強いられたのだろう。

注目したいのは蘇我氏の動向である。大和の諸豪族の中でも新興勢力の部類に入る蘇我氏は、六世紀前半玉田系の葛城氏の衰退に歩調を合わせるかのように台頭する。葛城氏は畝傍山西方の葛城地方に本拠を置く三輪王朝時代からの名族だが、継体の時代のころになって衰退し、替わって同じ葛城、磐余地方でも畝傍山の北方に基盤を置く蘇我氏が進出している。蘇我氏は六世紀になって蘇我高麗《こま》の時代、渡来人の力を積極的に活用して勢力を培い有力氏族に成長する。重要なのは、蘇我氏が他の諸豪族に先駆けて継体政権の支持、擁護に廻り、継体の王子勾大兄（後の安閑）、桧隈高田（後の宣化）を取り込んだとみられることである。安閑は継体死後、勾金橋《まがりのかねはし》（橿原市曲川町）に宮を置いたとされ、宣化の宮の地はその名にあるように桧隈盧入野《ひのくまいほりの》（明日香村桧隈）だが、これらの地は蘇我氏の勢力範囲にあった。大和の豪族の雄に成長した蘇我氏が、大伴氏とともに継体の支持に廻ったことで和珥氏、許勢氏、中臣氏、葛城氏なども継体の大和支配を受け入れるようになったのだろう。蘇我氏は継体の晩年になって、安閑、宣化から手白香王女所生の天国排開広庭《あまくにおしはらきひろにわ》（欽明）の擁護にのりかえ、欽明と蘇我稲目の長期安定政権への道を開くこととなる。

こうして継体の大和支配は、二十年近くにわたる長期の確執と対立の末に実現することになるが、『日本書紀』にはこうした状況は反映されていない。後年になって大王家を支持し、擁護するようになった在大和の有力諸氏族は、継体の大王即位の当初、継体に反抗したと国史に記すことに難色を示したのではなかったか。大伴氏以外のほとんどすべての豪族が当初は彼の大和入京を認めなかったのだから、豪族同士で瑕疵、欠陥を争う愚挙を避けるのは当然である。壬申の乱（六七二年）で活躍した大伴氏も七世紀末から八世紀にかけては勢力を衰退させ、記紀の編纂に影響を及ぼすような力を発揮することができなくなったのだろう。いずれにしろ継体の大和入京は、彼の即位二十年後にこうして実現したのである。

継体紀の百済関連記事と半島情勢

継体紀は月ごとの四十三本の記事で構成されているが、その過半の二十三本が百済、任那（伽耶）、新羅などの半島関連記事で、内容の上でも継体紀のおおよそ半分を占めている。このことは継体朝が半島の政情にかかわっていたことを示すものでは決してないのだが、ここで継体紀の記す韓半島の政情をみていこう。

陳寿の撰した『三国志』韓伝によれば、三世紀韓半島のほぼ中央部には魏の統治機構帯方郡があり、その南に西から馬韓、弁辰（弁韓）、辰韓がそれぞれ小国を形成し、その南には倭人が居住していた。帯方郡の西から北西にかけては、遼東郡に接して高句麗が勢力を張っていた。魏の滅亡によって帯方郡の権威と力が弱まる四世紀、馬韓の一国伯済国が周辺諸国を統合して漢江下流域に都を定める。これが百済である。同じころ東の辰韓では慶州《キョンジュ》付近に勢力を築いていた斯盧国《しろこく》の楼寒《ろかん》が辰韓諸国を従え、新羅を建国する。成立した当初から新羅は部族共同体的性格が強く王権が脆弱で、四世紀後半から五世紀にかけては、高句麗と倭人に侵攻され苦難の道を歩んでいる。馬韓、辰韓のこうした動きに対して弁辰の諸国には他を統合するような国は現われず、弁辰は小国家の分立状態が続いていた。

弁辰の地は、洛東江《らくとうこう》河口から蟾津江《せんしんこう》河口にかけての海沿いの地と両江を遡った一帯で、東から北にかけては辰韓、西から北西にかけては馬韓、南西は倭人の居住域と接していた。この地は任《みま》那《な》、加羅《から》と呼ばれ、五世紀になると一括して伽耶《かや》とも呼ばれるようになる。任那という地名は、わが国では『日本書紀』にある任那日本府の記述から日本（倭国）の支配下におかれた韓半島の地というイメージが強いが、そうした理解は正しくない。五世紀初頭に高句麗王城の地集安に建碑された好太王碑には任那、加羅がそれぞれ別個の存在として刻字されているように、任那、加羅は韓半島の住人が呼んでいた地名であった。五世紀中葉、宋朝に朝貢して叙爵された倭王済の爵号は「使持節、都督、倭・新羅・任那・加羅・秦韓・慕韓六国諸軍事、安東将軍、倭国王」で、ここでも任那、加羅が新羅などとともに記されている。これら六国の軍事を統轄する爵号を倭国王は獲得したのだが、倭王済の爵号に任那、加羅の諸軍事の爵号があったからといって、新羅、秦韓、慕韓とと

伽耶諸国（六世紀初頭）

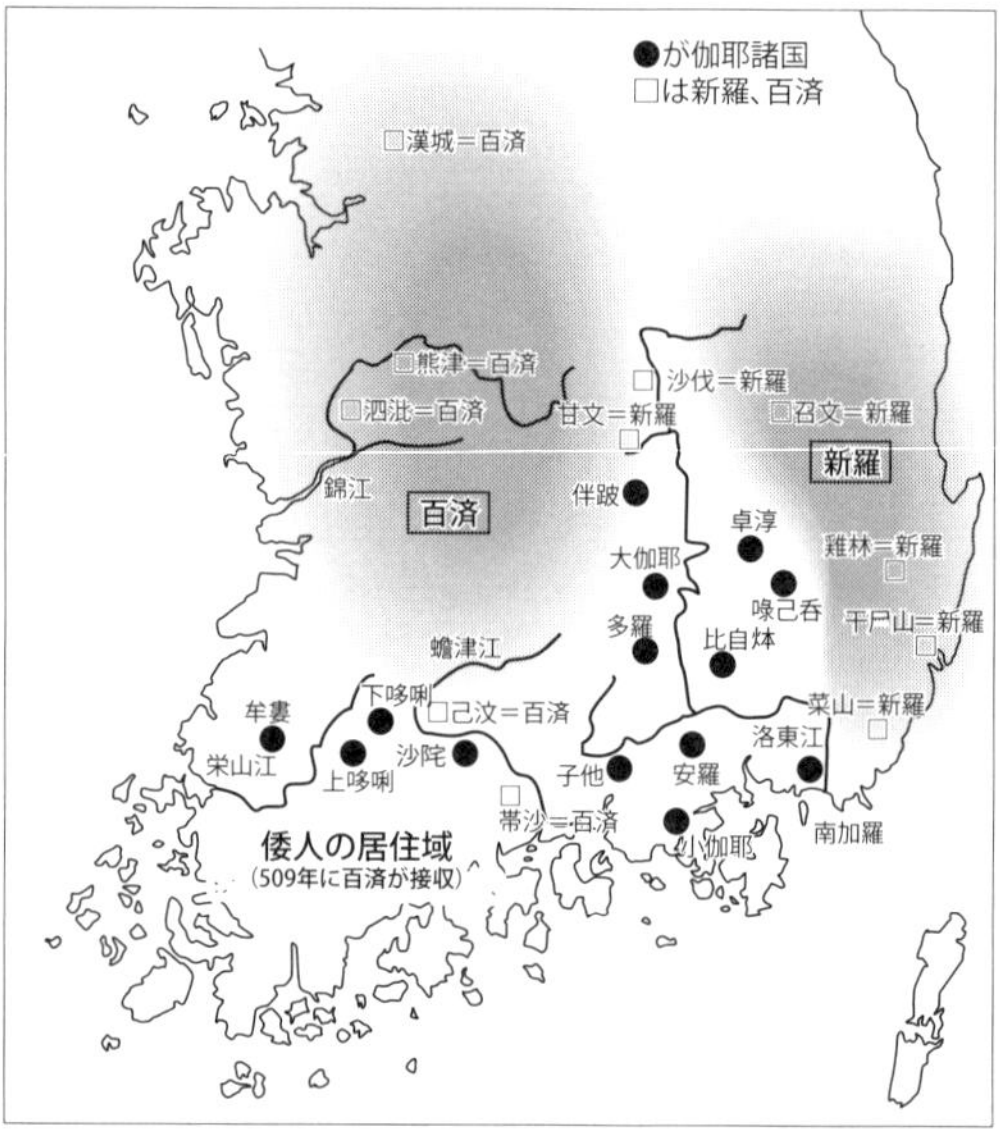

もにこれらの国を倭王が軍事的に支配していたわけではもちろんない。倭以外の五国は宋朝に直接朝貢していたわけではなかったので、これらの諸国の軍事を統轄する爵号を与えても宋朝にとっては何の障害もないことがその理由であろう。ちなみに倭王の宿願であった百済の諸軍事は、百済が独自に宋朝に朝貢し爵号を得ていることから認められなかった。

　五世紀の末年に即位した新羅の智證麻立《まり》干《かん》（五〇〇〜五一四年、麻立干は王）は農業の改善などによって新羅の生産力を急増させる。この国は建国以来部族共同体的統治形態のもとで王（麻立干）の力が弱かったが、智證麻立干は王権を強化し中央集権的国家体制をめざす改革をすすめる。新羅の主権者はそれまで麻立干と呼ばれていたが、『三国史記』によれば智證麻立干の時代に王の称号が確立されたとしている。次の法興王（五一四〜五四〇年）の時代には生産力の拡大で国力が強化され、北に西に領土を拡げている。このときに奪った国（地域）の中に金官加羅国とその周辺の地があった（右の図参照)。現在の金海《キムヘ》とその近隣の集落である。金官加羅国は南加羅《ありひしのから》と呼ばれ、継体紀二十一年条はこの一帯を任那としている。この任那と加羅の地理上の概念だが、洛東江河口とその周辺の海沿いの地を任那、その北方にあった大伽耶《だいかや》(大邱《テグ》の西、現在の高霊《コーリョン》)を中心とする地域が加羅であった。新羅による伽耶諸国への攻撃はこのあとも続くのだが、この次第は後述する。ここでは任那、加羅に関するこうした事情を確認しておきたい。

さきに武烈紀のところで「百済新撰」の記述から、百済における東城王の殺害(五〇一年)、武寧王の即位をみてきた。武寧王は即位すると、東城王を殺した苩加《はくか》とその同調者を討伐し国内の体制を整え、北には高句麗の南下を抑えるとともに南方へ進出、倭人の居住地を接収しこれらを百済の支配下に組み入れた。その記述が継体紀三年(五〇九年)二月条にある。

「任那の懸邑《あがたのむら》に在《はべ》る百済の民の、浮逃《に》げたると貫《へ》絶《た》えたるとの、三四世《みつぎよつぎ》なりたる者をさえ括《ぬ》き出して、並びに百済に遷《うつ》して貫《へ》に附《つ》く」。

(任那の村々に住む百済の人民で、逃亡して戸籍を失なった人たちを、三世、四世にまでさかのぼって調べ、彼らを百済の人民として新たに戸籍につけた)。

「貫に附く」とは戸籍を付けることで、倭人が居住していた半島南西部の地一帯を接収して百済の支配を確立したと考えられる。この二ヶ月前には耽羅《たんら》(済州島)が百済に朝貢しており、百済の執政、統治が半島末端にまでいきわたったとみていいだろう。この措置によって半島の倭人は百済に吸収されたと考えてよい。百済のこの積極的な展開は百済の東に接する伽耶諸国にも及んだ。継体紀六年(五一二年)十二月、百済は伽耶諸国の中でも西側に位置する上哆唎《おこしたり》、下哆唎《あるしたり》、娑陀《さた》、牟《む》婁《ろ》の四県を百済が領有することを倭国が認めるよう要請してきたとある。この部分を含め継体紀は百済と倭国に関する記事を、「百済本記」を引かず『日本書紀』の地の文として記述している。百済の要求を倭国に伝えた使人は哆唎の国守穂積臣押山で、これを天皇に取り次いだのは大伴金村とするのだが、哆唎の国守穂積臣押山のこの記述はおかしい。後出の欽明紀では任那（伽耶）の高官には、旱岐《かんき》、君《きし》、首位《しゅい》などの地位が明記されている。伽耶諸国に八世紀の大和朝廷の国守といった役職があろうはずがない。これも『日本書紀』の編者の作為とみて間違いはない。ただし百済に接する伽耶諸国四邑の百済の接収という事象はあったのだろう。百済武寧王は倭国の「日本府《やまとのみこともち》卿《かみ》」（「百済本記」）の「意斯移麻岐弥」（「百済本記」〈これを『日本書紀』は穂積臣押山にあてた〉）に、伽耶四県の割譲を要求し、倭国はこれを受け入れたという。継体紀のこのあたりの表現の捉え方もむずかしい。百済は倭国にこれら四県の領有を乞い願う記述をしているが、百済と倭国の関係を考えるなら倭国が伽耶四県を領有しているわけではないのだから、百済が倭国の承認を求める筋合いはない。おそらく任那日本府（後述）に通告するか、単に了解を得るような関係だったのではなかろうか。

　百済は六世紀初頭、百済の南から東に位置する栄山江流域と蟾津江《せんしんこう》流域の伽耶の四邑を奪った。この措置に伽耶の一国伴跛《はえ》（慶尚北道の星州《ソンジュ》付近とされる）が強硬に反発し、他の伽耶諸国を巻き込んで百済に攻め入り、百済の領域にある己汶《こもん》（現在の谷城《コクソン》）を奪い、沙陀《さた》（同求礼《クリエ》）にまで進出する。こうして伴跛を後援する伽耶諸国と百済の対立が深まった。ここで百済は伽耶諸国に直接反撃することをせず、倭国に伴跛との紛争の解決を依頼する。半島の倭人の居住領域を与えてまで百済に肩入れしてきた倭国だから、百済の望む己汶、沙陀からの伴跛の撤退という方向を示した倭国の対応も当然だろう。百済と倭国の強圧的な要求でやむなく己汶、沙陀の百済への返還を受け入れた伴跛と伽耶諸国には百済と倭国への怨恨だけが残った。

継体二十三年（五二九年）には、百済が倭国の了解を得て多沙津（帯沙、現河東《ハドン》）を伽耶から奪う。これで伽耶諸国の百済、倭国への不信は決定的となったのだろう。伽耶諸国は新羅と接触、新羅と伽耶は急速に接近し、新羅は伽耶から乞われるままに王女を贈る。『三国史記』によれば、この伽耶の国は大伽耶で、王女は新羅の官位二位の伊飡《いさん》の娘であった。このとき新羅は娘に侍女百人をつけ伽耶へ送った。侍女は伽耶諸国に振り分けられたという。ところが彼女らの衣服が伽耶の服制に反したことで伽耶諸国は侍女を新羅へ送り返した。これに新羅が反発、伊飡の娘を返せと伽耶に要求する。こうした行き違いから新羅と伽耶諸国の関係が悪化、新羅法興王は軍を興し南加羅の三城を占拠、北方の大伽耶にも攻撃を加え、五城を落としたとされている。

このあと継体紀には二十三年春三月条の第三段で、近江毛野臣の安羅への派遣記事がある。これは次の磐井の乱の検討のさいふれることになるが、毛野臣が新羅、百済の官吏を安羅に呼び寄せ、新羅、百済、伽耶の間の紛争の終息を諮る記述がある。こうした記事をふくめ、この段の全体は『日本書紀』の編者の造文になっていると考えていいだろう。『三国史記』などの記述からうかがえることは、新羅が継体二十三年（五二九年）以降も伽耶諸国、とくに海岸沿いの南加羅や喙己呑《とくことん》、新羅に近い卓淳《とくじゅん》などに兵を送り、一方百済も継体二十五年（五三一年）条の分註にある「百済本記」によれば「太歳辛亥の三月に、軍《いくさ》進みて安羅に至りて、乞乇城《こつとくのさし》を営《つく》る」とあるので、百済軍は安羅にまで進軍していることがわかる。このように伽耶諸国は、東からは新羅に攻撃され、西からは百済に浸蝕され危機的な状況に陥るのだが、この結末はこのあとみることになるだろう。

磐井の乱の経緯と本質

継体の治世の後半に大きな事件が勃発する。九州筑紫君磐井（『日本書紀』は筑紫国造磐井とする）の乱で、『日本書紀』と『釈日本紀』が引用する『筑後国風土記』にその記事がある。仁賢以降に旧辞のない『古事記』もこの事件をごく簡略に記している。この三つの伝のうち年紀を記しているのは『日本書紀』だけで、磐井の乱の始まりを継体二十一年（五二七年）とする。継体の大和入京の翌年でありこの点は後述したい。乱をもっとも詳しく記しているのも『日本書紀』で、継体二十一年六月条、同年八月条、二十二年十一月条の三つの年条にわたってその内容がある。そこでまず『日本書紀』の所伝によって継体紀が記すこの磐井の乱の概略をみていこう。

継体二十一年六月継体は、新羅に奪われた南加羅《ありひしのから》、喙己呑《とくことん》を回復し、任那に合わせるため近江毛野臣に兵六万を与え、半島へ渡らせようとする。ところが新羅はこれを知って貨賂《まいない》（賄賂《わいろ》）を筑紫国造磐井に送り、毛野臣の渡海を妨害するよう磐井に働きかけた。磐井は筑紫のほか火（肥前、肥後）、豊（豊前、豊後）を抑え、勢力は盛んで、高句麗、百済、新羅、任那の諸国が大和朝廷へ献じる貢物を運ぶ船を奪い、毛野臣の渡海を妨害した。磐井は毛野に、今でこそおまえは朝廷の使者だが以前は同僚で肩や肘をすり合わせ、同じ釜の飯を食った仲だ、そのおまえに私が従うことなどできようかと、暴言をはいた。磐井の妨害で毛野の軍が渡海できなくなった状況が大和に届くと、継体は、大連大伴金村、大臣許勢男人《こせのをひと》らに磐井討伐を諮る。彼らは一致して大連物部麁鹿火《あらかひ》を推したので、継体は麁鹿火に磐井の討伐を命じた。これが二十一年六月条である。

次の二十一年八月条は継体の詔勅と麁鹿火の奏上である。磐井が叛いているので汝が行って磐井を討てとの継体の勅に、麁鹿火は、磐井は西の果ての悪賢い男です、仰せに従い私が行って磐井を討ちましょうと答えた。継体は詔で

「良将之軍也、施恩推恵、恕己治人。攻如河決、戦如風発」

（良将は軍卒に恩を施し思いやりをかける。己を考え人を治める。攻めるときは河の決する〈河が裂《さ》ける〉が如く、戦うときは風の吹き荒《すさ》ぶが如し）

とするが、これは中国の古典『芸文類聚《げいもんるいじゅう》』（唐代初期に成立した詞華集《しいかしゅう》で、当時までの史書などの漢籍から句文を項目別に集めた文献）から採ったものとされる。続けて

「大将は民の司命《いのち》なり。社稷《しゃしょく》の存亡是に在り。勗《つと》めよ。恭《つつし》みて天罰を行へ」

（大将は兵卒の死命を制する。国家の存亡はこの一戦にある。しっかり励め。謹んで天誅を加えよ）

と勅するが、「社稷の存亡是に在り」は『抱朴子《ほうぼうし》』から、他は『芸文類聚』からとったものである。

そして継体は自ら斧鉞《ふえつ》（斧《おの》と鉞《まさかり》）を麁鹿火に授け、

「長門より東をば朕《われ》制《かと》らむ。筑紫より西をば汝《いまし》制《かと》れ。専ら賞罰を行へ。頻《しきり》に奏《まお》すことに勿《な》煩《わづら》ひそ」

（長門より東は私が治める。筑紫より西は汝が統治せよ。賞罰は汝が思うように行なえ。一々私に報告するには及ばない）

といった。これが二十一年八月条である。

次は一年三ヶ月後の二十二年十一月条で、

「大将軍物部大連麁鹿火、親《みずか》ら賊《あた》の帥《ひとごのかみ》磐井と筑紫の御井郡に交戦《あひたたか》ふ。旗鼓《はたつつみ》相望み、埃塵《ちり》相接げり。機を両《ふた》つの陣の間に決めて、萬死《みをす》つる地を避《さ》らず。遂に磐井を斬りて、果して疆場《さかひ》を定む」

（大将軍物部大連麁鹿火は筑紫の御井郡〈現福岡県三井郡〉で賊の首魁磐井と交戦した。両軍の旗、鼓は相対し、軍勢のあげる塵《ちり》は舞い上がる〈これも『芸文類聚』の引用〉。互いに勝機を掴もうと両軍は必死に戦って譲らなかった。遂に〈麁鹿火は〉磐井を斬って、戦闘に決着をつけた）

とある。継体紀二十一年十一月条は以上だが、続けて十二月条に

「筑紫君葛子《くずこ》、父に坐《よ》りて誅《ちゅう》せらることを恐れ、糟屋屯倉《かすやのみやけ》を献じ、死罪を贖《あがな》はむことを求《まう》す」

（筑紫君葛子は父〈磐井〉の罪に連座して誅せられることを恐れ、自ら糟屋〈現福岡県粕屋郡〉の屯倉を献上して、死罪を免れんことを請うた）

とする記事がある。

次は『古事記』である。既述のように継体記の乱に関する記事はごく短い。

「この御世に、筑紫君石井《いわい》、天皇の命《みこと》に従はずて、礼《あや》無きこと多かりき。かれ、物部荒甲《あらかひ》之大

連、大伴金村連二人を遣はして、石井を殺したまひき」。

（この〈継体の〉世に、筑紫君石井は天皇の命令に従わないで無礼なことが多かった。そこで〈天皇は〉物部荒甲之大連と大伴金村連の二人を遣わして石井を殺した）。

仁賢以降に旧辞のない『古事記』が磐井の乱にごく簡略であってもふれていることは、この乱がいかに重大な事件であったかを物語っているのだが、この記述では具体的なことはまったくわからない。天皇の命に従わず無礼な行為が多かったといっても、何を指しているのかわからないし、継体紀のいう半島との関係にもふれていない。もともと『古事記』には、中国や韓半島に関する記事はほとんどないのだから当然といえるかもしれないが、磐井と半島との関係はもとより、継体朝と半島との関係にふれることもない。継体紀では派遣された将は物部麁鹿火で大伴金村の名はないが、『古事記』には麁鹿火とともに金村の名があり、継体紀では大連とされている金村がここでは連となっている。麁鹿火は継体紀では、大和から遣わされて筑紫御井郡で磐井と戦ったとあるが、『古事記』では戦闘の地は示されず、麁鹿火、金村は大和から遣わされて磐井を討伐したとあるだけである。磐井が途中まで出陣し、そこへ大和から遣わされた麁鹿火、金村と遭遇し、戦闘になって磐井が敗れたともとれないから、大和軍は筑紫の磐井の本拠地を襲ったのだろう。この点は『筑後国風土記』逸文で確認できる。そして『古事記』は、大和の軍勢は磐井を殺したと簡明に記している。

磐井の乱を記す最後は『筑後国風土記』逸文である。ここで『風土記』撰進の事情をごく簡単にみておこう。

『風土記』撰録の命が下ったのは、元明天皇の和銅六年（七一三年）五月で、『続日本紀』は次のように記す。

「畿内、七道の諸国は、郡、郷の名は好字を著《つ》け、その郡内に生ずる銀、銅、彩色、草木、禽獣、魚、虫等はつぶさにその品目を録し、土地の沃瘠《よくせき》、山、川、原野の名号の所由、古老相伝の旧聞、異事は史籍に載せて言上せよ」。

（畿内と七道諸国は郡、郷に好い字を選んで名をつけよ。その郡内に産する銀、銅、〈顔料などの〉彩色原料、草木、鳥獣、魚、虫などは詳しくその種類を記し、土地の肥沃の度合い、山、川、原野の名のいわれ、古老が伝える旧聞や変わった事象などを史籍に記載して報告せよ）。

この命によって各地で『風土記』が撰述、撰録され奏上されたが、当時の奈良朝上層部の思惑（国家的観点から記述の統一を諮るのか、諸国の土着的な記述を残存させるのかの相克）から文書の管理、保全に遺漏があったのかもしれない。今日和銅時代の『風土記』が完本として残っているのは『常陸国風土記』と『播磨国風土記』だけで、他に完本は『出雲国風土記』、『豊後国風土記』、『肥前国風土記』があるが、これらは和銅期の撰述から二十年後の天平五年（七三三年）に成立したものである。和銅年間（七〇八～七一四年）の畿内と七道諸国はおよそ六十国、そのうち『風土記』が残っているのはこの五国であり、大部分は逸失した。その後平安期から鎌倉期にかけて一部で古学復興の動きが起こり、古典の注釈と古書の引用がなされたが、そのなかには『風土記』も含まれていた。『風土記』に関して特筆すべきは卜部兼方の『釈日本紀』、釈仙覚の『万葉集註釈』で、前者は二十国の『風土記』逸文を載せ、後者は十六国の『風土記』逸文を載せる。

さて、問題の磐井の乱に関する『筑後国風土記』の逸文は卜部兼方の『釈日本紀』にある。この逸文は筑紫君磐井の墳墓（福岡県八女市の岩戸山古墳とされる）の記述で、南北六十丈、東西四十丈の古墳の周囲には石人と石盾《せきじゅん》が交互に六十体並べられていたとある。東北の隅には衙頭《がとう》と呼ばれる一区画があり、解部《ときべ》（検察官）一名、偸人《ぬすびと》（盗人）一名がいて傍らに石猪四頭が臓物《ぞうもつ》（盗んだ品）として置かれている。磐井の権力の側が罪人を裁く様子を示していると解釈されている。問題は後段の乱の記述である。

「古老伝へて云ふ、雄大迹《をほど》天皇の世に当りて、筑紫君磐井、豪強暴虐、皇風に偃《したが》はず。生平の時、預《あらかじ》め此の墓を造る。俄《にはか》にして官軍動発《おこ》りて襲たむと欲する間に、勢、勝たざるを知り、独り自ら豊前国上膳県《かみつけのあがた》に遁《のが》れ、南山峻嶺の曲《くま》に終はりき。是に於て官軍、追ひ尋《ま》ぎて蹤《あと》を失う。士の怒り未だ泄《や》まず、石人の手を撃ち折り、石馬の頭を打ち堕《おと》す。古老伝へて云う、上膳県に多く篤疾あるは、蓋《けだ》し茲《これ》に由るか」。

（古老が伝えいうには、雄大迹〈継体〉天皇の世にあって筑紫君磐井は豪強暴虐で天皇に従わなかった。磐井は生前この墓〈岩戸山古墳〉を造った。俄かに官軍が動員され〈磐井を〉襲撃しようとする時、〈筑紫君磐井は官軍の〉勢いから勝てないことを悟り、単身豊前国の上膳県〈上妻郡〉に逃れ、南山の険しい嶺の隅で亡くなった。ここにおいて官軍は〈磐井を〉追跡してきたが、跡を見失なった。兵士の怒りはやまず、石人の手を打ち落とし石馬の頭をたたき壊した。古老が伝えていうには上膳県に不具の人が多いのはこのせいだろうか、と）。

これらの古文献が語る磐井の乱を考えてみたい。

第一に、乱勃発の契機になったと記す近江毛野臣の新羅への派遣だが、この話は『日本書紀』にはあるが『風土記』にはなくもちろん『古事記』にもない。この『日本書紀』の毛野臣の所伝をどう解釈すべきだろうか。新羅が南加羅《ありひしのから》と喙己呑《とくことん》を奪ったので、これを任那へ復させる目的で継体は毛野臣に六万の軍勢を与え、新羅へ向かわせようとした。毛野臣は新羅と戦うために派遣された将であった。ところが毛野臣が磐井に渡海を妨害される段になると、継体紀は毛野を朝廷の使者と磐井に言わせている。磐井が毛野に今でこそおまえは天皇の使者になっているが、かつては朋輩として肩肘すり合わせ、同じ釜の飯を食った仲だ。どうしておまえに従うことができようかと無礼な言葉をはいたという。磐井は若いころ大和の王宮に奉仕していたと継体紀にはあるのだが、これには不審がある。九州の豪族の子弟が大和へ奉仕するのは、確認されているものでは欽明朝のころからで、稲荷山古墳の鉄剣銘、江田船山古墳の鉄刀銘でも検討したが、この磐井、継体の時代には九州の豪族の大和朝廷への出仕はなかった。『日本書紀』の編者の作文と考えて間違いはないだろう。新羅は磐井に賄賂を贈り毛野臣の渡海を妨害したとするが、賄賂とはいったい何なのかわからない。磐井の墳墓とされる岩戸山古墳（本格的な発掘はされていない）とその周辺の主な古墳（石人山古墳、石神山古墳、江田船山古墳など）から出土する遺物も格別新羅と結びつくものは発見されていないという。加えて六万の軍勢の行動を阻止する具体的な磐井の行動にふれていないことである。軍勢の渡海を阻止するなら戦闘行動以外には考えられないが、毛野と磐井の間で戦闘があったとは継体紀には一言も書かれていない。毛野臣が磐井によって渡海を妨害されていることを知った継体は麁鹿火を派遣し、麁鹿火が磐井と交戦したと継体紀は記すが、毛野臣と六万の軍のその間の動向にはいっさいふれない。毛野臣は麁鹿火が磐井と戦っている一年余の間傍観していたのだろうか。六万の軍勢の渡海にはおそらく一千艘をくだらない戦船が必要であったろう。六万の軍の徴兵の問題、短期間での戦船の調達の問題、六万の軍の待機地の問題、兵の糧食、兵の士気の問題など、継体紀の記述は不審に満ちている。六万の軍とは当時にあっては想像を絶する大軍である。およそ一三〇年後、唐と新羅の攻撃によって百済が滅亡した折、百済の遺臣たちの要請によって斉明朝は旧倭国の統治機構と一体となって百済救援に動き、百済再興の軍を数回に分けて半島へ送りこんだが、そのさいの戦船と軍勢、水夫の総数が合わせて五〜六万程度ではなかったか。さらに実際にこれだけの軍勢が新羅を襲ったら勝敗の帰趨は明らかである。一三〇年後の百済滅亡の折、新羅が百済攻撃に動員した兵数は五万であった。それを上回る大軍にもかかわらず、麁鹿火の磐井討伐後渡海した毛野臣は新羅征討に成功せず、帰途対馬で病没したと継体紀にある。毛野臣に関する継体紀のすべての記述が腑に落ちない。これらの状況から継体紀にしかない毛野臣の記述は、『日本書紀』の編者のまったくの造文であると考えたい。

第二は『日本書紀』と『風土記』の記述から読みとれる磐井の権力構造である。さきに『風土記』の磐井の墳墓の記事をみた。墳墓の一角には衙頭と呼ばれる現実政治の場が作られ、罪人が裁かれ刑が執行される様子が表現されており、この遺構からは磐井の政治的権威の誇示だけでなく、磐井の権力構造をみることができる。磐井の居館の近くには政庁区があり多数の舘舎、兵庫が並び、官人、武人がつめ、政治が行なわれていた。岩戸山古墳に造られた衙頭では裁判が行なわれ、判決が出される。このように磐井は行政権、裁判権と刑の執行権を有していた。

「是に磐井、火、豊、二つの国に掩《おそ》ひ據《よ》りて、使修職《つかへまつ》らず」（磐井は肥前、肥後、豊前、豊後を抑えて勢力をふるい、朝廷に仕えようとはしなかった）

とあるように、磐井は筑紫（筑前、筑後）だけでなく肥前、肥後、豊前、豊後にかけて勢威をふるっていた。「使修職《つかへまつ》らず」という表現は、反抗して服さないというよりは、大和に対して朝貢せず自主、自立していたと読む方が適切だろう。対立、反抗、抵抗、抗争といったニュアンスの語句がないからである。そして磐井の遺構とこれらの記述からは、一つの成熟した政治権力の様相を窺うことができよう。

第三は石人石馬（石獣）というこの地方独特の遺物である。北部九州の住人はこの石造物を神聖な祭祀の対象として崇めてきた。大和の兵士はこの神聖な石人石馬を無残にも破壊するが、破壊するに当たっては何も畏れる様子をみせない。大和とは異なった文化の証明であろう。大和と北部九州は六世紀前半の時点では異文化の地であったばかりか、それぞれ別個の権力の証左であったと考えたい。

第四は韓半島の諸国との通交の問題である。

「外は海路を邀《た》へて、高麗、百済、新羅、任那等の国の年に職《としごとみつぎものたてまつ》貢る船を誘《わかつ》り致《いた》す」。

（外は海路を遮断して、高麗、百済、新羅、任那などの国が毎年貢物を運ぶ船を欺き奪っていた）。

半島の国々が年ごとに大和朝廷に朝貢してくる船を、磐井が奪っているという継体紀の記述である。素直に読むならそのようなことがありえないことは明らかだろう。磐井が、大和朝廷に朝貢してくる半島の各国の船を奪っていたのなら、大和朝廷はなぜ磐井の行為を放置していたのだろうか。一度でもそのようなことがあれば重大問題であり、六世紀にあっても国際間の問題に発展するだろう。一方半島の諸国にとっても、仮に遣使がめざす朝貢国へ行けず、他国に拘束され貢物を没収されることになれば深刻な問題であり、これらの国がそうした事態を放置することはあり得ない。なお『日本書紀』がここで新羅を入れたのは編者のまったくのミスである。新羅は磐井に賄賂を贈り、毛野臣の渡海を妨害させようとした。そうした関係にある新羅に対して磐井がなぜ新羅の貢物を奪うのか、明らかに『日本書紀』の矛盾である。さらに高句麗がこの時期倭国と通交していた形跡はまったくない。また百済は倭国に朝貢ではなく対等の立場から王者同士の通交を行なっていた。このことは石上神宮の七支刀の検討の際にも、また中国南朝に対する高句麗、百済、倭国の遣使、叙爵の検討の折にもふれてきたことである。どの角度から見てもこの記述に信憑性はない。「（磐井が半島諸国の）職貢《みつぎものたてまつ》る船を誘《わかつ》り致す」が『日本書紀』の編者の曲筆であることは、これ以上の言を必要としないだろう。

第五は、磐井征討軍の派遣に際しての「社稷の存亡是に在り」という継体の言である。継体は磐井討滅の意を固め、だれを九州へ送るかの人選を、大伴金村、物部麁鹿火、許勢男人らに諮る。越から立って大和へ入京した継体は諸豪族らに諮らなければならなかった。このシステムは河内王朝、あるいは三輪王朝以来の伝統だったと考えられる。金村らは物部麁鹿火を推挙し、継体はこれを裁可する。『古事記』は既述のように麁鹿火と金村を九州へ送ったとする。叛乱の鎮圧のためにだれを派遣するかが諸豪族に諮られ、諸豪族の側が人選して推挙し、これを大王が裁可するという政治のあり方にも興味をひかれるが、問題はこのあとの「社稷の存亡是に在り」（国家の存亡はこの一戦にある）という継体の詔勅である。この継体の言辞はかなり深刻な内容である。磐井の乱を継体朝の命運をかけるものとする位置づけであり、単に一地方の叛乱という捉え方ではなく、一地方の叛乱を鎮めるために送り出す王者の言辞でもない。しかも継体はこのとき麁鹿火に親しく斧鉞《ふえつ》（斧《おの》と鉞《まさかり》）を与えている。斧鉞を与えることは遠征軍の内部規律の刑罰だけでなく、戦闘行動における戦術、戦況判断、戦後の対戦相手の罪状認否と決裁のすべてに権限を与えることで、全権委任の証しである。一地方の叛乱という『日本書紀』の位置づけに大きな疑惑が生じるのは避けられないだろう。

第六は継体の

「長門より東をば朕制《かと》らむ。筑紫より西をば汝制《かと》れ」

（長門より東は私が治める。筑紫より西は汝が統治せよ）

の言辞である。先に継体紀には「磐井、火、豊、二つの国に掩《おそ》ひ據《よ》りて」とあったが、この継体の勅をみる限り磐井は筑、火、豊それぞれ二国（前、後）の六国を治めていただけでなく長門より東も磐井の影響下にあったことがわかる。磐井は長門より東も支配していた。長門以東は私自身が統治する、筑紫より西は汝が治めよと継体は磐井の支配地の分割統治を麁鹿火に示した。大和朝廷の配下にある筑紫国造の叛乱なら、討伐に当たった鎮将にその地を与えることはない。その地は叛乱以前朝廷に帰属していたので反乱が鎮圧されれば旧態に服し、その地が朝廷に帰属することは当然だからである。

われわれはかつて『宋書』にある倭王武の上表文を検討した。「祖禰《そでい》躬《みずか》ら甲冑《かっちゅう》を擐《つらぬ》き」とあったように、倭王武の先祖は自ら鎧兜《よろいかぶと》に身を固め山河を駆け巡り、戦いに明け暮れた。そして彼らは

「東は毛人を征すること五十五国、西は衆夷を服すること六十六国、渡りて海北を平ぐること九十五国」

と倭国の領域を拡大した。海北の九十五国は韓半島の国々（聚落）ではっきりしておりそれ以外には考えられない。西の六十六国は九州の諸聚落で、東の五十五国は今日の中、四国地方の聚落であろう。九州の六十六国に比べ東の毛人を征する国が少ないのは、中、四国地方の東半分を除く西の地域だけだったからと思われる。出雲、吉備などが含まれる中、四国の東方地域は大和朝廷の支配下、あるいは影響下にあったか独自の権力で、磐井の力の及ばない地であったのだろう。いずれにしろ継体は、麁鹿火が磐井を討ったなら九州は汝が治めよ、磐井の支配下にある中、四国の全域は私が宰領すると勅したのである。

『日本書紀』の年紀建てによれば、磐井の乱は継体二十一年（五二七年）に起こっているが、仮にその通りだったとすれば、倭王武の上表文が昇明二年（四七八年）なので、倭王武の上表文からちょうど半世紀後のことである。磐井はあの倭の五王の最後の王、武の孫か曾孫であったのだろう。磐井の権力は、筑、火、豊に拠っていただけでなく、海北の諸国を従え、中、四国の西半分を勢力下に収め、大和朝廷に匹敵するか、あるいはそれを上回る大きな勢力を築いていた。この強敵を倒すため継体は麁鹿火に斧鉞《ふえつ》を与え、磐井を倒したら磐井の支配地のおよそ三分の一にあたる筑紫より西の地を与えようと約束したのである。以上の状況を勘案するなら、磐井の乱とは大和朝廷

と倭国の一大決戦、継体の征服戦争であったというべきであろう。
磐井の乱の戦闘とその結末は、『古事記』、『日本書紀』、『筑後国風土記』の三つの文献ともきわめて簡素、簡明である。前述のように『古事記』には戦闘場面の記述はいっさいなく、物部麁鹿《あらか》火《ひ》と大伴金村の二人が遣わされ磐井を殺したとあるだけである。『風土記』にも戦闘の記述はなく、全体が簡略な記述になっている。『風土記』をもう一度引いておこう。

「俄にして官軍動発《おこ》りて襲《う》たむと欲する間に、勢《いきほひ》、勝たざるを知り、独り自ら豊前国上膳県《かみつけのあがた》に遁《のが》れ、南山峻嶺の曲《くま》に終はりき」。

すなわち、官軍（麁鹿火の軍）が突然襲撃してきた。その勢いは盛んで、磐井はとても勝てないと悟り、単身豊前国上膳県（上妻郡）まで逃れ、山中に入って生涯を閉じたとする。磐井は麁鹿火の軍に討たれたとは書いていない。簡略な記述ではあっても先の『古事記』とは違う。さらにそれを証明するかのように、麁鹿火の軍は磐井を追撃してきたが、磐井を見失ない逃がしてしまったと継体紀は記している。そのため大和軍は怒り狂って石人石馬を破壊したが、それだけでは終わらず上妻郡の人たちが磐井を匿《かくま》ったと考え、多数の住民を殺傷した。現地の古老は上妻郡には「多く篤疾有りき」（障碍を負っている人が多い）と伝えているが、『風土記』の述作者はこれを大和軍の報復によるのだろうと記している。この部分は、上妻郡には障碍を負っている人が多いが、これは大和の軍の住民への殺傷によるのだろうと古老は伝えていると読むこともできる。つまり古老は、上妻郡には障碍を負っている人が多いと伝えているだけなのか、この地に障碍を負っている人が多いのは大和の軍勢によるものだろうと伝えているのかの違いである。これは全体を古老の伝とする後者の読み方の方がよいだろう。

さて次は『日本書紀』だが、これも既述したように磐井の乱の戦闘場面はきわめて簡略である。ただし『日本書紀』には他の史料にはない情報が記されている。それは麁鹿火の派遣は継体二十一年八月、戦闘の決着は継体二十二年冬十一月、戦場は筑紫の御井郡であったことである。そしてこの戦闘で遂に磐井を斬り「果して疆場《さかひ》を定む」とする。この表現は字句通りに読めばきっぱりと境（境界）を定めた、つまり大和朝廷の境界を確定したという意味だが、ここは一年余に及ぶ磐井との戦闘に決着をつけたと読んでよいだろう。だがより重要なことは麁鹿火の軍と磐井の軍との戦闘が筑後の御井郡で行なわれたと『日本書紀』が記していることである。しかも「俄にして官軍動《お》発《こ》りて襲《う》たむ」と『風土記』にあるように、磐井は突如麁鹿火の軍の襲撃を受けた。この記述は磐井の乱が叛乱ではないことを示している。磐井の乱が磐井の大和朝廷への叛乱であるならば、大和朝廷は当然鎮圧の部隊を差し向けるだろうから、磐井は大和の動向に注意を払うだろうしそれなりの対抗処置を取るだろう。大和の軍による奇襲とは、大和朝廷の一地方組織、一国造の朝廷への反抗と考えるよりは、合法権力としての磐井の政権に対する大和軍の攻撃、それも奇襲を意味していると考えた方が整合しているだろう。さらにこの『風土記』の記述は、先の磐井による毛野臣の渡海妨害が『日本書紀』の編者の虚構であったと考えられることである。どういう方法であったにせよ毛野臣の渡海を妨害する行為を磐井が行なったのなら、磐井は自らを緊張状態に置き臨戦態勢をとっていただろう。そうであるなら「俄にして官軍動発」という事態、すなわち大和軍の奇襲はおきにくいと考えなければならない。

磐井の統治機構と官人、武人たちは、おそらく突如現われた大和の軍勢に不意を突かれた。麁鹿火の軍は磐井の領域奥深く侵攻し、磐井の権力を支える官人、武人たちばかりか多くの無辜《むこ》の民衆をも殺傷した。だが九州の倭国の権力の側も抵抗する。『日本書紀』によれば継体が麁鹿火に斧鉞《ふえつ》を与え送り出したのは継体二十一年（五二七年）八月で、「遂に磐井を斬る」とあるのは二十二年十一月だから、麁鹿火の軍と磐井の軍の交戦は一年以上に及んだことになる。麁鹿火の軍の侵攻も凄まじかったが磐井の軍の抵抗も激しかった。おそらく戦況は一進一退を繰り返したのだろう。この点磐井の乱の一四〇年後に起こった壬申の乱とはまったく様相を異にする。壬申の乱は、大海人皇子（天武天皇）の決起の当初、大海人にとって危機的な場面もないではなかったが、大海人の政治力、先見性と決断力、配下の将の軍事的能力、近江朝からの人心の離反、近江朝の対応のまずさなどによって、戦況は一気に吉野側に有利に展開し、わずか一ヶ月で大海人の勝利、近江朝の敗北という結果に終わった。そして注目すべきは、敗者に対する勝者の寛大さ、戦後処理の寛容さである。その壬申の乱にひきかえ磐井の乱は、侵攻した側も侵略された側も極度の緊張状態を現出した。『筑後国風土記』には、麁鹿火の軍の兵士が磐井本人を追撃したが見失なったので、「士の怒り未だ泄《や》まず」石人石馬を打ち毀したとあるが、「士の怒り」は決して磐井を見失なったためだけではなかったろう。一年を超える激闘の末にようやく勝利を得た侵攻軍は、その払った犠牲の大きさに、倭国の民衆に対する憎しみを増加させた。彼らは敗れた側の官人や民衆に対して徹底的な報復を加えて多くの犠牲を与え、かろうじて生き残った倭国の民衆を「多く篤疾有りき」といい表わされる状態に陥れた。磐井を見失なった大和の軍勢は、上妻郡の人たちだけに報復を加えたのではなかったのである。以上が、磐井の乱といわれる大和の軍勢の倭国への攻撃、戦闘とその結末である。

王朝の全面的敗北　―辛亥の変―

磐井の乱に関する記紀と『筑後国風土記』の記事は以上だが、『日本書紀』の紀年によればこの磐井の乱の三年後の継体二十五年、大王継体は磐余《いはれ》玉穂宮で死亡する。その死を受けた継体紀の末尾には継体の死に関して異様な記述がある。そしてこの記述が長年識者、研究者を悩ませている。その記述（本文と分註）は以下である。

「二十五年の春二月に、天皇、病甚《おも》し。丁未《ひのとひつじのひ》に、天皇、磐余玉穂宮に崩《かむあが》りましぬ。時に年八十二。冬十二月の丙申《ひのえさる》の朔《ついたち》庚子《かのえねのひ》に藍野陵《あいののみささぎ》に葬《はぶ》りまつる。（以下分註）或本に云はく、天皇、二十八年歳次甲寅《きのえとら》に崩りましぬといふ。而《しか》るを此《ここ》に二十五年歳次辛亥《かのとい》に崩りましぬと云へるは、百済本記を取りて文を爲《つく》れるなり。其の文に云へらく、太歳辛亥の三月に、軍《いくさ》進みて安《あ》羅《ら》に至りて、乞乇城《こつとくのさし》を営《つく》る。是の月に高麗《こま》、其の王安《こきしあん》を弑《ころ》す。又聞く、日本《やまと》の天皇及び太子《ひつぎのみこ》、皇子《みこ》、倶《とも》に崩薨《かむさ》りましぬといへり。此《これ》に由《よ》りて言へば、辛亥の年は二十五年に當る。後に勘校《かむが》へむ者、知らむ」。

（〈継体〉二十五年〈五三一年〉の春二月に〈継体〉天皇の病は重くなった。丁未の日〈七日〉に天皇は磐余玉穂宮で死去した。年八十二歳。〈この年の〉冬十二月の丙申の朔《ついたち》庚子〈五日〉

の日に藍野陵に葬った。〈以下分註〉或本には、継体は二十八年の甲寅年に死んだとある。ところがここに二十五年辛亥年に死んだとしたのは、「百済本記」によったからである。その文の記すところによれば、辛亥年の三月に〈百済〉軍は安羅へ進み乞乇城《こつとくじょう》を築いた。またこの三月には高句麗ではその王安〈安蔵王〉が殺された。また聞くところによれば、日本の天皇、太子、皇子が倶に死んだという。これによっていえば辛亥年は〈継体〉二十五年にあたる。後世の人はよく調べ考えてほしい)。

継体の死に関連した「百済本記」をひいた『日本書紀』の記述のポイントは以下の三点にある。第一は、「或本」(おそらく国内史料)では継体は継体二十八年の甲寅年(五三四年)に死んだとあるが、「百済本記」には辛亥年(五三一年)に日本の天皇、太子、皇子が倶に死んだとあったので、「百済本記」によって継体の死を辛亥年としたこと、第二は、「百済本記」のこの記事にある天皇は記紀による限り継体以外にはありえないが、継体は太子、皇子と一緒に死んでいないこと、第三は、『日本書紀』の編者はこれらの状況から「或本」の記述はもとより「百済本記」の内容にも確信が持てなかったので、後世の人はよく調べ、考えてほしいと記したことである。特にこの第三の「後に勘校《かむが》へむ者、知らむ」と判断を後世にゆだねる編者の記述は異例である。この辛亥年に日本天皇、太子、皇子が倶に死んだという記述が事実であるなら、大和朝廷の過去の歴史の中では最大、最悪の事件であり、この辛亥年にあったかもしれない事件が辛亥の変と呼ばれることになる。そして『日本書紀』の編者が国内史料を捨て、「百済本記」を採ったことによって、『日本書紀』の編年上いくつかの矛盾が生まれることになった。これが辛亥の変とこれによる錯綜である。

継体死後、彼の長子勾大兄《まがりのおおえ》が即位する。これが大王安閑である。『日本書紀』の安閑即位前紀には、継体二十五年（五三一年）春二月七日、継体は病が重くなったので勾大兄を即位させ、その日に継体は死んだとある。この真偽のほどは今は問わない。問題は『日本書紀』が踰年《ゆねん》称元法（大王の死の年は死んだ大王の治世年とし、新王がその年に即位した場合は翌年を新王の元年とする）をとっているので、安閑即位前紀の記述のように辛亥年（五三一年）に継体が死に安閑がその日のうちに即位したのなら、辛亥年は継体二十五年、翌年の壬子年（五三二年）が安閑元年でなければならないことである。ところが『日本書紀』の編者は大王継体の死を「百済本記」によったが、安閑、宣化の事績は「或本」に頼らざるを得なかったので国内伝承によって安閑元年を五三四年にした。そのため五三二年、五三三年の二年間に空位期間が生じることとなった。そして『日本書紀』の編者は継体の死と安閑の即位の年次に確信が持てなかったがために、問題の解決を後世にゆだねる異例の記述をしたのである。

ところが問題はこれで終わらなかった。記紀とは別系統の『元興寺伽藍縁起 并《ならびに》 流記《るき》資財帳』などの史料に欽明の即位年が五三一年（辛亥年）、五三一年を欽明元年とし欽明の統治期間を四十一年とする記述がある。もしこの伝が本当なら継体の没後に欽明が即位したことになり、安閑、宣化の治世がなくなってしまう。安閑、宣化は尾張連草香の娘目子媛《めのこひめ》所生の王子であり、欽明は大王仁賢の娘の手白香王女から生まれている。こうしたことから一部には継体没後の辛亥年、大伴氏、物部氏などの支持で安閑が即位したが、これに同意しない蘇我氏らによって欽明が擁立され、二朝が対立（並立）して、安閑の死（五三五年）を経て宣化の死（五三九年）によって両朝の対立が解消したのだろうという説がある。古代版南北朝の対立ともいうべき説で、辛亥の変＝二朝並立論である。

さて、この所伝をどう考えたらいいだろうか。問題の要点は大王継体の死にかかっている。継体の死は、継体紀による辛亥年（五三一年）説、甲寅年（五三四年）説のほかにも『古事記』の丁未年（五二七年）説がある。このうち継体の死をもっとも早くするのは『古事記』の丁未年説である。丁未年は、『日本書紀』によれば近江毛野臣を渡海させようとした年でこの年の八月には物部麁鹿火を磐井討伐へ向けて送り出している。次に『日本書紀』は継体の死を本文では継体二十五年辛亥年（五三一年）をまず挙げ、次に「或本」の甲寅年（五三四年）を記し、「百済本記」の記事を根拠に継体の死を辛亥年にしたとする。

そこでまず『古事記』の丁未年説を考えてみよう。もともと「百済本記」には、辛亥年に日本天皇、太子、皇子倶崩薨の記事があったが『古事記』の編者は百済系史書にはまったく目を向けていない。『古事記』は分註で継体の死を「丁未の年の四月九日に崩《かむあが》りましき」とする。『古事記』の編者はこの史料をどこから採ったのだろう。百済系史書でないことは確かなのだから、その出所はおそらく「或本」に違いない。一方『日本書紀』の編者は「百済本記」をみたが、そこには辛亥年三月の事績が二つ（百済の安羅攻撃と高句麗の安蔵王の殺害）並んでいて「又聞く、日本の天皇及び太子、皇子倶に崩薨《かむあが》りましぬ」とあったとしているのだから、ここに日本の天皇の死んだ月日が記されていたとは考えられない。『日本書紀』の編者は継体の死を「百済本記」からは二十五年辛亥年を、「或本」からは月日をとって継体二十五年条を作りあげたのだろう。同じ「或本」から『古事記』の編者は丁未年四月九日を読みとり、『日本書紀』の編者は甲寅如月（二月）丁未を読みとった。どちらの読み方が誤りであったか明らかだろう。『古事記』の編者が丁未の日を丁未の年に読み誤ったか、その後の書写の際、誤って記されたかのどちらかと考えていいだろう。したがって、継体の丁未年（五二七年）の死は、『古事記』の編者の読み誤り、あるいは書写の際の書き違えと考えたい。『古事記』は和銅五年（七一二年）の奏上の後、留保され、退蔵され、隠匿される。『古事記』が再び日の目をみるのは真福寺本『古事記』が出現する十四世紀初頭である。この異同は六〇〇年もの間眠り続けていたのである。

残るは継体紀の分註にある「或本」の甲寅年（五三四年）説と、同じく分註にある「百済本記」の辛亥年、天皇、太子、皇子倶に死すの天皇を継体とする辛亥年（五三一年）説である。『日本書紀』の編者が「百済記」をはじめとする百済系史書の記事を信頼していることは、これまで神功皇后紀、応神紀などを検討した際にみてきた。その「百済本記」には六世紀前半の辛亥年に「日本天皇、太子、皇子倶崩薨」の記事があった。国内伝承の甲寅年とは三年の違いがあるが、この時期に死んだ大王は継体しかいない。そこで彼らは「或本」にあった継体の甲寅年死亡説を捨て、彼の死を辛亥年とした。そうすると「或本」の国内伝承とは二つの点で齟齬が生じる。まず継体二十八年の継体の死を継体二十五年に繰りあげた場合、「或本」の継体二十六年、二十七年に何らかの事績があったらどういうことになるかという問題である。それらは二十三年、二十四年に繰りあげなければならないだろう。もちろん運よく二十六、二十七年に記事がなければ二十八年の継体の死を二十五年に移すだけでよいが、継体の晩年には磐井の乱が起こっており、このころは多事多難の時期であった。実際、継体紀二十三年条には百済王の朝貢に関する奏聞の記事をはじめとする五つの条項、二十四年条には継体の「朕帝業《われ》承《う》くること二十四年」の詔の記事をはじめ三つの条項の記事がある。継体二十六年、二十七年に国内関係の事績がなく空白であった可能性は低いだろう。大半は百済、任那関係の記事なので『日本書紀』の編者が「百済本記」からとってきた記事を二十三年、二十四年条にあてはめたのだろうが、二十六年、二十七年の国内関係の記事は動かさざるをえない。すなわち継体紀二十三年条、二十四年条の記事のうち、百済関係以外の国内伝承はもとは継体二十六年、二十七年の事績であったと考えたい（先の帝業を承けてより二十四年は二十七年ではなかったか）。

次に継体紀二十一年、二十二年条の磐井の乱の記事だが、これらはもともと二十一、二十二年だったのか、それとも三年下げて二十四、二十五年の事績であったのかである。ここでわれわれは継体の磐余遷都、大和入京を想い起す。大和の諸豪族との長期間の確執と対立の末、継体は即位二十年後にしてはじめて大和の中心部、磐余《いはれ》に宮を構えることができた。これが継体二十年（五二六年）のことだが、その翌年継体は近江毛野臣に兵六万をつけて新羅へ送り、磐井の妨害に会うや今度は麁鹿火に磐井討伐軍を与え送り出した。前年大和に入ったばかりで政権基盤が未だ安定していなかっただろう継体が、大和入京の翌年に毛野臣の新羅膺懲、あるいは磐井討伐の軍事行動を起こすことが解せない。ここに三年の空白をもってきて大和入京の四年後とすればかなり理解しやすくなるだろう。つまり「或本」の年紀建てでは、継体二十年（五二六年）磐余に遷都、継体二十四年（五三〇年）磐井討伐のため麁鹿火派遣（毛野臣の六万の軍は既述のように『日本書紀』の編者の造作）、継体二十五年（五三一年）磐井滅亡、そして継体二十八年（五三四年）継体の死となっていたのではあるまいか。

次に継体の死を二十八年と記していた「或本」は、その後の安閑、宣化の治世をどう記していたかという問題である。継体は二十八年（五三四年）に死んだ。安閑紀は継体が死の直前長子勾大兄（安閑）に譲位、継体はその日のうちに死ぬ記述がある。譲位したその日の内に継体が死ぬという生前譲位は信じられないにしても、その年のうちには安閑は即位したのだろう。年紀建てに関しては踰年称元法をとっているのは『日本書紀』で、「或本」が踰年称元法をとっていたとは限らない。だから「或本」は、安閑が即位した甲寅年（五三四年）を安閑元年としていたのではなかったか。この場合甲寅年は継体二十八年であったと同時に安閑元年であったのだろう。昭和六十四年が平成元年とされた今日の年紀建てと同じである。『日本書紀』の年紀建てによれば、継体二十八年（五三四年）に継体死、安閑即位なら踰年称元法によって五三五年が安閑元年にならなければならないのだが、『日本書紀』の編者は安閑の即位年（五三四年）を安閑元年としている。これはおそらく「或本」の年紀建てによったもので、『日本書紀』の編者はこの「或本」の年紀建てを『日本書紀』の年紀建てに改めなかった。しかし問題は継体の死を継体二十五年（辛亥年、五三一年）にしたのだから、五三四年安閑即位、この年を安閑元年にしたところで、五三二、五三三年の両年が空位になってしまう。もちろん『日本書紀』の編者は、継体の死を継体二十五年に早めることによって二年間の空位期間が生じることはわかっていた。しかし彼らは安閑の即位年を早めるなどの操作をする確信がなかった。彼らは矛盾が生じるのを承知の上で、安閑の即位を「百済本記」の辛亥年継体死の継体二十五年（五三一年）に、安閑元年を「或本」から五三四年にしたと考えたい。

　次は「百済本記」の「天皇、太子、皇子倶崩薨」の太子と皇子である。「百済本記」の天皇を継体とするならば、太子に該当する王子は二人に絞られる。その一人は勾大兄で廣国押武金日《ひろくにおしたけかなひ》、後の安閑である。安閑紀によれば継体二十五年春二月、継体は勾大兄を即位させ、その日のうちに死んだという。これが事実ならば継体は生前譲位した最初の大王だが、その信憑性は薄い。そして安閑は既述のように、所伝に混乱はあるものの二年（五三五年）十二月死亡する。『古事記』も月こそ違うが、安閑は乙卯年（五三五年）三月に死んだことを伝える。つまり太子の候補の一人は、父継体といっしょに死んではいない。もう一人太子と考えられる王子がいる。正妃（皇后）手白香王女所生の天国排開広庭《あめくにおしはらきひろにわ》、後の大王欽明である。この継体の王子は『日本書紀』では三十二年天下を治めたとあり、『元興寺縁起』など他の国内史料では、今みてきたように四十一年の在位とするなど諸史料の記述は必ずしも一致していない。だが、少なくとも父継体といっしょに死んだとされてはいない。もう一人あえて太子の可能性をあげるなら、三尾君等祖若比売《みおのきみらのそわかひめ》所生の大郎子《おおいらつこ》がいる。大郎子は既述のように長子を示す名だが、彼の消息は継体紀にはまったくない。もし彼が父といっしょに辛亥年に死んだのなら、その事象の特異性から継体紀に記される可能性は高い。記紀による限り継体の死には何ら不穏な雰囲気はない。「百済本記」にいう天皇、太子とともに死んだ皇子に関しても、記紀には七人（継体紀の根王の娘広媛所生の兎皇子、中皇子を加えてよいなら九人）の王子の誰一人として、父継体と死を倶にした王子がいたとは書かれていない。したがって天皇とともに死んだ太子、皇子を大王継体の七人（九人）の王子にあてることが不可能であることは明らかである。

さて、辛亥の変をいっそう深刻な動乱に仕立て上げる役割を果たしたのが、大王欽明の即位が辛亥年（五三一年）、その翌年（五三二年）を欽明元年とする『元興寺縁起』などの記述である。この伝を考えていこう。『元興寺縁起』、『上宮聖徳法王帝説』などいくつかの古文献には、わが国への仏教の伝来に関連して、大王欽明の即位年と彼の統治期間の記述がある。これらの史料のいくつかは、わが国への仏教の公伝を欽明の戊午年（五三八年）としている。『日本書紀』は仏教公伝を壬申年（五五二年）としており、仏教の公伝が何年であったのか、わが国の古代史の謎の一つとして争われているのだが、仏教の伝来に関してはこの後、節を改めて検討したい。当面の問題は欽明の即位年である。『元興寺縁起』には「志帰嶋天皇治天下卌一年」とある。志帰嶋天皇は大王欽明、卌一年は四十一年なので欽明の統治は四十一年間であったとする。

『日本書紀』の解釈ではこの場合即位した辛亥年（五三一年）は前大王の治世なので、欽明元年は壬子年（五三二年）、治天下は四十年となる。『日本書紀』と『元興寺縁起』などの年紀の建て方の違いである。もっとも『元興寺縁起』はこの記述に続けて「卌は恐らく卅の訛《あやまり》ならむ」とするので、欽明の治天下四十一年の伝には確信がなかったのだろう。この事情は『上宮聖徳法王帝説』では異なる。『帝説』は「志帰嶋天皇治天下卌一年」を『元興寺縁起』から引いているのだが、辛亥年に死んだのは継体ではなく大王宣化とする。異色の説であり、継体死後の錯綜に関する古来の解釈の一つとして、以下にふれておきたい。

『上宮聖徳法王帝説』は、『日本書紀』、『法隆寺縁起資財帳』、『元興寺縁起』、『上宮記』などの古文献から聖徳太子に関するさまざまな叙述を抜き出して集成されたもので、編者は不明だが遅くとも平安時代の初期から中期にかけて成立したらしい。『帝説』は奈良朝末期から平安時代中期にかけて何人かの述作者によって撰述され、材料は七世紀代のものをも含み、それらの原史料にほとんど手を加えず述作されていったとみられる。そのため一定の方針に基づいて編纂されたのではなく、年紀建てに配慮することもないので、記述が重複し倒錯している部分もある。その一方で『帝説』の編者は、これらの聖徳太子に関する先行史料に真正面から向き合い、正確に客観的に材料を取り上げ述作しており、この点では『日本書紀』の編纂と対極をなす。ここでは『帝説』のこうした撰述姿勢を確認しておきたい。

さて、『上宮聖徳法王帝説』は『元興寺縁起』から「志帰嶋天皇治天下卌一年」を引いた後、仏法伝来の年について

「本元興寺縁起は既に『欽明御宇七年、歳は戊午に在り』と曰ひ、本書も又『志帰嶋天皇戊午年』と曰ふ。然れば則ち、此に載する所の欽明御宇の世卌一年の算数は、断じて誤訛《あやまり》有る可からざるなり」

(『元興寺縁起』には〈仏教伝来の年は〉『欽明七年の戊午年』とあり、本書〈七世紀段階に述作されたとみられる『帝説』の既述部分〉もまた『欽明天皇の戊午年』とする。そうであるなら欽明の治世四十一年の記述は断じて間違っていない)

とする。『帝説』の編者(この部分は平安時代に記されたと思われる)は、仏教公伝が欽明の戊午年(五三八年)であることに確信をもっている。欽明の七年が戊午年なら欽明の即位は辛亥年(五三一年)、欽明元年は『日本書紀』の年紀建てなら壬子年(五三二年)で、欽明は辛亥年を含め四十一年

間の治天下（統治）の後、辛卯年（五七一年）に死に、敏達が五七二年に即位、この年が敏達元年になる。つまり『帝説』は、欽明即位の翌年を欽明元年としておきながら、治天下四十一年の運算には即位年（辛亥年）を数えるという不思議な年紀建てをとっている。即位の年を治世年に加えるなら欽明は治天下「卌一年」になるのだが、そうであるなら仏教公伝の戊午年は欽明七年ではなく、欽明八年目の統治年となり、『帝説』自身の記述と齟齬をきたす。即位年（五三一年）を欽明元年とするなら戊午年（五三八年）は欽明七年ではなく、欽明八年になってしまうからである。こうした矛盾をもちながらも『帝説』は、欽明の即位は辛亥年であり、欽明の戊午年（五三八年）に仏教が百済から伝わったこと、欽明の治世が四十一年であったことを確信していたのである。

『上宮聖徳法王帝説』はこのあと『日本書紀』継体二十五年条にある「百済本記」を引く。継体二十五年の死を「百済本記」からとったこと、「百済本記」にはこの年日本の天皇及び太子、皇子が倶に死んだこと、この辛亥年は継体二十五年にあたることを継体紀から引いた後、次のように記す。

「以爲《もっておも》ふに、是れ国史を修むるの際、既に継体、安閑、宣化三皇紀年の史料を缺《か》けり、故に漫然百済本記を採りて継体の崩御を定め、遂に安閑天皇紀をして干支二年の空虚を生ずるの失有らしむるに至る。今按ずるに継体、安閑両皇には皇子無く、宣化天皇には皇子有りて、崩御の後合せ葬《はぶ》りまつりし事、国史に見ゆ。百済本記の日本天皇崩御の記事は、恐らくは宣化天皇の崩御なる可く、即ち今の年辛亥を以て欽明即位と爲すときは、崩御の辛卯に至るまで正に卌一年なり」。

〈『帝説』の筆者が〉勘案するに、国史〈『日本書紀』〉の編纂時には、すでに継体、安閑、宣化の三紀を欠いていた。だから〈『日本書紀』の編者は〉漫然と「百済本記」から〈辛亥年、日本天皇、太子、皇子倶崩薨の記事を〉採って、継体の死を〈辛亥年に〉定め、安閑天皇紀に二年の空位を作るという誤りを冒したのだろう。今考えてみると、継体、安閑両帝には皇子がなく、宣化帝には皇子があり、宣化の死後、合わせて葬った記事が国史にある。「百済本記」の〈辛亥年の〉日本天皇崩御の記事はおそらく宣化天皇の崩御で、宣化が死んだ辛亥年に欽明が即位したとすれば、欽明の辛卯年の死まで欽明の在位は正に四十一年になる。〈だから辛亥年の日本天皇、太子、皇子倶崩薨の天皇は宣化だろう〉)。

この『帝説』の主張は辛亥年に死んだ天皇を宣化としている点で異彩を放つが、この点以外にも『日本書紀』をはじめ先行する諸文献の読み違いによる誤りが随所に散見される。以下にそれらをみていこう。

第一に『帝説』の編者は、『日本書紀』が辛亥年の事変について「百済本記」に拠ったことを、『日本書紀』の編纂のころには継体、安閑、宣化の紀年の史料を欠いていたので「百済本記」に拠ったのだろうとしているが、これは『日本書紀』の記述による限り事実ではない。継体紀末尾には分註で「或本」の継体二十八年甲寅年の死を記しており、他にも大和周辺の遷都(『日本書紀』の編者が複数の史料を参照していたことは大和入京を二十年とする史料のほかにも、七年大和入京を記しているることでわかる)、磐井の乱など継体の年紀を保有していたとみられるからである。また、安閑、宣化に関しても、『日本書紀』の記述をみる限り彼らが国内伝承を参照して安閑紀、宣化紀を述作していったことは疑う余地がない。

第二に、継体、安閑、宣化三帝の子女についての『帝説』の編者の認識である。編者は継体、安閑には皇子無しとするが、記紀によれば安閑には皇子はいないが、継体には安閑を始め複数の皇子がいる。『古事記』によれば継体には七人の妃から七人の王子（十二人の王女）が、『日本書紀』では九人の妃から九人の王子（十二人の王女）がいた。『帝説』の編者は『日本書紀』を手元に保有していたにもかかわらず、なぜこのような単純な誤りを冒したのか理解できない。

第三に、『日本書紀』の宣化死後の合葬の記事である。

「（宣化四年）冬十一月の庚戌《かのえいぬ》の朔《ついたち》丙寅《ひのえとらのひ》に、天皇を大倭国《やまとのくに》の身狭《むさの》桃花鳥《つき》坂上陵《さかうえりょう》に葬《はぶ》りまつる。

皇后橘皇女及びその孺子《わくご》を以て、是の陵に合せ葬る」。

『日本書紀』は宣化四年春二月、宣化の死を記し、同年十一月葬ったと記すが、そのさい皇后橘皇女とその孺子を合葬したとする。孺子は一般に乳児、幼児だが、大王の子女でありながら名前がないことから生後すぐの嬰児であったのかもしれない。宣化四年は五三九年だが、『帝説』はこの記事を辛亥年（五三一年）のこととし、辛亥年に死んだこの天皇を宣化とした。『帝説』の撰者にしてみれば、辛亥年に宣化が死ねばその年の欽明の即位、欽明の四十一年の統治と整合し、欽明七年の戊午年の仏教公伝とも合うので都合がいいのだろうが、この説は成り立たない。辛亥年までには磐井の乱、継体の死、安閑即位、安閑の死、宣化の即位がなければならないが、『帝説』はこれらにふれようとはしない。さらに問題がある。「百済本記」は辛亥年に日本の天皇、太子、皇子が倶に死んだと記したが、この天皇が宣化であるなら太子、皇子をどう考えるのかである。宣化記によれば宣化の王子は正妃 橘《たちばな》之《の》中《なかつ》比売命《ひめのみこと》所生の倉《くら》之《の》若江王《わかえのみこ》、妾腹の火穂王《ほのほのみこ》、恵《え》波王《はのみこ》の三王子を記すが、彼らのだれもが父宣化といっしょに死んだとは書かれていない。『日本書紀』は皇后 橘仲《たちばなのなかつの》皇女《ひめみこ》所生の上殖《かみつうえ》葉《は》皇子、妾腹の火焔《ほのほの》皇子をあげているが彼らも父宣化と死をともにしてはいない。また、記紀ともに宣化の王子に太子として扱われた王子がいたとは記されていない。「百済本記」の記述を宣化四年の宣化紀の記述に結びつけるのは無理だろう。天皇、太子、皇子が倶に死んだという内容と、天皇、皇后、孺子を合葬したという内容では違いがありすぎ、その上辛亥年（五三一年）と宣化四年の己未年（五三九年）という八年の差があり、継体末期の諸事項も考慮にいれる必要があるからである。

　欽明の没年が辛卯年（五七一年）であったことはよく知られていたので、欽明が治天下四十一年（四十一年間天下を統治していた）なら、欽明は辛亥年（五三一年）から大王として君臨していたことになる。これらの古史料の記すところによれば、辛亥年に継体が死に欽明が即位したとあるのだから、安閑、宣化の治世はなくなり、結果として天皇（継体）、太子（安閑）、皇子（宣化）が辛亥年に死んだとする「百済本記」の記述と合致することになる。しかしそれだけの文献史料から『古事記』、『日本書紀』をはじめ他の国内史料にも散見される安閑、宣化の治世をすべて否定するには根拠はきわめて乏しい。安閑の即位年を辛亥年（継体の死んだ年）とし、安閑元年を甲寅年とする『日本書紀』の記述に矛盾はあるものの、その後の安閑紀、宣化紀の記述のすべてを否定する『帝説』の説をそのまま受け入れることはできない。

　こうして問題は混迷の闇の中に沈み、解決の方途が見いだせなくなる。この「百済本記」の記述を信じるなら、辛亥年の天皇、太子、皇子が倶に死んだという事象を秩序だって説明することができず、一三〇〇年前の『日本書紀』の編者の到達した「後に勘校《かむが》へむ者、知らむ」（後世の人はよく調べ考えてほしい）の結論に、われわれも陥りかねない。多くの識者、研究者を悩ませ、困惑の度を深めている所以である。

問題はどのように解決されるべきか。すでにいくつかの箇所で示唆してきたように、この錯綜の根源は、「百済本記」の「（辛亥年）日本天皇、太子、皇子倶崩薨」の記事を、『日本書紀』の編者が大王継体の死と捉えたことにある。「或本」では継体の死は二十八年甲寅年であった。それを辛亥年にしたため三年のずれを生じた。辛亥年には大和朝廷では大王とその子ら少なくとも複数の王子がいっしょに死ぬというような大事件は起こっていない。辛亥年だけではなく六世紀を通してそのような事案はない。「百済本記」の記事が事実なら、おそらく一つの王朝の崩壊、滅亡というような異常事態だろう。記紀によれば大和朝廷では六世紀初頭に河内王朝の断絶、継体新王朝の成立があったが、もちろん辛亥の変が武烈の死、継体即位であったはずがない。武烈に太子、皇子がいたとは記紀は記していないし、存在していない太子、皇子が死ぬわけもない。年次も辛亥年とは決定的に違う。そしてほかに大和朝廷では該当するような事変はない。

先に「百済本記」と「或本」の三年のずれを指摘した。そして三年のずれを、継体の大和入京と磐井の乱勃発の間にもっていくなら、継体二十五年の辛亥年（五三一年）が磐井の乱終息の年、すなわち磐井の死とこの権力の終焉の年にあたることを知った。磐井は死んだが、おそらく彼の子等も『日本書紀』継体二十五年十二月条にある磐井の子葛子を除いてほとんど殺されるか死んだのだろう。この事件は海を渡った半島諸国にも当然ながら届いた。特に百済は古来倭国とは緊密な関係を保ってきた。逸失した百済系史書の「百済記」、「百済新撰」、「百済本記」が記す倭国はもちろん九州の倭国である。

一世紀、後漢光武帝から「漢委奴国王」の金印を仮綬された倭国。二世紀、国王帥升が生口百六十人を後漢安帝へ貢献した倭国。二世紀後半の桓帝から霊帝のころ大いに乱れた(『後漢書』による。『三国志』は「倭国乱」)倭国。三世紀、卑弥呼を共立することによって乱は治まり、景初二年(二三八年)帯方郡を通じて魏朝へ朝貢した倭国(邪馬壹国)。この国は四世紀を中心とする一五〇年間、晋朝との間に通交はなかったが、五世紀、倭王讃の即位にさいして東晋朝へ、そして宋朝の成立(四二〇年)を祝って朝貢を再開する。倭国の王は讃の後四代にわたって中国の南朝へ遣使するが五世紀末をもって通交は途絶える。そしてその半世紀後、この王朝に未曾有の災難が襲う。河内王朝を倒して大和に権力を確立した大王継体の軍勢が一路征西、筑紫に拠を構える磐井の王朝を急襲した。倭国の側も抵抗したが、激闘一年余にして磐井の権力は、継体が派遣した物部麁鹿火の軍に席捲される。磐井と太子、皇子を含む一族はほとんどが犠牲になり、倭国の支配機構は潰滅した。一王朝の全面的な敗北、滅亡である。

この事件は六世紀前半の辛亥年に起こった。『日本書紀』の編者は「百済本記」にあるこの事件を大和朝廷の出来事と考えたが、大和朝廷では天皇とともに太子、皇子が一時に死ぬような事象はなかった。彼らは困惑しながらも継体の死を「百済本記」から、安閑、宣化の治世を「或本」からとった。そのため安閑即位前に二年の空位期間が生まれ、『日本書紀』の年紀は錯綜する。そして混迷は解消されない。結果、『日本書紀』の編者はその解決を後世にゆだねる異例の記述を継体紀に残すことになる。

後世の多くの史家、研究者はこの事件を辛亥年に起こった大和朝廷内部の政変、事変と捉え、継体、安閑、宣化、欽明の治世における何らかの錯綜として解釈しようとするが、その整合には成功していない。辛亥の変は、これまで縷々述べてきたように辛亥年（五三一年）におきた九州の倭国、磐井王朝の全面的な敗北、滅亡だったのである。

第七章　倭国の復活とその終焉

六世紀前半のいわゆる磐井の乱で、倭国（磐井王朝）は潰滅的な打撃を蒙った。筑紫君磐井（倭王）と彼の王子たちのほとんどが死んだと思われる。磐井を支えていた多くの官人、武人たちも殺されたりその地位を追われるかして、政権は崩壊した。磐井の統治機構も破壊された。だが、磐井を斃して倭国の地を支配した大和の軍勢は、磐井の統治機構に替わる新たな支配体制を構築することに成功したのだろうか。そしてこの地に大和朝廷の支配を確立したのだろうか。継体紀は磐井の子の一人葛子が父の罪に連座することを怖れ、糟屋の屯倉を献上したことを伝えているが、倭国の多くの官人、武人、民衆は、大和の支配を受け入れたのだろうか。前節でみたように、この地の人たちには篤疾が多いとあったが、この『風土記』の記述は、多くの民衆の大和軍への抵抗の結果のようにも読める。そしてこうした想定を裏付けるものとして、六世紀以降大和朝廷の権力とは別の一つの権力の存在を示唆する記述が数々の史書に残されており、そうした権力の存在を示す少なからぬ痕跡、遺物が確認されている。

磐井の乱の結果、九州の磐井の権力は潰滅状態に陥った。これは確かである。だが、継体が派遣した物部麁鹿火は、乱後倭国の地と民衆を何の問題もなく統治していったと理解するには無理があるように思われる。倭国の民衆は磐井の政権が崩壊した後も侵攻してきた大和の軍勢の支配を受け入れず反抗したのではなかったか。大和朝廷の九州支配は大きな障碍に直面したのではなかったか。大和朝廷の出先機関としての政庁府をおそらく筑前に設けたものの、九州の民衆は大和の支配に抵抗しこれまでの倭国の支配者、磐井の末裔の復権を望み、新たな支配者の統治に抵抗した。そう考えてよいなら九州には六世紀後半から七世紀にかけて事実上二つの権力が、大和の軍勢には敗れたものの民衆の支持によって復権しつつある磐井の子孫の権力と、一時は九州を手中に収めながらも民衆の反発を買い抵抗を受ける大和朝廷の軍による統治機構の権力との二つの権力が存在したのだろう。

以下にこの旧倭国の権力が、国内外の文献史料のなかでどのように扱われているか、あるいは遺物、遺跡にその痕跡がどのように現われているかみていきたい。そしてこれらの検討の過程で、わが国の古代史のいくつかの論争課題の解明の道筋がみえてくることになるだろう。

仏教公伝の戊午年説、壬申年説の交錯

前節で大王継体の死後、安閑、宣化と欽明の即位をめぐって異説があることをみた。辛亥年（五三一年）に欽明が即位したことが一部の国内史料から読みとれるのだが、これがわが国への仏教の公伝の時期がいつであったかにも影響を与えている。

わが国に仏教が伝わった時期をめぐっては、古くから戊午年（五三八年）説と壬申年（五五二年）説があり、古代史の謎の一つとされてきた。戊午年説は『元興寺伽藍縁起 并《ならびに》 流記《るき》資財帳』、『上宮聖徳法王帝説』などの国内諸史料によるもので、壬申年説は『日本書紀』の欽明十三年条による。

欽明紀十三年条は

「冬十月に、百済の聖明王、西部《さいほう》姫氏《きし》達率《たつそつ》怒唎斯致契《ぬりしちけい》等を遣《まだ》して、釈迦仏の金銅像一躯《ひとはしら》、幡《はた》蓋《きぬがさ》若干、経論若干巻を献《たてまつ》る」

と記す。そして、この法（仏法）は、諸法のなかでももっともすぐれているので、ぜひ国中に広めてほしいと使者に伝えさせた。この百済からの「献上品」をみた欽明は、仏教に好意を示しながらも自分で決めることをせず群臣に諮る。大臣蘇我稲目は仏教の受け入れを熱心に説き、大連物《ものの》部尾興《べのおこし》、中臣連鎌子は仏教の排斥を主張したので、欽明は蘇我稲目に試みに仏教を礼拝させたという。これが欽明十三年の壬申年（五五二年）である。

ところが、仏教伝来に関する他のいくつかの国内史料には、これと異なる記事がある。

「志癸嶋《しきしま》天皇御世戊午年《ぼごねん》十月十二日、百斉国《くだら》主明王、始めて仏像、経教并《なら》びに僧等を度《ど》し奉る。蘇我稲目宿禰大臣に勅授して、興隆せしむる」（『上宮聖徳法王帝説』）。

「天国案春岐広庭《あめくにおしはるきひろにわ》天皇の御世、蘇我大臣稲目宿禰仕え奉る時、天下歳次戊午十二月、度し来るより創まる。……百斉国、聖明王の時、太子像并びに灌物《かんぶつ》の器一具及び説仏起書巻一篋《きょう》、度す」（『元興寺伽藍縁起并流記資財帳』）。

「天国押揆広庭《あめくにおしはらきひろにわ》天皇御宇七年戊午十二月廿二日、百済国主明王より、仏像、経教を度し奉る」（『最勝王聊簡略集』）。

「檜隈廬入野宮《ひのくまいおりののみや》御宇宣化天皇の即位三年歳次戊午年十二月十二日に、百済国より仏法伝来す」（『新羅学生《がくしょう》大安寺審祥大徳記《しんしょうだいとこのき》』）。

「広庭天皇の御世、天の下治《し》らす七年十二月十二日、百斉国主明王、太子像并びに灌物の器一具及び説仏起尽奏一送、度す」（『建興寺縁起』）。

これらの国内史料に共通しているのは、欽明天皇の七年、あるいは戊午年の十月または十二月、十二日か二十二日、百済の（聖）明王より仏像、経典が贈られたとする点である。この仏像、経典、仏具についてはのちほど検討したい。さしあたりの問題は、欽明天皇七年あるいは戊午年で、これらの記事に該当する戊午年は五三八年しかない。欽明紀のいう仏教公伝の壬申年（五五二年）とは十四年も違っておりどちらが正しいのか、これが長年にわたって論争されてきた仏教公伝の謎である。この論争は今日においても決着をみていない。そして論争の主要点は、いつ仏教が伝わったのかの年代論に収斂されているようである。

仏教公伝に関する国内伝承は、欽明の戊午年と記すものが『元興寺』、『帝説』、『顕戒論』、欽明の七年と記すものが『建興寺縁起』、欽明七年の戊午年と記すものが『最勝王聊簡略集』、宣化三年の戊午年と記すものが『大安寺大徳記』である。こうしてみると『建興寺』にだけは戊午年がないが、もともとの国内伝承は戊午年であったのだろう。この戊午年が欽明の治世か宣化の治世かで国内諸史料の記述が分かれたと考えられる。この原因が『元興寺』の欽明「治天下卌一年」（四十一年の統治）の記述にあり、これが五三一年の辛亥の変の謎にも影響を与えているのだが、その経緯は前節でふれた。繰り返すと、『元興寺縁起』は「志帰嶋天皇治天下卌一年」と記すが卌は誤りで卅ではなかったかとして、これに疑義を表明する。一方『帝説』は「志帰嶋天皇治天下卌一年」を支持する。

「本書も又（仏法伝来の年を）『志帰嶋天皇戊午年』と曰ふ。然れば則ち、此の載する所の欽明御宇の世卌一年の算数は、断じて誤訛《あやまり》有る可からざるなり」。

「百済本記の（辛亥年）日本天皇崩御の記事は、恐らくは宣化天皇の崩御なる可く、即ち今の年辛亥を以て欽明即位と爲《な》すときは、崩御の辛卯に至るまで正に卌有一年なり」。

しかし『帝説』の真価が発揮されるのはこのあとである。『帝説』は別の箇所で最澄の『顕戒論』を引きながら次のように記す。

「志癸嶋天皇御世戊午年十月十二日。顕戒論に載する弘仁十年大僧都護命等の表に云はく、『志貴嶋宮御宇天皇の歳次戊午、百済王仏法を渡し奉る』と。最澄弾じて云はく、『天皇の即位元年は庚申なり。御宇は正に三十二歳を経たり。謹みて按ずるに、歳次暦には都《すべ》て戊午の年無し。元興寺縁起に戊午の年を取れるは、已《すで》に実録に乖《そむ》く』と」。

（〈仏法伝来は〉欽明天皇の戊午年〈五三八年〉十月十二日である。『顕戒論』にある弘仁十年〈八一九年〉の大僧都護命らの表には「志貴嶋〈欽明〉天皇の戊午年、百済王が仏法を〈大和朝廷に〉奉献してきた」とある。最澄はこれを論駁して、「〈欽明〉天皇の即位〈は己未年＝五三九年〉、元年は庚申年〈五四〇年〉で、治天下は三十二年である。〈最澄が思うに欽明天皇の〉治世の間には戊午年はない。『元興寺縁起』が〈仏教伝来を欽明天皇の〉戊午年としたのは誤りである」と断じた）。

このように欽明の治世には戊午年は含まれないとする最澄の所論を丁寧に紹介した後、『帝説』はこれに反論して『元興寺』や『帝説』の既述部分を引いて、欽明の治世の戊午年の仏教伝来を主張したのである。

この『元興寺』と『帝説』の両説のどちらに史実を見いだすことができるだろうか。記紀の記述から検証していこう。まず『古事記』。継体記は

「天皇の御年、肆拾参歳。丁未の年の四月九日に崩《かむあが》りましき」
（〈継体〉天皇の〈崩薨時の〉年齢は四十三歳。丁未年〈五二七年〉の四月九日に死んだ）

とする。この継体丁未年の死の誤りについてはすでにふれた。『古事記』は丁未の日の継体の死を丁未の年の死にしたのである。次は安閑記。「この天皇、御子無かりき。乙卯年の三月十三日に崩りましき」（乙卯年は五三五年）。そして宣化記には即位年、崩年ともになく、欽明記にも即位年、崩年の記述はない。次は『日本書紀』。継体紀は、繰り返し述べているように、継体の即位を丁亥年（五〇七年）、その死を本文で「百済本記」の記事から辛亥年（五三一年）、分註で「或本」から甲寅年（五三四年）とする。安閑紀はこれも詳述したように辛亥年の即位、甲寅年を安閑元年とし、翌乙卯年十二月の安閑死とする。そして宣化紀は、安閑死の乙卯年十二月の宣化即位、翌丙辰年を宣化元年とし四年己未年（五三九年）二月に死ぬ。宣化紀はこのように年紀を建てるが欽明紀は宣化の死を同年十月とする。ここにも『日本書紀』に所伝の混乱がある。その欽明紀は欽明を己未年の十二月即位、翌庚申年（五四〇年）を欽明元年とし、欽明三十二年辛卯年（五七一年）の夏四月の死を伝える。記紀による継体、安閑、宣化、欽明の即位年、治世、没年の記述は以上の通りであり、記紀ともに一部に若干の誤伝と混乱はあるが大枠は受け入れられるだろう。すなわちこれらの伝からこの四人の大王の即位と死亡の年を以下のように読み取りたい。継体は五〇七年の即位、二十八年の治世で五三四年の死。安閑は五三四年の即位、五三五年の死。宣化は五三五年の即位、五三九年の死。そして欽明は五三九年の即位、三十二年の治世の後五七一年の死である。少なくとも『帝説』が説くように辛亥年に宣化が死に同年欽明即位と読み取る、あるいは近年の先学が主張する辛亥年の継体の死後安閑と欽明がともに即位、二朝対立（並立）となり五三九年の宣化の死をもって両朝が統一という事態を読みとることは理に適わないだろう。したがって、『元興寺』と『帝説』のそれぞれの主張は、以上を勘案するならば、『元興寺』の疑念が正鵠を射ていたことは明らかである。『帝説』自身が別の箇所で最澄の『顕戒論』を引いて、欽明の治世には戊午年は含まれないといっているように、欽明の「治天下卌一年」の記述は『帝説』の専断であり、錯綜の根源はここにあったと考える。

欽明の辛亥年（五三一年）即位という誤伝は、『元興寺』と『帝説』にあった欽明の卌一（四十一）年の治天下という記述から生まれた。平安時代の初期から中期のころには、欽明の治天下四十一年の伝承が敷衍しており、仏教公伝が百済聖明王の時代の戊午年、すなわち欽明七年であったと伝えられてきた。つまり辛亥年（五三一年）が欽明の即位、壬子年（五三二年）が欽明元年でその治世は四十一年であったことが、確たる伝承となっていた。このことが正されれば戊午年の混乱の原因はわかる。こうして仏教公伝に関する一つの伝承は五三八年の戊午年で、この年は宣化三年であることが確定した。そうなると、『日本書紀』の欽明十三年（壬申年＝五五二年）の伝承はどういうことになるか。次にこれを考えていこう。

仏教公伝に関する国内伝承の戊午年（五三八年）説と、欽明紀十三年条の壬申年（五五二年）説をもう少し詳しく検討していくと、この二つの伝承にはいくつかの違いがある。まず、戊午年は、百済の聖明王が僧を派遣してきたが使者にはふれていない。一方、壬申年は、怒唎斯致契《ぬりしちけい》という名の達率《たつそつ》が使者で僧は連れていない。第二に、戊午年のときに贈られたのは太子像（釈迦の成人前の像）

だが、壬申年のときは釈迦仏の金銅像である。第三に、戊午年のときの経典は説仏起書巻一篋《きょう》だが、壬申年のときは経論若干巻である。最後に戊午年の場合、器は「灌仏之器《かんぶつのうつわ》」とあるが、壬申年の場合は「幡蓋《はたきぬがさ》若干」である。その上時間的には十四年の差がある。しかも戊午年の場合、『元興寺』、『帝説』、『最勝王聊簡略集』などには仏法を始めて伝えるとあるが、欽明紀に始めてはない。これだけの相違があるとこれはどちらが正しいという問題ではなく、二つの別々の事象だったと考えるべきだろう。戊午年の場合は、国内伝承がいくつかあることから、これらの伝承のすべてを虚偽とすることはかなり困難であろうが、欽明紀の記述はどうだろうか。以下に欽明紀の壬申年説を考えてみたい。

『日本書紀』には逸失した百済系の三史書、「百済記」、「百済新撰」、「百済本記」を取り込んだ記述が、神功皇后紀から欽明紀にかけてあり、分註に「百済記に曰はく」などとしてこれらの史書にあった記述が引用されている。欽明紀が取り込むのは「百済本記」で、「百済本記に曰はく」として分註で引用されているが、分註だけでなく本文にも「百済本記」を取り込んだとみられる記事がある。一例をあげよう。問題の欽明十三年条の直前に次の記事がある。

「(欽明十一年夏四月)百済に在《はべ》る日本の王人《みつかひ》、方《まさ》に還《かへ》らむとす。百済本記に云はく、四月一日庚辰《かのえたつのひ》に、日本の阿比多《あひた》還《かへ》るといふ。百済の王《こきし》聖明、王人に謂《かた》りて曰はく……」。

西暦五五〇年四月、日本(六世紀の初めには倭国はすでに日本を名乗り、倭王は天皇と称していた。ただし以下の記述では必要に応じて倭国と表記する)から百済へ遣わされていた使人阿比多が日本(倭国)へ帰るとき、百済の聖明王が倭国の使人にいった言葉である。ここでは「百済本記」の「四月一日……阿比多還る」の部分を欽明紀はそのまま取っているのだが、その前後の文も「百済本記」から取っている。『日本書紀』の編者はこのように百済系史書を直接、間接に、その記述に取りこんでいる。そして多くの場合、倭人の名は大和朝廷の官人に該当者を探し出すことができない（「未だ詳《つまびら》かならず」とする）。

　欽明十三年条の仏教伝来の記事はこの直後にある。百済の聖明王がこの年（壬申年＝五五二年）、百済の官位二品の達率で百済五部の一つ、西部《さいほう》の怒唎斯致契《ぬりしちけい》を倭国に遣わして、釈迦像の金銅像一体、幡蓋若干、経論若干巻を贈ってきた。「百済本記に云はく」となくても、こうした記事は、欽明紀のこの前後をみれば「百済本記」の記事であることは容易に読み取れる。「百済本記」のいう倭国は九州の倭国である。つまり聖明王は、磐井の乱で敗れた九州の王者に釈迦仏その他を贈った。こうした仏像、経典等を倭国へ届けるのは今回が始めてではない。すでに九州へは仏教は伝わっていた。だから「百済本記」は始めてとは記さなかった。一方戊午年（五三八年）は、僧が太子像と説仏起書などを携え大和朝廷へ届けた。欽明紀は献上という趣旨の語句を用いているが、これはすでに述べたように正しくない。百済と倭国が対等の関係であったように、百済が大和朝廷に貢献する必要は皆目なかったからである。百済聖明王から贈られた仏像と経典は、豊浦《とゆら》寺、元興寺（飛鳥寺）などの古寺に仏法伝来の伝承として残り、元興寺の『流記資財帳』や『大安寺大徳記』などに記された。こうして別々の事象が別々の伝として残されたのである。

　百済聖明王が使者を遣わしたおよそ一七〇年後、「百済本記」が記したおよそ一三〇年後、『日本書紀』の編者は「百済本記」を手にし、もう一方にあった国内伝承と比べた。いくつかの異同があった。戊午年と壬申年の違い、太子像と釈迦仏の金銅像の違い、灌仏の器一具と幡蓋若干の違い、そして説仏起書巻一本と経論若干巻の違いなどである。『日本書紀』の編者は、これまでもそうであったように百済系史書に信頼を置いている。彼らは仏教伝来に関する国内伝承と「百済本記」の異同という事態に際して、今度はあの「辛亥年天皇、太子、皇子倶崩薨」のときのように逡巡することはなく、迷わず「百済本記」をとった。いくつかあった国内伝承は無視され、『日本書紀』には壬申年に百済聖明王から仏教が伝わると記される。こうして仏教伝来は、『元興寺』ほかの国内伝承が伝える戊午年（五三八年）と、欽明紀が記した壬申年（五五二年）の二つの異説が存在することになった。百済聖明王から大和朝廷にはじめて仏教が伝えられたのは、欽明の時代ではなく大王宣化の時代の戊午年（宣化三年＝五三八年）であったことは疑いない。

任那日本府と伽耶の滅亡

六世紀前半の半島情勢の一部は継体期のところでふれた。ここでは六世紀前半から中葉にかけての韓半島の動きを、韓半島諸国と倭国とのかかわり、任那日本府と伽耶諸国の滅亡という事態を中心にみていこう。継体六年（五一二年）十二月、百済は牟婁《むろ》、上哆唎《おこしたり》、下哆唎《あろしたり》、娑陀《さた》の伽耶四邑を実力で奪う（二七八ページの図参照）が、これは先年（五〇九年）の韓半島南部の倭人の居住域を百済に組み込む措置（継体紀三年二月条）に続く一連の百済の南進、膨張政策の一環である。百済武寧王は、質として倭国に遣わされていた叔父昆支《こんき》との縁で、倭国王（磐井君）や倭国の上層部との繋がりをもっていた。それを利用して倭国の同調、支持を得ていたのだろう。倭国は百済の四邑接収に何の注文もつけず黙認する。ところが伽耶諸国はこれに反発、伴跛《はえ》などの一部の国が、百済が領有していた己汶《こもん》、帯沙《たさ》を実力で奪う。この伽耶諸国の動きに百済は武力で対処することはせず、伽耶諸国に影響力を持つ倭国にとりなしを依頼する。若干の戦闘があったとみられるが結局伽耶は折れ、五一六年には己汶、帯沙は百済に戻り、伽耶諸国では百済に対する敵愾心と倭国への不信感が増大した。五〇九年ごろから五一六年ごろまでのこの部分が伽耶をめぐる抗争の第一幕といっていいだろう。

ときは百済武寧王（在位五〇一～五二三年）の時代で、五二三年には武寧王が死に聖明王（五二三～五五四年）が即位する。新羅も智證王（五〇〇～五一四年）から法興王（五一四～五四〇年）の時代になっていた。新羅は国力を整えるとすでにみたように五二九年、些細な口実をとらえて伽耶へ侵攻する。新羅は北部の大伽耶（高霊《コーリョン》）の五城を奪い南加羅（金海《キムヘ》）へも軍をすすめた。この新羅の動きを牽制するかのように百済も動いた。なお、継体紀は継体二十一年（五二七年）条で

「近江毛野臣、衆《いくさ》六万を率《い》て、任那に往きて、新羅に破られし南《ありひしの》加羅《から》、喙己呑《とくことん》を爲復《かへ》し興建《た》てて、任那に合はせむとす」

（近江毛野臣は、六万の軍を率いて任那へ行き、新羅に奪われた南加羅〈金海《キムヘ》〉と喙己呑〈おそらく慶山《キョンサン》〉を奪い返し、任那に合わせようとした）

とある。『日本書紀』によれば、このあと新羅の要請で磐井が毛野の渡海を妨害、麁鹿火の軍が磐井を襲うという磐井の乱の発端となった事象が起こったことになっているが、『日本書紀』の編者

のこの造文には明らかに矛盾と混乱がある。継体紀二十三年（五二九年）夏四月の是月条に

「上臣《まかりだろ》、四つの村を抄《ぬ》き掠《かす》め――金官、背伐《へばつ》、安陀《あた》、委陀《わた》、是を四つの村とす。一本に云はく、多多羅《たたら》、須那羅《すなら》、和多《わた》、費智《ほち》を四つの村といふ――盡《ことごとく》に人物を将て、其の本国に入りぬ」

（上臣〈新羅の大臣伊叱夫禮智奈末《いしふれちなま》〉は四つの村を掠め村の住民をすべて連れ去り本国〈新羅〉へ帰った）

とある。この四村がどこに比定されるのか議論があるが、洛東江河口の南加羅（金官加羅）周辺とする点では大きな違いはない。この本文にあるように継体紀は、新羅軍が南加羅を襲ったのは五二九年とする一方で、奪われた南加羅の復興のため五二七年に毛野臣を韓半島へ送ろうとしたという矛盾する記述をしているのである。

五二九年ごろから新羅との間でおこった伽耶諸国をめぐる半島南部の事態の展開は、倭国（磐井王朝）にも伽耶への軍事的支援という具体的な対応を要求したのではなかったか。磐井は、伽耶諸国を援護し新羅に対処するため一定の兵力を渡海させたと考えたい。そして先にみたようにこの間隙を突いて物部麁鹿火の軍が磐井の本拠を襲った。不意を突かれた磐井王朝は必死に防戦するが、一年余の激戦後、磐井以下権力を構成する首脳部は殺されるか自害し、王朝は崩壊する。「百済本記」が記した「日本の天皇及び太子、皇子倶に崩薨《かむさ》りましぬ」という辛亥年（五三一年）の事件である。詳述したように『日本書紀』は「百済本記」の記事から、「或本」の継体二十八年（五三四年）の継体の死を辛亥年の死とした。このため『日本書紀』にはこの部分で三年の誤差が生じているので、伽耶諸国のこの時期の動向を継体、安閑、宣化紀の記述から拾い出すには慎重な検討が

必要となる。はっきりしていることは、五二九年、新羅が南加羅（金官加羅）に攻撃を加えたこと、翌年（五三〇年）物部麁鹿火が磐井を襲い、五三一年には新羅は喙己呑、卓淳を攻め落とした。この年には百済も伽耶へ侵攻し安羅に乞乇城《こつとくのさし》を造っている。一方九州では磐井王朝が麁鹿火の大和軍に屈した。この倭国の滅亡は、新羅の攻勢に耐えていた百済と伽耶にとって深刻な打撃であったろう。倭国からの援助が途絶えた伽耶諸国では五三二年、南加羅の国王金仇亥《きんきゅうがい》が遂に新羅に投降、南加羅は滅亡する。伽耶は北方の大伽耶とその周辺に点在するいくつかの小国を残すのみとなった。ここまでが伽耶諸国をめぐる争闘の第二幕である。

　欽明紀の前半に頻出する「任那復興」の記事はこうした流れの中で読みとる必要がある。五三〇年代半ばの時点で新羅が領有した伽耶諸国は、南加羅《ありひしのから》、卒麻《そつま》、喙己呑《とくことん》、卓淳《とくじゅん》など伽耶諸国のうちでも東に位置する国々で、子他《した》、小伽耶、安羅などの諸国は百済の支配下におかれていたとみられる。百済聖明王が主導する任那復興は、新羅に奪われたこれらの伽耶の国々を百済が奪うことにほかならなかった。欽明紀は任那復興が大和朝廷の官人、武人のイニシアティヴのもとですすめられたかのように描いているが、欽明紀の記事を注意して読んでいけば、大和朝廷の韓半島へのかかわりが『日本書紀』の編者の造文であることがわかるだろう。『日本書紀』の編者は、たとえば「百済本記」にある倭人意斯移麻岐弥を穂積臣押山にあてた。しかし意斯移麻が押山であることは『日本書紀』の編者でさえ確認できていない。また物部氏の支族である穂積臣に押山という官人がいたことも確認されているわけではない。継体三年二月条には「百済本記」を引いて倭国から百済へ遣わされた使人「久羅麻致支弥、日本《やまと》より来るといふ。未だ詳《つまびらか》ならず」とあり、九年二月条には百済の使者文貴《もんくい》将軍の帰国とともに百済に遣わされた「物部連、名を闕《もら》せり」、「百済本記に云はく、物部至至連《ちちのむらじ》といふ」とある。久羅麻致支弥は大和朝廷の官人のだれにもあてることはできなかったし、物部至至連は後出（二十三年三月是月条）の物部伊勢連父根《ちちね》にあてたが、物部の支族伊勢連に父根という官人がいたことが確認されているわけではない。継体二十三年三月に父根とともに百済に派遣された吉士老《きしのおきな》もこの条だけにあらわれる使人である。このように作為が色濃く感じられる継体紀であり、続く安閑紀には百済と伽耶諸国にかかわる倭人の記述はない。

安閑の次は宣化紀で、その二年十月条には興味深い記事がある。

「二年の冬十月の壬辰《みずのえたつ》の朔《ついたち》に、天皇、新羅の任那に冠《あたな》ふを以て、大伴金村大連に詔して、其の子磐《いは》と狭手彦《さてひこ》とを遣して任那を助けしむ。是の時に磐、筑紫に留《とどま》りて、其の国の政《まつりごと》を執《と》りて、三韓に備ふ。狭手彦、往きて任那を鎮め、加《また》百済を救ふ」。

（〈宣化〉二年〈五三七年〉冬十月、天皇は新羅が任那に害を加えるので、大連大伴金村に命じて彼の子の磐と狭手彦を遣わして任那を助けさせた。この時に磐は筑紫に留まり、その国の政治を執って三韓に備えた。狭手彦は〈半島へ〉行き任那を鎮め、また百済を救った）。

磐井が自害し、磐井王朝が滅んでから六年がたっている。麁鹿火が磐井の支配下にあった地を治めるが、おそらく混沌とした状況にあって統治はおもわしくいかなかったのだろう。麁鹿火は武人ではあっても官人ではない。そこで金村の子の磐が遣わされ、九州の統治機構をつくりあげ、大和朝廷の支配を浸透させようとした。磐の弟狭手彦は九州で軍を徴発し半島へ渡った。このとき狭手彦との別れを惜しんだ佐用比売《さよひめ》を歌った歌が『万葉集』にある（『万葉集』は狭手彦を佐提比古とする）。この話は『肥前国風土記』（逸文）にもある。松浦《まつら》の県《あがた》に帔揺《ひれふり》の峰がある。檜前《ひのくま》天皇（宣化）は大伴紗手比古《さてひこ》を任那に遣わした。その途、彼は松浦に赴く。この地の篠原村《しのはらむら》に乙等比売《おとひめ》という名の娘がいた。紗手比古は乙等比売を娶る。離別の日がきた。乙等比売はこの峰に登って紗手比古の船が見えなくなるまで帔《ひれ》を振り続けたという。帔揺の峰は佐賀県の唐津市と浜崎町の境にある鏡山に現在比定されているのだが、狭手彦のその後の消息はない。しかし狭手彦伝承のように、宣化朝の時代、倭国が肩入れしてきた伽耶諸国と百済を新羅の脅威から守る課題は、倭国の半島政策を引き継ぐ立場にあった宣化朝としても重要な課題であった。韓半島の現地では、百済と伽耶諸国、磐井王朝から遣わされた官人、武人に、大伴狭手彦のような大和の使人が加わって伽耶問題（いわゆる任那復興）の対策がすすめられた。

この翌年（五三八年）百済聖明王は大和朝廷へ僧を遣わし、太子像と説仏起書などを届ける。これについては前節でふれたが、聖明王のこの行為は、大和朝廷が百済を通して中国の先進的な文化、思想を求めた結果とする見方もできようが、百済にとっては大和朝廷と誼《よしみ》を通ずることによってなにがしかの援助を引き出そうとする聖明王の独自の判断という側面もあった。倭国（磐井王朝）の滅亡という新たな事態に対処するためには、大和朝廷の力を得ることがこの時期の百済と伽耶諸国にとっては不可欠であり、仏教の公伝はこうした背景のもとで行なわれたのである。

欽明紀は「百済本記」を直接、間接に引きながら、百済と倭国の伽耶の対応にふれているが、そのさい任那日本府が復興運動の指令的な、あるいは中心的な役割を果たしていたことを、一貫して強調している。ここでその任那日本府について考えてみたい。任那日本府は欽明紀に集中的に現われるが、日本府《やまとのみこともち》の初出は雄略八年（一応四六四年に比定される）二月条で、単に日本府として『日本書紀』の編者の地の文として記されている。雄略八年二月条の話の筋は、高句麗がこの年新羅を攻めた。新羅の王は任那の王に使者を遣わし「伏して救《すくひ》を日本府《やまとのみこともち》の行軍元帥《いくさのきみ》等に請ひまつる」と救援要請をする。任那の王は日本府の将を新羅に送り、彼らは新羅に侵入してきた高句麗の軍を破ったというものである。この日本府が欽明紀に任那日本府として、部分的には安羅日本府として現われる。任那日本府は、大和朝廷が半島支配の拠点として任那に置いた統治機関とみる説が一時は支配的であった。近年はそのような見方はさすがに影をひそめたが、現在でも任那日本府の解釈、見方は統一されていない。任那日本府とともに『日本書紀』には先の雄略八年条の「日本府の行軍元帥《いくさのきみ》等」とともに「日本府卿《やまとのみこともちのかみ》」、「日本府臣」、「任那に在《はべ》る日本府の大臣」、「日本府執事《つかさ》」、「安羅に在《はべ》る諸《もろもろ》の倭の臣等」といった官職が記されている。

まず雄略八年条の日本府だが、この日本府は後出の欽明紀の日本府のように一連の流れの中ではなく単独で現われ、しかも新羅の王、任那の王などのように特定の固有名詞を伴なっていない。またこの時期に日本の国号はないので日本府はありえない。五世紀中葉から後半にかけて大和朝廷が韓半島へ進出していたこともありえない。倭国の統治機構、あるいは連絡機関としての府が伽耶地方の南部に置かれていたのだとすれば、後の漢城の落城事件（四七五年）のような出来事のさいにまったく出現しないのも不審である。雄略紀の日本府の記述は『日本書紀』の編者の曲筆であることは疑いない。しかし欽明紀になると「百済本記」を引いた『日本書紀』の記述はかなり異なってくる。欽明紀にはところどころで「百済本記」を引きながら任那日本府（安羅に置かれた日本府）、府の役職としての臣、大臣と執事《つかさ》、これらを総称したと考えられる卿《かみ》などが登場する。また欽明二年（五四一年）四月条の百済聖明王の任那復興の記述、同年七月条の聖明王の言辞は、部分的には『日本書紀』の編者の潤色が加わっているだろうが、安羅にあった任那日本府を一応矛盾なく記しているとみて差し支えない。これらから判断するに、任那日本府は、安羅に遣わされていた倭国の官人が、磐井王朝滅亡後も安羅に残り、新羅に奪われた伽耶の地の奪還を諮って一部の伽耶諸国と共同して連絡と調整にあたり、次第に組織としての体裁と実体を整えていった機構ではなかろうか。百済、伽耶諸国から実力で認知を得たこの組織日本府は、伽耶と百済からの武力を得ていわゆる任那復興の中核的存在になっていたのだが、倭本国（九州の磐井王朝）の滅亡後新羅の攻勢が強まるにつれて本国からの援助が途絶え、しかも寄合所帯であった弱点が露呈されていく。

その発端は、磐井滅亡前の五二九年の百済の多沙津《たさのつ》（伽耶の一国帯沙《たさ》、現河東《ハドン》）の接収にあった。伽耶の一国を百済が占拠したことに対して、伽耶諸国は警戒感を抱き新羅に接触を諮る。倭国も百済に一歩距離をおく。その結果が新羅の侵攻によって新羅に隣接した南加羅などいくつかの伽耶諸国の滅亡となるのだが、このときは、百済は事態を打開するため倭国に使者を送って関係の修復に努め、新羅と伽耶の間に生じた些細な行き違いによる確執などで倭国、百済、伽耶の三者の結束が諮られた。しかし続く磐井王朝の滅亡（五三一年）は百済、伽耶にとって痛撃であり、任那日本府の活動は大きく損なわれることになる。その結果が、五三二年の南加羅の滅亡となって現れるのだが、これは既述した。

六世紀中葉、韓半島は俄かにあわただしくなる。百済の聖明王は五四八年、それまで対立してい

新羅、百済の伽耶への侵攻（六世紀前半）

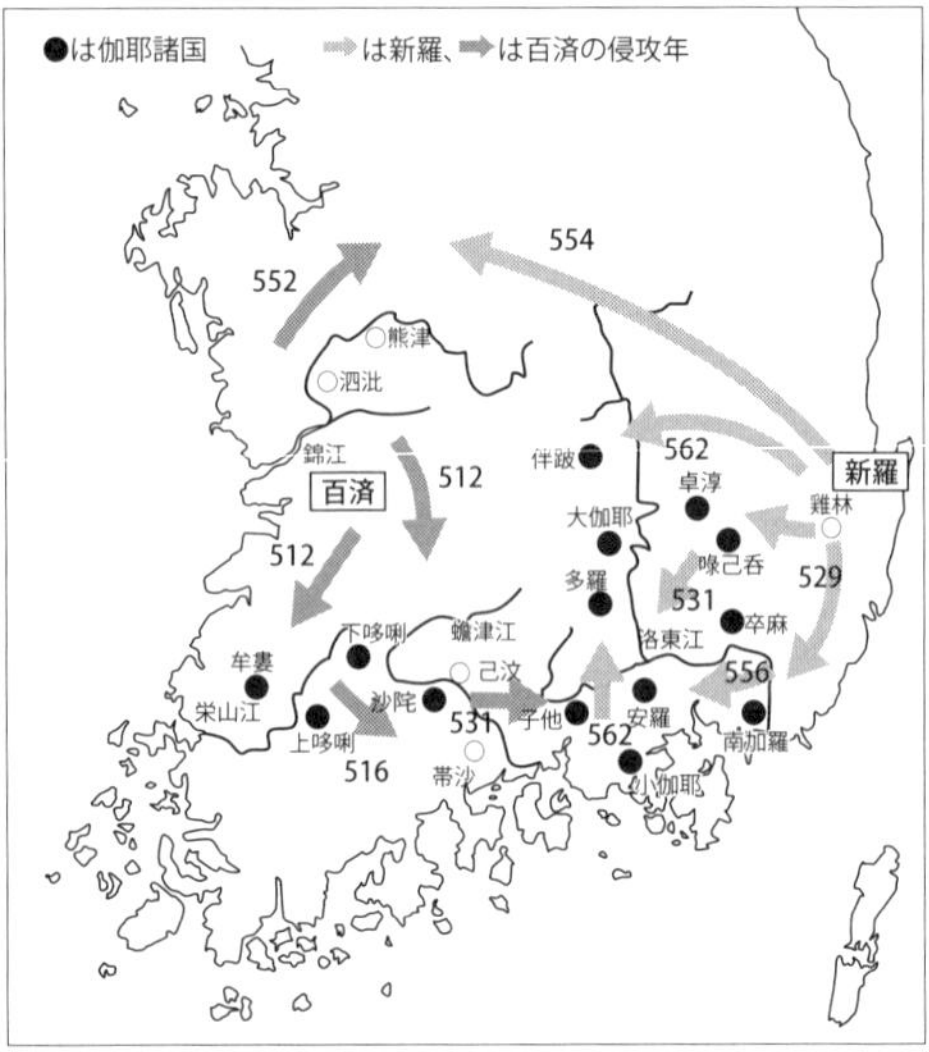

た新羅との和解、提携を模索する。その端緒は高句麗の南下政策であった。五四八年高句麗陽原王は百済を攻撃する。百済聖明王は自ら兵を率い高句麗に応戦するが戦況を好転させることはできなかった。高句麗の攻撃にあたるため、聖明王は伽耶問題を凍結して新羅の力を借りようとする。この時点では高句麗の百済侵攻は新羅にとっても脅威で、新羅は百済の誘いを受け共同で高句麗にあたり、新羅の助力もあって百済は五五一年には強敵高句麗を破って旧王都漢城を奪還している。ところが翌年には高句麗は一転して新羅と連携、漢城を奪い返したうえ、南下して百済と伽耶諸国を攻撃する。ここで聖明王は磐井王朝を滅亡させた大和朝廷に支援を乞うが、おそらく急場には間に合わなかったろう。聖明王は日本府とのつながりから旧倭国にも救援軍を要請する。五五二年、聖明王は九州の旧倭国へ金銅の釈迦像と経論などを達率の一人に届けさせるが、麁鹿火に敗れた磐井の末裔を励まし、可能ならなにがしかの援助と援軍を引きだす狙いが聖明王にはあったのかもしれない。しかし聖明王は磐井の乱で潰滅的な打撃を受けた倭国からはほとんど支援を得られなかった。磐井の末裔

の復権がある程度軌道に乗るのは六世紀の末ごろであったろう。

五五二年から五五四年にかけて戦況は百済にますます不利になってくる。五五四年、聖明王の王子余昌（後の威徳王）は王都（当時王都は熊津《ゆうしん》〈現公州《コンジュ》〉から泗沘《しひ》〈現扶余《プヨ》〉に移っていた）の北方で新羅軍と交戦、新羅軍を破ってこれを追撃、新羅領内に入ったところで余昌の軍は新羅軍に包囲される。これを救おうと聖明王は無謀な攻撃を敢行、王子は脱出に成功するが聖明王は新羅軍に包囲され落命する。百済の敗北は南部戦線を直撃した。このあとの新羅の攻撃で南部の伽耶の諸国、安羅（現咸安《ハムアン》）、小伽耶（現固城《コソン》）、子他《した》（現晋州《チンジュ》）が新羅に屈服する。安羅にあった日本府のその後は、『日本書紀』に引かれた「百済本記」にはもちろん『三国史記』にもない。倭国の援助が絶えた日本府は百済の挫折で拠り所を失ない、安羅の滅亡とともに消失したのだろう。伽耶諸国では北部の大伽耶（現高霊《コーリョン》）、伴跛《はえ》（現星州《ソンジュ》）などが残って新羅に抵抗を続けていたが、新羅は五六二年大伽耶を攻撃する。この攻撃で大伽耶は降伏、他の伽耶諸国も新羅の軍門に下り、ここに伽耶諸国は滅亡した。こうして伽耶をめぐる争闘の第三幕が閉じられたのである。

法隆寺釈迦像と伊予道後温湯碑の接点

法隆寺金堂には本尊とされる釈迦三尊像、薬師如来像の二体の仏像が安置され、その風貌からこれらの像は飛鳥時代の制作とされている。これらの像の光背には銘が刻字され、釈迦三尊像には壬午年（六二二年）上宮法皇登遐《とうか》とあるし、薬師像光背には「東宮聖王大命受賜」とあるので、これらの銘から聖徳太子の存在は確実であると一般に受け入れられている。その一方で『日本書紀』には釈迦像、薬師像の制作後、法隆寺が火災にあったとあり、そうであるなら法隆寺の火災時これらの像はどうなっていたのか疑義が生じている。また釈迦像の光背の銘にある法興の年号が大和朝廷で使われていた痕跡がなく、銘にある上宮法皇、王后を聖徳太子とその妃に比定できるのか、光背の銘と推古紀の太子の死の年月日の違いをどう考えるかなど多くの不審が生まれている。こうした疑点は、これらの像が大和で制作されたとする通説への疑問に繋がっていくのだが、像の検討の前に法隆寺について考えてみたい。

『日本書紀』によれば、法隆寺は、大王用明の王子厩戸が推古九年（六〇一年）斑鳩に宮を建てたことによってその歴史がはじまる。推古十三年（六〇五年）に厩戸は斑鳩宮に移り、このころ斑鳩に寺（斑鳩寺＝法隆寺）が建てられたと考えられている。当時のおもな大寺の創建は『日本書紀』にある。たとえば飛鳥寺（法興寺）は崇峻元年（五八八年）に建築がはじまり推古四年（五九六年）に竣工されたとしているし、四天王寺（荒陵《あらはか》寺）は推古元年（五九三年）の創建、蜂岡寺（広隆寺）は推古十一年（六〇三年）十一月であると推古紀は記す。だが法隆寺の創建は『日本書紀』にはない。ただし法隆寺焼失の記事はある。天智八年（六六九年）是冬条「斑鳩寺に災《ひつ》けり」とあり、翌九年四月三十日にも「法隆寺に災けり」とある。法隆寺は寺の法号で、寺の名は斑鳩寺、同じ寺をさす。だが法隆寺が天智八年冬と九年四月三十日に立て続けに火災にあったとする天智紀の記述には否定的な意見が多く、大勢は八年条の記事は九年条の記事の重出であろうとされている。

ところが、この天智紀九年条の法隆寺の火災を信用せず（もちろん八年条も）、法隆寺は創建時の建立であると主張する人たちがいた。明治中期のころである。これに対して現法隆寺は火災後の再建であると主張する人たちの間で、法隆寺再建・非再建論争が起こった。法隆寺の再建を主張する人たちは、天智九年（六七〇年）の法隆寺火災を信のおけるものとし、法隆寺は七世紀初頭、厩戸によって建立されたが天智九年に焼失、現在の寺はその後の再建であるとする。一方、法隆寺非再建を主張する人たちは、当時その論拠として、法隆寺一帯に焼失を示す遺物がないこと、法隆寺金堂は飛鳥建築の特徴を示していること、金堂は飛鳥時代に使われた高麗《こま》尺《しゃく》で造られ、和銅以降の唐《とう》尺《しゃく》が用いられていないこと、法隆寺の寺院配置は飛鳥寺方式であること、金堂の造りは重層の入母屋造りで軒が深く卍《まんじ》崩しの高欄、人字《じんじ》形割束《かたわりつか》、雲肘木《くもひじき》をもつ北魏様式を取り入れた飛鳥時代の建築様式であることなどをあげ、法隆寺再建説に強く反対した。論争は一時熾烈を極めたが、一九三九年の法隆寺発掘調査によって、現在の法隆寺西院普門院のあたりから、西院と同規模の金堂と塔をもつ四天王寺式（南大門、中門、塔、金堂、講堂が一直線に並ぶ最古とされる伽藍配置様式）の寺の遺構が発見された。これが若草伽藍と呼ばれている遺構である。若草伽藍跡の発見は非再建論に打撃を与え、創建法隆寺の主要な建物は一度焼失し、現在の建物はその後再建されたものであることが確定的となった。

『日本書紀』、『法隆寺伽藍縁起并流記資財帳』などの文献史料と現地調査の結果から判断する限り、法隆寺をめぐる状況は次のようになろう。推古紀の記述が信用できるなら、厩戸は推古九年（六〇一年）に斑鳩に宮をたて、四年後の十三年に斑鳩に移り住んだ。今の夢殿のあたりである。おそらく厩戸は死ぬまでの間に現在の西院伽藍の東南に隣接する若草伽藍跡の地に四天王寺式の寺、塔を建立したのだろう。厩戸の死（推古二十九年＝六二一年、あるいは推古三十年）後、宮は厩戸の長子山背王《やましろおう》が住み、寺も山背王によって管理されていた。ところが皇極二年（六四三年）山背王一族を悲劇が見舞う。軽王（後の大王孝徳）と蘇我入鹿の軍勢が斑鳩の山背王を襲ったのである。山背王は斑鳩宮に火をつけ、動物の骨を投げ入れて軽と入鹿の軍を欺いて生駒山へ逃れたが、結局斑鳩へ戻り寺に火をつけ、一族二十数人とともに自害した。皇極紀はこの事件で斑鳩寺が焼失したことを記している。

次の法隆寺の災害は天智九年（六七〇年、八年の記事は九年の記事の重出とみたい）で、法隆寺が火災にあい一屋もあまさず焼失した。だから皇極二年に斑鳩寺が焼けたあと、天智九年までには寺の主要な建物は再建されていたのだろう。そして九年の火災で全焼した法隆寺は、いつか不明だが再建された。『資財帳』には、和銅四年（七一一年）塔の塑像と中門の仁王像が造られた記述があり、『続日本紀』和銅八年（霊亀元年＝七一五年）条には弘福《ぐふく》（川原寺）法隆の二寺で法会を行なう記事があるので、平城京遷都（七一〇年）のころまでには法隆寺は再建がなったのだろう。しかし、法隆寺の天智九年の火災が確認されるなら、金堂に安置されていた釈迦三尊像、薬師像は火災時どうなったのかという問題が生まれる。また、釈迦像、薬師像の光背の銘がかかえるいくつかの矛盾もある。以下に釈迦像光背の銘を中心にこれらの問題を考えてみたい。

法隆寺の本尊として金堂中の間に安置されている釈迦三尊像は、神秘的な微笑を口元にたたえた面長の顔をもち、その光背に刻まれた十四行各十四文字、計百九十六文字と、その風貌から、飛鳥仏の代表としての地位を保ってきた。たしかにこの釈迦像と右隣りの薬師像、金堂の四隅に配された四天王立像は、他の像、白鳳や天平の時代に造られた仏像とは違った一種独特の古風な雰囲気を醸し出している。これは感性の問題である。だが、こうした風貌に加えて、それぞれの像の光背に刻印された銘からは、これらの像が飛鳥時代に造像されたとするのに一定の根拠を与えているようにみえる。四天王立像でさえそのうちの二体、西方を守護する広目天立像と北方を守護する多聞天立像の光背には、制作にあたった工人の名が刻まれ、七世紀中葉の制作であることを伝えている。釈迦像、薬師像の光背銘は、以下にみるようにいくつかの、見方によっては根本的な疑問を含んでいるのだが、それでもこれらの像が発する白鳳仏とは違った古風な風貌は、銘文の疑義を寄せ付けない説得力をもっている。こうした像そのものが発する雰囲気を認めたうえで、釈迦三尊像の光背の銘（次ページ）をみていこう。

　この銘文の大意は以下であろう。法興三十一年辛巳年十二月、太后が死、その翌年正月二十二日、上宮法皇が病を得、王后も病床に就いた。そこで王后、王子、諸臣らが釈迦像の建立を祈願、法皇の病の治癒とともに、不幸にして法皇が死んだら浄土に往生されることを祈った。ところが二月二十一日王后が死、翌日法皇も没した。そこで癸未年三月、司馬《しば》鞍首《くらつくりの》止利《とり》仏師が釈迦像を造った。

　造像の経緯を記すこの銘で、死に臨んだ法皇の病気全快のための釈迦像が、合わせて死後の冥福をも祈って造られたとしていることに違和感を覚える。実際には死後の造像、刻字であっても、法皇の病気回復のための釈迦像なのだから、その対象とする人間を前に、往《ゆ》いて浄土に登れとは不遜も甚だしい。これはやはり造文の誤りであろう。「若是定業……早昇妙果」の句は、「法皇登遐」の

釈迦三尊像光背銘

法興元卅一年歳次辛巳十二月鬼
前太后崩明年正月廿二日上宮法
皇枕病弗悆干食王后仍以労疾並
著於床時王后王子等及与諸臣深
懐愁毒共相発願仰依三宝当造釈
像尺寸王身蒙此願力転病延寿安
住世間若是定業以背世者往登浄
土早昇妙果二月廿一日癸酉王后
即世翌日法皇登遐癸未年三月中
如願敬造釈迦尊像并侠侍及荘厳
具竟乗斯微福信道知識現在安隠
出生入死随奉三主紹隆三宝遂共
彼岸普遍六道法界含識得脱苦縁
同趣菩提使司馬鞍首止利仏師造

読み下し文

法興元三十一年、歳次辛巳《しんし》十二月に
前《さき》の太后崩《みまか》り給ふ。明年正月二十二日、上宮法皇病に枕し、
弗悆《こころよ》からず。王后仍《よ》りて労疾を以て、並びに床に着き給ふ。
時に王后王子等、諸臣と与《とも》に深く愁毒を懐《いだ》きて、
共相《とも》に願を発す。仰ぎて三宝に依り、当《まさ》に釈像の尺寸王身なるを
造るべし。此の願力を蒙り、病を転じ、寿を延ばし、世間に
安住せむことを。若《も》し是《こ》れ定業にして、以て世に背かば、
往きて浄土に登り、早く妙果に昇らむ。二月二十一日癸酉、王后
即世し給ひ、翌日法皇登遐《とうか》し給ふ。癸未年の三月の中に、願の
如く敬みて釈迦の尊像并《なら》びに侠侍《きょうじ》及び荘厳具を造り竟《おは》りぬ。
斯《こ》の微福に乗《よ》り、信道の知識、現在は安穏にして生を出で死に
入らば、三主に随《したが》ひ奉り、三宝を紹隆して、遂に彼岸を共にし、
普遍《あまねく》の六道《りくどう》、法界《ほっかい》の含識も、苦縁を脱するを得て、同じく
菩提に趣《おもむ》かむことを。司《し》馬《ば》鞍《くらつくりの》首 止利《とり》仏師をして造らしむ。

あとに「願欲」（願わくば）のような句をつけて「往登浄土早昇妙果」と続けるべきであったろう。もう一つは、法皇とともに病を得た王后が、釈迦像造像の発起人の役割を果たしていることである。法皇の治癒を願う人たちの中に、病に臥せっている王后を入れることに疑問を感じる。四行目の王后は外すべきであったろう。ただし、三行目に出てくる王后を太子とともに死んだ菩岐岐美郎女《ほききみのいらつめ》（膳大郎女《かしはでのおおいらつめ》）、四行目に出てくる快癒を祈願する王后を橘大郎女《たちばなのおおいらつめ》にあてる意見もある。だが、最初に出てくる王后と、その一行あとに出てくる王后とが、この銘の造文の洗練さからみて別の人間をさすとは考えられない。王后は一人しかありえない。たとえ后が死んでも他の妃が昇格して后になることは、河内王朝以降ではなかっ

た。ましてやこの銘の法皇は后の死んだ翌日死んでいるのである。やはり造文の不備はまぬがれないだろう。しかしこうした不備にもかかわらず、この銘文はこの二つの箇所以外に瑕疵はなく、正格漢文で綴られており、個々の固有名詞の比定を別とすれば不審はない。

そこで、その固有名詞の比定である。銘の中心にあるのは上宮法皇である。この上宮は、厩戸をさす固有名詞としての上宮《かみつのみや》のほかにも、宮殿をさす普通名詞として中宮、下宮とともに上宮という用法がある。だから上宮がすべて厩戸をさしているとは限らず、銘の上宮法皇の上宮が厩戸をさすか否かは、別に吟味する必要がある。次に法皇であるが、この法皇の語は中国の文献にはなく、釈迦を示す法王と天皇との合成語と考えられ、日本での造語と思われる。大和で天皇の語が使われるのは天武朝であり、天皇の呼称は七世紀前半の大和朝廷にはない。ここではこのことを確認しておきたい。この上宮法皇の死んだ日と場所は、光背の銘が示すように、法興三十一年、辛巳年の翌年だから壬午年（六二二年）の二月二十二日、場所は銘にないから上宮とみるべきだろう。一方厩戸は、推古紀によれば辛巳年（六二一年）二月五日、場所は推古紀には特に記されていないので、斑鳩宮で没したのだろう。もちろん上宮ではありえない。すなわち上宮法皇と厩戸は没した日も場所も違うのである。

次は王后と太后である。この王后は膳大郎女《かしはでのおおいらつめ》とされ、辛巳年に死んだ太后は厩戸の母間人皇女《はしひと》とされる。太后を間人にあてるのは、彼女が大王用明の妃であったことからみて妥当するが、王后には問題がある。王后とは大王（後には天皇）の妃で、かつ、大后（後には皇后）の位を得た王族（皇族）の王女（皇女）に限られる。決して皇太子、皇子の妃に使う敬称ではない。厩戸の妃は三人いた。膳臣傾子《かしはでのおみかたぶこ》の娘膳大郎女、別名菩岐岐美郎女《ほききみのいらつめ》、蘇我馬子の娘刀自古郎女《とじこのいらつめ》、尾治《おはり》王の娘 橘《たちばなの》大郎女《おおいらつめ》である。『帝説』などによれば、太子とともに死んだのは菩岐岐美郎女、推古帝に頼んで天寿国曼荼羅繍帳を造ったのは橘大郎女、正妃は菩岐岐美郎女とされる。だが三人のうちだれであっても王后ではありえない。厩戸を皇太子とするのは推古紀の潤色であろう（当時皇太子、あるいは太子という呼称はなく、大兄の称号が用いられた）が、仮に彼が皇太子であったとしても、その妃を王后と呼ぶことは決してない。

釈迦像の光背の銘の冒頭には、「法興元卅一年歳次辛巳十二月鬼」とある。法興元の元は元号を意味し、法興三十一年は干支で辛巳年、十二月鬼の鬼は二十八宿の暦をあらわす。大和朝廷での元号の使用は孝徳朝における大化（六四五年）が初めてであることはよく知られているが、大和朝廷で法興という元号が使われた形跡はまったくない。次の辛巳年は推古二十九年（六二一年）で間違いないだろう。干支一巡前の五六一年の辛巳年の二年後の癸未年（五六三年）にあの釈迦像が造られたとはおよそ考えられず、一巡後六八三年の天武朝の作とするには古風すぎる。ただし一部には、天智紀の火災との関係で天武朝の辛巳年を当てる意見もあるが、あくまでも像の形状と銘文から判断するべきで、理論上不可能だから天武朝の辛巳年であるとするのは受け入れられない。辛巳年を六二一年に当てると法興元年は五九一年の辛亥年で、大和朝廷では崇峻四年にあたるのだが、大和朝廷では格別の事件、事変があった年ではない。もちろん大王も替わっていない。ところがその翌年壬子年（崇峻五年＝五九二年）十一月に大王崇峻が蘇我馬子の配下 東漢《あずまのあやの》直駒《あたひこま》に殺害される。法興の元号がここでなぜ改元されなかったのだろうか。一般には、法興は、大和朝廷が定めた元号ではなく、飛鳥寺（法興寺）の竣工によって使われた私年号であったのだろうとする。ただし、飛鳥寺の竣工が崇峻四年の辛亥年（五九一年）であることが確認されているわけではない。『日本書紀』によれば飛鳥寺の竣工は推古四年（五九六年）の丙辰年とされている。

さらに留意すべきことがある。江戸後期の鶴峯戊申《つるみねぼしん》が『襲国偽僭考《そのくにぎせんこう》』で九州年号と題した古写本を紹介したが、それによると九州年号は大和朝廷の元号開始（大化＝六四五年）より古い歴史をもつ。法興の元号はこの九州年号の一つで、法興は五九一年の辛亥年に始まる。七世紀前半の癸未年（六二三年）に次の元号への改元があり、仁王という元号がたてられた。釈迦像光背の銘によれば、その前年壬午年（六二二年）に上宮法皇が死没しているので、これに伴なった改元であることが当然予想される。大和では推古の時代で、推古朝の癸未年での改元理由はない。つまり六世紀末の辛亥年（五九一年）にたてられた法興の元号は、法興二年に崇峻が殺害され、その翌年推古が即位したにもかかわらず改元がなく、七世紀前半の壬午年（法興三十二年＝六二二年）の翌年改元があった。この壬午年には上宮法皇が他界しているが、聖徳太子の没年は、『日本書紀』によればその前年の辛巳年（六二一年）である。一方推古はこの年には健在で、彼女は戊子年（六二八年）に死去する。こうして釈迦像光背の銘にある法興の元号から、この像が大和朝廷の勢力下で造像され、刻字されたとみるわけにはいかない状況が示されることとなったのである。

最後に、天智九年（六七〇年）の法隆寺の火災の際、金堂の釈迦像はどうしたのかという問題である。釈迦像の光背銘には造像年が癸未年三月と刻字されているが、この癸未年は一般的には上宮法皇登遐の一年一ヶ月後で、大和朝廷では推古三十一年（六二三年）とされている。天武朝の癸未年（六八三年）の可能性もないわけではないが、飛鳥仏の相貌を色濃くした形状、法皇の死後六十一年目の造像がありうるかと考えると、七世紀後半の癸未年の可能性はほとんどないとみるべきだろう。法隆寺の火災との関係ではもちろん天武朝の造像が都合がいいが、その理由から造像の時期を下げる考えには従えない。推古朝の制作であるなら、天智九年の火災の時に釈迦三尊像はどうしたのかが、法隆寺再建・非再建論争に絡んで焦点となってくるのは避けられなかった。釈迦像はもちろん火を浴びた様子はなく、像と同じ時期の制作が確認され、同様に国宝に指定されている台座にも火による損傷はない。雷雨と落雷による未明の出火で法隆寺全体が一屋もあまさず焼失した中で釈迦像とその台座だけが無事に運び出されたとはほとんど考えられない。もしそうなら天智紀の記述も変わってこよう。

一部には、釈迦像は別の寺に置かれており、法隆寺の火災後再建された金堂に移されたと主張する識者もいる。像が七世紀前半の制作で、天智紀の法隆寺の火災が間違いないなら、像は別の場所にあったとする考えは正しいだろう。だが問題は火災前に像はどこに置かれていたかである。釈迦三尊像を聖徳太子と結びつけて考える論者は、釈迦像が、橘寺、法起寺、法輪寺など聖徳太子に関連する寺に置かれていたのではないかとする。しかし、聖徳太子の供養のために造られた像が、太子の後継者で厩戸の遺産を引き継いだ山背王の宮があり、太子の菩提寺である法隆寺以外に置かれていたとする見方に説得力はない。

法隆寺金堂の釈迦三尊像は、その面長で古風な相貌から飛鳥時代の造像とされている。光背の銘の癸未年造像は、それが正しければ七世紀前半の癸未年（六二三年）だろう。だが、光背銘の法興の元号、上宮法皇、王后の用語、上宮法皇の没年月日、天智紀による法隆寺の火災の折この釈迦像がなぜ被災を免れたかなどを考えると、この像と厩戸を結び付けることはできないだろう。この像は、倭国の上宮法皇の勢力圏で、法皇の死の翌年造像され、光背には法興元卅一年で始まる銘が刻字され、その後大和へ移送されて、天智九年の火災後再建のなった法隆寺に運び込まれたと想定せざるをえないのである。

　ところでこの法隆寺金堂の釈迦像光背の銘にある法興の年号が、伊予道後にあったとされる碑に刻まれていた。次にこの問題を考えてみたい。

　鎌倉時代、卜部兼方の著した『釈日本紀』に今は逸失した『伊予国風土記』が記されている。その『風土記』には、伊予道後の湯を訪れた天皇等は五回あり、それらは景行天皇とその大后八坂入姫、仲哀天皇とその大后息長帯姫《おきながたらしひめ》、上宮聖徳皇、舒明天皇とその皇后、そして斉明天皇とその息天智、天武天皇であるという。その中の上宮聖徳皇、すなわち聖徳太子の伊予道後の行幸について、『風土記』は記事を載せている。『風土記』逸文によれば、法興六年十月、法王大王（これが聖徳太子であるとする）と恵慈法師、葛城臣は伊予に逍遥《あそ》び、湯の岡（これを伊社邇波《いさには》の岡といった）の側《かたわら》に碑を建て碑文を刻んだ。碑文の読み下し文は以下である。

　「法興六年十月、歳《ほし》は丙辰《ひのえたつ》にあり。我が法王大王、恵慈法師及び葛城臣と夷與《いよ》の村に逍遥《あそ》び、正《まさ》しく神の井（温泉）を観て、世の妙《くす》しき験《しるし》を歎《なげ》きたまひき（感歎する）。意《おもい》を叙《の》べ欲《ま》くして（述べようとして）、聊《いささ》か碑文《いしぶみ》一首を作る」。

　このあと碑文には漢詩が続く。

さて、この温湯碑である。現在伊予道後の伊社邇波《いさには》（現在は湯月城跡の道後公園）に温湯碑はない。碑がないのでもちろん碑文もなく、碑文を写したとされる『伊予国風土記』もない。わずかに鎌倉時代に卜部兼方が『伊予国風土記』を写した『釈日本紀』にこの碑文が記されているだけである。だが、碑文には碑が存在していたことを無碍に否定できない内容がある。それは冒頭の「法興六年十月歳在丙辰」である。法隆寺釈迦像光背の銘にあった法興という元号が、伊予道後の碑にも鐫刻されていた。しかも釈迦像の法興三十一年辛巳年は、温湯碑の法興六年丙辰年と一致する。大和朝廷で使われたことのない元号が、まったく関わりのない二ヶ所の地から出現し、釈迦像光背の銘の法興三十一年辛巳年の推古二十九年（六二一年）と、法興六年丙辰年の推古四年（五九六年）とが一致したのである。

推古四年、皇太子であり摂政である厩戸が、温湯碑によれば法師恵慈、葛城臣とともに伊予道後を訪れ、詩を作り建碑したという。ところがこの年の推古紀に皇太子厩戸が伊予を訪れたという記事はない。この年だけでなく推古紀全体を通しても、厩戸の伊予巡幸の記事はない。推古四年条には法興寺竣工の記事があり、高麗の僧恵慈と百済の僧恵聡が法興寺に住んだという記事があるだけである。恵慈、恵聡はその前年に来朝し仏教を広めた。とくに恵慈は厩戸に内教（仏教）を教えたという。その恵慈が葛城臣（名はないが烏那羅《おなら》とする）とともに法王大王にしたがって伊予を巡行したのだろうか。さらに推古四年には厩戸はおそらく二十三歳であったろうが、その若年の厩戸が法王大王と呼ばれていたのだろうか。さらに推古紀に厩戸の伊予巡幸の記事がないことも、この説話全体を聖徳太子に結びつけることには躊躇せざるをえない。

『風土記』逸文によれば、伊予道後を訪れた大王の中に斉明女帝がいる。聖徳太子から半世紀後の七世紀中葉、百済は唐、新羅の攻撃を受けて存亡の危機に陥る。倭国は百済建国（伝承では紀元前一世紀だが、中国史書に百済の名が登場するのは四世紀後半であり、百済建国は近肖古王〈三四六〜三七五年〉の時代と考えたい）以前から人、物の通交を通じて百済（馬韓）との交流を深め、対等の関係を維持してきた。倭国はこれまでも百済と伽耶諸国の危機に際しては全力をあげてこれらの諸国を支援している。六六〇年三月唐は高句麗への攻撃を一時中断、新羅と諮って百済への全面攻撃に踏み切る。この攻撃で六六〇年七月王都泗沘《しひ》城は陥落、百済の義慈王《ぎじおう》は旧都熊津《ゆうしん》城へ逃れるが、同月唐、新羅連合軍に降り、ここに百済は滅亡する。ところが百済は滅んでも百済の遺臣たちは唐、新羅に屈しなかった。彼らは倭国（磐井の末裔）に百済再興を乞うた。倭国は総力をあげて百済復興を支援するとともに、斉明朝に援助を仰いだ。大和朝廷は六世紀前半九州の倭国を降したが、住民の反抗によってこの地の統治に支障をきたし、その支配に困難を抱えていた。これを機に九州に統治機構を確立し、半島へも影響力を強めようとする意志が斉明朝首脳に働いたとしても首肯できるだろう。さらには半島への唐の進出は、唐の次の標的を倭国へ向けることが当然予想される。斉明朝の首脳は百済滅亡の時点で唐との対決を当然視野に入れていただろう。こうして斉明朝は全国に徴兵、戦船の建造を命じるとともに朝廷あげて筑紫へ移り百済支援に動いたが、この結末はこの後ふれることになる。そしてこの時点で旧倭国の統治機構は大和朝廷のそれにとって替わられる。

　さて、斉明朝の大王斉明、王子中大兄、内臣中臣鎌足ら政府首脳は、斉明六年（六六〇年）十二

月飛鳥を発ち、翌七年一月難波から出帆する。その西征の途上、斉明は「伊予熟田津《にぎたつ》の石湯《いはゆ》の行宮《かりみや》に泊《は》て」る。そのとき詠んだ歌、

熟田津に船乗りせむと月待てば潮もかなひぬ今は漕ぎ出でな

『万葉集』はこの歌を額田王《ぬかたのおおきみ》の作とするが、同時に天皇（斉明）の御製ともしており見解が分かれる。だが、いずれにしろ斉明は筑紫への西行の途上、熟田津の石湯を訪れた。斉明の泊まった熟田津と、法王大王が建碑した伊社邇波《いさには》との関係は、斉明の時代から半世紀後の万葉歌人、山部赤人の歌に示された。赤人は、伊予道後の射狭庭《いさにわ》の岡に立って、飽田津《にぎたつ》から船に乗り込んでいった大宮人を偲んで歌を詠む。

皇神祖《すめろき》の　神の命《みこと》の　敷きいます　国のことごと　湯はしも　多《さは》にあれども　島山の　宜しき国と　こごしかも　伊予の高嶺の　射狭庭の　岡に立たして　歌思い　辞《こと》思はしし　み湯の上《へ》の　樹群《こむら》を見れば　臣《おみ》の木も　生ひ継げにけり　鳴く鳥の　聲も変らず　遠き代に　神さびゆかむ　行幸処《いでまし》

その反歌は、

ももしきの大宮人の飽田津に船乗しけむ年の知らなく（に）

こうして、六世紀末の法王大王が訪れ建碑した伊社邇波《いさには》の地と、七世紀中葉の斉明女帝の行宮《かりみや》がおかれた熟田津《にぎたつ》とが、八世紀前半の万葉歌人山部赤人が訪れ歌を詠んだ射狭庭《いさにわ》と飽田津《にぎたつ》によってつながった。山部赤人が射狭庭の岡に立って、この歌を詠んでから数年を経ずして、元明朝は各国に『風土記』の撰述、奏上を命じた。伊予国では国司以下の官人が、温湯碑の碑文とその伝承を記

し、朝廷に奏上したのだろう。八世紀前半の『伊予国風土記』の記述者、あるいは奏上者は、作詩し建碑した法王大王を上宮聖徳皇、すなわち聖徳太子に比定しようとし、そのように『風土記』には記した。しかし現地で建碑の事情に通じていた人たちは、大王斉明が熟田津を訪れたときも、山部赤人が射狭庭の地に立った時も、聖徳太子の伝承を告げなかったことからみて、法王大王を聖徳太子とは認識していなかったのだろう。山部赤人が射狭庭を訪れた時期は、聖徳太子伝承がつくりあげられていた時期であり、もし、伊社邇波の地を訪れ、作詩し建碑した法王大王が聖徳太子であったなら、赤人がそのことに気づかないわけがない。斉明の場合にはもっと直截である。彼女は生前の厩戸をよく知っていた。厩戸は斉明の祖父桜井王の兄（大王用明）の長子で、疎遠ではあるが血の繋がりはある。年齢からいえば厩戸は斉明より二十歳ほど年長で、彼女が二十代の後半のころに厩戸は死没している。だから仮に厩戸が伊予へ行幸していたなら、たとえ当時彼女は幼児であったとしても、後年、厩戸自身から旅行譚を聞いたか、周囲から知らされたに違いなく、斉明七年（六六一年）熟田津に仮泊したさいに、厩戸の故事が話題にならなかったはずがない。斉明からも赤人からもそのような気配がまったくみられないことは、推古紀に厩戸の伊予行幸の記事がないことと合わせ、法王大王の伊予行脚が聖徳太子とは何のかかわりもないことを証明しているといえよう。

法隆寺金堂の釈迦三尊像は、おそらくは大和朝廷、聖徳太子とは無関係に、九州に勢力の中心をもつ倭国の地で、上宮法皇の死に因んで制作され、銘が刻字されたのだろう。われわれは幸いなことにこの上宮法皇の名を知っている。彼は法興元年（辛亥年＝五九一年）即位し、三十一年後の壬午年（六二二年）二月二十二日死没した。この上宮法皇の治世に、『隋書』倭国伝に記された倭王からの遣使記事がある。『隋書』、『旧唐書』に関してはこの後検討するが、『隋書』の記事は「開皇二十年、倭王あり。姓は阿毎《あめ》、字は多利思北孤《たりしほこ》、阿輩雞彌《あはきみ》と号す」とする。開皇二十年（六〇〇年）多利思北孤は隋朝へ遣使した。彼はその七年後の大業三年（六〇七年）にも、あの有名な国書「日出ずる処の天子、書を日没する処の天子に致す。恙《つつが》なきや」を携えた使者を遣わし、仏教を学ばせるため数十人の沙門を隋へ送っている。この年（推古十五年＝六〇七年）、推古朝も小野妹子を隋へ遣わす。そして倭国の使者と推古朝の使者との交錯が、隋朝をして、文林郎裴世清《はいせいせい》を倭国と日本へ遣わす措置をとらせた。この『隋書』に記された国書の主が多利思北孤、すなわち上宮法皇で、彼は即位の六年後の丙辰年（五九六年）伊予道後の地へ行幸し、碑を建て、作詩して銘文を彫らせ、法興十年（六〇〇年）と法興十七年（六〇七年）には隋朝へ遣使し、法興十八年（六〇八年）には隋使裴世清と会い、その十三年後に三十一年の治世を終え生涯を閉じた。上宮法皇（法隆寺釈迦像光背銘）、法王大王（伊予道後温湯碑銘）、すなわち『隋書』にいう多利思北孤こそ五三一年の辛亥の変で物部麁鹿火の膝下に屈した磐井の末裔であった。その子孫は磐井の乱から半世紀、大和の軍勢の支配下にありながら、着々とその支配を有名無実化し、住民の支持を得て統治機構を整え、地方へ行幸し、日本の天皇を名乗って隋朝へ遣使して復権を果たした（「日本」、「天皇」の用語は乱の以前から九州王朝で用いられていた）。この復権した王朝が、隋、唐朝にどう認知されていたのか、以下に節を改めてみていきたい。

食い違う『隋書』と推古紀の記述

六世紀後半の中国は南北朝の時代であった。北では北周の武帝が周囲を統合し江北へ勢力を拡大するが、五八一年北周の大司馬であった楊堅が武帝を倒して隋を建国する。楊堅は隋の版図を拡げ、長安に遷都（五八三年）、北に突厥を破り（五八四年）、南朝陳を下し（五八九年）て乱れていた中国を統一する。楊堅（文帝）は政権の基盤を固め、均田法を施行するなど国内を整えていくが、六〇四年太子広に殺害される。この太子広が煬帝《ようだい》である。煬帝は即位翌年には大運河工事を敢行、律令を改めるなど才覚を発揮するが、当時、東北から半島に勢力を拡げていた高句麗と衝突、度重なる高句麗への出兵で国内治安が乱れ反乱が勃発する。六一七年、李淵、李世民父子が首都長安を落とし、混乱の中六一八年に煬帝は部下によって殺害される。隋帝国は三十年足らずで幕を閉じた。

この隋の時代を記した『隋書』は、隋の滅亡の十数年後に唐の魏徴によって撰せられた同時代史である。『隋書』は、唐の大義名分によって書かれている部分があり、厳密な史料批判が必要であること、隋滅亡の際の混乱が若干の史料の散逸、消失を引き起こした可能性があることを考慮しても、なおかなり信頼のもてる史料である。『隋書』は、それまでの正史が、倭伝、倭人伝、倭国伝であったのに対して、俀国伝《たいこく》としている。わが国の学界の大勢は俀国を倭国の誤りとするが、誤りかどうかは別にして俀国が倭国を指していることは間違いがない。以下、俀国を倭国とする。

『隋書』倭国伝の冒頭は、先行する史書に多くを拠っている。「倭国は百済、新羅の東南にあり」は、『三国志』の「倭人は帯方の東南大海の中にあり」の記述を引いている。次の「その国境は東西五月行、南北三月行にして、各々海に至る」、「その地勢は東高くして西下り、邪靡堆に都す。即ち『魏志』のいわゆる邪馬臺なる者なり」の前半は『隋書』のオリジナルの部分だが、後半は『三国志』と『後漢書』に拠っている。魏徴のこの部分の記述で特に留意すべきは邪靡堆で、陳寿が『三国志』で「南、邪馬壹国《やまいちこく》へ至る、女王の都する所、水行十日、陸行一月」としたのを、范曄が『後漢書』で「国、皆王を称し、世世統を伝う。その大倭王は邪馬臺国《やまだいこく》に居る」とし、魏徴がこの『隋書』で、邪馬壹国、邪馬臺国を邪靡堆とした。李延寿はこの邪靡堆を邪摩堆《やまたい》の誤りとみたらしく『北史』で邪摩堆につくる。後世、北畠親房は『神皇正統記』で李延寿の邪摩堆を「ヤマト」と読み大和とした。これが江戸時代、新井白石に継がれていく。

『隋書』はそのあと「帯方郡を去る一万二千里」、「会稽《かいけい》之東」、「儋耳《たんじ》相近」と記すが、この部分は陳寿から引いている。次の記事「漢の光武の時」の遺使、安帝の時の奴国王の遺使を記した後、魏徴は

「桓、霊の間、その国大いに乱れ遞《たが》いに相攻伐し、歴年主なし。女子あり、卑弥呼と名づく。能《よ》く鬼道を以て衆を惑わす。ここにおいて、国人共に立てて王となす」

としたが、これは陳寿の

「その国、本また男子を以て王となし住《とど》まること七、八十年。倭国乱れ、相攻伐すること歴年、乃《すなわ》ち共に一女子をたてて王となす。名づけて卑弥呼という」(『三国志』)

の記述、范曄の

「桓、霊の間、倭国大いに乱れ、更〻《こもごも》相攻伐し、歴年主なし。一女子あり、名を卑弥呼という」

（『後漢書』）

の記述に拠っている。そのあとの『隋書』の

「その王に宮室、楼観、城柵あり、皆兵を持して守衛し、法をなすこと甚《はなは》だ厳なり」

も、『三国志』からとったものである。「魏より斉、梁に至り代〻中国と相通ず」は、倭の五王の遣使をさし、これは『宋書』、『南史』、『梁書』に依拠したものだろう。

次の開皇二十年（六〇〇年）からの記事は隋の時代の事績であり、『隋書』のオリジナルである。開皇二十年倭王は隋朝へ遣使する。『隋書』はこのときの遣使について倭国からの国書にふれていないので、使者の口上かもしれない。

「開皇二十年、倭王あり。姓は阿毎《あめ》、字は多利思北孤《たりしほこ》、阿輩雞彌《あはきみ》と号す。使を遣わして闕《けつ》に詣《いた》る」。

「王の妻は雞彌《きみ》と号す。後宮に女六、七百人あり。太子を名づけて利歌彌多弗利《りかみたふり》となす」。

「闕に詣る」とは王宮に到着するという意味である。さらに『隋書』は「内官に十二等あり」と、官位十二等にふれている。官位十二等は最初に徳を置き、以下は五常の徳目の仁、義、礼、智、信を大小に分けた順にしている。これが、推古朝で制定された冠位十二階の徳、仁、礼、信、義、智の順と合わないので、『隋書』が誤ったのであろうとする意見がある。『隋書』は続けて八十戸に一人の伊尼翼を置き、十人の伊尼翼は一人の軍尼に属し、軍尼は全体で百二十人いると記す。この伊

尼翼を稲置にあて、イナキと読ませ、軍尼をクニと読ませ国造にあてるのが一般的である。おそらく倭国の使者の口上をとらえて、その音を漢字にあてたのだろう。クニ、イナキと読ませて大和朝廷の官位にあてようとするのだが、そう読めるのだろうか。判断のしようがなく留保したい。

次に『隋書』は倭人の風俗、習慣を記す。服飾、履《くつ》、「人庶多くは跣足《せんそく》」、「婦人は髪を後に束ね」、「草を編みて薦《しとね》となす」などの記述、刑罰への言及もある。魏志倭人伝にみられる表現、たとえば「男女多く臂《ひじ》に黥《げい》し、面に点し、身に文し、水に没して魚を捕う」とか、「気候温暖にして、草木は冬も青く」とする記述などとの類似にも注意をひかれる。そして興味深いのは次の記事である。

「阿蘇山有り。その石、故なくして火起り天に接する者、俗以て異となし、因《よ》って祷祭《とうさい》を行う」。

国には阿蘇山があり、天に達するほど火を噴くので、これを拝み祀《まつ》る。倭国の使者は、隋の王都長安で倭国の様子をこのように伝えたのだろう。

開皇二十年（六〇〇年）に続く倭国からの遣使は、大業三年（六〇七年）である。「その王多利思北孤、使を遣わして朝貢す」とあり、使者は、

「聞く、海西の菩薩天子、重ねて仏法を興すと。故に遣わして朝拝せしめ、兼ねて沙門数十人、来って仏法を学ぶ」

（中国の菩薩天子は重ねて仏法を興すと聞いている。故に朝拝させ、合わせて中国で仏法を学ぶため沙門数十人が当地へきた）

と口上した。そして国書を奏上するが、その国書が
「日出ずる処の天子、書を日没する処の天子に致す、恙《つつが》なきや」
とあり、これに隋の煬帝が
「蛮夷の書、無礼なる者あり、復た以て聞するなかれ」
(夷蛮の書は無礼である。以後は二度ととりあげるな)
としたのである。

次に『隋書』倭国伝は、その翌年(大業四年＝六〇八年)煬帝が文林郎裴世清を倭国へ遣わしたこと、そして倭国への行程を記す。

「明年、上、文林郎裴清を遣わして倭国へ使せしむ。百済を度《わた》り、行きて竹島に至り、南に耽《たん》羅《ら》国を望み、都斯麻《つしま》国を経、迥《はる》かに大海の中にあり。また東して一支国に至り、また竹斯《ちくし》国に至り、また東して秦王《しんおう》国に至る。その人華夏に同じ。以て夷洲《いしゅう》となすも、疑うらくは、明らかにする能わざるなり。また十余国を経て海岸に達す。竹斯国より以東は、皆な倭に附庸す」。

(明年〈大業四年＝六〇八年〉、煬帝は文林郎裴世清を倭国に遣わした。百済を渡り竹島〈岩波文庫本は「釜山沖の絶影島か」とする〉に行き、南に耽羅国〈済州島〉を望み、対馬を経て、はるかに大海の中にある。また東に行って壱岐、筑紫に至り、また東に行って秦王国〈不詳〉に至る。その住民は中国に同じで夷洲〈台湾〉とするが疑わしく、明らかにすることができない。また十余国を経て海岸に達する。筑紫国より東はみな倭に附属する)。

隋使の旅程は、百済―対馬―壱岐―筑紫国―秦王国―十余国を経て海岸へ達するのだから、この

行程は九州内部にとどまるとみるべきだろう。なお、隋使一行が百済を経由していることは、後の小野妹子の国書紛失事件に絡んで留意したい。

『隋書』倭国伝の最後は、裴世清の倭国訪問を伝える記述である。倭王は官人を遣わして隋使を迎え、使者は王の都へ入る。倭王は裴世清と相見え大いに悦んで次のようにいう。

「我聞く、海西に大隋礼義の国ありと。故に遣わして朝貢せしむ。我は夷人、海隅に僻在して礼義を聞かず」。「冀《ねがわ》くは大国惟新の化を聞かんことを」。

（私は西に大隋という礼義の国があることを聞いている。そこで使いを遣わして朝貢した。私たちは東の夷民族であり、礼義を聞くことがない）。（願わくは万事が改まり、新たにならんことを）。

倭王はこうした言を呈し清は隋帝の徳を言上するが、ここに『隋書』の虚飾がみえる。清は朝命を達した後、倭王に「朝命既に達せり、請う即ち塗《みち》を戒《いまし》めよ」と要請する。この部分も後に検討しよう。ここで記憶にとどめておきたいのは、『北史』にも同文の記事があるが、『北史』はこの最後の部分の一二一字を誤脱していることである。このことは、少なくとも『北史』よりは『隋書』が先に記されたこと、『北史』は『隋書』に拠ったことを示している。そして清は帰国の宴の後倭国を離れる。『隋書』倭国伝の最後は「此後遂絶」（このあと遂に絶つ）である。以上が『隋書』倭国伝の概略である。

次に推古紀をみていきたい。推古紀の隋にかかわる最初の記述は、推古十五年（六〇七年）条の「秋七月三日、大礼小野臣妹子を大唐に遣わす。鞍作福利を通事とする」である。続いて推古紀は推古十六年夏四月、小野妹子が大唐から帰朝したこと、妹子が隋では蘇因高《そいんこう》と呼ばれていたことを述べた後、裴世清と随員十二人が四月筑紫に着き、難波吉士雄成《なにわのきしおなり》を遣わして一行を召致したと記す。難波には彼らの為に新しい館《むろつみ》を高麗館《こまのむろつみ》の近くに造った。六月十五日、裴世清の一行はこの館に入る。このとき推古紀によれば、小野妹子が帰途百済を通ったさい百済人に煬帝の国書を掠め取られたことが明らかになる。群臣の中には使者の怠慢として処罰を要求する声があがったが、推古は隋使の手前もあり処罰を許さなかった。これも後述したい。そして八月三日には裴世清の一行は都へ入り、十二日には朝廷に召される。このとき裴世清は書を持つ（国書を言上する）とあり、推古紀は煬帝の国書を記している。その後一行は十六日には朝廷で饗応を受ける。九月五日には隋使一行の帰国の宴が難波の大郡《おおごおり》（外国使節の接待用の施設）で開かれ、推古が出御し歓送の辞を述べているが、この点も後述しよう。この時一行の送使が任命されている。大使は小野妹子、小使は吉士雄成、通事が鞍作福利で、ほかに学生と留学僧が八人同行した。このとき隋に派遣されたのは、学生では倭漢直福因《やまとのあやのあたひふくいん》、奈羅訳語恵明《ならのおさえみょう》、高向漢人玄理《たかむくのあやひとげんり》、新漢人大圀《いまきのあやひとおほくに》の四人、留学僧では新漢人日文《いまきのあやひとにちもん》、南淵漢人請安《みなみふちのあやひとしょうあん》、志賀漢人慧隠《しかのあやひとえおん》、新漢人広済《いまきのあやひとこうさい》の四人である。彼らは福利を除いて翌推古十七年九月に帰国する。隋との交流は、このあと推古二十二年（六一四年）六月、犬上君御田鍬《いぬかみきみみたすき》、矢田部造《やたべのみやつこ》の遣使記事、翌年の彼らの帰国記事をもって終わるが、この記事はごく簡明である。

さて、『隋書』と推古紀の国交記事の意味するところである。その第一は、開皇二十年の倭国からの遣使記事が推古紀になく、倭国の使者の口上にある倭王多利思北孤《たりしほこ》が、豊御食炊屋姫《とよみけかしきやひめ》（推古）、厩戸豊聡耳《とよとみみ》皇子、蘇我宿禰馬子など、推古朝のどの為政者にも該当しないことである。特に決定的なのは、『隋書』が倭王多利思北孤を「妻あり」など男王としていることで、開皇二十年（六〇〇年）は推古女帝とする『日本書紀』と決定的に違う。この点では、中国では女帝の存在がなじめなく、推古に替わって聖徳太子が倭王として隋使に対応したのだろうとか、大業四年（六〇八年）の推古の謁見のときには推古は高御座《たかみくら》の奥にいて隋使裴世清は推古が見えなかったのだろうとする極端な意見さえある。多利思北孤に関していえば、多くの論者は北を比の誤りとして多利思比孤＝タリシヒコとする。李延寿が書いた『北史』が多利思比孤としているのだが、隋の文帝（楊堅）の時代の開皇二十年の朝貢を記した『隋書』にオリジナリティーがあり、多利思北孤とみるべきだろう。北を比に替え（タリシヒコ）て、推古の次の舒明の息長足《おきながたらし》日《ひ》広額《ひろぬか》と混同した、あるいは開皇二十年の遣使を小野妹子とし、妹子の祖先天《あめの》帯彦《たらしひこ》国《くに》押人《おしひと》命《のみこと》と混同したとする解釈が生まれる（岩波文庫本）。しかし、この議論は受け入れられない。開皇二十年のとき、舒明（田村王子）は十歳に満たぬ幼児で次期大王に予定されることはなく、その諡号息長足日広額も当時はない。また使者小野妹子の先祖の名がどうして出てくるのだろうか。開皇二十年の遣使は推古紀にはない。妹子がこのとき渡海した可能性もないだろう。先に述べたように『北史』が末尾の部分を大量に誤脱していたことは、『北史』が『隋書』に拠ったことを雄弁に物語っている。「多利思比孤」はどのように理由づけようともありえない。また『隋書』にある「太子を名づけて利歌弥多弗利となす」を、冒頭の利を和の誤りとして「ワカミドリ」と読ませ、聖徳太子に比定しようとする試みがあるが、そのように操作したところで、推古朝で聖徳太子（厩戸王）が「ワカミドリ」と呼ばれていたとはどの文献にもない。開皇二十年の遣使を推古朝の遣使とするには重大な疑念が残る。

第二は、大業三年＝推古十五年（六〇七年）の両書の記事である。両書とも遣使があったことを記すが、内容はまったく違う。『隋書』にある倭国の使者は、開皇二十年の使者の口上にあった倭王多利思北孤の国書を携え、仏法を学ぶため沙門数十人を帯同して渡海した。国書にはもちろん倭王多利思北孤の名があった。魏徴が開皇二十年の使者の口上とこの大業三年の国書の署名を、同じように間違えて記述することはありえない。一方、推古紀は小野妹子と通事鞍作福利を遣わすとある。だが、妹子と福利の遣使記事は『隋書』にはない。この差異は尋常ではない。

第三は、その翌年の記事で、どちらも相当の記事量になっており、その要点はすでに記した。『隋書』は、煬帝が文林郎裴世清を倭国へ遣わしたこと、倭国への行程を記し、清は倭王の歓待を受け倭王と相見え、使者としての使命を達した後倭王に

「朝命既に達せり、請う即ち塗《みち》を戒《いまし》めよ」

（朝命はすでに達したので、私はさらに旅に出ます。その準備をお願いしたい）

と請うている口上である。一部には、清の帰国の準備と取る向きもあるが、どの使者も使命を達すれば帰国するので、改めて旅の準備をしてほしいなどと要請することはない。これは別の新たな旅（大和への旅）の準備を倭王へ依頼したものとみるべきだろう。

次に推古十六年（大業四年）の推古紀。ここでのポイントは二つある。一つは六月条の小野妹子の国書紛失事件、もう一つは九月条の隋使帰国の宴での推古の口上である。まず国書事件。小野妹子は、推古紀によれば隋使裴世清に同道して百済を経て四月筑紫に上陸、六月には難波に着く。妹子は難波到着後、百済を通る際百済人に煬帝の国書を略取されたことを申し述べた。だがこれはお

かしい。当時、百済と大和朝廷との間に険悪な空気はなかった。さらに隋使が同行しており、百済が大和朝廷ばかりか隋とも敵対する行為を起こすことは考えられない。妹子は持参していた国書をなぜ奪われることになったのか。これはもともと隋の煬帝からの国書はなかったとみるべきだろう。推古朝は妹子を派遣するに当たってもちろん国書を用意し、妹子は隋朝へ提出しただろう。しかし、煬帝は妹子に国書を与えなかった。この点も後述しよう。

次の論点は、推古紀十六年九月条の隋使帰国の宴での推古の口上である。推古紀はこの推古の口上を記している。

「東《やまと》の天皇《すめらみこと》、敬みて西《もろこし》の皇帝《きみ》に白《まお》す。使人鴻臚寺《こうろじ》の掌客裴世清《しょうかくはいせいせい》等至りて、久しき憶《おもひ》、方《みかざり》に解けぬ」。

(東の天皇が西の皇帝に謹んで申し上げる。使人鴻臚寺の掌客裴世清らがわが国に来り、久しく国交を求めていたわが方の想いが解けた)。

多くの論者は推古紀のこの記述を無視するが、この記述は、今まで中国の王朝と大和朝廷の交流がなかったことの表明である。推古は、中国の王朝との交流を望みながらもその想いが果たせなかったが、今回の裴世清の訪問で長年の想いがかなったと述べた。小墾田宮で裴世清が煬帝の国書を言上したとき、推古は高御座《たかみくら》にいて、裴世清は推古が女性だとは認識できなかったという意見は、それ自体到底受け入れられるものではないが、この隋使帰国の宴が持たれたのは小墾田宮ではなく難波の大郡《おおごおり》である。推古の口上は裴世清に対してなされたのだから、裴世清は推古が女性であることを認識できなかったはずがない。

そして最後は『隋書』倭国伝の最後にある「此後遂絶」である。隋と倭国の交流は、『隋書』による限り、開皇二十年（六〇〇年）の遣使、大業三年（六〇七年）の遣使、翌年の隋使の倭国への遣使を最後に途絶えた。ところが推古紀は、前述のようにこのあとも推古二十二年（大業十年＝六一四年）犬上君御田鍬、矢田部造が隋に赴いており、決して途絶えてはいない。この部分は見逃されがちだが、この矛盾をどう考えるかである。

さて、以上の状況から、倭国、大和朝廷と中国の王朝との交流をいかにとらえるべきかである。中国は、六世紀末までは南北朝の対立と抗争にあったが、日本列島も大きな動乱を経験した。倭国は、五三一年（辛亥年）大王継体が派遣した物部麁鹿火《あらかひ》の軍の攻撃（いわゆる磐井の乱＝一般には五二七年、磐井の死を五二八年とするが、継体紀に三年の錯綜があり、辛亥の変〈五三一年〉が磐井の乱であると考えたい）を受け、重大なダメージを喫した。磐井の子葛子は、後に屯倉となる国の財を供出して継体朝の支配を受け入れる。だが、継体朝も、倭国の統治機構を掌握し、九州の地に支配を確立するまでには至らなかった。彼らは大和朝廷の支配に従わない九州の民衆を殺傷し、神聖な石人石馬を破壊し占領地を統治しようとするが、大和の支配は浸透しない。外交権も確立できなかった。磐井の子孫、倭国の統治者は敗戦後数十年かけて態勢を整えると、つながりのあった中国南朝への遣使を再開する。これが開皇二十年（六〇〇年）の倭国からの遣使である。中国南朝も六世紀中葉から後半にかけて抗争が続き、五八九年になって楊堅（隋の文帝）が三国後の晋朝以来、分裂していた中国を統一する。倭王武に南朝梁の武帝が叙爵を与えた中国史書の最後の記述が天監元年（五〇二年）、倭王武による最後の遣使記事は昇明二年（四七八年）だから、磐井の乱で敗れた倭国からの中国の王朝への一〇〇年ぶりの遣使である。こうして倭王多利思北孤の開皇二十年の遣使は行なわれた。

推古朝も、この倭国の磐井の末裔の動きはつかんでいただろう。だが倭国へ圧力をかけても、その動きは止められなかった。推古朝も遣使の準備を進める。韓諸国とのつながりはあっても、大和朝廷の中国の王朝への遣使はこれまでない。この準備の最中に、倭国が推古八年（開皇二十年）に続いて、隋朝へ使者と僧の一団を遣わそうとしているという情報が九州から入った。九州の磐井の末裔は倭国を代表する王者ではない。隋朝にこのことを知らしめ推古朝を認知させることが、推古十五年の遣隋使に与えられた任務であり、その事情を記した国書も用意されただろう。そして急遽小野妹子と鞍作福利の派遣が決定され、二人は随員とともに渡海した。

一方、倭国からの使者と大和朝廷の使者を迎え入れた隋朝は困惑したことだろう。両者のいい分を聞きとった隋朝だが、倭国とは、後漢の時代から五〇〇年以上にわたる朝貢があり、七年前の開皇二十年にも使者を受け入れている。しかも倭国は今回数十人の留学僧を派遣してきている。一方、推古朝は今回が初めてである。倭国からの遣使を取り上げ、推古朝の使者の口上を留保した隋朝の措置は妥当であろう。だが隋朝は倭国と大和朝廷の実情を探るため、鴻臚寺の掌客（他国との交流に関する事務をおこなう部局の官人）裴世清を、倭国の使者と妹子に同道させ、倭国と大和へ遣わした。一行は翌年、百済を経由し筑紫に着く。このとき百済通過に際して百済人が、隋使に同行している妹子から、煬帝の国書を略取することはありえない。隋朝は、倭国とはこれまでの流れの中から、たとえ無礼な国書であっても返答の国書を出したろうが、初めての使者に対しては国書は出さなかったろう。様子を探るために遣わした使者（裴世清）に国書を持参させた。この国書が裴世清によって推古の朝廷で読み上げられたことは推古紀が記している。

しかし、妹子の立場としては正式の使者として隋朝から扱ってもらえなかったのだから、推古朝の威信に傷がつく。そこで国書を奪われたことにして、罪は自分が被っても国の威信を救ったと考えるべきだろう。そしてこの事情を、推古、馬子らの為政者も察知していた。だから隋使の手前ということで、妹子の罪を認めなかった。このことは後日妹子が隋使裴世清の送使に任命され、再度隋都長安に赴いたことによっても裏付けられる。誤りを犯した使者に同様の任務を与えることはないからである。

さて、筑紫に着いた隋使は倭王を名乗る多利思北孤と面談、その後飛鳥へ向かう。これが『隋書』にある「請う即ち塗《みち》を戒めよ」で、これから大和へ旅立つので随員や船、水夫、食糧などその準備を要請した。一行は六月に新装成った難波の館《むろつみ》に入り、裴世清は八月には飛鳥で推古女帝に謁見、煬帝の国書を言上する。一部の論者がいうように、推古が高御座《たかみくら》の奥にあって、裴世清は推古をみることができなかったことはありえない。隋使一行は九月難波へ戻るが、使者の帰国に際して難波まで出向いた推古とこの時も言葉を交わす。これが「久憶方解」である。こうして裴世清は倭国と推古朝の実態をつぶさに見、帰国して報告した。しかし、一度の遣使で国の交流相手が替わることはなかった。ただし、倭国と隋朝の交流はこの大業四年（六〇八年）の裴世清の遣使をもって絶えた。『隋書』のいう「此後遂絶」である。なお、『隋書』煬帝紀は、この年大業四年とその二年後の大業六年の倭国からの遣使を記している。だが大業四年は隋使裴世清を倭国に迎えた年であり、この年の倭国からの遣使はないだろう。大業六年の遣使記事も『隋書』倭国伝に遣使記事がないこと、大業四年の記事が誤伝であるだろうことを考えると、六年も誤伝であった可能性が高いと思われる。一方、推古朝は前述のように推古二十二年（六一四年）、犬上君御田鍬、矢田部造を遣わしており、彼らは翌年帰朝しているが、『隋書』にその記述はない。倭国との通交ではなかったからである。

推古紀の対隋外交には厩戸がいっさい登場せず、もちろん『隋書』にもまったく現れないことから、聖徳太子が推古朝の政治、外交を担ってきたとする通説が虚構であることは明らかだろう。そして同時に推古紀と『隋書』から読み取れることは、推古十五年（六〇七年）の小野妹子の遣使が、大和朝廷からの中国の王朝への最初の遣使であったことである。一世紀から三世紀と五世紀の中国の王朝との交流は、大和朝廷とは何の関係もない九州の倭国の朝貢であった。

倭国伝、日本伝を併記する『旧唐書』

『隋書』に続く中国史書は『旧唐書《くとうじょ》』で、五代後晋（九三六〜九四六年）の劉昫《りゅうく》（八八七〜九四六年）の筆になる。『旧唐書』は六一八年の唐の成立から九〇七年の滅亡までを記述対象とするが、倭国伝、日本伝に関する限り、唐代三〇〇年間の日唐交通の隆盛の割にはその記述量は少なく、倭国伝、日本伝を合わせても『隋書』倭国伝の半分にも満たない。この原因は、少なくとも七世紀代にあっては、隋の時代に大和朝廷と遣使をめぐって対立した経緯から倭国（九州王朝）が中国王朝へ朝貢しにくくなったこと、大和朝廷の使者が唐朝の認知を受けることができず、史書に記されなかったことなどによるものであろう。

『旧唐書』で注目されるのは、倭国伝と日本伝が明確に書き分けられていることである。一部には『旧唐書』が倭国伝と日本伝を分けていることを「不体裁なこと」（岩波文庫版『中国正史日本伝（2）』）とみる向きもあるが、倭国伝と日本伝の併記は『旧唐書』を書いた劉昫、そして唐朝が、日本列島には倭国（九州王朝）と日本（大和朝廷）という二つの異なった政治体制を持つ国が併存していたととらえ、認識していたことを物語っている。

隋の時代の開皇二十年（六〇〇年）倭王多利思北孤《たりしほこ》は隋朝へ使いを遣わす。その七年後の大業三年（六〇七年）倭王は使者と沙門数十人を隋朝へ送る。隋の煬帝は翌年、文林郎裴世清を倭国へ遣わす。隋と倭国の通交はここで絶える。『隋書』はここまでを記した。この『隋書』の記述を受けて『旧唐書』は唐と倭国との交流の記述を貞観五年（六三一年）からはじめるのだが、その前に『旧唐書』倭国伝は『三国志』、『後漢書』、『隋書』などから倭国の概要を抜き出している。倭国伝の冒頭の地志の部分は以下である。

「倭国は古《いにしえ》の倭奴国《わなこく》なり。京師を去ること一万四千里。新羅東南の大海の中にあり、山島に依って居る。東西は五月行、南北は三月行。世ゝ中国と通ず。その国、居るに城郭なく、木を以て柵を為《つく》り、草を以て屋を為る。四面に小島、五十余国あり。皆焉《こ》れに附属す」。

（倭国は古の倭奴国である。唐都長安を去ること一万四千里。新羅東南の大海の中にあって、山島に依って居住する。東西は五ヶ月の行程、南北は三ヶ月の行程である。世々中国と通交する。その国は住むところに城郭がなく、木で柵を作り草で家屋を作る。四面に小島、五十余国あり、みなこれに属する)。

劉昫は先行する史書の地志に関する記述を、先行する史書の誤りをも含めて正確に『旧唐書』に記している。その記述を冒頭からみていこう。倭国を古の倭奴国としたのは、范曄の『後漢書』「建武中元二年、倭の奴国、奉貢朝賀す」からとったもので、このとき仮綬された金印が天明四年(一七八四年)博多湾頭の志賀島で発見された「漢委奴国王」印であることは、ほぼ間違いないだろう。次の京師を去ること一万四千里がむずかしい。劉昫がどういう根拠でこの数字を出したかがわからない。『三国志』魏志倭人伝は「郡より女王国に至る万二千余里」とした。万二千余里は、陳寿に続く范曄《はんよう》の『後漢書』、姚思廉《ようしれん》の『梁書』、魏徴《ぎちょう》の『隋書』などにも引かれている。この万二千余里、あるいは魏志韓伝にある韓方四千里は露布、あるいは司馬宣王(司馬懿《しばい》)の魏帝への上表文などに盛られた改定を許されぬ数値であったと考えられることはすでに述べた。魏志倭人伝の里程は誇大に表示されているが、その里程の比率はほぼ正確であり、これから推し量ると韓伝、倭人伝に関しては魏晋朝の六分の一から七分の一の里程が用いられていることがわかる。この万二千余里はもとより実数にそぐわない数値だが、『後漢書』、『梁書』、『隋書』などは、郡(帯方郡治)あるいは楽浪郡徼《きょう》(楽浪郡は前漢武帝が置いた漢四郡の一つで、三国の時代その郡徼〈郡の南部の境界〉に帯方郡治が置かれたと考えられる)から万二千余里に倭国、邪馬壹国《やまいちこく》(范曄は邪馬臺国《やまだいこく》)があったとするこの陳寿の里程を踏襲している。劉昫もこの数字を基礎に、唐都長安から倭国、すなわち古の奴国《なこく》までの里数を一万四千里としたのだろう。当時、唐の京師は長安であった。劉昫が郡から倭国の首都（奴国）までを先行する史書に拠って一万二千余里としたとすれば、京から郡までは二千里とならなければならないが、『三国志』韓伝、倭人伝の里（一里約七五メートル）、魏、晋朝の里（一里約四三〇メートル）、唐、五代の里（一里約五六〇メートル）のどの里をとっても二千里にならない。すなわち長安から当時新羅の漢江付近（現在のソウル近辺）までは、『三国志』韓伝、倭人伝の里ではおよそ四万里、魏、晋朝の里では七千里前後、唐、五代の里では五千数百里ほどであり、これに郡—倭国間を加えるなら京師から倭国までは、それぞれおよそ五万二千里、九千里、七千里前後となろう。劉昫の一万四千里にはどれもあてはまらない。岩波文庫本は「一万四千里というのは『魏志』によった大数であろう」とするが、それにしても誤差がありすぎる。劉昫がこの数字をどこから導き出したのかは今後の宿題としておきたい。

次は「新羅東南の大海の中にあり、山島に依って居る」である。『三国志』は「倭人は帯方の東南大海の中にあり、山島に依りて国邑をなす」とし、『後漢書』は「倭は韓の東南大海の中にあり、山島に依りて居をなす」とする。『隋書』は「百済、新羅の東南にあり」とするので、倭の地理上の位置は韓半島の居住者、あるいは為政者の違いで内容に違いはない。注目したいのはそのあとの「山島に依り」である。倭は、あるいは倭人の居住する所は、あるいは倭国は、山がちの（山が多い）島であると記している。『三国志』ではこれに加えて

「倭の地を参問するに、海中洲島の上に絶在し、あるいは絶えあるいは連なり、周旋《しゅうせん》五千余里ばかりなり」

（倭の地を訪ね問うと、海中の島の上に遠く離れてあり、あるいは絶えあるいは連なり、その

周囲をめぐっていくと五千里ほどである）

とある。『旧唐書』はこれに関連して「東西五月行、南北は三月行」、「四面に小島、五十余国あり、皆焉《こ》れに附属す」とする記述がある。このうち「東西五月行、南北は三月行」は『隋書』に依っており、『隋書』は「その国境は東西五月行、南北三月行にして各〻海に至る」とする。劉昫の表記で新しいのはこの東南大海に絶在する洲島の周辺には小島があること、洲島には五十余国あり、これらはみな倭に属していることである。倭、倭人の居住する所、あるいは倭国は、魏志倭人伝から一貫して大海の中に絶在する山がちの島であり、その周囲はおよそ五千里、あるいは東西五月行、南北三月行でこの島の周辺には小島があるとするが、こうした記述はこのあとみる『旧唐書』日本伝の地理上の表記と対照して考察しなければならない。

劉昫の倭国の地理に関する記述の次は、倭国の社会、政治記事であるが、社会、政治記事は後回しにして劉昫の日本伝の地理上の記述をみていこう。『旧唐書』日本伝の冒頭は以下である。

「日本国は倭国の別種なり。その国日辺《にく》にあるを以て、故に日本を以て名をなす。あるいはいう、倭国自らその名の雅《みやび》ならざるを悪み、改めて日本となすと。あるいはいう、日本は旧小《もと》国、倭国の地を併せたりと。その人、入朝する者、多く自ら矜大《きょうだい》、実を以て対《こた》えず。故に中国焉《こ》れを疑う。またいう、その国の界、東西南北各〻数千里あり、西界南界は咸《み》な大海に至り、東界北界は大山ありて限りをなし、山外は即ち毛人《えみし》の国なりと」。

（日本国は倭国の別種である。その国は日の出るところに近いので日本を名とした。あるいは倭国自らその名が雅でないのを嫌って日本とした。あるいは日本はもと小国だったが倭国の地を合わせた、と。その国の入朝する人の多くは、おごりたかぶり、事実を答えない。だから中国は日本の人の言を疑っている。またいうには、その国の境界は東西南北それぞれ数千里あって、西と南は海に至り、東と北は大山があって限られ、山外は毛人の国であると）。

このうち「その人」以下「中国焉れを疑う」までの部分はのちほど検討しよう。日本国は倭国の別種だという認識を唐朝の官吏が得たのは日本の人からであろう。その理由として、この国は日の出るところに近いので日本とした、あるいは倭国という名が良くないので日本とした、さらに日本はもとは小国だったが倭国の地を合わせた、これらの情報を彼らは日本の人から得たが、劉昫は倭国から日本への名称の変更の理由を絞り切れずに『旧唐書』に記したのだろう。そのあとの「その国の界」以下の文も唐朝の官吏が日本の人から得た情報であろう。東西南北それぞれ数千里あり、西と南は海に至り、東と北には山があってそのさきには毛人がいる、こういう認識を彼らは得たのである。この日本の記述は明らかに大和朝廷が統轄する日本であり、それまでの倭人伝、倭国伝が記す倭国の記述とは異なる。

『旧唐書』倭国伝は、倭国は新羅東南の大海の中にあり山島に依っていること、その島は東西五月行、南北三月行で四面に小島があり、その島には五十余国あって、みな倭国に属していたとする。この倭国と日本を比べてみれば、劉昫が、そして五代晋が、唐代の初めは倭国と日本は別の政権と理解していたこと、さらに倭国は一世紀以来連綿として中国の代々の王朝へ朝貢していた国（世〻中国と通ず）であり、日本は倭国とは別種のもとは小国（この劉昫の認識には疑問符がつくだろう）だが、倭国の地を合わせたらしい国として理解していた。『旧唐書』の倭国と日本の地志は以上のように読むべきであろう。

『旧唐書』倭国伝の地志に続く部分は以下である。

「その王、姓は阿毎《あめ》氏なり。一大率を置きて諸国を検察し、皆これに畏附《いふ》す。官を設くる十二等あり。その訴訟する者は、匍匐《ほふく》して前《すす》む。地に女多く男少なし。すこぶる文字あり。俗、仏法を敬《うやま》う。並びに皆跣足《せんぞく》なり。幅布を以てその前後を蔽《おお》う。貴人は錦帽《きんもう》を戴《いただ》き、百姓は皆椎髻《ついけい》にして冠帯なし。婦人の衣は純色、裙《くん》を長くして腰に襦《じゅ》、髪を後に束ね、銀花長さ八寸なるを佩《お》ぶること、左右各ゝ数枚なり、以て貴賤の等級を明かにす。衣服の制は、すこぶる新羅に類す」。

（その王、姓は阿毎氏である。一大率を置いて諸国を検察し、みなこれを畏れる。十二等の官を設ける。訴訟する者は手を地につけ腹這ってすすむ。この国は女性が多く男性は少ない。文字がたくさんあり、仏法を敬う。みなはだしである。一枚の布を左右で止め前後を蔽う。貴人は錦帽をかぶり、庶民は椎髻《ついけい》〈まげの一種で髪を後ろで束ねる〉にして冠や帯はない。女性の衣は単色で裙〈もすそ〉を長くし、腰に襦〈下着〉をつけ、髪を後ろで束ね、長さ八寸の銀花を左右に数枚つけ、これによって貴賤の等級を明らかにする。衣服の制は新羅によく似ている）。

五代晋の劉昫は、中には先行する史書の誤りをそのまま引きずっている箇所もあるが、そうした誤りをも含めて『隋書』までの中国史書の記述を簡にして要を得て記している。まず倭王阿毎《あめ》氏。これは『隋書』から引いたもので、『隋書』は「開皇二十年、倭王あり、姓は阿毎、字は多利思北《たりしほ》孤《こ》、阿輩雞弥《あはきみ》と号す」としている。次の一大率が諸国を検察する記述は『三国志』でその倭人伝には「女王国より以北には、特に一大率を置き、諸国を検察せしむる」とある。官位十二等は『隋書』からだが、これが推古朝での冠位十二階と順序が異なっていることはすでに述べた。『隋書』による倭国の官位の順は、徳、仁、義、礼、智、信の大小十二等で、推古朝の冠位の順は、徳、仁、礼、信、義、智の大小十二階であり、識者の多くは『隋書』が誤って記したのだろうとするが、おそらくどちらも誤りではないだろう。興味があるのは劉昫も倭国を男子が少なく女子が多い国としたことである。陳寿は魏志倭人伝で「国の大人は皆四、五婦、下戸もあるいは二、三婦」とした。倭国は女子が多い国だとしたわけでは決してない。ところが范曄はこれを『後漢書』で「国には女子多く」とする。劉昫はこの范曄の記述を受け継いだのである。劉昫にはほかにも先行する史書からとった記述もあるが、婦人が銀花をつけ貴賤の等級を示す記述など、他の史書にはない記述もある。おそらく倭国の使者から得た情報であろう。とくに衣服の制が新羅に似ている記述は興味深い。倭国は伽耶諸国、百済との交流に力を注いできたが、新羅とも関係の維持に努めていたことがわかる。

さて、倭国伝の最後は唐朝への貢献記事だが、これはきわめて簡略である。

「貞観五年、使を遣わして方物を献ず。太宗その道の遠きを矜《あわ》れみ、所司に勅して歳ごとに貢せしむるなし。また新州の刺使高表仁を遣わし、節を持して往いてこれを撫せしむ。表仁、綏《すい》遠《えん》の才なく、王子と礼を争い、朝命を宣《の》べずして還る。二十二年に至り、また新羅に附し表を奉じて、以て起居を通ず」。

〈貞観五年〈六三一年〉、〈倭国は〉使いを遣わして方物を献じた。太宗〈六二七〜六四九年〉は倭国からの道の遠いことを気の毒に思い、担当の役人に勅して、毎年の入貢をやめさせた。また新州〈広東の新興〉の刺使〈州の長官〉高表仁を〈倭国へ〉遣わし、節〈朝廷が使者に持たせる符信〉を持たせ、慰撫《いぶ》させた。ところが高表仁は綏遠の才〈遠国を思いやること〉がなく、〈倭国の〉王子と礼を争い、朝命を宣べずに帰った。貞観二十二年〈六四八年〉に至り、新羅の使者に託して表を奉り、その起居〈動静〉を知らせた〉。

倭国は唐朝に替わってからは貞観五年（六三一年）になって初めて朝貢した。その前は隋朝への大業三年（六〇七年）の遣使だから四半世紀ぶりの中国王朝への朝貢である。『隋書』の記述の検討のさいふれたが、倭国は開皇二十年（六〇〇年）の遣使に続いて大業三年にも遣使、翌年には使者とともに隋使裴世清が渡海して倭王に拝謁している。倭国の隋朝との接触はここまでだが、大和朝廷（推古朝）と隋朝との通交は、『日本書紀』によればこの後も続く。大和朝廷は大業三年、小野妹子と鞍作福利が渡航、はじめて中国の王朝に朝貢し、妹子は翌年裴世清とともに帰国する。裴世清は筑紫で倭王多利思北孤と会った後大和へ向かい、同年六月難波に到着、八月大和に入り推古に謁見、煬帝の国書を言上する。裴世清は九月に帰国するが、これに送使として小野妹子らが同道、これが大和朝廷の二回目の遣使である。三回目の遣使は、『日本書紀』によれば推古二十二年（六一四年）六月、犬上君御田鍬《みたすき》、矢田部造《みやつこ》が朝貢、彼らは翌年九月に帰国している。隋朝は六一八年滅び唐朝が成立するが、唐朝の成立にさいしては倭国、大和朝廷とも遣使した記録はない。なお『隋書』煬帝紀には、大業四年（六〇八年）と大業六年（六一〇年）に倭人が朝貢した記事がみえるが、『隋書』倭国伝にこの朝貢記事はないので誤伝だろう。四年の妹子の裴世清送使としての渡海ではありえない。推古朝との通交を正規の国交と認めていない正史が、妹子の朝貢を記すことはないからである。

貞観五年（六三一年）の倭国の朝貢の前年（舒明二年＝六三〇年）、『日本書紀』によれば舒明朝は犬上君三田耜《みたすき》、薬師恵日《くすしのえにち》を唐朝へ遣使している。推古二十二年条では犬上君御田鍬とあり、舒明二年条では三田耜だが同一人である。この遣使は『日本書紀』だけに載っており、『旧唐書』、『新唐書』には三田耜らの朝貢記事はない。六三〇年の舒明朝の使者の入唐、六三一年の倭国の使者の入唐という事態はおそらく唐都での両者の交錯となり、唐朝を困惑させたことだろう。隋の時代の六〇七年、倭国の使者が沙門（僧）数十人とともに煬帝に謁見したが、同年推古朝の小野妹子も隋都に入り、この地で倭国の使者と交錯、この事態が煬帝をして裴世清の翌年の渡航に導いたことはすでに述べた。そしてその四半世紀後、またも倭国の使者と舒明朝の使者が唐都で交錯した。前回は倭国の使者が先行したと思われるが、今回は舒明朝の使者の一年後に倭国の使者が唐都に入っている。二つの使節団の交錯に、唐朝は煬帝と同様の措置をとる。すなわち新州の刺使高表仁を倭国へ遣わしたのである。大業三年の裴世清と貞観五年の高表仁の違いは倭国と大和朝廷に対する両人の温度差にあった。裴世清の場合は新興（と裴世清には映った）の大和に対する不信感、途中の中断はあったにせよ数百年間の遣使の実績をもつ倭国に対する信頼があった。ところが倭国を訪れたあと大和に入った裴世清は、おそらく六世紀前半の磐井の乱の実態を知り、大和朝廷が実質はともかく名目上では旧倭国を含めた日本列島全体（東北の一部分と北海道、南西諸島を除く）を統括していることを掴んだ。帰国した彼は隋朝首脳にそのことを報告しただろう。しかし交流相手の変更はそう簡単にはすすまない。その過程で隋朝は崩壊し、唐朝が成立する。

唐朝は倭国と大和朝廷に関するこの間の事情を知ってはいただろうが半信半疑であったに違いない。『旧唐書』日本伝はその様子を的確に伝えている。

「(日本国の)その人、入朝する者、多く自ら矜大《きょうだい》、実を以て対《こた》えず。故に中国焉《こ》れを疑う」。

貞観四年(六三〇年)入唐した犬上君三田耜らは、舒明朝の正当性を懸命に訴えただろう。しかし唐朝の官吏はこれを疑った。翌年貞観五年長安に着いた倭国の使者の口上も、唐朝の疑惑をいっそう濃いものにした。そこで太宗は新州の刺使高表仁を、倭国の使者と舒明朝の使者に同道させて渡海させた。『旧唐書』倭国伝は「表仁、綏遠《すいえん》の才なく、王子と礼を争い、朝命を宣《の》べずして還《かえ》る」とある。この記事は『新唐書』にもあるが『新唐書』は「王と節を争い穏やかならず」とする。『新唐書』は王子ではなく王と争ったというのである。どちらが正しいか不明だが、おそらくどちらも間違ってはいないだろう。王と争ったが同席していた王子とも争ったのだろう。興味深いのは『旧唐書』が唐朝の使者を綏遠の才(遠国を思いやる心、その心づかい)がないとする記述で、通常なら使者がその責務を果たせなかった原因を相手国に求める。それを使者の責としたのは高表仁の官吏としての資質に問題があったのかもしれない。わが国の多くの識者、研究者は、高表仁が王子と礼を争った記述が『日本書紀』にないことからこれを疑い、困惑の念を深めているが、礼を争ったのは大和朝廷の大王あるいは王子ではなく、倭国の王あるいは王子と争ったのだから『日本書紀』が記すはずがない。想像が許されるなら、高表仁は三田耜らから得た情報などによって、倭国(九州王朝）の使者、あるいは倭王の侍臣に、倭国が唐へ遣使する資格がないことを責めたのかもしれない。倭国が遣使する立場にないことを唐朝から持ち出されれば交渉が決裂するのは当然だろう。『旧唐書』、『新唐書』によれば、この後倭国からの遣使はなく貞観二十二年（六四八年）に新羅の使者に託して表（天子に奉る書）を届け、倭国の動静を伝えるにとどまっている。ただし、倭国の使者は長安から撤退したわけではなく、引き続き長安にとどまり外交活動を行なっているのだが、これは後にみることになるだろう。

高表仁のその後の動静は『旧唐書』にはないが『日本書紀』にはある。貞観五年（六三一年）王子と礼を争い朝命を宣べずに倭国を辞した後高表仁は、舒明四年（六三二年）八月三田耜とともに対馬に泊り、同年十月には難波津に上陸する。舒明朝は大伴馬養《うまかひ》を遣わして高表仁を歓迎したと舒明紀にはあるが、舒明との謁見記事はない。この『旧唐書』と『日本書紀』の一連の記述には若干の違和感がある。どちらの記述も正しいとすれば、高表仁は貞観五年（六三一年）月日はないがこの年倭国に到着し、王子と礼を争い朝命を宣べずに帰った。だから太宗の国書は持参したが、それを渡すことなく倭国を辞したのだろう。その翌年は舒明四年だがこの八月に高表仁は三田耜とともに対馬に泊り十月には難波津に着いている。倭国を退去した後翌年八月までの高表仁と三田耜の動きが不明である。もう一つは、大和を訪れたにもかかわらず、高表仁が舒明に謁見した記述は『日本書紀』にはない。高表仁が舒明に謁見したならば、そのことは間違いなく舒明紀に載るだろう。その記事がないのだから彼は謁見できなかったのだろう。この場合高表仁の意志で謁見しなかったことはありえない。舒明朝の方で謁見の場をつくらなかったのである。この一連の動きをみる限り高表仁は大和朝廷への太宗の国書を持参していたとは思えない。国書を持参していたのなら舒明朝は必ず謁見するだろう。隋朝の裴世清の場合は煬帝の国書を小野妹子へは渡さず、裴世清自身が持参し、清が推古の前で読み上げた。高表仁の場合はそのような記述がないことから、大和への旅程は高表仁の専断であったのかもしれない。こうした状況から察するに、彼の資質が舒明朝からも忌避されたのではなかったか。いずれにしろ高表仁は舒明五年（六三三年）一月帰国する。このときの送使は吉士雄摩呂、黒麻呂（高向漢人玄理）だが、彼らは唐都まで同道せず、対馬まで高表仁を送り大和へ戻っている。大和朝廷の送使が唐都まで同道しなかったことは、高表仁の舒明朝への遣使が唐帝の下命ではなかったことを示唆していると読むこともできるだろう。

さて、高表仁は帰国するなり当然太宗を頂点とする唐朝首脳に、倭国と大和朝廷の実情を報告したであろう。ところが高表仁の帰朝報告によっても唐朝の倭国と大和朝廷に対する扱いに変化はなかった。隋朝の裴世清の場合と同様である。『日本書紀』によれば、舒明二年（六三〇年）の犬上君三田耜に続く遣唐使は、孝徳朝における白雉四年（六五三年）と五年（六五四年）の連続しての遣使だが、『旧唐書』にはその記述はなく、続く斉明五年（六五九年）の遣使、天智四年（六六五年）の唐使を送っての天智朝の使者の入唐記事も『旧唐書』にはない。七世紀中葉の大和朝廷の動向は、『旧唐書』日本伝に記されていない。この時期東アジアは激動に見舞われた。斉明五年の遣唐使の翌年（六六〇年）唐と新羅は百済に侵攻し、百済を滅亡させる。百済の遺臣の要請を受けて倭国と大和朝廷は唐、新羅と対決、半島西岸の白村江で唐水軍と戦うが大敗する。この戦いの後、唐朝は百済鎮将の劉徳高を大和へ送ってくるが、その劉徳高の遣使さえ『旧唐書』は記さない。隋使、唐使の帰国を送る送使の渡海まで含めれば、大和朝廷の中国王朝への遣使は、隋朝へ三回（推古十五、十六、二十二年）、唐朝へ七回（舒明二、白雉四、五、斉明五、天智四、六、八年）の十回に及ぶが、七世紀代のこれらのいずれの遣使も、隋、唐朝によって、国交を持たない国の使者であるがゆえに朝貢として認められなかったのである。

二つの使節団の受難から白村江へ

『日本書紀』の斉明天皇の段には倭国、大和朝廷と唐朝との関係を示す興味深い記述がある。斉明紀五年（六五九年）七月条分註の伊吉連博徳《いきのむらじはかとこ》の書である。博徳は孝徳朝から斉明、天智、天武、持統朝にかけて外交官として活躍した人で、唐、新羅へ渡り、晩年には大宝律令の編纂にも参画している。この年斉明朝は、坂合部石布《さかいべのいはしき》を大使、津守吉祥《つもりのきさ》を副使とする遣唐使団を船二隻に分乗させて唐へ送った。ところが一行は途中嵐に遭遇、大使の乗った第一船は南海の島に漂着、大使以下多数が島の土民に殺されるがうち五人が現地民の船を盗んで脱出、唐都洛陽（このとき高宗は東都洛陽にいた）に着く。津守吉祥の第二船も嵐に会うが会稽県（浙江省）に着き、これも長安を経て洛陽へ向かい、この年の十月三十日洛陽で高宗に拝謁する。伊吉連博徳はこの第二船に乗っていて難を免れたらしい。

事件が起きたのはこの年（六五九年）の十二月三日である。以下斉明紀にある博徳の書を引こう。

「十二月三日に、韓智興《かんちこう》が傔人《ともびと》西漢大麻呂《にしのあやのおおまろ》、枉《ま》げて我が客《まらうど》を讒《よこ》す。客等、罪を唐朝に獲《え》て、已《すで》に流罪に決《さだ》む。前《さきだ》ちて智興を三千里の外に流す。客の中に伊吉連博徳有りて奏《まお》す。因《よ》りて即ち罪を免《ゆる》されぬ。事了《をは》りて後に勅旨《おほみことのり》すらく、国家《くに》、来らむ年に、必ず海東《かいとう》の政《まつりごと》有らむ。汝等倭の客、東に帰ること得ざれとのたまふ。遂に西京に匿《いまし》めて、別處《ことどころ》に幽《とら》へ置く。戸を閉《さ》して防禁《ふせ》きて、東西にすることを許さず。困苦《たしな》むこと年を経ぬといふ」。

（十二月三日に、韓智興の供人の西漢大麻呂が我ら大和朝廷の客人〈使者〉を讒言《ざんげん》した。客人らは唐朝に〈対して〉罪ありとされ流罪の刑に定められた。これに先だって韓智興を三千里の流刑に処した。大和の客の中に伊吉連博徳がいて釈明した。そのため刑を免ぜられることになった。事が終わった後勅旨があり、わが国〈唐〉は来年には必ず海東で政治を行なう〈戦争をする〉だろう。だから汝ら倭の客人は東へ帰ることを許さないといわれた。そして西京〈唐都長安〉に留め置かれ、別々のところに幽閉された。戸を閉ざされ自由を拘束された。何年も苦しんだという）。

若干わかりにくいので説明を加えておきたい。韓智興は孝徳紀五年二月条に倭種とあるので、中国人と日本人との間に生まれた倭国（九州王朝）の使人である。彼の供人の西漢大麻呂が唐帝の面前で、斉明朝の遣使を誹謗し、両者は口論となる。唐帝の面前での不祥事で、両者はともに責めを負わされ、韓智興は流罪ではもっとも重い三千里の流刑になる。斉明朝の使人の伊吉連博徳はこのとき弁明、免罪となったが、唐帝は翌年の百済侵攻を控えて両使節団の帰国を許さず、双方とも長安に移し、それぞれ別のところに幽閉、監禁させ、彼らは数年間拘束された。韓智興は孝徳紀が初出だが、大和朝廷の使人ではない。韓智興とともに趙元宝という使人の名も見えるが彼も大和朝廷の人ではない。この孝徳五年（六四九年）二月条の分註は孝徳朝の遣使団が帰国した記事だが、北路を通って帰国した孝徳朝の十二人の学問僧、学生とともに、倭国（九州王朝）の使人韓智興、趙元宝も同じ船で帰国した。孝徳五年二月に韓智興が帰国してから大和朝廷の遣使は『日本書紀』によるならこの斉明五年（六五九年）の遣使までないので、韓智興が斉明五年にすでに唐都にいたことは彼が大和朝廷の使者でないことになる。その韓智興の供人西漢大麻呂が唐帝の面前で大和朝廷の使人を誹謗した。一部には大和朝廷の使人が唐の百済侵攻の秘密情報を得たことを、西漢大麻呂が唐朝に讒言したと解釈する向きもある（岩波・古典文学大系『日本書紀』）が、唐の百済侵攻は倭国も大和朝廷も利害は同じである。大麻呂がそのような告げ口を唐朝にすることはありえない。大麻呂は博徳の書によれば「枉《ま》げて我が客《まらうど》を讒《よこ》す」とあるので、大麻呂が我が客（大和朝廷の使人）であるはずがない。もう一つは「別處に幽へ置く」という斉明紀の記述である。これは両使節団を別々の所へ幽閉したと解釈するほかはない。となれば争いの原因は、斉明朝の使者が唐帝の面前で口上を述べ、その中で（これは想像の域を出ないが）大和朝廷こそが日本列島を代表する唯一の政権であり、韓智興を派遣した倭国には唐朝に遣使する資格のないことにふれたのだろう。これに大麻呂が場所柄をわきまえず反論し、斉明朝の使者もやり返すという事態に発展したと考えたい。

　この事件によって唐朝はおそらく日本列島の実態を完全に把握しただろう。倭国が遣使する立場にないこと、大和朝廷の使者の口上（もちろん大和朝廷の国書もおそらく朝貢のたびに唐朝は受け取っていただろう）に根拠と道理があることを承知したのだろう。だが事態は韓半島をめぐって大きく動いていた。

七世紀中葉新羅は、高句麗と百済の度重なる侵攻によって危機的状況に陥っていた。新羅の武烈王は再三にわたって唐の高宗のもとへ使者を送り救援を要請する。唐の高宗は高句麗を攻めることによって新羅の危機が救えると読んでいたとみられる。その高句麗侵攻が高句麗の頑強な抵抗にあって思うように進展しないので、高宗は高句麗への攻撃を一時的に断念し、六五九年十月高句麗攻撃にあたっていた唐の宿将蘇定方を呼び戻して大摠官《だいそうかん》に任じ、百済への攻撃を命じる。一方、新羅へも百済を攻めるよう命じた。蘇定方は翌年（六六〇年）三月水陸十三万の軍勢とともに唐を発ち、新羅も武烈王と大将軍金庾信《きんゆしん》が五万の軍で百済へ向かう。こうして百済は唐と新羅の双方からの大軍の攻撃をまともに受けることになり、百済には一挙に危機が迫った。怠惰な生活に明け暮れていた百済の義慈王に打つ手はなかった。だが百済にも人がいた。百済の驍将《ぎょうしょう》階伯である。階伯は自らすすんで兵を集め、辱《はずか》しめを受けるよりはと妻子を自害させ、王都の東の要衝黄山で新羅軍と交戦する。死を覚悟した階伯とその将兵は新羅の大軍の攻撃をはねかえしたが、四度目の攻撃で黄山は新羅軍に占領され階伯は戦死、泗沘《しひ》城（百済王城）には西からは唐軍、東からは新羅軍が迫る。泗沘城は階伯戦死の三日後の七月十二日、唐、新羅軍に包囲される。百済義慈王は旧都熊津《ゆうしん》城に一度は逃れるが熊津城も包囲され、六六〇年七月十八日唐軍に投降する。ここに百済は滅亡した。

百済は滅んだが、百済の一部の官人、武人と王族は百済各地の城郭に拠って唐、新羅に抵抗した。彼らは倭国に人と物資、武器の援助を乞い、人質になって倭国にいた百済の王子豊璋の帰国を求める。倭国は百済救援に全力をあげるが斉明朝にも実情を訴え支援を要請、斉明朝も百済の復興と九州の地の統轄、支配の徹底のためにこれを受け、朝廷あげて百済再興へと動く。

斉明六年（六六〇年）十二月、斉明、中大兄、鎌足ら斉明朝首脳と軍勢の一部は飛鳥を発ち、翌年一月難波から船で筑紫へ向かう。斉明朝は飛鳥を発つ前から駿河国に命じて戦船の建造を急がせていた。ここからは斉明紀、天智紀の記述は詳しい。一行は途中伊予の熟田津《にぎたつ》へ寄るが、この次第は伊予道後の温湯碑のところでふれた。三月、斉明の一行は娜大津《なのおおつ》（現博多）へ上陸、斉明老女帝は磐瀬行宮《いわせかりみや》（現福岡市）へ入るが、五月朝倉宮（現朝倉郡朝倉町）へ移る。磐瀬があまりにも海に近いことから斉明は不安を覚えたのかもしれない。ところがその二ヶ月後の七月斉明は急死する。朝倉の社《やしろ》の木を切り倒して宮を造ったため神の怒りにふれ、近習が何人か死んだ後の斉明の死であったと斉明紀にはみえる。百済滅亡とその後の百済復興をめざす争闘では、唐、新羅、倭国、大和朝廷、百済の五つの関係国のうち三国の最高統率者がわずか一年の間に相次いで死んでいる。最初は百済の義慈王で六六〇年七月、熊津城の落城の折捕えられ唐都に連行されて異国の地に着くなり旬日をおかず死んだ。次いで新羅の武烈王（金春秋）が六六一年六月に死去し、大王斉明がその翌月に死んでいる。倭国の筑紫君薩野馬《さちやま》は白村江の戦いで捕虜となり、唐へ連行され許されて帰国するのは八年後の六七一年のことである。結局関係する五ヶ国のうちでなにごともなかったのは唐の高宗だけであった。

さて、斉明死後称制した中大兄（大王天智）は百済と倭国の要請に応え、百済へ武器、糧食を送り続け、支援の軍勢、戦船も送っている。天智紀の百済王子豊璋を送る記事の一部に錯綜がみられるが、天智朝は天智元年（六六二年）五月阿曇比羅夫《あづみのひらふ》に戦船一七〇艘を与えて百済へ送り、翌年三月には上毛野臣稚子《かみつけののおみわくご》らに二万七千人の軍勢を預け新羅へ向かわせている。ところが肝腎の百済では帰国した王子豊璋と、百済王族で百済滅亡後からは全軍の総帥的役割を果たしていた福信との間に不和が生じ、六六三年六月豊璋は福信を殺してしまう。この事件で豊璋への期待と全軍の士気は急速に低下したのだろう。天智紀、『旧唐書』百済国伝などの諸伝、『三国史記』新羅本紀などの記事を綜合する限り、この年前半までの彼我の勢力はほぼ拮抗していたとみられるが、福信殺害の報が唐、新羅に伝わると戦況は最終局面に向けて大きく動き出す。

六六三年八月十三日、新羅文武王（金法敏）は自ら軍を率いて百済王子豊璋と百済遺臣が立てこもる周留《する》城（州柔城）を包囲した。唐将劉仁軌は八月十七日水軍を率いて錦江河口（白村江）に到着、布陣を完了する。周留城が包囲されたことを知った倭国の水軍が錦江を遡上して周留城救援に向かうことを読んだ唐水軍の対応であったとみられる。倭国水軍は八月二十七日に錦江河口へ到着、ただちに唐水軍と戦闘に入った。このことは八月二十七日に到着した倭水軍の戦船の数量と規模が唐水軍とそれほど差がなかったのかもしれない。むしろ倭軍の方が数的には圧していた可能性がある。だから倭軍は唐に戦闘を挑んだのだろう。ところが唐の布陣は堅く倭軍は唐の布陣を破ることができず、この日の戦闘で敗れ退却を余儀なくされる。翌二十八日倭水軍には、天智朝が送った駿河の盧原《いおはら》の君が率いる水軍の後続部隊が到着し、戦船の総数では唐を上回ったとみられる。この大軍であたれば一気に唐水軍を破れるのではとの読みが倭軍にはあったのだろう。天智紀には「日本の諸将と百済の王と」は「気象《あるかたち》を観ず」に倭水軍の中軍が隊伍を乱したまま唐水軍の堅陣に攻め込み、唐軍の餌食になって次々に沈められていったとある。この「気象を観ず」の解釈はむずかしいが、気象とはもちろん天候などの自然的要因ではなく、人的要素をいっているのだろう。倭国と百済軍の首脳部はおそらく強固な意志統一を欠いていたのではあるまいか。そうであるならその第一は百済王子豊璋である。彼は百済に帰国すると王として迎えられたとみられる。倭国で長い間人質になっていたとはいえ、百済王ということになれば、百済の地での百済再興のための戦闘では彼の意志と意向は無視できない潜在力を持っていたであろう。彼の帰国まで百済再興の牽引力になっていた福信を殺したこと、さらに周留城の籠城に倦んで、大和から来た後続部隊の庵原君を出迎えるという口実で周留城から脱出したことなどにそれは示されている。もう一つは倭国と大和朝廷との関係である。倭国は六六〇年三月の唐、新羅の百済攻撃の時点からこの戦争にかかわっていたとみられる。一方大和朝廷から派遣された諸将は百済滅亡後の参戦である。この両者に豊璋と百済の将が加わった。こうした状況から倭国と百済の側が強固な連携のもとに白村江で唐水軍に対峙したとみることは、はなはだ疑問だといわざるをえない。天智紀をはじめとする諸文献の記述は、倭国と百済の側の意志の不統一の存在を示唆しているようにみえる。一般には白村江の戦いは、倭国水軍が唐軍の圧倒的な物量の前に屈したというイメージがあるが、これらが事実ならばそうした見方は考え直す必要があるだろう。

八月二十八日の白村江はおそらく倭船の唐水軍への突撃といった形で戦闘が開始されたのだろう。前日の戦いで陣形をより強固にして倭軍船の攻撃を待ち構えていた唐船は、進んでくる倭船を一隻ずつ両側から挟みこみ沈めていったらしい。『旧唐書』劉仁軌伝には、唐水軍は倭国水軍の船四〇〇艘を焼き払い、その煙は天を焦がし、海は倭人の血で赤く染まったとある。また『三国史記』百済本紀も、劉仁軌と扶餘隆（唐に投降した百済義慈王の王子で豊璋の異母兄）の唐水軍は「倭人と白江口に遇《あ》い、四戦して皆克《か》ち、其の舟四百艘を焚《や》く。煙炎、天を灼《や》き、海水丹《あか》く為れり」としているので、倭の将兵は唐船から火矢を射られ、消す間もなく唐兵に討たれ海の藻屑と消えたのだろう。『三国史記』新羅本紀は陸上での新羅軍と百済軍の戦闘を記している。新羅と唐の陸上部隊が周留城の近くで百済軍と遭遇、戦闘になり新羅、唐軍がこれを破ったので、百済軍の拠点であった周留城の百済軍は降伏したという。百済の再興をめざす倭国、大和朝廷、百済の遺臣の戦いは、こうして唐、新羅の陸、水軍の一方的な勝利で幕を閉じた。救援の見込みが絶えた周留城の落城は、天智紀によれば白村江の戦いの十日後の九月七日となっている。

倭国（磐井の末裔）は百済の滅亡に際して、国の機構のすべてを動員し、倭国の官人、武人を大挙半島へ送りだし、全力をあげてその再興を諮りそして敗れた。倭王筑紫君磐井の末裔筑紫君薩野馬は、自ら水軍を率いて半島へ渡り白村江で唐水軍と戦戈を交え、敗れて捕えられる。彼は八年の虜囚生活を送った後、家臣が身を売って得た資金で帰国を許され、天智十年（六七一年）に帰国した。白村江の戦いは倭国の官人、武人を根こそぎ消滅させた。薩野馬が帰国した時にはかつての倭国の統治機構は一掃され、筑紫大宰府には天智朝の官人栗隈王《くりくまおう》が任に就いており、大和朝廷の支配が行き渡っていた。

この戦いをもって、脈々と続いてきた倭国、九州王朝は名実ともに滅亡したのである。

結びにかえて

日本の古代史の中では、西晋の史官陳寿が著した魏志倭人伝にある邪馬台国（邪馬壹国）と卑弥呼の二つの語句ほど、人口に膾炙されている語句はないだろう。邪馬台国と卑弥呼は多くの人々の心を捉え、所在地を含めたこれらの実像は国民的関心の的となっている。邪馬台国はどこにあったのか、その女王卑弥呼はどういう女性であったのかなどという問いは、われわれを一八〇〇年前の古代の世界へいざなう。だが、ロマン溢れる邪馬台国と卑弥呼の実態の解明は決して単なる謎解きですむ問題ではない。邪馬台国がどこにあったかは、日本古代の国家形成に直接かかわっている。それが畿内大和にあったとすれば、この国は三世紀の半ばには弥生時代の小国家群がすでに統一され古代統一国家が形成されていたとみることができるし、それが九州にあったならこの国の統一と国家形成はもっと後代であったと考えざるをえないからである。ところがこの論争は膠着し不毛の状態に陥っている。多くの識者、研究者から提出された試論、私説が俎上に乗せられるが、いずれも決定打にならない。文献解釈から仮に邪馬台国の位置が突き止められたところで、それを裏付けるような材料が提示されるわけではない。遺跡の発掘で画期的な発見、出土があっても、それが文献史学の分野での邪馬台国や卑弥呼に直接結び付くわけではない。この課題は、考古学の分野でのよほどの僥倖、たとえば封泥の発掘、「親魏倭王」の金印の発見、文献に記された関係する人物の墓誌の類の出土などでもない限り、論争に終止符を打つことはできないのかもしれない。しかし、それにもかかわらず、識者、研究者から素人に至るまで実に多くの人たちが、そして筆者もその素人の一人だが、この問題の解明に向けて手をあげて発言し、信念をもって声高に主張する。邪馬台国は畿内にあった、いや九州にあった、と。それほどまでに邪馬台国と卑弥呼は人々の心を惹きつけている。

以下に筆者の考えをごく簡潔に繰り返しておこう。陳寿は魏志倭人伝の冒頭で「倭人は帯方の東南大海の中にあり、山島に依りて国邑を為す」と記した。そして文中で「倭の地を参問するに、海中洲島の上に絶在し、あるいは絶えあるいは連なり、周旋五千余里ばかりなり」とする。「山島」という語句は一般にはなじみにくいかもしれないが、山がちの(山が多い)島という意味である。この「山島」と「東南大海の中にあり」、「海中洲島の上に絶在し」の文言からは、はるか洋上に屹立する孤島、絶島のイメージを受けやすいが、中国大陸に起居し活動する陳寿の概念からすれば、この表現が決して絶海の孤島を意味するものでないことは理解できるだろう。なお、後段に出現する「周旋五千余里」とはめぐっていくと(一巡すると)五千余里という意味であり、ここでも「島」の概念が示されている。「山島」を含むこれらの語句の意味するところは、倭国(邪馬台国)はあくまでも島であって、倭国(邪馬台国)を畿内大和に比定することには越えがたい障碍があるといわざるをえないだろう。「山島」と「絶在」の語句が日本列島全体を示すという見方にも難がある。三世紀の人間が、九州、四国から太平洋岸を東へ、そして房総半島沖から北上し、津軽海峡から日本海沿岸を南下して、本州、四国、九州を一巡した(もちろん逆回りでも構わないが)と考えられるだろうか。さらにこの想定は「帯方東南大海の中にあり」も障碍になる。東南の方位は畿内大和を含む日本列島全体にはあてはめにくいからである。これまでの魏志倭人伝の議論と論争は、不思議なことにこの視点からの問題提起がほとんどなされず、陳寿の記した方位と里程記事がもっぱら検討と論争の中心であった。これらの語句はもっと注目されてしかるべきだろう。

班固が撰した『漢書』地理志には、「楽浪海中に倭人あり、分れて百余国と為す」とあってこの「山島」という語はない。時系列では前漢の次の後漢を記した『後漢書』は、陳寿の『三国志』よりあとの五世紀南朝宋の人范曄の撰になる。その『後漢書』は「倭は韓の東南大海の中にあり、山島に依りて居をなす。凡《およ》そ百余国あり」として、『三国志』と同様倭が山の多い島であることを記している。『三国志』、『後漢書』に続く中国史書をみていくと、「山島」は『梁書』、『宋書』、『南史』にはないが、『晋書』、『南斉書』、『北史』、『隋書』には「山島」は記されている（『南斉書』は「山島」とせず「倭国は帯方東南の大海の島中にある」とする）。邪馬壹国を含む倭国を「山島」、「島中」とするこれらの記述が九州を示しているとみることは理に適っているだろう。

その九州では六世紀前半容易ならざる事件が勃発した。筑紫国造磐井が大和朝廷に対して叛乱を起こしたとする継体紀にある磐井の乱である。継体朝は鎮圧の部隊を九州に送りこみこの乱を抑え込む。ところがこの事件は『日本書紀』や『風土記』を注意深く読んでいくと、単なる一地方の叛乱ではありえない状況が明らかになる。本文で述べたがこの磐井の乱は、大和朝廷と九州倭国との覇権をかけた一大決戦であった。文献に記されているだけでも一世紀から中国の王朝に貢献し続けてきた倭国の政権はこの戦闘に敗れ、潰滅的な打撃を受けた。だが磐井の末裔は大和朝廷の膝下に屈しても、九州の民衆の力を得て数十年かけて復権し、開皇二十年（六〇〇年）には隋朝へ朝貢する。『隋書』が記すこの朝貢が大和朝廷の朝貢でないことは、その後の中国史書と『日本書紀』の記述との数々の乖離、齟齬に現われている。

すでにみてきたように『隋書』は、俀国《たいこく》（倭国）の「その国境は東西五月行、南北は三月行にして各ゝ海に至る」、あるいは「阿蘇山あり。その石、故なくして火起り天に接する者、俗以て異となし、因って禱祭を行う」などと記している。この文は、開皇二十年（六〇〇年）の倭国の使者の口上を、『隋書』の撰者魏徴が取り上げ作文したのだろう。この文から六〇〇年に朝貢した倭国が畿内の大和朝廷であると読みとることができるだろうか。魏徴は倭国の使者から東西、南北とも数ヶ月歩けばそれぞれ海に至る、すなわち倭国は島の上に存在しているとの情報を得たに違いない。もう一つは阿蘇山の記述である。畿内大和の使者が仮に自国の自然環境を口上するのならなぜ阿蘇山がでてくるのだろうか。常識的に考えるなら、畿内大和の使者なら大和三山に囲まれた稲穂の垂れるのどかな大和盆地、大和から来る途上での島々が点在する穏やかな瀬戸内の風景などを隋の官吏に告げるのではあるまいか。こうした情念の問題、感性の問題に踏み込むのは本意ではないが、大和朝廷の使者がなぜ阿蘇山を持ち出したのかという疑念が払拭できない。『後漢書』から『隋書』までに登場する倭国（もちろん『三国志』の邪馬壹国を含めて）を畿内大和とすることに抵抗を感じる所以である。

地理上の問題だけではない。『隋書』に対応するのは推古紀で、倭国の使者の最初の朝貢を記した開皇二十年（六〇〇年）は推古八年にあたる。この年隋の文帝に拝謁した倭国の使者は倭国の王の妻の名を告げていた。推古女帝に妻がいるわけがない。そしてこの遣使記事は推古紀にはない。隋の大業三年（六〇七年）、倭国は使者とともに沙門（僧）数十人を送り、使者は煬帝の機嫌を損ねた国書を提出する。いわゆる聖徳太子の国書とされる「日出ずる処の天子、書を日没する処の天子に致す。恙《つつが》なきや」の国書である。この年大和朝廷は小野妹子と通事（通訳）が隋都長安に赴くが、国書のことは推古紀にはない。その翌年隋使裴世清は倭国へ来り倭王に拝謁するが、倭王が女性であったとは『隋書』にはない。ほかにも『隋書』にある倭国への旅程記事、裴世清の「請う即ち塗《みち》を戒めよ」（旅の準備を整えてほしい）の要請、推古紀にある妹子の国書紛失事件、推古の「久憶方解」の口上など、『隋書』と推古紀を通して隋の交流相手が大和朝廷ではありえない状況は枚挙にいとまがない。磐井の乱で敗れた磐井の末裔が中国の王朝へ朝貢するのは確かに異常な状況であろう。だがこれらの齟齬、異同を直視するなら、隋朝へ赴いたのは乱で敗れた磐井の末裔以外には考えられない。

そして最後にみた『旧唐書』である。『旧唐書』が倭国伝と日本伝を書き分けていることはすでに述べた。その地志の部分は既述したがあえて繰り返しておこう。まず倭国伝。

「倭国は古の倭奴国なり」。「新羅東南の大海の中にあり、山島に依って居る。東西は五月行、南北は三月行、世〻中国と通ず」。「四面に小島、五十余国あり、皆焉《こ》れに附属す」。

次に日本伝。

「日本国は倭国の別種なり」。「その国の界、東西南北各〻数千里あり、西界南界は咸《み》な大海に至り、東界北界は大山ありて限りをなし、山外は即ち毛人《えみし》の国なりと」。

つまり倭国は四面に小島をもつ島であるが、日本国は倭国の別種で東西南北それぞれ数千里あって、西と南は海、東と北は大山があってその向こうには毛人が住んでいるというのである。これだけの記述があればこれ以上述べる必要はないだろう。

『旧唐書』の交流記事も倭国と日本国が異なる政権の国であることを示している。あの磐井の乱

（五三一年の辛亥の変）で敗れた九州の王朝をこの時期までの唐朝は正規の通交相手としていた。倭国の唐朝への最初の遣使は、『旧唐書』によれば貞観五年（六三一年）だが、『日本書紀』によれば舒明朝はその前年の舒明二年（六三〇年）秋八月犬上君三田耜《みたすき》、薬師《くすし》恵日《えにち》を唐朝へ遣わしている。『旧唐書』は貞観五年の直後刺使高表仁が倭国へ遣わされ、倭国の王子と礼を争ったことを記すが、舒明紀には唐使との間にそのような確執があったことなど片鱗さえない。倭国はこのあと貞観二十二年（六四八年）に新羅の使者を通じて起居（動向）を知らせた（『旧唐書』）が、これも孝徳紀にはない。一方『日本書紀』によれば大和朝廷は舒明二年（六三〇年）のあとも白雉四年（六五三年、大王孝徳の九年）、白雉五年、斉明五年（六五九年）、天智四年（六六五年）、天智六年、天智八年と前後七回唐朝に使者を遣わしている。ところがこれらの遣使の情報は『旧唐書』にはいっさいない。そして唐朝から大和朝廷へ遣わされた唐朝の使者の情報も『旧唐書』にはない。

唐朝は新羅と諮って六六〇年、百済へ侵攻、百済を滅ぼす。百済の遺臣たちは国内各地の山城に拠って唐と新羅に抵抗、倭国に百済王子の帰国と援軍、物資を求める。倭国は百済救援に人と物資を注ぎ込み、全力をあげて百済を救援する一方で斉明朝にも支援を要請する。斉明朝はこの要請に応じ倭国とともに唐、新羅と対決するが、六六三年八月半島西岸の白村江の海戦で敗れる。百済再興の戦いに全力を傾注した磐井の末裔の九州王朝はこの白村江の敗戦で消滅した。倭国の活動はこの戦いをもって終焉したのである。

倭国は消滅したが、倭国に替わって大和朝廷は唐朝の認知を受けられたのだろうか。唐朝と対決したこともあって、唐朝からの認知は順調にはすすまなかった。白村江の戦いの九ヶ月後、六六四年五月唐の百済鎮将劉仁願は朝散大夫《ちょうさんだいふ》郭務悰《かくむそう》を天智朝へ遣わした。天智朝は郭務悰が唐の正式の使者ではないとの理由で、筑紫から帰すことに成功している。このときの郭務悰の来日は『旧唐書』にはない。その翌年には唐本国から劉徳高らが遣わされた。天智朝はこれを受け入れ、彼らの帰国にあたっては送使として守君大石《もりきみのおおいわ》、坂合部石積《さかいべのいわつみ》らが唐都に赴いている。この劉徳高の来日と大和朝廷の使者の朝貢も『旧唐書』は無視している。さらに六六七年十一月九日には劉仁願は司馬法聡《しばほうそう》を大和へ遣わし、前年入唐していた坂合部石積らを唐から送ってきた。その四日後の十一月十三日司馬法聡らは帰途につき、今度はこれに伊吉連博徳《いきのむらじはかとこ》、笠臣諸石《かさのおみもろいわ》が送使として彼らに同道している。法聡は新羅へ戻ったので博徳、諸石は唐都まではいかなかったのだろう。もちろんこの往来も『旧唐書』にはない。『日本書紀』によれば唐との通交はまだ続く。天智紀八年（六六九年）是歳条は河内直鯨《かわちのあたひくじら》を大唐へ遣わしたとある。鯨が唐都まで行ったかどうかは天智紀にはないのでわからないが、この遣使も唐側の記録にはない。この年に大唐が郭務悰ら二千人を遣わしたとあるが、これは天智十年（六七一年）十一月条との重出である。最後はその天智十年十一月条である。八年前の白村江の戦いで唐に捕えられていた沙門道久《どうく》、筑紫君薩野馬《さちやま》ら千四百人の人たちが、唐将であり唐の使人である郭務悰と六百人の唐兵に付き添われて船四十七艘に分乗して筑紫に帰ってきた記事である。なお大王天智はこの直後の十二月三日に死に、翌年六月に壬申の乱が起こり、乱後天武朝がスタートする。天智紀はこうした唐との通交の一連の記事を載せているのだが、唐側の記録である『旧唐書』はこれら大和朝廷との唐のかかわりをいっさい記さない。もちろん『旧唐書』は劉仁願伝や新羅伝、百済国伝で、百済の滅亡やその後百済の遺臣たちが百済再興をめざして戦った一連の陸戦、海戦（白村江の戦い）を伝えている。しかしそこには大和朝廷は出てこない。六六五年の唐使郭務悰を送っての守君大石、坂合部石積の遣使、六六九年の河内直鯨の朝貢の記事はもちろん、唐側が派遣した郭務悰（六六四年）、劉徳高（六六五年）、司馬法聰（六六七年）、郭務悰（六七一年）の大和朝廷への遣使の記事さえないのである。

中国史書に大和朝廷からの遣使記事がはじめて登場するのは、『旧唐書』日本伝の「長安三年その大臣朝臣真人、来りて方物を貢す」である。長安三年は七〇三年、唐は則天武后の時代で彼女は国名を周と号した。大臣朝臣真人は粟田真人で、文武天皇の大宝三年の遣唐使である。白村江から四十年が過ぎた。この間天武朝は唐との通交を絶ち、国内体制を固める作業に力を注ぐ。官人官僚制の採用による氏姓制度からの脱却、律令体制の創設、国史編纂などである。天武の事業を引き継いだ持統朝も藤原京への遷都、飛鳥浄御原令の編纂、発布などに傾注している。そして外交関係では新羅との通交に力を注ぎ、唐との交流は拒否している。この方針が転換されるのは天武、持統の孫の文武の時代である。文武朝は大宝律令の編纂作業を通して唐の先進文化の摂取を日程に上らせる。大宝令が施行された大宝元年（七〇一年）文武朝は粟田真人を遣唐執節使に任じ、真人は渡海の準備に入った。ところがこの年は天候不順で彼らは船を出せず、出帆は翌年（七〇二年）になる。粟田真人はその年の内に入京、長安三年（七〇三年）に武后に拝謁した。ここにおいてようやく大和朝廷は中国の王朝の正規の通交相手として認められ、正史にも記されることとなった。推古の時代の遣隋使小野妹子の渡海（六〇七年）以来およそ一〇〇年間、十回にわたって大和朝廷の使者は渡海した。もちろん彼らは、天智三年五月の百済鎮将で使人の郭務悰のように異国に着いた途端門前払いされることはなく、ほとんどの場合最高統治者の謁見を得ている。だがそれは儀礼上のことで、彼らの朝貢は正規の記録にも正史にも記されることはなかった。それにひきかえ、倭国の朝貢はすべて記録され正史にも記載される。倭国の使者が直接唐都へ赴かず、新羅の使者に託して表を奉じた貞観二十二年（六四八年）の朝貢でさえ記されている。中国王朝の認知を得た国の朝貢と、認知を得られなかった国の朝貢との違いであった。

さて、最後に日本の国号を考えてみたい。すでにふれたように『旧唐書』日本伝は日本の国号について次のように記している。

「日本国は倭国の別種なり。その国日辺にあるを以て、故に日本を以て名となす。あるいはいう、倭国自らその名の雅《みやび》ならざるを悪《にく》み、改めて日本となすと。あるいはいう、日本は旧《もと》小国、倭国の地を併せたりと」。

この記述をみる限り五代後晋の劉昫《りゅうく》は、倭国と日本の関係を確信をもって捉えていなかったことがわかる。劉昫は唐滅亡後の十世紀の人である。十世紀日本は平安時代で、この当時の日本の領域は九州から東北地方までのほとんどの部分を含み、承平、天慶の乱（平将門、藤原純友の乱、九三五～九四一年）はあったものの一応安定した政治が行なわれていた。もちろん国号は日本である。この状況におそらく劉昫は現在（十世紀平安時代）の政権は、中国の王朝との接触という面では後発ではあってももとから日本を名乗り別種である倭国を併合した、九州に比べてより日辺（日が昇る東方）にある大和朝廷が、日本の名を最初に用いたととったのだろう。日辺にあることが日本の命名の理由なら、九州より東にある大和が最初に日本と号したと捉えるのもやむをえないかもしれない。これを追認するように『旧唐書』は、日本はもとは小国（これには疑問符がつく）だったが倭国の地を併せたという記事も載せている。ただし異伝（こちらが正伝なのだが）もあった。一世紀から五世紀まで中国の王朝に朝貢を続けてきた倭国は、その名が雅でないのを嫌って自ら国号を日本に変えたとする伝である。劉昫には、そしておそらく唐朝も後晋朝も、これらの伝の当否の判断がつかなかった。そしていくつかの伝を併記しながらも、大和朝廷の治める国を日本とし、この国は中国の王朝と通交していた倭国を併せたとした。これが歴代の中国王朝の倭国と日本に関する認識である。

ところが韓半島、とくに百済では事態をもっと正確に認識していた。当時の百済と倭国の関係を考えれば当然である。それを論証するのが逸失した百済系の史書、とくに「百済新撰」と「百済本記」である。「百済記」を含めたこの三史書の記事の正確さは機会あるたびに述べてきた。「百済記」の確認できる最後の記事が四七五年の漢城の落城の事件なので、「百済記」は五世紀末から六世紀初めにかけての間に成立したのだろう。「百済新撰」は六世紀前半に、「百済本記」は六世紀中葉（五五六年以降）から六世紀末までの間に編纂されたと考えて間違いない。つまり『日本書紀』より一〇〇年から一五〇年前に、倭国ともっとも緊密であった時代にこれらの史書は百済で撰述されている。その信憑性は、継体の死を国内伝承を捨てて「百済本記」の記事によって記したことにみられるように、『日本書紀』の編者によっても信頼されていた。『日本書紀』が引用する百済系史書の中で「日本」は「百済記」、「百済新撰」には現われず、「百済本記」になって初めて出現する。もう少し詳しくみると、まず「百済記」では「貴国」が三ヶ所の年条に四回現われるが、「貴国」

については既に記した。「百済新撰」にでてくるのは「大倭《やまと》」（雄略五年〈四六一年〉条）と「倭《やまと》」（武烈四年〈五〇二年〉条）である。そして「百済本記」になって「日本」が継体紀（三年〈五〇九年〉と二十五年〈五三一年〉）と欽明紀に現われる。継体三年条は分註で「百済本記に云はく、久羅麻致支弥、日本より来るといふ、未《いま》だ詳《つまびらか》ならず」とし、ここで初めて「日本」の国号を記している。「百済本記」は「日本」からの使者を記したが、『日本書紀』の編者は「久羅麻致支弥」を大和朝廷の官人にあてられなかった。継体二十五年（五三一年の辛亥年）条は「日本の天皇及び太子、皇子倶に崩薨《かむさ》りましぬ」である。『日本書紀』の編者はこの天皇を継体にあてたが、この辛亥年の事変が磐井の乱で、死んだ天皇が筑紫君磐井、継体の死が「或本」の五三四年（甲寅年）であったことは縷々述べてきた通りである。

倭国（九州王朝）が国号を「日本」へ変更したのは、この「百済新撰」と「百済本記」の記述から、五〇二年（武烈四年）から五〇九年（継体三年）の間であることがわかる。なお、継体七年（五一三年）夏六月条に「百済本記」を引いて「委の意斯移麻岐弥」という文言がある。この「委」が倭を指すのであれば、国号の変更は五一三年以降五三一年までの間であることも考えられなくはないが、その場合は継体三年条にある「日本」をどう考えるかが問題だろう。三年条が正しく七年条が誤りではないかと思われるが、どちらをとるにせよ六世紀初頭に九州の王朝が国号を倭から日本に変えたことは間違いない。そしてその四半世紀後、国号を日本に変えた磐井王朝は大和の軍勢の奇襲を受け深刻な打撃を蒙る。「百済本記」にある「日本の天皇及び太子、皇子倶に崩薨りましぬ」である。

磐井王朝が使った「日本」という国号は、筑紫君磐井の呼称「天皇」とともに大和朝廷によって封印された。この封印が解かれるのは、「天皇」は七世紀後半の天武朝で大王天武の呼称として復活し、「日本」は八世紀初頭、七〇一年の大宝令で制度的に確立する。

倭国から日本への移行はこうして完了したのである。

関連年表

西暦	和暦	事項
前二二一		秦始皇帝、中国を統一
二〇二		漢の劉邦、楚の項羽を破る。漢王朝の成立
一九五		衛満、衛氏朝鮮を興す
一〇八		漢、衛氏朝鮮を滅ぼし韓四郡（楽浪、玄菟、真番、臨屯）を設置
後　九		王莽、漢を滅ぼし新を建国
二五		劉秀（光武帝）、漢王朝を復活（後漢）
五七		奴国、後漢に朝貢。「漢委奴国王」の金印を仮綬
一〇七		倭国王帥升らが後漢に朝貢。生口一六〇人を献じる
二二〇		後漢滅亡。魏王朝成立（二二一　蜀王朝、二二二　呉王朝）三国時代
二三八		卑弥呼遣使 司馬懿、公孫淵を討滅
二四八		このころ卑弥呼死す
二六五		司馬炎、魏から禅譲。晋王朝の成立
二六六		倭王、晋朝へ遣使
二八〇		晋、呉を滅ぼし中国を統一
三一三		高句麗、楽浪郡を占拠
三一四		高句麗、帯方郡を滅ぼす（漢民族の半島支配の終焉）
三四六		百済近肖古王即位（〜三七五）。このころまでに百済成立
三五六		新羅奈勿王即位（〜四〇二）。このころまでに新羅成立
三六九		泰和四年銘の七支刀（石上神宮） 高句麗、百済を攻める
三七一		百済、高句麗王城を攻撃。故国原王戦死
三九一		高句麗で好太王即位。倭が新羅、百済へ進出
四一三		倭王賛朝貢（倭の五王）

四二〇				劉裕、宋を建国
四二一			倭讃、宋朝へ朝貢（四二五年にも）	
四三八			倭王珍朝貢	
四三九				北魏、華北を統一（〜五八九）
四四三			倭王済朝貢（四五一年にも）	
四六二			倭王興朝貢	
四七一			稲荷山古墳鉄剣銘（辛亥年＝四七一年）	
四七五				高句麗長寿王、百済の漢城を攻略。百済蓋鹵王戦死
四七八			倭王武、上表文を上表して朝貢	
四七九				宋滅亡。斉建国（〜五〇二年）
五〇七	継体	一	大王継体、河内樟葉宮で即位	
五〇九		三		百済、韓半島の倭人居住域を併合
五一一		五	継体、山背筒城宮へ遷都	
五一二		六		百済、任那四県を領有
五一八		一二	継体、弟国へ遷都	
五二六		二〇	継体、磐余玉穂宮へ遷都	
五二七		二一	磐井の乱（継体紀による）	
五二九		二三		新羅、伽耶諸国を攻略
五三一		二五	辛亥の変（「百済本記」による）	
五三二				南加羅滅亡
五三八	宣化	三	国内伝承による仏教公伝（戊午年）	
五五二	欽明	一三	欽明紀による仏教公伝（壬申年）	
五五四		一五		百済聖明王戦死
五六二		二三		大伽耶滅亡。新羅が伽耶地域の大半を領有

五七七	敏達	六		北周、華北を統一
五八一		一〇		楊堅、隋を建国
五八五		一四	敏達死。用明即位。仏教をめぐり蘇我、物部の対立激化	
五八七	用明	二	用明死。蘇我馬子、物部守屋を討滅。崇峻即位	
五八九	崇峻	二		隋、中国を統一（南北朝の対立が解消）
五九二		五	馬子、崇峻を殺害。推古即位	
六〇〇	推古	八	倭国、遣へ隋使（『隋書』による）	
六〇三		一一	冠位十二階を制定	
六〇四		一二	厩戸、十七条憲法を作成（推古紀による）	
六〇七		一五	小野妹子を隋へ派遣（翌年隋使裴世清来航）	
六一二		二〇		隋、高句麗へ遠征。隋と高句麗が交戦
六一四		二二	犬上君御田鍬を遣使	
六一八		二六		煬帝殺害。隋滅び唐建国
六二一		二九	厩戸王死（推古紀による。法隆寺釈迦像は六二二年）	
六二六		三四		唐で玄武門の変（李世民＝太宗即位）
六二八		三六		唐、中国を統一
六三〇	舒明	二	犬上君三田耜を遣唐	
六三二		四	唐使高表仁来朝	
六四三	皇極	二	軽王（後の孝徳）と入鹿が斑鳩の山背王を襲撃。山背王自害	
六四五	大化	一	中大兄と鎌足が入鹿を殺害（乙巳の変）。皇極譲位。孝徳即位	唐が高句麗を攻撃（〜六四八）
六四六		二	大化改新の詔（品部の廃止など）	
六四九		五	蘇我倉山田石川麻呂が自刎	
六五二	白雉	三		百済と高句麗が新羅に侵攻
六五三		四	孝徳と中大兄が不和。中大兄飛鳥へ	

六五四	白雉	五	孝徳死。翌年皇極重祚（斉明）	
六五八	斉明	四	有間王子謀反の嫌疑を受け処刑	
六五九		五	遣唐使を送る	
六六〇		六		唐と新羅が百済へ侵攻。百済滅亡。百済の王族と遺臣が挙兵
六六一		七	斉明、中大兄らが百済救援で筑紫へ。斉明死。中大兄称制（天智）	
六六二	天智	一		唐、高句麗を攻撃。高句麗の泉蓋蘇文、唐軍を撃破
六六三		二	白村江の戦い（倭国と百済が唐と新羅に大敗）	
六六四		三	甲子の宣（冠位二十六階を制定）	
六六七		六	近江大津宮に遷都	
六六八		七		唐、高句麗を滅ぼす
六七〇		九	庚午年籍（はじめての戸籍）作成。法隆寺火災	
六七一		一〇	太政官制施行。大海人王子、吉野へ。天智死	
六七二	天武	一	壬申の乱。近江朝滅亡。大友王子自死（翌年大海人即位＝天武）	
六七六		五		唐、半島から撤退。新羅が半島統一
六八一		一〇	『古事記』編纂の詔。律令の編纂はじまる	
六八四		一三		唐の則天武后、中宗を廃し実権を握る
六八六	朱鳥	一	天武死没。持統称制。大津皇子謀反の嫌疑で刑死	
六八九	持統	三	飛鳥浄御原令の発布（天皇号の法制化）	
六九〇		四	庚寅年籍作成	則天武后即位。国号を唐から周へ
六九四		八	飛鳥藤原京へ遷都	
六九七	文武	一	持統譲位。文武即位	
六九八		二		大祚栄、震国（後の渤海）を建国
七〇一	大宝	一	大宝の元号を制定。大宝律令施行（国号を日本へ）	
七〇二		二	粟田真人を遣唐	

参考文献

「古事記　祝詞」　日本古典文学大系　岩波書店　一九五八年
「日本書紀」上、下　日本古典文学大系　岩波書店　一九六七年
「風土記」　日本古典文学大系　岩波書店　一九五八年
「続日本紀」一、二、三、四　東洋文庫　平凡社　一九八六年
「萬葉集」一、二　日本古典文学大系　岩波書店　一九五七年
「日本霊異記」　日本古典文学大系　岩波書店　一九六七年
「上宮聖徳法王帝説」　岩波書店　一九四一年
「神皇正統記　増鏡」　日本古典文学大系　岩波書店　一九六五年
「中国正史日本伝1」　岩波書店　一九五一年
「中国正史日本伝2」　岩波書店　一九五六年
「朝鮮正史日本伝1」　岩波書店　一九八八年
「東アジア民族史」1、2　東洋文庫　平凡社　一九七四年
「正史三国志」1〜8　筑摩書房　一九九三年

井上光貞　「日本国家の起源」　岩波書店　一九六〇年
榎　一雄　「邪馬台国」　至文堂　一九六六年
水野　祐　「日本古代の国家形成」　講談社　一九六七年
藤間生大　「倭の五王」　岩波書店　一九六八年
藤間生大　「埋もれた金印　第二版」　岩波書店　一九七〇年

直木孝次郎　「奈良」　岩波書店　一九七一年
井上秀雄　「古代朝鮮」　日本放送出版協会　一九七二年
上田正昭　「倭国の世界」　講談社　一九七六年
門脇禎二　「新版　飛鳥」　日本放送出版協会　一九七七年
古田武彦　「邪馬台国はなかった」　角川書店　一九七七年
山尾幸久　「日本国家の形成」　岩波書店　一九七七年
古田武彦　「失われた九州王朝」　角川書店　一九七九年
古田武彦　「盗まれた神話」　角川書店　一九七九年
荻原浅男　「古事記への旅」　日本放送出版協会　一九七九年
梅原　猛　「隠された十字架」　新潮社　一九八一年
王健群他　「好太王碑」　東方書店　一九八五年
小林惠子　「白村江の戦いと壬申の乱」　現代思潮新社　一九八七年
上原　和　「聖徳太子」　講談社　一九八七年
古田武彦　「法隆寺の中の九州王朝」　朝日新聞社　一九八八年
梅原　猛　「海人と天皇」上、下　新潮社　一九九五年
上田正昭　「大和朝廷」　講談社　一九九五年
直木孝次郎　「日本古代国家の成立」　講談社　一九九六年
吉田　孝　「日本の誕生」　岩波書店　一九九七年
吉村武彦　「古代天皇の誕生」　角川書店　一九九八年
東野治之　「遣唐使船」　朝日新聞社　一九九九年
森　博達　「日本書紀の謎を解く」　中央公論新社　一九九九年
佐伯有清　「魏志倭人伝を読む」上・下　吉川弘文館　二〇〇〇年

吉村武彦　「聖徳太子」　岩波書店　二〇〇二年
和田　萃　「飛鳥」　岩波書店　二〇〇三年
大山誠一編　「聖徳太子の真実」　平凡社　二〇〇三年
井上光貞　「飛鳥の朝廷」　講談社　二〇〇四年
大山誠一　「聖徳太子と日本人」　角川書店　二〇〇五年
大森亮尚　「日本の怨霊」　平凡社　二〇〇七年
寺沢　薫　「王権誕生」　講談社　二〇〇八年
熊谷公男　「大王から天皇へ」　講談社　二〇〇八年
渡辺晃宏　「平城京と木簡の世紀」　講談社　二〇〇九年
白石太一郎　「考古学と古代史のあいだ」　筑摩書房　二〇〇九年
大山誠一　「天孫降臨の夢」　日本放送出版協会　二〇〇九年
森　公章　「遣唐使の光芒」　角川書店　二〇一〇年
石川日出志　「農耕社会の成立」　岩波書店　二〇一〇年
吉村武彦　「ヤマト王権」　岩波書店　二〇一〇年
吉川真司　「飛鳥の都」　岩波書店　二〇一一年
坂上康俊　「平城京の時代」　岩波書店　二〇一一年
大山誠一編　「日本書紀の謎と聖徳太子」　平凡社　二〇一一年
森　博達　「日本書紀成立の真実」　中央公論新社　二〇一一年
吉田一彦編　「変貌する聖徳太子」　平凡社　二〇一一年
津田左右吉　「古事記及び日本書紀の研究」　毎日ワンズ　二〇一二年

あとがき

かねてから興味のあった日本の古代史に関する私見をまとめて私家版にして、知人にお配りしたのは五年ほど前のことであった。三世紀から七世紀の日本についての拙文であったが、その後壬申の乱から律令国家を考え、この部分も私家版にしてごく身近な周りの人に読んでいただいた。旧知の名古屋大学名誉教授の田口富久治先生から、君の本では倭国と大和朝廷との関連がよくわからないとのご指摘をいただいたのはそのころだった。さっそく先生へはごく簡単な私見をお届けした後、このテーマで考えていることをまとめる作業にとりかかった。そして書きあげたのが本書である。

中国の為政者が日本列島に居住する倭人を認識したのは、おそらく紀元前のことだろう。その後一世紀中葉に倭人は後漢王朝に朝貢し、光武帝から「漢委奴国王」の金印を仮綬されている。『後漢書』を撰した范曄は、この時の倭人の貢献を倭国からの朝貢ととらえていた。

倭人の国、倭国。その後連綿として続く倭国との通交を中国の王朝が日本からの貢献として認知するのは、大宝三年（七〇三年）の粟田真人を執節使とする大宝度の遣唐使の入唐である。この六五〇年の間には中国との通交が断絶していた時期もあった。この間に列島は倭国から日本へと変化をとげた。この六五〇年の間に列島の為政者はどのような変遷をたどったのだろうか。この変化を跡づけることが、倭国と大和朝廷の関連を示すことにつながるのだろう。

中国ではこの期間を含めて、それぞれの王朝ごとに史書が撰述、編纂され、国内外の事績が記録されている。ところがわが国では史書は伝わらず、現存するわが国最古の史書である『古事記』、『日本書紀』の撰録は八世紀まで待たなければならない。わが国の史書の撰録は、中国史書に比べて遅れて成立したというだけにとどまらない。記紀は、編纂を企画した飛鳥、奈良朝の為政者と述作者、編者によって、綿密、周到で明確、強固な意図のもとに撰述作業が進められた。『古事記』の撰録を命じた天武天皇の詔《みことのり》は「偽《いつはり》を削り実《まこと》を定め」よとあって、実を明らかにせよとはいっていない。為政者の手によって歴史が造られ、それが史実と断定され、実《まこと》として据えられたのである。『日本書紀』も同様で、中国の讖緯説《しんいせつ》によって神武天皇の即位年が紀元前六六〇年に設定され、歴代天皇の法外な在位期間が決められた。そのため記紀を読む上ではその記述内容の虚実を十分吟味することが要求される。中国史書と日本の文献との乖離、異同の根源の多くがここにあるのだろう。だが、だからといって中国史書が一〇〇パーセント正しいとするのも問題がある。両者を突き合わせ、金石文を含む他の史料、考古学など他の諸々の研究成果の助けも借りながら、何が歴史の真実かを究める客観的な視点こそ求められるのだろう。

倭国から日本へ。この歴史の流れは多くの部分で評価が定まっていない。少なくない事案が論争テーマになっているといっても過言ではないだろう。とくに三世紀の倭国（いわゆる卑弥呼の邪馬台国）、五世紀の倭の五王、七世紀の『隋書』の記述などは今日に至るもなおホットな論争の渦中にある。何が虚であり何が実であるのか、見方によって評価がわかれる。それを私見によって文字にしたのだが、その結果通説とはかなりかけ離れた内容になってしまった。そのため読んだ方に違和感を与えることになったのではと危惧している。

本書の内容はあくまでも私見であり試論である。失当を恐れず書いたが、書きあげてみると十分意を尽くしたかという不安が残った。ご批判、ご叱正を切にお願いしたい。

本書の出版にあたっては、筆者のごく若いころからの先輩であり友人である極東書店前会長の菅野孝雄さんのご尽力をいただいた。またこの書に出版の機会を与えていただいたせせらぎ出版の山崎亮一社長には一方ならぬお世話になった。深謝したい。

二〇一三年十二月

宮川　克己

宮川　克己（みやがわ　かつみ）

1945年東京生まれ
著書に『十月革命とソ連邦の誤謬 ―検証「スターリン体制の確立」―』
（大村書店、2006年）
現住所　東京都東久留米市金山町2-7-30

●装幀―濱崎　実幸

倭国から日本へ　九州王朝の興亡と大和朝廷

2014年4月20日　第1刷発行
著　者　宮川　克己
発行者　山崎　亮一
発行所　せせらぎ出版
〒530-0043　大阪市北区天満2-1-19 高島ビル2階
TEL. 06-6357-6916　FAX. 06-6357-9279
郵便振替　00950-7-319527
印刷・製本所　株式会社渋谷文泉閣

　ISBN978-4-88416-227-6

せせらぎ出版ホームページ　http://www.seseragi-s.com
メール　info@seseragi-s.com